老广东的趣闻传说

《趣闻圣经》编辑部◎主编

北京·旅游教育出版社

编委会

前言

地处南海之滨、五岭之阳，素有中国南大门之称的广东，有着悠久的历史、众多的文物古迹、美丽的风景名胜、多彩的民族风情以及神奇的掌故传说……岁月留给它的是挥散不去的古韵幽幽。老广东本身就是一本读不尽、品不够的厚书；本身就是一座丰厚的文化宝库，积淀了丰厚的文化内涵，造就了灿烂辉煌的文明，值得我们今人去挖掘，去探寻，去解读：

富甲一方的十三行有何来历？为何说先有光孝寺后有广州城？为何将陈家祠设为岭南民间工艺博物馆？老广东人"拍拖"有何来历？康有为有何黄昏之恋……

这些一个个有趣的话题，都可以在《老广东的趣闻传说》里一一找到答案。

广东实在是有太多可以说道的话题了。广东文化就像一部卷帙浩繁的史书，凝聚着历史的烟云，刻画着岁月的沧桑，展现出民族的魂魄，给我们今天留下了多少鲜活的记忆。在本书中，我们从历史、地名、山水园林、名胜古迹、宗教陵墓、建筑民居、饮食、购物、娱乐、交通、乡俗、俚语、名人等多角度对老广东进行了全方位的精彩解读，力求将老广东的故事精彩而有趣味地呈现在您的面前，为您介绍一个充满传奇的文化圣地。

《老广东的趣闻传说》内容浅显易懂，向您介绍的各种掌故传说有着特殊的魅力。我们尽量选取那些最具代表性、最容易引起人们兴趣的老广东的趣闻逸事，选取那些最能体现老广东特色，典故丰富、可读性强的知识点，逐一呈现给渴求精神财富的读者。这些内容不但是您茶余饭后消遣的谈资，更是了解广东、了解广东人的绝佳窗口。另外，书中还精心挑选了数百张精美图片，尤其是大量弥足珍贵的老照片，让您在趣味阅读中充分感受到老广东的底蕴。

今天，新广东的发展虽然是日新月异，但老广东的粤味余韵仍散发着独特的魅力。广东的趣闻、传说不计其数，限于篇幅和编者能力，我们不可能将其一网打尽，但愿书中所选能增加您的知识，增长您的愉悦。这样，我们的目的也就算达到了。由于时间仓促，书中如有谬误，还望广大读者不吝赐教，以资修正。

《趣闻圣经》编辑部

总目录

目录

老广东的历史

老广东的地名

老广东的山水园林

老广东的名胜古迹

老广东的宗教陵墓

老广东的建筑民居

老广东的饮食

老广东的购物

老广东的娱乐

老广东的交通

老广东的乡俗

老广东的俚语

老广东的名人

老广东的历史

客家人有何由来

有人说：有太阳的地方就有中国人，有中国人的地方就有客家人。还有人说：哪里有阳光，哪里就有客家人；哪里有一片土，客家人就在哪里聚族而居，艰苦创业，繁衍后代。由于客家人行走天下，移民世界，且在海外商界不乏成功者，因此有“东方犹太人”之称。说到客家人，人们不禁要问：何谓“客家”？

客家人是北方汉人南迁之后，与当地原住民（土著）杂居生活后发展演变而来的。客家人的祖先源自中原，是从中原迁徙到南方的，他们是汉民族在中国南方的一个分支。这从“客家”一词的读音就能看出来：在客家语和广东方言中，“客家”发音为“哈嘎”（Hahha），意思是“客户”，即从外地来的人。而在广东本地，几乎每个城市都有客家人，只是各地对客家

客家人厅堂

的叫法不尽相同。

客家人的主要聚集地在赣南、闽西、粤东，那里有 29 个县是“纯客县”。在宋末以前，宁化是客家人南迁的集散中心；在明末清初，嘉应州（现梅州市）是客家人的集散中心。客家人以此为轴心，向中国南方逐渐扩展并形成了一个独特的民系——客家民系，成为汉民族 8 大民系中重要的一支。

据考证，历史上客家人的先民，有过六次大规模的南迁：

第一次南迁：秦始皇时期。公元前 221 年，秦始皇统一华夏，成为中国历史上的首位皇帝。出于政治和军事的考虑，他派兵 60 万人打算“南取百越之地”。秦军一路南下征讨，从闽粤赣边界进入揭岭（即揭阳山，今揭阳县北 150 里）一带，最后到达了今兴宁、海丰（东晋置县）地界。四年后，秦始皇再派 50 万军队“南戍五岭”（五岭，即今两广地区）。公元前 206 年，秦朝灭亡。由于这些南下的秦兵长期“戍五岭，与越杂处”，于是就留在了当地。这就是历史上最早形成的一批客家人。

第二次南迁：“五胡乱华”时期。公元 304—439 年，五胡十六国相继建立割据政权，中国历史出现第二次大分裂。那时候，一部分中原居民为了躲避战乱，辗转迁徙至闽粤赣地区。后来，由于南北对峙局面激烈，战火连绵，约有 96 万中原人又开始南迁，最后到了长江中游地区。其中，一部分人口进入赣南，另一部分人口经宁都、石城进入闽粤地区。这是客家人的第二次大规模南迁。

第三次南迁：唐末黄巢起义时期。公元 755—763 年，唐朝爆发了历时八年之久的“安史之乱”，这给中原百姓带来巨大灾难，迫使他们大量南逃。唐末，又爆发了反抗当朝腐朽黑暗统治的农民起义运动——黄巢起义，于是大批中原汉人又辗转迁移到闽粤赣地区。例如，（河南）固始人王绪、王潮曾率领光、寿二州农民起义军 5000 多人，南下江西，导致闽赣边一带人口激增。再如，唐朝宗室李孟，曾由长安迁入汴梁（今河南开封），后继迁至福建宁化古壁乡，也带来了一批人口。

惠安客家人婚俗

第四次南迁：宋南渡及宋末时期。公元 1127 年，北宋灭亡。同年，宋朝南渡，康王赵构继承皇位，建立南宋，即宋高宗。建炎南渡后，一部分官吏士民迁徙至太湖流域一带。而另一部分士民，有的翻过大庾岭来到南雄、始兴、韶州；有的经洪、吉、虔州而后进入汀州；还有的滞留在了赣南各县。到了南宋末年，即 1279 年，元军开始大举南下，于是大量江浙和江西地区的宋民，迁徙至广东沿海的潮汕地区以及海南岛。

第五次南迁：明末清初时期。当时，在经过数百年的繁衍生息后，赣南、粤东、粤北的客家人人口逐渐增加，由于人多地少，耕地面积与人口数量逆向发展，所以他们被迫开始迁徙到川、湘、桂、台等地以及粤中、粤西一带。在客家移民史上，这次大规模人口迁徙被称作“西进运动”。清初时期，由于战乱、瘟疫及自然灾害的影响，四川人口开始锐减，所以清政府特别鼓励移民由“湖广填四川”。四川的客家人，基本上是这次“西进运动”带去的。

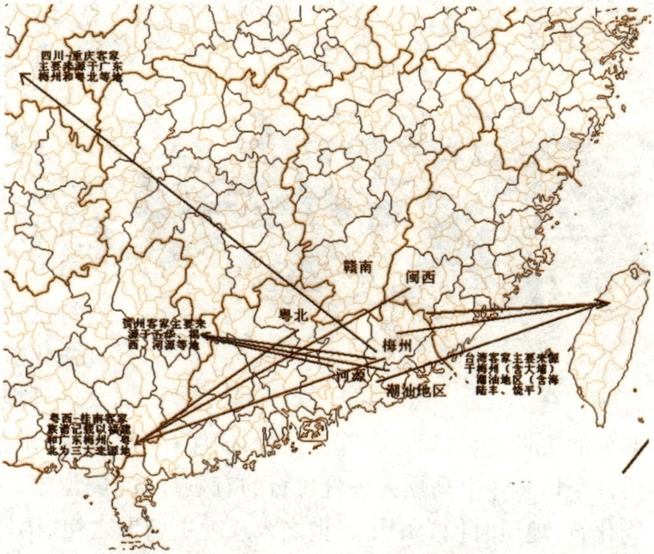

明清之际客家人的迁徙路线图

第六次南迁：太平天国时期。一直以来，战乱是导致客家人大规模人口迁移的根本原因。从1850年至1864年，太平天国运动持续了10多年。当时为躲避战乱，一部分客家人迁徙到了南亚地区；还有一部分被殖民者以契约劳工为名，贩卖到了马来西亚、美国、巴拿马、巴西等国。

除以上六次大规模的南迁外，中原汉人也有因旱灾水患逃荒而南迁者，另有历代官宦、贬谪、经商、游学而定居闽粤赣边地区的，但并不是所有南迁的汉人都称为客家人，他们中只有闽粤赣系和源自这一系的人，才被称为客家人。

据统计，现在生活在我国大陆的客家人，主要分布在广东、江西、福建、四川、湖南、湖北、贵州、台湾、香港、澳门等地区，总人口达5000万以上，占汉族人口的5%。在国外，客家人主要分布在东南亚的泰国、马来西亚、印度尼西亚、新加坡，东亚的日本、朝鲜，美洲的美国、加拿大、巴西，欧洲的英国、法国、荷兰、比利时、卢森堡、德国和奥地利等80多个国家和地区，有3000万之众。

马坝人是在哪里发现的，有何特点

马坝人属于早期智人，距今约12.95万—13.5万年，是介于中国猿人和现

韶关马坝人博物馆

代人之间的一种古人类型。它是1958年在广东省韶关市曲江区马坝镇狮子山石灰岩溶洞中发现的。马坝人是中国东南地区旧石器时代中期的人类化石，也是迄今为止广东省唯一的古人类。1984年，在洞内又出土了两件砾石打制的砍砸器。遗址中没有发现文化遗物。

马坝人化石是一个只有颅顶部分的头骨，包括额骨和部分顶骨；还保存了右眼眶和鼻骨的大部分；属一中年男性个体。伴生马坝人头骨化石的有剑齿虎、剑齿象、犀牛、大熊猫等19种动物化石，地质时代为中更新世之末或晚更新世之初（第四纪冰川时期）。

从长相上看，马坝人眉脊粗厚，眶后部位明显收缩，额骨比顶骨长，表现出和直立人类似的原始性质。但它的颅骨骨壁较薄，颅穹窿较为隆起，脑量可能较大（估计超过北京人），又具有智人的进步性质。马坝人虽然比北京猿人（生活在距今约70万年前）有了很大的变化，但仍保留着猿人的特征：眉骨前缘向前突出，头顶盖低平，前额部向后倾斜，口吻部阔平尖出。所以，分类上可将其归于早期智人。它处于直立人转变为早期智人的重要环节。

据考证，马坝人头骨可能是一中年男性个体。其特征如下：头骨呈卵圆形，颞线不明显，无顶骨，头骨的最宽处约在乳突上脊椎上，颅顶正中有类似矢状脊的结构（不如北京猿人明显）。额骨鳞部有一宽广的额隆起，垂直而下，与眉脊眉间部之间有一明显的沟相隔。但该沟不如北京猿人明显。眉间最向前突出，眉脊粗厚，向前和向两侧突出。眉脊的弯度介于猿人和尼人之间。额骨在眉脊后方明显收缩，类似猿人。头骨厚度不及猿人，与尼人相近。眼眶上缘是圆弧形，与尼人相似，猿人的则是平直的。鼻骨相当宽阔，与猿人和尼人相似，与现代人不同。头骨高度和额部倾斜的程度也在尼人的范围之内。

马坝人头骨形态虽然比北京猿人有所进步，但也有许多性状与北京猿人相似，说明它与北京猿人有着密切的亲缘关系。此外，它与欧洲的一般尼人性状也有些相似，但存在着更大的差别。

马坝人头骨发现的意义在于，扩大了中国远古人类分布范围，填补了中国华南人类进化系统上的空白，完善了中国原始人类发展的序列。

秦代造船遗址知多少

秦代造船遗址在广州市中山四路316号原市文化局大院。造船工场埋在地下5米深处。1975年开始进行发掘，挖出一段造船台和部分木料加工场地。

造船工场建造在灰黑色的沉积黏土层上，有3个木结构的造船台，呈东北—西南走向，平行排列。

广州秦代造船遗址

1号船台在南，其结构是由两行平行的大厚板（樟木）组成滑道（木板宽60～75厘米、厚15～17厘米），下面铺垫枕木（杉木或蕈树）以扩大受压面，形状犹如现代的铁道。在滑道的两行厚板上分置架承船体的木墩，两两相对，每对墩的间距不等。船台中宽1.8米，已揭露出长29米的一段，东端有横置的“横阵”，表明已到尽头，往西至88米处钻探仍见滑板，估计其长度当在100米以上。

位居中间的2号船台，中宽2.8米，仅揭露出一小段，结构与1号船台同，木墩下出小凸榫，插入滑板的卯眼中。

3号船台位于北面，仅揭露出一段，滑道中宽1.8米，结构与1号船台相同。据造船专家推算，3个船台可分别建造身宽5～8米，载重2～30吨的平底木船。

木料加工场地在1号船台的南侧，地面上散布着大量砍劈下来的小木片、炭屑和几块丢弃不用的木料。还发现用木桩和横木构成的“弯木地牛”，这是造船时用来烤弯木料的专用设施。船台出土有铁凿、锛、挣凿、木垂球、磨刀石等工具，还有青铜箭镞和秦至汉初的半两铜钱。根据地层的叠压和造船台上出土的遗物判定，造船台始建于秦始皇统一岭南时期。

这处造船工场的巨大规模，造船木材的选择及船台的结果形式等都充分表明：2000多年前，我国造船技术和造船生产能力已达到很高的水平。此遗址于1996年被公布为全国重点文物保护单位。

南越国有何来历

南越国（前203—前111），又称“南越”或“南粤”，前后传五世，共93年。

秦朝末年，南海郡尉赵佗起兵，兼并桂林郡和象郡，后自立为国，定都于番禺县（今广州市）。赵佗是南越国的开国之君。公元前111年，南越为汉武帝所灭。越南称南越国为赵朝或前赵朝。

公元前221年，秦王嬴政统一中国，成为中国历史上首位皇帝，以始皇纪元。秦始皇四年（前218年），秦始皇下令南征“百越”之地。经过四年时间，终于在公元前214年完成平定岭南的大业。接着，在岭南设立了三郡：南海郡、桂林郡、象郡。其中，南海郡下设博罗、龙川、番禺、揭阳四县。任嚣被委任为南海郡尉。赵佗被委任为龙川县令。

公元前210年，秦始皇病逝，秦二世胡亥继位。公元前209年，反对秦二世暴政的陈胜吴广起义爆发，接着就是项羽和刘邦长达四年的“楚汉之争”，当时的中原大地，陷入了混乱状态。前208年，南海郡尉任嚣病重。临死前，任嚣把时任龙川县令的赵佗招来，向赵佗阐述了建立国家的愿望。任嚣指出了南海郡具有得天独厚的有利地形，即傍山靠海、有险可据。这样，可以抵抗中原各起义军队的侵犯。与此同时，他当即向赵佗颁布任命文书，让赵佗代行南海郡尉的职务。不久，任嚣病亡。赵佗于是向南岭各关口的军队传达了据险防守的指令，防止中原起义军队进犯，并借机杀了秦朝安置在南海郡的官吏们，换上了自己的亲信。

公元前206年，刘邦入咸阳，子婴投降，秦朝灭亡。公元前203年，赵佗起兵兼并桂林郡和象郡，在岭南地区建立南越国，自称“南越武王”。南越国共传五世，分别为：南越武王赵佗，公元前207—前137年；南越文王赵胡，公元前137—前122年；南越明王赵婴齐，公元前122—前115年；南越哀王赵兴，公元前115—前112年；南越厉王赵建德，公元前112—前111年。

南越国的领土包括了今广东、广西两省区的大部分地区，福建、湖南、贵州、云南的一小部分地区和越南的北部。其中，北部边界直到南岭，包括今广西北部的三江、龙胜、兴安、恭城、贺州，广东北部的连山、阳山、乐昌、南雄、连平、和平、蕉岭一线，大部分地区与长沙国交界；东部边界一直到今福建西部的永定、平和、漳浦，与闽越交界；南部边界一直到今越南中部的长山山脉以东及大岭一线以北的地区；西部边界到达今广西百色、德保、巴马、东兰、河池、环江一带，与夜郎、毋敛、句町等国交界。

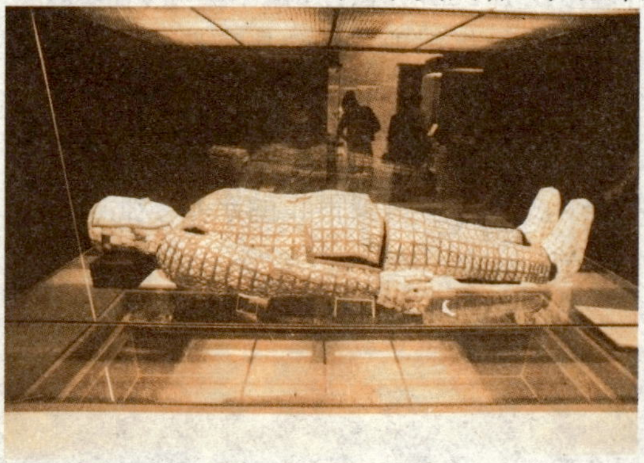

西汉南越王墓出土的丝缕玉衣

海上丝绸之路知多少

所谓海上“丝绸之路”，是相对陆上丝绸之路而言的，由日本学者三杉隆敏在他1967年出版的《探索海上丝绸之路》的专著中初次提及。这个概念如今已被学术界所普遍接受。作为中国古代对外贸易的重要通道，海上丝绸之路早在中国秦汉时代就已经出现，到唐宋时期最为鼎盛。具体路线是：由广东、福建沿海港口出发，经中国南海、波斯湾、红海，将中国生产的丝绸、陶瓷、香料、茶叶等物产运往欧洲和亚非其他国家，而欧洲商人则通过此路将毛织品、象牙等带到中国。海上丝绸之路的开辟，使中国当时的对外贸易兴盛一时。元朝时的意大利人马可·波罗就是由陆上“丝绸之路”来到中国，又由海上“丝绸之路”返回本国的。他的游记里记载了沿途南洋和印度洋海上的许多“香料之岛”。由于时代的变迁，海上丝绸之路自1842年鸦片战争开始后就走到了尽头，留给后人的则是一个又一个谜团。一些研究学者普遍认为，郑和下西洋使中国和世界各国的海上“丝绸之路”得到了更为彻底的贯通，也是证明历史上存在海上“丝绸之路”的重要依据之一。

南海神庙，又称波罗庙，位于广州黄埔区的庙头村。该庙规模宏大，占地面积3万平方米。其创建于隋文帝开皇十四年（594年），距今1400多年。它是广州对外海上交通贸易（即海上“丝绸之路”）的始发地，也是我国古代东南西北四大海神庙中唯一遗存下来的最完整、规模最大的建筑群。该庙以后经过历代重修和扩建，现存的是清代建筑，但仍保留着隋唐时的规模和建制。1962年7月，广东省人民委员会公布该庙为文物保护单位。

早在2000年前的西汉时期，中国古代海上“丝绸之路”就已经开始形成。隋唐时期，达到了鼎盛阶段。唐代的贸易船队，向南可到南亚各国，向西越过印度洋，可以抵达西亚及波斯湾，最远可到达非洲东海岸。明清之后，这条航线更远至欧美了。海上“丝绸之路”为东、西方政治、经济和文化的交流与沟通提供了便利条件，也扩大了中国在世界上的知名度和影响力。

南海神庙是古代中国海上“丝绸之路”的起点，是航船出发的码头。出海航船或来自远方的

南海神庙“波杨不海”牌坊

航船，都须经过坐落在南海神庙的这个古码头。于是众多的商船顺路经过这里均停下来上庙祭祀，以祈求航路平安、生意顺利。于是，神庙附近的扶胥镇便商旅云集，民间庙会交易频繁。南海神庙之兴旺，成为广州海上贸易繁荣的历史见证，遗留下许许多多珍贵历史文物，包括皇帝御赐的碑文、题字等，是一点也不奇怪的。当然百姓们更多的还是感恩于庇佑他们一帆风顺、平安大吉的南海神的。

为何说“若无韩夫子，人心尚草莱”

“若无韩夫子，人心尚草莱”，是广东潮州人对唐朝大文学家韩愈的赞誉。这句话刻在一块石碑上，被立在韩江之滨的韩文公祠内。岭南，在古代是流放罪官的蛮荒之地。而被流放的罪官当中，有不少人为当地经济和文化的发展起过重要作用，做出过重要贡献，韩愈就是其中之一。

唐宪宗元和十四年(819 年)，韩愈因“谏迎佛骨”事件得罪当朝皇帝，被贬潮州，担任当地刺史。在治潮的短短 8 个月时间中，他为百姓做了许多好事，如兴农劝学，祭鳄释婢等。

在潮州，韩愈特别重视教育事业，常用孔孟之道去教化当地人民。这在后世的苏东坡看来，是一个创举。当然，它对潮州文化的发展确实起过重要的作用。

与此同时，韩愈还非常关心农业生产的发展。针对潮州出现的连绵大雨天气，以及庄稼、蚕丝受灾的情况，他写下了《祭止雨文》《祭界石文》《祭大湖神文》，请求神明将罪过归于自己，而不要惩罚百姓。

韩愈

除此之外，韩愈的政绩当中还有一个被人津津乐道的故事，那就是祭走鳄鱼，为民除害。至今，潮州人妇孺皆知的口头禅——“静过祭鳄”(指肃静的程度无法比拟)，即与此相关。

据说韩愈到潮州后，由于感到“(皆曰)恶溪有鳄鱼食民物产，民是以穷”的民生疾苦后，随即亲自去视察民情。经过仔细调查之后，他立刻写下了一篇《祭鳄鱼文》，并来到恶溪中鳄鱼经常出没的地方宣读祭文，祈求鳄鱼回归大海。传说当时潮州万人空巷，大家都争着去看热闹。

相传韩愈祭拜鳄鱼后的当天晚上，恶溪骤

潮州韩文公祠

起暴风雨，电闪雷鸣，其势迅猛异常。几天之后，恶溪的溪水就全部退去了，作恶多端的大鳄鱼不得不迁徙到了五六十里外的大海。自此，潮州再没有鳄鱼为患，人民安居乐业。当然，这也许只是一个美丽的传说，并不一定就是事实。但韩愈关心民间疾苦的担当精神，却是值得发扬和传承的。正由于此，当地人民将恶(鳄)溪改名为韩江，将东山(笔架山)改名为韩山，以示对这位名臣的怀念。

“南海一号”南宋沉船有多少谜底

“南海一号”是一艘我国南宋初期的船，因失事沉没于广东阳江市南海海域。它最初于1987年被发现。限于技术、资金等方面的问题，人们当时并没有及时打捞。“南海一号”是20世纪90年代初中国水下考古事业创始人俞伟超先生为这艘沉船起的名字。

打捞于2007年开始，距离初次发现已20年。“南海一号”是一艘全木质结构(马尾松木、杉木)的船，船长30.4米，宽9.8米，高3.5米(不包括桅杆)。其于水下23米深处沉没，船身上覆盖了近2米的淤泥，甲板已经腐烂，但令人大为吃惊的是，船身其他部分保存较为完好，是目前为止所发现的最大的宋代船只。

针对“南海一号”，人们产生了太多的疑问。

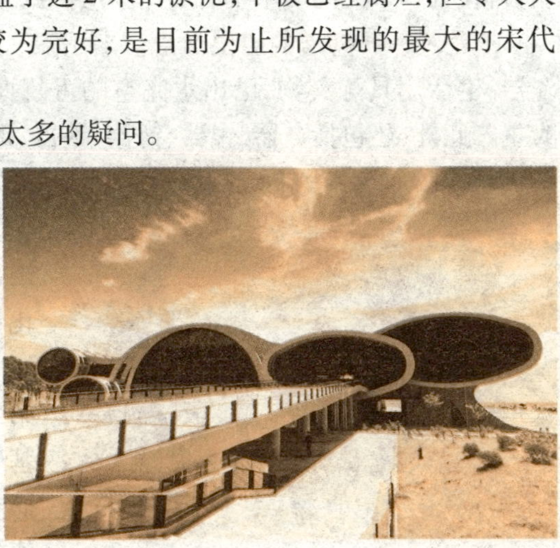

南海一号博物馆

一是沉船原因及沉船的确切时间。人们在对外国沉船事件进行考察后，认为“南海一号”之所以沉船很有可能是因为超载。据说当时欧洲的两艘军舰瑞典的“瓦沙”号和英国的“玛丽·罗斯号”，都是因为加装了大炮，造成载重量过大而沉没的。至于沉船的确切时间，一时无从考证。因为在船上发现了不同时期的钱币，有北宋末期和南宋初期的，甚至还有汉初的钱币。

二是它从哪里出发，要到哪里去。相关专家从沉船的船头所在位置推测，“南海一号”应该是从中国出发，到新加坡、印度等东南亚、南亚地区或中东地区进行海外贸易的。同时“南海一号”出水的文物大多产自江西和福建，而且史料中曾有记载，在宋代广东港的船很少有向北航行的，多发自泉州及以北港口。史学家据此判断，“南海一号”发自广州的可能性不大，很有可能出发地是在福建泉州地区。

三是船主是谁，是否逃生。目前“南海一号”已出水了四两重的金手镯、金戒指、1.8 米长的金腰带等黄金首饰，都没有生锈，且数量较少，不可能是远洋货物。考古专家据此推测，这些黄金饰品的主人可能是非常富有且身材高大魁梧的富商。根据目前的打捞情况看，还没有发现人的骸骨。假设当时有逃生的机会，船上的富商应该不会把随身所戴的这些金手镯、金腰带、金戒指等饰品扔掉再逃生，所以很可能的是当时船上的人同“南海一号”一起葬身南海。

四是木质沉船长期不腐的秘密。虽然沉船的具体年代还没有确定，但据专家推算，其大概时间在 840 年前，且“南海一号”位于水下 20 多米处，被 2 米多厚的淤泥覆盖着。一艘木质的货船如何会在水下浸泡 800 多年而不腐烂呢？相关专家称，这里主要有两方面原因：一是船体上的淤泥提供了隔绝氧气的环境，而且淤泥内有很多生物，但没有存活的，这说明船体周围氧气浓度非常低；二是“南海一号”虽是木质，但所使用的材质是松木，松木是抗浸泡比较好的造船材料，且广东民间历来都有“水泡千年松，风吹万年杉”的说法。

五是沉船所携带的历史信息。“南海一号”上装载有八万余件保存完好的瓷器、生活用具等文物，已出水完整的可复原器物总计 4500 余件，主要以瓷器为主。此外，还包括金器、银器、锡器、铁器、铜钱、漆器、动物骨骼、植物果实等。对“南海一号”的考古，将会为复原海上丝绸之路的历史、陶瓷史提供极为难得的实物资料，具有极高的历史文化价值和学术研究价值。

“南海一号”打捞出的瓷器

2011 年 4 月，“南海一号”完成了第二次试发掘，为其整体发掘奠定了基础。我们期待从这艘古沉船上能探测到更多的“秘密”，获取更多有价值的信息。

新会为什么被认为是南宋王朝覆灭之地

新会崖山，这就是当年宋元决战的古战场，沉船2000艘，浮尸10余万，一代王朝就此终结。据史载，宋德祐二年(1276年)正月，元丞相伯颜拒绝南宋求和的要求，派兵大举进攻临安。元军攻陷临安前，杨淑妃带着益王赵昰、广王赵昺和部分大臣从临安出走到温州，随后从温州经上海到福州。五月，陈宜中、张世杰、陆秀夫等在福州拥立益王赵昰为帝，号端宗，改德祐二年为景炎元年。半年后，元军向福州进攻，端宗率领众臣和数十万军民由海路逃向泉州、厦门，转移至广东的浅澳及惠州甲子门。在元军的尾随追击下，1277年4月，端宗等移驻珠江口的官富场，后又经中山转战到珠江口外的浅湾、井澳。1278年3月，继续航海至硇州岛。端宗在硇州病逝。陆秀夫、张世杰等又拥立赵昺为帝，改景炎三年(1278年)为祥兴元年。1278年6月，宋室被迫迁到新会崖山，建立行宫。

宋少帝赵昺驻崖山期间，建行宫30多间，军屋3000余座，训练士卒，制造兵器、船舰，开辟"草市"方便交易。各地闻讯纷纷组织义军，运送军粮物资，集结官民将士20多万人。祥兴二年(1279年)正月，元军都元帅张弘范会同副帅李恒，兵分水陆两路追至崖山，堵住崖门海口。为防元军海上强攻，张世杰作决战计，集结千多艘舰船，四周加筑战栅，形成海上坚城。元军几次硬攻均不下。

正月二十二日，元军占领崖山外围，截断了宋军的粮、水补给线。宋军吃干粮饮咸水，呕吐疲乏，战斗力下降。二月初六，天色晦暗，风雨交加，元军趁早、午海潮涨退的机会，李恒从北向南，张弘范从海上向北大举围攻。宋军虽整天苦战，终被攻破阵势，舰队崩溃。张世杰见大势已去，混战中又找不到少帝和丞相，便领少数战船，乘雾突围出海。眼见大势已去，南宋丞相陆秀夫背负九岁幼帝赵昺，用素白的绸带与自己的身躯紧紧束在一起，然后跳海自尽，壮烈殉国。"后宫诸臣，从死者众"，"越七日，尸浮海上者十万余人"。几天后，张

新会崖门古炮台

世杰回来寻找帝室，才知少帝已死，只好领着船队再度出海，航至海陵岛一带海面时不幸遇飓风溺死海中。

张世杰石刻像

崖海大战，南宋官军浴血奋战，残骸盈野，浮尸塞流。死难者中有跟随二帝从临安出走的官兵，有张世杰带来的江淮水师，有南下沿途结集的勤王志士，有福建、潮汕等地的畲族队伍，有当时新会各地的义勇乡兵，有崖海一带的“乌蜒船”民，有后宫伺宦与军官眷属。他们千里奔随，出生入死，慷慨赴难，高风亮节，英烈煌煌。故明朝兴建大忠祠，在祠堂内立“死难义士神位”，以资纪念。明嘉靖二十二年（1543 年），复建崖山庙、祠，增建忠义坛，并于大忠祠两侧加建东西两庑，奉“故宋忠义同死国事诸臣”和“故宋同死王事于广诸臣”之神位。清乾隆六年（1741 年），忠义坛改成祠庙形式。光绪年间改称义士祠，均于祠堂内置“故宋忠义同死众官军士等之神”及“故宋忠义同死众官军士妇女等之神”的神位。新中国成立后，1956 年和 1959 年两次对崖门古迹进行修葺。1983 年重建崖山祠、庙。

富甲一方的十三行有何来历

广州十三行，又叫洋行、外洋行、洋货行、洋货十三行、广东十三行等。它是清朝在广州设立的专营对外贸易的官方垄断商行。十三行当时富甲一方，欣欣向荣，有清初诗人屈大均《广州竹枝词》一首为证：“洋船争出是官商，十字门开向三洋。五丝八丝广段好，银钱堆满十三行。”

广州十三行广场

关于广州十三行的起源，无详细的史料可考。目前，学界对这一问题考察的结果，有三种观点：

其一，是英国的摩斯、美国的亨德等西方学者主张的看法。这也是最早提出的观点，认为康熙五十九年（1720年）是广州洋货商人组织公行的一年，即广州十三行始建的年代。后来，学者梁嘉彬（1910—1995），广东十三行天宝行第六代梁经国传人，曾历任台湾地区东海大学、政治大学、辅仁大学、文化大学教授）在《广东十三行考》一书中指出此说存在谬误，认为“是年无非为十三行商始有共同组织（公行）之一年而已”，并非建立之年。

广州十三行的忙碌景象

其二，这种意见认为广东十三行出现在公行成立之年以后，如日本学者稻叶岩古郎持此观点：在乾隆二十五年（1760 年）以后，十三行逐渐变成了公行的代名词。这一说法，当然也是站不住脚的，没有多少人支持。

其三，是《广东十三行考》的主张：“粤海设关之年（康熙二十四年）可确定已有十三行。”按此说法，广东洋货行成立于康熙二十四年（1685 年）。历史学家吴晗（1909—1969）在介绍《广东十三行考》所写的书评中，基本上同意梁氏的观点。不过，吴氏根据《啸亭杂录》记载的吴兴祚（1632—1698）的事“奏通商舶，立十三行”，认为这是吴兴祚始任两广总督到粤海设关之年任内时期的事，也就是“十三行之立，当为康熙二一至二四年（1682—1685）四年间事”。

乾隆二十二年（1757 年），清政府下令将广州设立为全国唯一的海上对外贸易口岸，史称“一口通商”。此后，十三行进出口的贸易额如芝麻开花——节节高。广州也成为清代对外贸易中心。久而久之，十三行就逐渐演变成了一个享有垄断对外贸易特权的特殊官方组织。这些特权官僚买办中，尤其以商家潘、卢、伍、叶四族豪门获利最多，所以由此发展成为广州四家最大的买办阶级。

十三行被称作是清政府财政收入的“天子南库”。据清史资料记载，1754年，洋船到港 27 艘，税银仅 52 万两。1790 年，洋船增至 83 艘，税银达到 110 万两。到鸦片战争前，洋船多达年 200 艘，税银突破 180 万两。1850 年，在世界城市经济十强中，广州名列第四；1875 年仍列第七。咸丰六年（1856 年），十三行在广州西关大火中毁于一旦。

林则徐虎门销烟是怎么回事

19世纪30年代,英国基本完成了工业革命,成为世界上第一个工业国家。为了打开中国的贸易大门,英国等西方资本主义国家向中国输入鸦片,导致烟毒很快泛滥中国。当时,鸦片问题逐渐成为政治性争论问题之一。道光十六年(1836年),太常寺少卿许乃济提倡"驰禁论",请准民间贩卖吸食,使鸦片走私合法化。道光十八年(1838年),鸿胪寺卿黄爵滋提出"严禁论",以重治吸食为先。林则徐曾向朝廷上奏,请求严禁鸦片。未等皇上批示,就开始在全省厉行禁烟,收缴烟土、烟膏与烟具,并配制"断瘾药丸",供人戒烟,成效卓著。随后又上一道奏折,力陈烟禁特别是杜绝鸦片来源的重要性和禁烟方略。并针对反对派的驳斥强调说:"法当从严,若犹泄视之,是使数十年后,中原几无可以御敌之兵,且无可以充饷之银。"举棋不定的道光帝认识到严禁鸦片的迫切性、必要性和可能性,于是,被迫接受严禁主张,决定禁烟。是年十一月十五日(12月31日),道光皇帝特命林则徐为钦差大臣赴粤查办禁烟。

"虎门销烟"绘画

1839年3月10日,林则徐经过两个月的旅程到达广州,成千上万的人挤满了珠江两岸,人人争睹钦差的风采。整个广州都在等待和倾听钦差大臣的声音。第二天,在辕门外贴出的两张告示《收呈示稿》宣明钦差大臣到广州的目的是查办海口事件。另一个《关防示稿》无异于钦差大臣此行的第一个宣言,是采取禁烟行动的先声。这个告示是林则徐作为钦差大臣向广州官员、百姓和外国人的首次公开亮相,它不仅再次以清廉告白天下,而且是为了驾驭极其复杂的局面而作。林则徐的日记记载，他当天住在越华书院。

林则徐

1839 年 3 月 18 日，林则徐发布两个谕贴。3 月 19 日下令禁止外国人离开广州；3 月 21 日下令包围商馆。3 月 22 日下令查拿英国鸦片贩子颠地。英国驻华商务监督义律的到来，矛盾自然转移到他身上，他到达当天，林则徐下令停泊在黄浦江上的一切外国船只封舱，当天晚上封锁商馆，并且撤走一切差役和中国雇员。但是义律是一个十足的大流氓，面对林则徐的命令，出尔反尔，采取无赖、讹诈、欺骗、撒谎的卑鄙手法交替使用。义律狡猾多端，但不是林则徐的对手。3 月 28 日，他向林则徐呈送了《义律遵谕呈单缴烟二万零二百八十三箱禀》。从林则徐 1839 年 3 月 10 日到达广州，到义律 3 月 28 日被迫同意缴出全部鸦片，总共 18 天，这充分说明了林则徐收缴鸦片第一回合的胜利。林则徐与邓廷桢等人会商后，就收缴的地点、验收、押运、存储、看管、守卫等各个环节做了无懈可击的指令和安排。

4 月 10 日，林则徐、邓廷桢邓亲赴虎门检查收缴前各项准备工作。4 月 11 日开始收缴，林则徐亲自监督收缴全过程。5 月 18 日，实际用了 34 天，共收缴烟土 19 187 箱，又 2119 袋，总重量 1 188 127 公斤。收缴的这段日子，林则徐一刻不怠地监督这一庞杂的过程。日夜操劳，一丝不苟，无一纰漏。缴烟获得了完全的胜利，但如此巨量的鸦片会如何处置呢？外国人推测中国可能对鸦片实行专卖，从而使鸦片买卖合法化，但他们想错了。林则徐报告道光皇帝，要求验明实物数量，然后焚毁。道光对林则徐表示了很大的信任，他让林则徐和邓廷桢、怡良等人将收缴的鸦片就地销毁。

6 月 3 日，历时 23 天的虎门销烟，在林则徐的指挥下，向全世界宣告了中华民族决不屈服于侵略的决心。虎门销烟，是人类历史上旷古未有的壮举，展示出中华民族无与伦比的伟大形象，是抗击外来侵略的胜利。林则徐，理所当然地是这一事件的组织者、指挥者和完成者。从这个意义上说，他已毫无愧色地成为历史巨人了。

是什么导致了三元里抗英

三元里抗英斗争是鸦片战争时期广州人民自发的武装反侵略运动。

三元里人民抗英斗争纪念馆

1840 年 6 月，英国发动鸦片战争。1841 年 5 月 25 日（清道光二十一年四月初五），英军攻陷广州城北诸炮台，设司令部于地势最高的永康台。永康台土名四方台，距城仅一里，大炮可直轰城内。清军统帅奕山等求和，5 月 27 日与英国订立《广州和约》，以支付英军赎城费、外省军队撤离广州等条件，换取英军交还炮台、退出虎门。但和约墨迹未干，英军就不断窜扰西北郊三元里及泥城、西村、萧冈等村庄，抢掠烧杀，奸淫妇女。广大民众义愤填膺，各地团练共图抵抗。

29 日，三元里村民击退来犯小股英军。三元里民众料到英军必会报复，所以在三元古庙集合，相约以庙中“三星旗”作为指挥战斗的令旗。会后，他们分头联络附近 103 个乡村的群众，准备共同战斗。

次日，南海、番禺百余村团练手持戈矛犁锄，群起围困永康台。相持近半日，英军司令卧乌古（又译作郭富）亲自带兵出击。团练且战且退，诱敌至牛栏冈丘陵地带。时大雨骤至，英军火枪受潮不能发射（印度雇佣兵，英方给他们装备的是比较落后的燧发枪，一遇雨淋便不能使用），团练民众冒雨反击，将英军分割包围，肉搏鏖战。追击过程中，英军第三十七团的一个连（60 人）被义军截至稻田中，三四十名印度雇佣兵被刀砍毙伤。英军派出两个水兵连，带着“雷管枪”（不怕雨天）前来增援。被围困两小时之后，英军撤退至四方炮台。据卧乌古报告，英军战死 5 人，受伤 23 人，另有一名少校疲劳过度而死（另一说

三元里抗英旗帜

法死7人,伤42人)。31日清晨,广州手工业工人以及附近州县如花县、增城、从化等地团练也陆续赶来,围台民众增至数万,相约饿死英军。卧乌古不敢再战,转而威胁官府,扬言毁约攻城。奕山等闻讯恐慌,急派广州知府余保纯出城,先安抚英军,复率番禺、南海两县令向团练中士绅施加压力。士绅潜避,团练逐渐散去,台围遂解。英军撤出虎门时发出告示,恫吓中国人民“后勿再犯”。人民群众当即发出《申谕英夷告示》,警告英军,若敢再来,“不用官兵,不用国帑,自己出力,杀尽尔等猪狗,方消我各乡惨毒之害也”!

三元里之战,英军惨败,6月1日英军退出了广州。但由于清政府的腐败无能,人民的抗英成果没有体现,但三元里人民抗英斗争的精神永远值得我们学习。

1958年,广州市将三元古庙遗址辟为“三元里人民抗英斗争纪念馆”,里面陈列的文物有三星旗、英军军服、大刀长矛、伍紫垣印章等。与此同时,建成了三元里人民抗英烈士纪念碑。现在这里是全国重点文物保护单位、广州市学生爱国主义教育基地。

黄花岗起义知多少

1910年11月,孙中山在马来西亚槟榔屿召开秘密会议,决定发动一次大规模的广州起义。参加会议的同盟会重要骨干有黄兴、赵声、胡汉民等人。他们计划以广州新军为主干,另选革命党人500(后增至800)组成“先锋”(敢死队),首先占领广州;然后由黄兴率领一军入湖南,赵声率领一军出江西,谭人凤、焦达峰在长江流域举兵响应;后会师南京,举行北伐,直捣北京的清政府。

1911年1月,广州起义统筹部在我国香港成立,黄兴、赵声为正副部长。统筹部下设调度处、储备课、交通课等,具体领导这次起义。4月8日,统筹部召开最后会议,决定联络省城内外及各省革命力量,将发难日期定在4月13日。但是,就在这一天,发生了同盟会员温生才刺杀广州将军孚琦的事件,广州开始戒严。再加上同盟会筹措的美洲的款项和由日本购

黄花岗七十二烈士之碑

买的军械也未到，所以发难日期不得不推迟。最后，黄兴等人临时决定起义定在 4 月 27 日（三月二十九日），并将原定十路进军计划改为四路。

27 日下午 5 时 30 分，黄兴带领“先锋”120 余人，臂缠白巾，手执枪械炸弹，吹响海螺，直扑总督衙门。黄兴打响了广州起义的第一枪，揭开了起义的序幕。革命军枪弹齐发，冲入督署，两广总督张鸣岐闻风而逃。黄兴等便放火焚烧督署衙门，然后冲杀出来，正碰上水师提督李准的亲兵大队。革命党人林文被敌人一枪击中，当场牺牲。刘元栋、林尹发等 5 人也相继中弹。随后，黄兴将所部分为三路：川、闽及南洋党人往攻督练公所；徐维扬率花县党人 40 人攻小北门；黄兴自率方声洞、朱执信等出南大门，接应防营。战斗到最后，只剩黄兴一路孤军作战，其余壮烈牺牲。4 月 30 日，黄兴逃回香港。

广州起义最终以失败而告终。事后，广州革命志士、同盟会会员潘达微收殓到牺牲的革命党人遗骸 72 具，葬于广州郊外的红花岗，并将红花岗改为“黄花岗”，史称“黄花岗七十二烈士”。这次起义因而也称为“黄花岗起义”。

虽然黄花岗起义失败了，但革命党人用生命和鲜血献身革命的伟大精神却震动了全国，也震动了世界。由于起义在不同程度上打击了清朝的腐朽统治，为后来武昌起义的成功准备了条件，从而促进了全国革命高潮的更快到来。

“革命军的摇篮”——黄埔军校知多少

黄埔军校的大名如雷贯耳，但凡对中国近现代史有所了解的人，肯定都知道。但是，关于军校开办之初的历史背景和相关事迹，了解的人恐怕并不多。黄埔军校作为“革命军的摇篮”和基地，是一步步建立起来的，其中有着不为人知的细节和故事。

黄埔军校旧址

走出去，“以俄为师”。 俄国十月革命的胜利，让民主革命先行者孙中山受到极大的鼓舞。之后不久，孙中山诚恳邀请第三国际代表马林来中国考察。1921 年 12 月 23 日，马林在中共中央委派的代表张太雷陪同下，到达广西桂林。随后，马林同孙中山在桂林进行了两次长时间的秘密会谈。正是由于这次会谈，使孙中山做出了一项重要决定：改组国民党、实行国共合作、建立军官学校。

黄埔军校校本部校长办公室

孙中山经历过革命的种种失败，基于此，他认为：必须要有自己的武装力量，才能保证革命政权的稳固。为表明"以俄为师"的诚心，"建立革命军，挽救中国的危亡"，1923年8月，孙中山派蒋介石等4人，组成"孙逸仙博士代表团"赴俄考察党务、政治和军事。这就是"黄埔军校"建立的历史背景。

总理钦定："岛上建校"。 早在1923年，在国民党内通过了一项"建立陆军讲武堂"的提案，且命名为"国民革命军官学校"。次年1月，原定的军官学校还没正式开办，孙中山又命名成立"陆军军官学校筹备委员会"，委任蒋介石为委员长，并钦定以黄埔岛上原黄埔水师学堂和陆军学校的旧址为校址。学校简称为"黄埔军校"。

黄埔岛距广州20余公里，从广州坐汽船到黄埔，一小时许便可到达。岛上林木葱茏、四面环水、山峦起伏、环境幽雅，是办校驻军的理想之地。

2月中旬，筹委会组织人马前往岛上进行整修。他们披荆斩棘、铺路建房，使昔日蛇鼠丛生之墟，一跃而成为谈兵论战之地。弹丸孤岛的黄埔，与其说是军事学校，倒不如说是国民党武装的发祥地。因为从这里走出不少赫赫有名、威震天下的战将，他们为抗击日寇、解放全中国立下了不朽功勋。

投机革命，蒋介石当上了校长。 在确定学校领导班子时，孙中山提名蒋介石为校长。人们也许会问，蒋介石何以能够接近孙中山并被看中当上了黄埔军校校长呢？有史料介绍了这方面的情况。

蒋介石与孙中山的接近，首先是因为陈其美的关系。陈其美从事政治活动以后，始终追随孙中山，可谓忠心耿耿。据说，孙中山

黄埔军校时的蒋介石

在组织中华革命党要求参加者在誓词上打手印时，许多人犹豫不决，而陈其美却是第一个宣誓打手印的。因此陈在当时得到孙中山的信任。蒋介石是陈其美的得意徒弟之一，因而也就有机会与孙中山接近。

尤其是“永丰舰事件”，使蒋介石投机成功，博得了孙中山的信任。1922年，广东军阀陈炯明炮轰总统府，赶走了孙中山。孙中山在永丰舰上与陈炯明相持了50多天。此时，蒋介石在上海交易所做生意失败了，十分颓丧。政治嗅觉灵敏的他看到有机可乘，立马从上海跑回广州，来到永丰舰，表示誓与孙中山共存亡。从此蒋介石同孙中山的关系密切了起来。蒋介石是不是就凭这次特别的表现当上了校长，我们不能妄加评论。但至少可以说，蒋介石是从这个时候开始发迹的，以后，他也一直以此作为他是孙中山忠实信徒的资本，把他与孙中山在永丰舰上的相处，当作他为孙总理赴难的证据，不断捞取政治荣誉。

“到黄埔去”成为当时热血青年的心声。国民党“一大”确定要办黄埔军校的消息传出以后，全国有志青年热血沸腾。华夏男儿，无论东西南北，不分贫贱富贵，都喊出了相同的口号、一致的心声：“到黄埔去！”这个口号，不但震惊了全国青年，而且震惊了全世界。

1924年2月10日，筹委会将拟定的名额分配到各省区。因当时在军阀的铁蹄之下，不宜公开招生，故委托国民党“一大”代表代为招考。这里说说何叔衡在湖南招生和毛泽东负责上海点的考生复试的故事。

国民党“一大”闭幕后，何叔衡一回到长沙，便按照毛泽东的革命军队是实现革命理论的先锋，多选派党团员和进步青年到军校学习，培养党的武装骨干的主张，立即通知本省党的基层组织，将推荐出来的党、团员或进步青年秘密送到长沙清水塘考选。当时的湖南在赵恒惕统治下，国民党和共产党的组织都不能公开存在，处于地下状态。因此黄埔军校第一期在湖南的招生工作，也是秘密进行的。说是报考，其实只写了一篇文章，题目是《试述投考黄埔军校的志愿》，而数、理、化等科都没有考试。初试合格的，何叔衡给他们办了手续，发了路费，安排分散搭火车、轮船先去汉口，然后再坐轮船去上海毛泽东处复试。到了上海，毛泽东告知还要考数理化。湖南的学生国文成绩不错，但其他成绩却一般。毛泽东组织了上海点的复试，被录取的考生在毛泽东为他们办完相关事宜后，统

何叔衡

一送往广州参加全国总复试。这是当时全国招考黄埔军校学生的一个缩影。

李济深

盛况空前的第一期开学典礼。1924年6月16日，来自全国的教官和学生，包括共产党人和国民党人共500余人，在黄埔岛上隆重举行了黄埔军校成立暨第一期开学典礼。

这天一大早，7时40分，孙中山就已经偕夫人宋庆龄来到了黄埔军校。在教授部主任王柏龄、训练部主任李济深等人的陪同下，孙中山巡视了学校讲堂、学生宿舍和其他重要场所；此外，他还浏览了军校的师生名册和教授计划，并与学生们进行了轻松愉快的座谈。

上午11时半，军校全体教职员工及学生集合操场，举行开学典礼。大家依次向国民党党旗、黄埔军校校旗、校总理孙中山行三鞠躬礼。胡汉民宣读了总理训词。汪精卫代表国民党中央执行委员会宣读贺词。之后，孙中山发表了热情洋溢、慷慨激昂的演说。他说，今天在这里开这个军官学校，独一无二的希望，就是创造革命军，来挽救中国的危亡！从今天起，把革命的事业重新来创造，要用这个学校的学生做根本，成立革命军。诸位学生，就是将来革命军的骨干。讲话中，他向黄埔师生发出了“挽救中国危亡”的庄严号召。

当日下午，黄埔军校举行了阅兵式和分列式。晚上7时，为祝贺军校创办成功，国民党中执委和广州市党部举行了公宴，招待军校教职员工及全体学生。胡汉民、汪精卫等参加了宴会。席间，校长蒋介石作了讲话，向学生提出未来的希望。

成立之初的黄埔军校，以孙中山为总理，蒋介石为校长，廖仲恺为党代表，直属国民党中央执行委员会。校本部之下分设政治、教练、教授、管理、军需、军医六部，戴传贤、李济深、王柏龄、林振雄、周骏彦、宋荣昌分任各部主任。共产党人周恩来、恽代英、肖楚女、熊雄、聂荣臻等也在军校担任政治领导工作及其他工作。就当时条件而言，能够有如此规模，已经相当不容易了。

军校得到了苏联帮助。苏联政府对孙中山办军校十分支持。1924年春，派遣捷列沙托夫、捷尔曼、波良克和契列帕诺夫等四人组成军事顾问小组来到中国。孙中山热情地接待了他们，向他们表明了“在现今的革命斗争中，十分需要学习俄国人”，“如果今后在革命斗争中不学习俄国人，那么它肯定不会成功"的愿望。他还打算要按照苏联的军事制度组织革命军，在南方建立北伐战略基地，并恳切希望苏联顾问把自己的经验毫无保留地传授给黄埔军校师生。

革命要靠精神，但徒手不能打倒敌人，这是最浅显的道理。当时，孙中山亲批了300支粤造七九毛瑟枪给黄埔军校，但兵工厂不以军校为重，仅仅给了30支，只能勉强给军校卫兵守卫用。恰在此时，苏联党和政府给黄埔军校补充了一些枪械，真是雪中送炭！听到这个消息，全校师生无不兴高采烈、欢欣鼓舞。他们说今后革命有家伙了，不愁了，有的甚至喜极而泣。这次苏联援助的枪械中，有长枪8000支，配有刺刀，全是俄国式的步枪，每枪还配有500发子弹；小手枪10支。看到这些晶亮的枪支，大家说，"革命有本钱了"。

"黄埔慈母"——廖仲恺

"黄埔慈母"——廖仲恺。初创时的黄埔，困难大极了。学生的服装只是一套灰布的衣服，没有袜子，赤着脚穿草鞋。住的房子更是简陋得很，当时只有一部分学生借住从前黄埔陆军小学的瓦房，其余就都住在临时用芦苇搭成的棚子里。最要命的是，一日三餐也难以为继，常常是吃了早餐不晓得晚餐还有没有，今天有了不知道明天还会不会有。

这副后勤重担，廖仲恺偏偏主动扛着，毫无半点怨言。当蒋介石讲到困难情形与廖仲恺商量时，廖仲恺总是安慰他说："你尽管专心去教育学生吧，经费的事我来办。"那时，广东的财权和一切税收机关都把持在军阀杨希闵手里。而这班军阀，从骨子里头是反对黄埔军校的，根本不愿意看到军校的存在。张治中在《黄埔精神和国民革命》一书中说到，我们常常听到廖先生讲起筹款时种种酸辣，他几乎落下泪来。有时一天出去，四处奔跑，一直到晚上八九点钟还没得着一个子儿。他只好跑到一些军阀的公馆里去筹款，这些军阀斜靠在烟榻上抽大烟，根本不予理睬，要等他们抽完烟后高兴时才能提及钱的事。而且只能说有紧急用途，根本不能说是黄埔军校的经费开支。每要一笔钱，廖先生的心里就要滴一次血。

廖仲恺的言行感动了所有军校同人，无论是教职员工，还是青年学生，都把他看成黄埔慈母。"黄埔慈母"这一美誉，廖仲恺当之无愧！

随着孙中山逝世和廖仲恺遇刺身亡，军校大权完全落在了蒋介石和以他为头子的国民党右派手里。在此之后，军校与孙中山的办校宗旨和遗训就渐行渐远了，革命的黄埔蒙上了一层厚厚的阴影。

国民党“一大”是在哪里召开的

1924年1月20日到30日，中国国民党第一次全国代表大会在广州召开。大会通过了《中国国民党第一次全国代表大会宣言》和《中国国民党章程草案》。这两个文件是由孙中山指定，苏联顾问鲍罗庭和国民党元老汪精卫、共产党元老瞿秋白共同起草的。

孙中山等代表步出国民党“一大”会场场景

在国民党“一大”上，孙中山重新解释了他的三民主义，即新三民主义，确定了“联俄、联共、扶助农工”的三大革命政策。

大会通过了国民党的施政纲领，提出了对内对外的基本政策和实行新三民主义的具体方针。其中，对外政策包括：废除清政府及军阀政府同帝国主义订立的一切不平等条约；取消帝国主义在中国攫取的特权；争取国家独立自主等。对内政策有：规定各项政治经济制度，以反对封建主义保障民权民生主义的实施；规定“实行普通选举制，废除以资产为标准之阶级选举”；“改良农村组织，增进农人生活”；“制定劳工法”，“改良劳动者之生活状况，保障劳工团体，并扶助其发展”，等等。

国民党“一大”的召开，促成了第一次国共合作局面的正式实现。经过改组后的国民党成为工人、农民、城市小资产阶级和民族资产阶级四个阶级的民主革命联盟。这次大会对中国新民主主义革命具有重大意义，成为新革命高潮的起点。

广州公社知多少

1927年4月12日，蒋介石在上海发动反革命政变，即“四一二”反革命政变。三天后，两广的国民党反共势力也在广州发动了“四一五”反革命政变，白色恐怖笼罩着广州城乡。

在严峻的形势下，武汉等地的共产党员陆续撤退聚集到广州。9月，彭湃领导海丰、陆丰农民武装起义，同时南昌起义部队也进入了广东。当时，广州虽然处于国民党反动势力统治之下，但是由于各军阀之间正在混战，状态极不稳定，有利于发动武装起义。

广州公社烈士之墓

12月11日，广州起义爆发。参加本次起义的共产党主要领导人有张太雷、叶挺、恽代英、叶剑英、杨殷、周文雍、聂荣臻等。当天，起义部队中的教导团、警卫团一部和工人赤卫队，对广州市内的反动势力发起了猛烈攻击，市郊和附近一些县的农民群众也组织了暴动，响应起义。在经过两个多小时的激烈战斗后，共歼敌1000余人。

张太雷

12月12日，广州工农民主政权——广州苏维埃政府宣告成立。这是我党在城市建立苏维埃政权的一次重大尝试。在广州上空，开始飘扬起象征工农政权的铁锤镰刀图案的红旗。正如无产阶级在世界上的第一次革命尝试——“巴黎公社”一样，广州苏维埃政府被称为“广州公社”。

老广东的地名

老广东因何得名

广东,《吕氏春秋》中称“百越”,《史记》中称“南越”,《汉书》称“南粤”。“越”与“粤”相通,泛指岭南一带地方,所以广东的简称是“粤”。在古代,广东地区常被称为荒蛮之地。其实,广东的历史还是相当久远的,早在10万年前就有曲江马坝人在此繁衍生息。以后一直是百越杂居。

广州俯瞰

周夷王八年(公元前878年)(一说为周惠王时期),广州建起“楚庭”,算是划入楚国的地界。秦始皇统一中国后,也打下了岭南,于公元前214年在这里设置南海郡,治所在番禺(今广州)。南海郡辖境是东南濒南海,西到今广西贺州,北连南岭,包

中共三大中执委分工会议雕塑

括今粤东、粤北、粤中和粤西的一部分，辖番禺、龙川、博罗、四会4个县（据《汉书》记载）。

三国时期，岭南地区属于孙吴统治。三国吴黄武五年（226年），划合浦以北为广州，州治番禺，广州由此而得名。唐懿宗咸通三年（862年），岭南道划分为东、西道，东道治广州，广东属岭南东道，这是广东省名中“东”字的由来，也是两广分为东、西的开始。宋太宗至道三年（997年），广南路分为广南东路和广南西路，东路治所在广州，西路治所在桂州。广东大部分属广南东路，“广东”即广南东路的简称。元代改为广东道，“广东”的名字就是从这个时候开始使用的。

1949年11月6日，广东省人民政府正式成立。全省共设珠江、东江、西江、北江、粤中、南路、兴梅、潮汕、琼崖等9专区，共辖7市98县，广州市为中央直辖市。1952年，广东省和广州市由中南行政委员会领导，将北海市及钦州专区划归广西，广西的怀集县划入广东。1954年，广东省改由中央直接领导，原由中央直辖的广州市划归广东省管辖。此后，市、专区、县几乎年年都有调整。1955年，广西的北海市和钦州专区所属各县划归广东省，并更名为合浦专区。1965年，北海市及合浦专区所属各县划归广西壮族自治区。1979年，原属惠阳地区的宝安县改设深圳市，原属佛山地区的珠海县改设珠海市，均由省直辖。广东省直辖广州、海口、汕头、湛江、茂名、佛山、江门、深圳、珠海、韶关等10市，分设韶关、惠阳、梅县、汕头、佛山、湛江、肇庆等7地区和海南行政区及海南黎族、苗族自治州，共辖14市、92县、3自治县。1981年，设立西沙、南沙、中沙群岛办事处，由海南行政区直接领导。1983年以后，开始实行市管县、乡镇管村的新体制。1988年，中央政府将海南行政区从广东省划出，另设海南省。同年，广东开始取消地区设置，另设18个地级市（后增加到21个地级市），全面实行地级市管县体制以及乡镇管村体制，一直沿用至今。

珠江因何得名，有什么特别之处

珠江，又叫珠江河，以前叫粤江。它全长2320公里，是中国第三长河，仅次于长江、黄河。因传说曾在江中发现珍珠，故得名“珠江”。

珠江流域自然特征变化大，地势大体上西高东低，北高南低。这里地貌复杂，主要由云贵高原、广西盆地和珠江三角洲平原这三个宏观地貌单元构成，基本地貌有山地、丘陵、平原三种。这里地层岩性多样，沉积岩、岩浆岩、变质岩均有分布。

珠江夜景

从水文气候上看，这里属于亚热带气候。年平均气温为14℃～22℃，最高气温42℃，最低－9.8℃。流域内雨量丰沛，年平均降水量达到1470毫米。珠江是中国七大江河中含沙量最小的河流，全河多年平均含沙量为0.27千克/立方米。

珠江最大的特色就是水资源特别丰富。流域内水资源总量为3360亿立方米（中国部分为3344亿立方米），约占中国水资源总量的12%。流域属外流河流域，江水全部注入南海，入海水量为3260亿立方米，占中国入海总水量的18.9%。珠江水力资源相当丰富，可开发的水力资源（单站装机500kW以上）为2512万kW，年发电量1168亿kW·h。流域内的水力资源主要集中在南盘江、北盘江、红水河和黔江。至1995年年底，流域内有单站装机25万kW以上大型水电站6座，总装机容量458.25万kW；2.5万～25万kW中型水电站33座，总装机容量200.49万kW。

珠江的另一大特色就是航运功能。流域内有通航河道1088条，通航里程计14 156公里，其中主要航道79条，通航里程7154公里。通航1000t级船舶的航道长757公里，通航300t～500t级的航道长948公里，通航100t～300t级航道1546公里。其中，广州至黄浦段，可通过3000t～5000t级海轮，黄浦至珠江出海航道可通过10000t～25000t级远洋轮船。

珠江还具有天然的灌溉和供水条件。截至2000年，珠江的耕地保灌率由初期的49%上升到75%；城镇生活年供水量达18.69亿立方米，工业年供水95.15亿立方米。

除上述水力发电、航运、灌溉及城市供水的水资源特色外，珠江流域目前还在规划渔业养殖及旅游资源开发等。

广州有什么别名，有何由来

广州简称“穗”，穗的意思为“稻谷”，为什么有这样的称号？这要从一个传

广州越秀公园内五羊石雕

说故事开始说起了。

公元前9世纪，在周夷王时，周朝的楚国在如今的广州建造了一个城邑，名叫“楚庭”。有一年，楚庭发生旱灾，连年灾荒，民不聊生。一天，南海天空飘来五朵彩色祥云，上有身穿五色彩衣、分骑五只不同毛色仙羊的仙人。仙羊口衔一棵一茎六穗的稻子，徐徐降落在这座城市。仙人们把稻穗分赠给广州人民，并祝福此地今后永无饥荒。说完，五位仙人飘然离去，仙人腾空而去，仙羊化为石羊，好像要永久地保佑楚庭人民风调雨顺，幸福吉祥。从此，这里果真就风调雨顺、五谷丰登了。后来人们将稻穗撒播大地，从此，广州成了岭南最富庶的地方，这里年年五谷丰登。于是，此地开始有了“羊城”、“五羊城”、“穗城”之称。中国有句古话，“民以食为天”，这个传说故事说明了广州是个鱼米之乡，是个物产富饶的地方。

1959年，著名雕塑家尹积昌等人设计了作为羊城市徽的雕塑——五羊像。五只羊神态各异。站在高处的老羊雄劲有力，嘴里衔着一束饱满的稻穗，昂首望着远方。老羊脚下是一对亲密依偎的小羊。还有一对母子羊，母羊回首看着正在安静吸乳的幼羊，深厚母爱溢于言表。

广州又号称“花城”，因为广州的天气温暖，一年四季鲜花不断。而且到了冬天春节前后，还有大型的花市，到年三十晚上还要逛花市，家家户户都用鲜花来装点节日气氛。

深圳因何得名，为何又被称为鹏城

深圳有6700多年的人类活动史，早在新石器时代中期，就有居民在这片土地上繁衍生息。夏、商、周时期，深圳是百越部族远征海洋的一个落脚点。公元前214年，秦始皇在岭南置南海、桂林、象郡三郡，深圳时属南海郡。东晋咸和六年(331年)，朝廷置宝安县，即深圳的前身。明洪武二十七年(1394年)，在今深圳境内设立了东莞守御千户所及大鹏守御千户所。清朝初年，因为这里水泽密布，且田间有一条大水沟，所以建深圳墟，历史上始有深圳之名。(“圳”在广东方言中是田间的水沟。)1979年3月，中央和广东省决定把宝安县改为深圳市。1980 年 8 月 26 日，全国人大常委会批准在深圳设置“经济特区”。至 2004 年，深圳已成为无农村的城市。

深圳大鹏所城

深圳东部有座古城，叫大鹏所城，位于深圳东部的大鹏镇。此城大约建于明洪武二十七年，至今已有 600 多年的历史。这是明代为了抵抗倭寇海贼而设立的古城，有着“大鹏守御千户所城”的美誉，简称为大鹏所城。因此，深圳被称为“鹏城”就是源于此了。

深圳是全国四大一线城市之一（北、上、广、深），国际化大都市，中国华南第二城，与广州并称“南粤双雄”。该市位于珠江三角洲东岸，与香港一水之隔，是中国最早对外开放的城市。它是中国第一个经济特区，副省级城市，计划单列市。土地面积 1953 平方公里。

2010 年 8 月，深圳特区扩容至全市，经过 30 年的发展，它已成为有一定国际影响力的国际化城市，创造了举世瞩目的“深圳速度”。深圳是中国金融中心之一（仅次于香港、上海、北京）、信息中心、高新技术产业基地之一和华南商贸中心及旅游胜地，是我国重要的海陆空交通枢纽城市。由于此地毗邻香港地区，所以市域边界设有全国最多的出入境口岸。

珠海因何得名，地理位置和气候有什么特点

珠海位于广东省珠江口的西南部，是中国五大经济特区（其余四个为深圳、厦门、汕头、海南）之一。早在新石器时代（距今 5000 年前），就有先民在这里繁衍生息。珠海因位于珠江注入南海的出海口而得名。

此外，关于珠海的名称来历，还有一个传说故事：唐朝时，一艘来自阿拉伯的穆斯林商船在经过此地时遭遇大风天气，商船随即翻倒在江里，船内的大量珠宝沉入水底。后来，人们从水中捞到了许多珠宝，遂称此地为珠海。

珠海濒临南海，东与深圳、香港地区隔海相望，南与澳门陆路相通。珠海市的整个范围，包括珠江口外环抱香港、澳门地区的 146 个岛屿，海岛总面积 236.9 平方公里。在 6000 多平方公里的辽阔海域内，有 100 多个海岛像粒粒珍珠般点缀其间，它是广东省拥有海岛和海滩数目最多的城市。所以，它有“百岛之市”的美称。珠海辖香洲区、斗门区、金湾区，陆海总面积为 7640 平方公里，其

珠海渔女

中陆地面积1640平方公里。此地地貌类型多样，有山地、平原、湖泊和海洋。珠海依山傍海，海岸线长731公里，有许多著名的海滩泳场。

珠海属于低纬度亚热带季风区，日照充足，雨量充沛。因受海洋影响，气温的日较差很小，仅5℃左右。全年一二月份气温最低，但气温终年在0℃以上。进入4月，温度渐升。5～9月，天气较热亦多雨。日最高气温高于35℃的日子为数不多，全年仅为2天。年平均降雨量1700～2300毫米，以6月份的降雨量最多。东风为常风向，夏以东南风为主，冬以东北风为主，夏秋季有台风侵袭。

汕头因何得名，为何又叫鮀岛

汕头市位于广东省东部，一直以来享有“岭东门户、华南要冲”的美称。汕头市区古为潮汕滨海冲积地，因沙脊向海伸延，百姓设栅捕鱼，称“沙汕头”。清康熙年间建沙汕头炮台，雍正年间简称“汕头”，其名始建于史。早在1858年，革命导师恩格斯就说：在中国当时已开放的五个通商口岸中，汕头是“唯一有一点商业意义的口岸”。1950年3月15日，成立汕头市人民政府。1981年，经国务院批准，汕头成为经济特区。

汕头市开埠到今已有130多年的历史。这里原是一片波浪滔滔的海湾，因近几百年来韩江所带泥沙的冲积，才逐渐从海底浮聚起来。元代时，在现在的光华埠一带，已初步形成较大的渔村，称为“厦岭”。明洪武二年（1369年），设蓬洲御千户所于此。明万历三年（1575年），韩江口的沙脊已积聚成片，称为“沙仙坪”。清康熙五十六年（1717年），在这里筑烟墩建炮台，称为“沙仙头”。从雍正到乾隆年间，迁到这里居住的人日益增多，除

汕头俯瞰

了捕鱼、耕田之外,还利用海水晒盐,各地盐贩也常到这里贩盐运销。清政府在此设站征收盐税。简称“汕头”。以后,随着过往商船日趋频繁,乾隆二十一年(1756 年),清政府在放鸡山(今妈屿岛)设立“常关”,课收南北商运的关税,这是在汕头最早设立的海关。至开埠前,已建立了“漳潮会馆”,商业活动日趋活跃,具备商埠雏形。汕头开埠后,鸦片和外国商品源源不断输入,而大批华工被源源输送到各国殖民地充当苦力,英国、德国、法国、挪威、美国、日本等国先后设立领事馆,进行经济、文化、军事侵略。

汕头又有鮀岛的别称。鮀是种体小而圆、带有斑点的鱼类,属鲨鱼的一种,称作鲨鮀。汕头市区因位于鮀济河一侧,三面环水,历史上曾是半岛,过去海湾盛产鲨鮀,故称“鮀岛”。

韶关名字有何由来

韶关,1400 多年前称为韶州,它的得名与韶石丹霞的名山有着重要的渊源关系。韶州得名韶关始于清明之际,源于当时经济地不断发展,与当地先后设立水陆三个税关有关。

“韶”字得名于韶石山。古代时,丹霞山为韶石山的一部分,丹霞之名是明末才有的。韶石山是富有神奇色彩的名山,是丹霞山三大景区之一和重要的组成部分,面积 1000 平方公里。据《水经注》云:(韶石山)“其高百仞,广圆五里,两石相峙,相去一里,大小略均,似双厥,名曰韶石。”传说这里是“舜帝南巡”的地方,美丽而又古老的神话为这块土地抹上了神奇的色彩。清《广东新语》对于韶石山的评价称:“韶之山多奇,而韶石为最……粤之石,韶石最名。”五代后梁乾化初,约 912 年,韶州府治由武水西迁至中州(今韶关市区)。其地位于北江上游,东濒浈水,西临武水,是通越南岭的天然通道,地理形势为“重关横锁,万壑环趋,当江楚水陆之冲,界岭海毗连之城”。因此,韶州不仅是粤北政治和文化中心,同时又是经济中心。

“关”字主要来自税关。关于税的由来,《说文解字》称“税租也,从禾兑声”。据《汉书·食货志上》载:“税谓公田什一,及工商虞衡之入也。”可见,我国古代的税,最早的是农业税,以后才出现工商税。据载,韶州较早的也是农业税。宋代,韶州府开始

武广高铁韶关站

设有商税务，配有监官，负责商税的稽征管理。到了明代，韶州府的经济比前代又有所发展。明嘉靖二十六年（1547 年），韶州府为确保税收，在城西武水的遇仙关（又称西关）对商人贩卖的各类手工业品、竹木柴薪等，开始征收商税，税率为 1/30，年征银 4800 两。以后陆续有增加。清初，韶州随着货物商税的扩大，设关征税逐渐增多。清康熙八年（1669 年），清政府在韶州设一户关，并将南雄太平桥厂的税征移至韶州征收，改名太平关。太平关设于城东浈水太平桥西头（今韶城东堤北路河边，又名东关）。这时，韶州太平关征税分设三个分关：一是在太平关，征收经浈水往来粤赣货物商税；二是在遇仙关，征收经武水往来的湘粤货物商税；三是在府属的英德县浛光。综上所述，韶州工商税从明中后期开始实行关税制。到了清代，韶州关税管理的力度不断加大，关税制也不断得到完善。韶州由于设立了上述遇仙、太平、北关三个税关，韶关的“关”字由此而来。

由于当时关税征收十分严厉，来往韶州的商人都很怕过韶城的三个税关，因此把这三个税关统称为韶关，甚至把韶州也称为韶关。到了清代，虽然把韶州称为韶关的人逐渐多了起来，但只是俗称而已，韶关在明清两代乃称韶州府。辛亥革命后，废府留县，韶州为曲江县太、武城两镇。民国期间，废府后韶州的地方政权建制变化频繁。先后曾称为南韶连道、岭南道、南韶连绥靖处、南韶连行政（政务）委员会、北江善后委员会公署、第二（四）行政督察区。据查，1925 年前后，广东的一些报刊如《广州民国日报》等，对韶州的称呼也有韶关的提法，但是没有得到政府和社会的认可。1928 年，原韶州一度成立市政局，试图把曲江县城建为市，但当时还是称韶州市政局。抗战前后，也许由于韶关名称在社会上的使用逐步多了起来，因此在原韶州以韶关命名的企业、商行也越来越多。1935 年，广东省政府与美国寇蒂斯·莱特飞机公司在原韶州府治（曲江县城南门外，今中山公园内）开办飞机制造厂，定名为“韶关飞机修理厂”。同年秋，该厂由南京政府接受，改名为“韶关飞机制造厂”。广州沦陷后，省政府迁韶。1943 年 11 月，拆曲江县城置韶关市，这是韶州为韶关的正式定称的开始，也是韶关建市之始，但不足 3 个月，韶关乃称太平、武城镇。

韶关城市风光

1949 年 10 月 7 日，韶关解放，同时成立韶关市人民政府，不久韶关撤市建镇。1951 年，经国务院批准成立韶关市，韶关这一名称从此逐渐在全国乃至全世界使用。

河源市是如何命名的

河源市位于广东省东北部，历史悠久，文化底蕴深厚。早在公元前10000年至4000年，这里便有人类繁衍生息。河源是客家人的主要聚居地之一，也是目前中国大陆唯一一个纯客家的地级市。河源之名，与东江和新丰江这两条江水有关。其中，东江自北向南流经河源市区，新丰江从西向东绕城而过。两江在市区东面交汇，使得整个市区三面环水，看起来像浮在水上的木筏，故而得名。

上古时代，河源地区先属沃土次州，后属杨州。春秋战国时称百越之地，属楚。秦始皇三十三年（前214年），在东江中上游流域置龙川县，县域包括现在的河源市。汉朝属南海郡，两晋南北朝属东官郡。

河源万绿湖风光

南齐永明元年（483年），置河源县，其名始建于史。南梁天监二年（503年）属梁化郡，隋唐属循州（期间曾更名为龙川郡、雷乡郡等）。南汉乾亨元年（917年）析循州分置祯州、循州，河源地区属循州。宋天禧五年（1021年）改祯州为惠州。明洪武二年（1369年）循州并入惠州。正德十三年（1518年），置和平县；隆庆三年（1569年），置永安县；崇祯七年（1634年），置连平县。民国二年（1913年），属广东省革命政府东江行政委员会；次年改名紫金县。

新中国成立后，先后属东江行政委员会、东江行政专员公署、粤东行政公署、韶关地区、惠阳地区等。1988年1月7日，国务院批准设立河源市。1992年8月，河源市经国务院批准列入沿海经济开放区。

梅州是因梅花命名的吗

梅州市位于广东省粤东地区，设立于1988年。东部与福建省交界，南部与广东省潮州市、揭阳市、汕尾市毗邻，西部与广东省河源市接壤，北部与江西省相连。梅州有中国著名的“四乡”之称——“文化之乡”、“华侨之乡”、“足球之乡”、“客家之乡”，同时还享有“山歌之乡”、“金柚之乡”、“客家菜之乡”、“单丛

梅州街景

茶之乡"的美称。梅州同时又是国家历史文化名城、中国优秀旅游城市、中国自驾游最佳目的地、中国十大最具安全感城市、中国十佳绿色环保标志城市、广东首个宜居城乡示范城市。

梅州历史悠久,文化底蕴深厚。据考古发现和文物普查统计,这里有新石器时代文化遗址和遗物点398处。秦始皇时期,设揭阳,汉元鼎六年(前111年)升格为县。东晋咸和六年(331年),设兴宁县,属东官郡,义熙九年(413年)义招县,属义安郡。南齐永明元年(483年),设程乡县,隋唐属潮阳郡。南汉、后晋时期,升程乡为敬州,领程乡县。

北宋开宝四年(971年),为避宋太祖赵匡胤祖父赵敬之讳,改敬州为"梅州"。梅州之名始建于史。据当时资料记载,梅州当地人广种梅树,梅树成了梅州一景,故称梅州。另一种说法是,汉初时,当地有一个叫梅绢的人,因为追随汉高祖刘邦打天下,建功立业,被封在原籍。于是,"号其水曰梅源,溪曰梅溪,名其州曰梅州"。据说现在梅州当地各乡祀神梅溪公,就是梅绢本人。由此可见,梅州得名确实与梅树、梅花有关。

元至元十六年(1279年),梅州升为梅州路总管府。明洪武二年(1369年),废梅州复置程乡县,属广东布政使司潮州府。清雍正十一年(1733年),程乡升嘉应州,直属广东。宣统三年(1911年),嘉应州复名梅州。民国三年(1914年),废州府制,梅州改名梅县。

新中国成立后,设置兴梅专区。1965年7月设立梅县专区。1988年3月,梅县地区改为梅州市,正式挂牌。截至2011年年底,梅州市辖1个市辖区、6个县,代管1个县级市、6个街道、104个镇。

惠州的名字有何来历

惠州市位于广东省东南部,属珠三角经济区,现辖惠城区、惠阳区两区和博罗县、惠东县、龙门县三县,设有大亚湾经济技术开发区和仲恺高新技术产业开发区两个国家级开发区。陆地面积1.12万平方公里,占珠三角经济区面积的1/4。海域面积4520平方公里,海岸线长223.6公里。惠州市南临南海大亚湾,与深圳、香港地区毗邻,是中国大陆除深圳外距离香港地区最近的城市,也是著

惠州金融街巽寮湾风光

名侨乡。

惠州历史文化悠久，源远流长。这里旧称惠阳地区，简称惠阳，在古代有“岭南名郡”、“粤东门户”、“半城山色半城湖”的美誉。秦朝时，为南海博罗县。隋朝，地方政区分郡、县两级制，现在的惠州府城、河源、博罗、兴宁（包括今兴宁和五华）、海丰五县同属惠州。南北朝时期，南汉王朝社涢州，辖归善（州治）、海丰、博罗、河源四县，州治现惠州府城。

宋朝地方政区分路、州（府、军）、县三级。天禧五年（1021 年），因避太子赵祯讳，改涢州为惠州。惠州之名始建于史。

元朝地方政区分省、道、路（府、州）、县四级，惠州路辖归善（路治）、博罗、河源、海丰四县，路治现惠州府城。明朝地方政区分司、府（州）、县三级，惠州府府治在现惠州府城。

新中国成立后，名称先后数次改变。1988 年，经国务院批准，撤销惠阳地区，改称惠州市（地级），原惠州市改称惠城区。

汕尾是怎样命名的

汕尾市位于广东省粤东沿海地区，下辖市城区、陆丰市、海丰县、陆河县四个县区级单位，另有华侨管理区和红湾区开发区两大县级开发区。其前身是著名的海陆丰革命根据地。总面积 5271 平方公里。汕尾得名，与其美丽的滨海风光有关。由于它濒临南海，是著名的渔港，所以被人们赞誉为“汕美”。又因为这里旧称“尾省”，加上“美”和“尾”谐音，于是就出现了“汕尾”的称呼。

汕尾红海湾风光

秦始皇三十三年（前 214 年），岭南地区设南海郡、桂林郡、象郡三郡。南海郡下设四个县：龙川县、傅罗（又作博罗）县、番禺县、四会县，海陆丰地区（汕尾市）全境属南海郡傅罗县。

东晋咸和元年(326年),置东官郡,海丰县隶属东官郡,辖地包括现汕尾市全境及惠来、普宁、揭西之部分地区。隋文帝开皇十一年(591年),东官郡与梁化郡等并置为循州,海丰县改属循州。清雍正九年(1731年),置陆丰县,县治在东海(今陆丰东海镇),海丰、陆丰两县同属惠州府。民国初年,隶属广东省潮循。

新中国成立后,海丰、陆丰均属粤东江专员公署管辖;后又改属粤东行政公署、惠阳专员公署、汕头地区专员公署。1988年,经国务院批准,在原海丰、陆丰两县的行政区域上设置地级汕尾市。

汕尾交通便捷,深汕高速公路贯穿全境,建设中的厦深高铁从汕尾沿海穿过。这里地理单元相对独立,是珠三角地区和潮汕地区的重要连接点,是闽南文化、潮州文化、广府文化、客家文化的交汇地,有"中国民间文化艺术之乡"之称。

东莞因何得名

东莞有"世界工厂"的美誉,为"广东四小虎"(南海、顺德、东莞、中山)之一。全市总面积2465平方公里,东西长约70.45公里,南北宽约46.8公里。1988年建市。截至2012年,东莞市辖32个镇(街道)。

东莞历史悠久,可追溯至新石器时代。夏朝时,属南交地。春秋战国时,属百越之地。公元前214年,秦始皇统一岭南,属南海郡番禺县地。东汉顺帝分番禺设立增城县,东莞于当时增城治下。东晋咸和六年(331年),东莞立县,初名宝安。唐朝至德二年(757年)更名东莞,县治置于涌(今莞城街道)。东莞之名,始建于史。清朝,林则徐曾在东莞进行了著名的"虎门销烟"运动。抗日战争时期,东莞是东江纵队的抗日根据地之一。

东莞建筑风光

新中国成立后,东莞县属东江行政区管辖;1952年属粤中行政区;1956年属惠阳专区。1985年,东莞县经国务院批准列为珠江三角洲经济开发区。同年9月撤县建市(县级市)。1988年1月升格为地级市。

此外,另一种说法认为,东莞相传因地处广州东面(今东南面)及盛产水草(莞草)而得名。

中山市的命名和孙中山有什么关系

中山市，是为了纪念伟大的民主革命先行者孙中山先生而设立的，它是中国唯一一个以伟人名字命名的地级城市。中山市位于珠江三角洲中南部，旧称“香山”。据北宋《太平寰宇记》记载：“地多神仙花卉，故曰香山。”

公元前214年，秦始皇平定岭南百越之地后，中山属南海郡番禺县辖地。东晋咸和六年（331年），南海郡分出东官郡，中山改为东官郡辖地。南北朝南刘宋永初元年（420年），东官郡改为东莞郡，中山属东莞郡辖地。隋朝开皇十年（590年），中山属宝安县辖地。北宋元丰五年（1082年），设立香山寨，仍属东莞县。

孙中山

南宋绍兴二十二年（1152年）由于香山寨的发展，升级为香山县，中山始有县级行政区划。1925年，民国政府改名为中山县，以纪念孙中山先生。1983年12月22日，撤销中山县，设立中山市（县级），1988年1月7日，县级中山市升格为地级中山市，由广东省政府管辖。现辖6个街道、18个镇。

中山市位于珠江三角洲中部偏南的西、北江下游出海处，北接广州市番禺区和佛山市顺德，西邻江门市区、新会区和珠海市斗门区，东南连珠海市，东隔珠江口伶仃洋与深圳市和香港特别行政区相望。地形以平原为主，地势中部高亢，四周平坦，平原地区自西北向东南倾斜。五桂山、竹嵩岭等山脉凸屹于市中南部，五桂山主峰海拔531米，为全市最高峰。中山市的语言状况较为复杂，主要使用汉语方言，包括粤方言、闽方言及客家方言。其中使用粤方言的人数最多，占总人口的84%，主要分布在北部冲积平原区和中部的石岐地区。

为什么称为江门

江门市因位于西江与其支流蓬江的汇合处，江南烟墩山和江北蓬莱山对峙如门，故名“江门”。江门五邑是全国著名侨乡，侨乡文化独具魅力，有“中国第一侨乡”的美誉。祖籍江门的华侨、华人和港澳台地区同胞近400万，分布在全

江门市新会区三江镇小渔村风光

世界五大洲107个国家和地区，其中，五邑籍华侨、华人分布在亚洲地区的约占20%，美洲地区的约占70%。

江门地理位置优越，早在1904年，就被辟为对外通商口岸，设江门北街海关，为“广东八大关”之一。由于西方近代工业与文化的引入和发展，江门镇逐渐兴起。1925年，江门定为直辖市。1931年撤销市建制，复归新会县辖。新中国成立后，从新会县析置江门市后，又分属过粤中行署、肇庆专区、佛山专区管辖。1983年，江门市定为省辖地级市，实行市管县新体制，下辖新会、台山、开平、恩平、鹤山和阳江、阳春7县。1988年，阳江、阳春分出另设阳江市。江门市现辖蓬江、江海、新会三区及台山、开平、鹤山、恩平四个县级市，辖区范围俗称“五邑”。

江门位于美丽富饶的珠江三角洲，濒临南海，毗邻港澳地区，水陆交通方便。陆路距广州、珠海100公里，水路至香港地区95海里，到澳门地区53海里。江门位居粤西地区和西南各省通往珠三角和粤港澳的交通要道，扼西江以及粤西沿海交通之门户，是珠江三角洲经济区的中心城市之一。该市总面积为9504平方公里，约占珠三角的1/4，辖蓬江、江海、新会3个市辖区，代管台山、开平、恩平、鹤山4个县级市。总人口414.27万，其中市区人口约133万。

佛山因何得名，为何又叫禅城

佛山地处广东省中部珠江三角洲腹地，东倚广州，南邻港澳地区，地理位置优越。它是广东省第三大城市，中国古代“四大名镇”（广东佛山镇、江西景德镇、湖北汉口镇、河南的朱仙镇）之一。

春秋战国时期，佛山属于百越地。秦汉时，现禅城属南海郡番禺县。隋开皇十年（590年），从番禺县分置南海县，因旧置南海郡得名。唐贞观二年（628年），季华乡称“佛山”，意为“佛家之山”，简称“禅”。五代十国时，佛山属咸宁县。宋初重新并入南海县。明景泰三年（1452年），敕封佛山为“忠义乡”，属南海县；成化十一年（1475年）置高明县，因原有高明巡检司而得名。1912年，民国政府设立南海县，府治在佛山镇。

1951年，佛山改镇为市。1966年，佛山升为地级市，由广东省、佛山专区双重领导。1983 年，撤销佛山地区建制，实行市领导县体制。截至 2002 年，佛山市辖禅城（含城区、石湾、南庄）、顺德、南海、三水、高明五区。

在佛山当地，传诵着这样一句谚语：“未有佛山，先有塔坡。”关于佛山一名的由来，有这样一个故事：东晋隆安二年（398 年），剡宾国（今克什米尔）的三藏法师达毗耶舍带了两尊铜像来到季华乡，在塔坡岗上（今塔坡街）建佛寺，传佛教。他回国后，随着时间推移，寺宇倒塌。到唐朝时，这里又变成了一片冈地。唐贞观二年（628 年）的一天，塔坡岗上异彩四射，乡人奔走相告。于是人们便齐聚起来，在塔坡岗上发掘，竟掘出三尊铜佛，搬开佛像，便有一股清泉涌出。根据碑文记载，得知东晋曾有剡宾国僧人达毗耶舍，在此讲经及建过经堂。乡人于是建井取水，并在岗上重建塔坡庙寺，供奉三尊铜佛。人们认为这里是佛家之山，于是将季华乡改名为“佛山”。后来，这里成了珠三角一带的佛教中心，共有佛寺 160 余处，所以又称“禅城”。

佛山祖庙建筑

阳江名字有何由来

阳江位于广东省西南沿海，1988 年经国务院批准设立地级市。现辖阳春市、阳西县、阳东县和江城区。东与江门市的恩平、台山市交界，北同云浮市的罗定市、新兴县及茂名市的信宜市接壤，西接茂名市的高州市、电白县，南临南海。

阳江之名，与“漠阳江”有关。漠阳江一名源于“莫阳”，阳江最早叫“莫阳”。因为阳江古时候属于古越，居住的多是越人。古越语中，“牛”为“莫”（阳江现在称“牛”还叫“牛么”）；“羊”为“阳”，“莫阳”就是“牛羊”的意思。这说明古代的阳江曾是牛羊聚居的地方，或者是牛羊集市。到现在江边还有一个村子叫“牛场村”。因为江在莫阳，故称漠阳江。按照中国古代地理常识，“山北水南曰阴，山南水北曰阳”，阳江在江之北，所以叫“阳江”。再如，古代“青”“春”谓之东，阳春在江东，所以名叫“阳春”。

据考古发现，距今万年以前，两阳人的祖先就已出现。公元前 214 年，秦始皇统一岭南越族，设置了桂林郡、南海郡、象郡，两阳初属其中的南海郡。东汉

阳江闸坡风光

末，两阳属东吴统治范围。南北朝南梁大通元年（527 年），高凉郡从广州分出，连同杜陵郡、宁康郡、阳春郡等合设为高州，阳江由郡升格为州，下管郡，郡管县。唐太宗贞观二十三年（649 年），建为恩州，属广州都督府管辖，州治在阳江。从唐太宗时建恩州起，至洪武元年（1368 年）朱元璋撤除恩州，阳江、阳春各自为县止，恩州这一称呼从未改变过。

新中国成立后，阳江、阳春曾先后属江门粤中专区、粤西行署、湛江专区。1958 年，合阳江县、阳春县为两阳县。1961 年复分为阳江县、阳春县。1983 年实行市管县体制，由湛江地区分出，同年 9 月改为江门市属县。1988 年，原阳江、阳春两县从江门市分出，新建为阳江市，属地级市建制。1992 年增设海陵岛经济开发试验区。1998 年又增设岗侨管理区。截至 2005 年，阳江市辖 1 个市辖区、2 个县，代管 1 个县级市，共 11 个街道、39 个镇。

阳江市总面积约 7822 平方公里，其中丘陵面积占 26.03%，山地面积占 42.73%，平原面积占 22.17%。人口 282.81 万（2010 年）。城区距省会广州 247 公里，距深圳 300 公里，距香港地区 165 公里，325 国道（广湛公路）和广茂铁路横贯全市。阳江物产丰富，盛产鱼、虾、蟹、贝、三鸟、水稻、甘蔗、橡胶、海盐等。

湛江因何得名

湛江市位于广东省西南部，东濒南海，南隔琼州海峡与大特区海南省相望，西临北部湾。该市在亚太经济圈中处于重要的地缘战略位置。湛江陆地大部分由半岛和岛屿组成，地势北高南低，以北部廉江市境内的双峰嶂（382 米）为最高点。全市平均海拔 50～250 米。

湛江海湾大桥夜景

据出土文物考证，远

在新石器时代晚期(约4000年前),湛江地区便有先民在此生活。秦始皇统一中国后,今湛江辖地归属象郡。湛江在历史上曾属椹川县。明洪武年间至清雍正年间,曾先后在市郊旧县村和东海岛设置椹川巡检司,而古“椹川”也被称为“湛川”,故得名“湛江”。1899年,清政府与法国签署《广州湾租借专条》,有“神州后门上的一把铁锁”之称的广州湾,被强租给法国,法国人称此地为“白雅特”(Fort Bayard)。此时,湛江一带贸易兴盛。

1945年9月21日,以广州湾范围划设市治,正式定名“湛江市”。新中国成立后,湛江五县先后属广东省南路区行政督察专员公署、高雷区专员公署、粤西区行政公署、湛江专区专员公署、湛江地区行政专员公署。1983年,湛江地区与湛江市合并,五县划归湛江市,为省辖市。现辖吴川市、雷州市、廉江市三个县级市和徐闻县、遂溪县二县,以及赤坎区、霞山区、坡头区、麻章区、湛江市经济技术开发区五区。

湛江海岸线绵长,港湾密布,港口资源十分丰富。其中,位于雷州半岛东北部的湛江港,是得天独厚的天然良港,其条件之优越,堪与世界上最著名的港口相媲美,可发展为世界一流的国际大港口。

茂名因何得名

茂名市位于广东省西南部,是中国华南地区最大的石化基地,“中国最大的水果生产基地”,同时享有“中国罗非鱼之都”的美名。早在距今约4500年前的新石器时代晚期,茂名境内就已有先民繁衍生息,创造着人类文明。

茂名起源于人名。西晋时,当地有一位著名道士叫潘茂名,他曾为民灭病除害,用石船救水灾居民,事迹为后世传诵。为了缅怀和纪念这位医德高尚的道士,人们就把他住过的山叫做“潘山”;把他炼丹所在地叫“潘仙坡”;把潘仙坡附近一带地方叫“茂名”。另一种说法认为,镇南大将军冯游来此地筑城时取潘道士的名字,建茂名县。

据史料记载,隋朝时,朝廷用潘茂名的名字命名茂名县,属高凉州。唐太宗贞观十八年(644年),把南宕州以潘茂名之姓命名为潘州。当时全国以道士之姓设州、以名设县的,唯有潘茂名一个。唐天宝初年,改高州为高凉郡,潘州为南潘郡。五代时属南

茂名海滩沙雕

汉。宋开宝五年(972 年),潘州入高州仍叫高凉郡,属广南西路。元时,改总管府属湖广行中书省。明时,高州府属布政司使。清时,属广东省领州。民国年间,废高州府,茂名县先后属高雷绥靖处督办、南路行署第七专区所治。

新中国成立后,茂名县先后属南路、高雷、粤西、湛江专区(行政区)所辖。1959 年 3 月 22 日,国务院决定设立茂名市。1983 年茂名市管辖信宜、高州、电白和化州四县。1992 年 10 月,经省人民政府批准,正式设立茂名市水东经济开发试验区。截至 2005 年,茂名市辖 2 个市辖区、1 个县,代管 3 个县级市,20 个街道、87 个镇。

茂名自然地理环境得天独厚,有丰富的自然资源,包括土地资源、海洋资源、森林资源、物产资源、矿产资源、水资源、港口资源等。

肇庆名字有何来历

肇庆位于广东省珠江三角洲地区,历史悠久,距今有 2100 多年,自古以来就是岭南名郡。

肇庆山水景色

秦朝以前,肇庆属百越地。秦始皇三十三年(前 214 年),秦平百越,建南海郡、桂林郡及象郡,今肇庆部分地域属桂林郡、南海郡。西汉元鼎六年(前 111 年),置 8 县,统属交州。西晋太康三年(282 年),置 9 县,统属广州。东晋永和七年(351 年),置 16 县,分隶 4 郡,统属广州。南北朝时期,置 38 县,分隶 7 郡,分属广州、湘州。隋开皇九年(589 年),置端州,领高要、端溪、平兴、乐城、清泰 5 县。南汉乾和十五年(957 年),设 20 县,分隶 1 府 6 州。北宋政和元年(1111 年),设 8 县,分隶 1 军 4 州。

北宋重和元年(1118 年),宋徽宗赵佶因曾为端王,故而避讳将端州改为肇庆府。肇庆之名始建于史。元至元十七年(1280 年),改肇庆府为肇庆路。明洪武元年(1368 年),复称肇庆府,隶属广东布政使司。清初仍沿用明制。

新中国成立后,肇庆一直是高要县、肇庆市人民政府和肇庆地区行政公署的驻地。1988 年 3 月,肇庆改为直辖市,辖端州、鼎湖两区和高要、广宁、四会、新兴、罗定、云浮、德庆、郁南、封开、怀集 10 县。到目前为止,肇庆实辖端州、鼎湖两区,高要、四会两市(县级),广宁、德庆、封开、怀集四县及肇庆高新技术产业开发区(国家级)。

古往今来,肇庆地区名人辈出,如汉代著名古文经学家陈钦和陈元父子,唐代两广第一位状元莫宣卿、禅宗泰斗石头希迁禅师,等等。此外,还有一些历史名家在肇庆留下过遗迹,如唐代文学家、书法家李邕、日本高僧荣睿、佛教禅宗惠能、北宋名臣包拯(任肇庆知府三年)、意大利传教士利玛窦、革命先行者孙中山以及北伐名将叶挺等。

云浮因何得名

云浮市位于广东省西江南岸,是全国有名的“石材王国”,素有“硫都”和“石都”之称,也有“沙糖橘之乡”的美誉。

云浮最早得名于唐朝。据《新唐书·地理志》记载:唐武德四年(621 年)设勤州,领铜陵、富林二县。唐天宝元年(742 年),将全国各州一律改称为郡,勤州改称为“云浮郡”。云浮之名始见于史。

云浮县的前身为东安县。东安县的建制较晚,其经过情况如下:

明万历三年(1575 年),聚居于罗旁山区(今罗定、云浮、郁南三县毗连之地)的瑶、壮族人民不堪明王朝统治者的剥削、压迫,举行了大规模的武装起义。四年(1576 年),明王朝派两广总督、都御史凌云翼统兵 10 余万,进剿起义军,经过 4 个月的激战,官军俘斩了 4.3 万多名起义反抗的瑶、壮族人民,血腥镇压了起义运动。明万历五年(1577 年),为了加强对罗旁山区的统治,明王朝升泷水县为罗定州,直隶广东布政使司:析德庆州的晋康乡,高要县的杨柳、都骑、思劳、思办等四都,新兴县的芙蓉一、二图,以及泷水县的南乡、富林二所地,建置东安县,归罗定州管辖。东安县的县治在麒麟山(又名石麟山)旁(即今云城镇的烈士公园一带)。首任知县肖元冈于同年闰八月主理

云浮市邓发故居

建城字的工程，经过半年许，在六年（1578 年）二月，城垣建成县衙、军署（又名参将府）、学宫、分司、社学、仓库等，管理军政文教钱粮的机构也先后建立起来。

民国元年（1912 年），废除了道、州、府、厅等的行政区的建制，在省之下设置若干专区，繁盛都邑设市，其余一律称县。原罗定州及其所辖的东安、西宁（今郁南县）两县同隶西江（肇庆）专区，都是县制。民国三年（1914 年），政府鉴于当时全国存在 3 个东安县〔广东省的东安县、直隶省（后改名河北省）的东安县、湖南省的东安县〕，容易产生误会，于是将广东的东安县更名为云浮县，此后沿用至今。

1958 年，云浮县与新兴县合并称新云县。1961 年恢复云浮县建制。1994 年 4 月 5 日，经国务院批准，从肇庆市划出，设立地级云浮市，辖云城区、新兴县、郁南县，代管罗定市。1996 年 1 月 9 日，经国务院批准由云城区分设云安县，同年 7 月 11 日正式挂牌成立。至此，云浮辖云城区、云安县、新兴县、郁南县，代管罗定市。

清远市有何由来

春秋战国时，清远地区属百粤。秦统一中国后，设置行政机构，开发岭南，清远地区属南海郡、长沙郡。汉初，属赵佗称号的南越国。汉高祖年间（前 206—前 195 年），先后置桂阳县（今连州一带）、阳山县、浈阳县和含匡县（浈阳、含匡今为英德市境内），均属桂阳郡。元鼎六年（前 111 年），置中宿县（原清远县一带），属南海郡。三国时，各县隶属始兴郡。南朝梁天监年间（502—519）置清远郡，清远之名由此而始，辖中宿、威正、平、恩洽、浮护五县。同时还置阳山郡，辖阳山、桂阳、广德（后改称广泽、连山）等县。在含匡设衡州，领阳山郡。

隋开皇十年（590 年），废清远郡及其所属的中宿等县，置清远县、政宾县（今清新县滨江一带），仍属于南海郡。同时，废阳山郡改置连州，把衡州改名为匡州。二十年（600 年），废匡州，其属县改隶广州府。唐武德六年（623 年），政宾县并入清远县，属广州府。天宝元年（742 年），连州改置连山郡。五代南汉乾亨五年（921 年），于浈阳县设英州。宋宣和二年（1120 年），英州改置真阳郡，含匡、浈阳先后改名为含光县、真阳县。庆元元年（1195 年），真阳郡升为英德府。元至

清远市区风光

元十五年(1278 年),英德府改为英德路总管府,不久又降为州,并含光、真阳县。庆元元年(1195 年),真阳郡升为英德府。明洪武二年(1369 年),英德州改置英德县,属韶州府。十四年,连州和阳山、连山二县改属广州府。清雍正五年(1727 年),连州为广东省直隶州,领阳山、连山二县。嘉庆十八年(1813 年),由清远、英德两县划地设广东布政司佛冈军民厅(相当于县级建制)。民国元年(1912 年)连州改称连县。民国三年,佛冈改厅为县。抗日战争期间,广东省政府北迁连县,清远各县均属广东省第二行政督察区(驻连县)管辖。民国三十五年,由连山、连县、阳山三县划地,新置连南县。

1983 年 7 月,韶关地市合并,将清远、佛冈两县划归为广州市,其余各县属韶关市管辖。1988 年 1 月 7 日,国务院批准撤销清远县,设立清远市,原清远县分为清城、清郊两个市辖区(1992 年,清郊区改为清新县),并划广州市市属的佛冈县和韶关市属的连县、阳山县、连山壮族瑶族自治县、连南瑶族自治县、英德县为清远市所属(英德、连县 1994 年改为县级市)。

潮州因何得名

潮州历史悠久,是中国历史文化名城之一。考古材料证实,潮州至少在5000 年前就有人类居住。远古时代,土著畲族先民便创造了口头文学——畲歌仔。潮州的先民属古闽越族。自秦汉以后,中原汉族后裔南迁入潮州。秦始皇三十三年(前 214 年)平定南越,设象郡、桂林、南海三郡,潮州属南海郡,始载入版图。西汉元鼎六年(前 111 年),属南海郡揭阳县地。潮州最早的建制始于东晋咸和六年(331 年),在南海郡东部析置东冠郡。东晋义熙九年(413 年),分东官置义安郡。这义安便是潮州的前身。义安郡这个名称一共使用了 260 年。

隋文帝开皇十年(590 年),全国撤郡设州,义安郡属循州之义安县。是年,升立州,因地临南海取“潮水往复之意”,首命名“潮州”,义安县为州治。后人也有诗句描述此事:“潮之州,大海在其南。”“潮州”名称的正式出现,就是从这个时候开始的,以后 1400 多年来,基本都是沿用这个名称。隋帝大业三年(607 年)罢州复郡,潮州曾一度改为潮阳郡。唐武德四年(621 年),第二次称潮州。在唐朝的时候,潮州的疆域是很大的,可以说,东到泉

潮州凤凰山天池

潮州木雕

州，北到江西，南到大海，西到惠州。唐垂拱二年（686 年），从潮州到泉州，各割出一部分，设置了漳州。现在，潮州话可以通行漳州，漳州下面的云霄、诏安、东山、漳浦、和平等县市，也都有潮剧团，演出潮州戏。可见，两地的历史渊源是连在一起的。唐朝时候的潮州，原来是曾经跟福建的福州和江西的虔州接壤的。唐天宝元年（742 年），改称潮阳郡。唐乾元元年（758 年）复称潮州。元朝的时候，潮州称为潮州路。明洪武二年（1369 年），改路始置府制，称潮州府。明崇祯六年（1633 年）是潮州府辖县最广之年，辖海阳、潮阳、揭阳、饶平、惠来、澄海、普宁、平远、程乡、大埔、镇平共 11 县。到了清末民初，潮州的概念已经基本定型，海内外潮州人共有的潮州，也基本上定型在这个基础上。这时潮州的辖县一共有 9 个：潮安（海阳）县、潮阳县、揭阳县、惠来县、普宁县、澄海县、饶平县、丰顺县、大埔县，还有汕头埠和南澳岛。20 世纪初，汕头埠逐渐成为潮汕府属的滨海重镇，这里工商繁华，已崛起成为连接穗、港、沪及海外的新兴港口。

1904 年，梅县松口人张煜南等看准这里有巨大的发展潜质，便倾力组建潮汕铁路有限公司，兴建从潮州府所在地直达汕头埠的铁路。1906 年，潮汕线铁路筑成，同时又配置“潮汕号”机车头并通了车。由此有“潮汕”新名词。

1907 年 5 月 22 日发生了丁未黄冈起义，这是孙中山亲自领导的推翻清封建王朝的武装起义。这次武装起义意义重大，但《南洋总汇报》却大肆指责孙中山勾结“潮汕会党”，策动黄冈起义。“潮汕”之名由此见之报端，逐步广为人知。“潮汕”这片土地也逐步为外界所注目。

1921 年之后，汕头建市设立市政厅，属广东省政府领导，成了粤东地区继潮州城之后的另一地域亮点。把这片地域称为“潮汕”的说法便正式登上了官方文本。再后来，汕头市逐渐成长为粤东的新政治、经济、军事、文化中心。这样一来，人们对于潮汕平原、潮汕人之类的说法也就习以为常了。到 1949 年，潮州的疆域仍然比较大，它包括了现在的汕头市、揭阳市。从管辖范围上，也包括了梅州市和汕尾市。

新中国成立后，由于两次大的疆域调整，造成了两个“潮州”的概念，一个是广义的潮州概念，一个是狭义的潮州概念。广义的潮州，也就是历史上所说的潮州，包括现在潮州、汕头、揭阳。共同的生活习惯，共同的民风民俗，共同的文化背景，共同的语言环境，共同的价值取向，共同拥有了潮州人的称谓。狭义的潮州，就是目前的潮州市，它是在1991年12月将原来的副地级市的潮州升格和扩大区域的。作为地级市，潮州现在管辖潮安县、饶平县、湘桥区和枫溪区。湘桥区也就是通常民间称呼的府城、潮州城。但是，现在无论是国内还是海外，关于潮州的概念，还是倾向于广义的潮州，甚至就是广义的潮州。可见，历史是阻隔不断的，也是不可代替的。由于现在潮州成为潮汕三个地级市之一，本地人较为注意把潮汕与潮州分别开来，如说"潮汕方言"、"潮汕工夫茶"等，而不再冠以"潮州"了。不过，海外潮汕人迄今为止仍喜欢称自己为潮州人，海外各地潮人会馆也都称为"潮州会馆"，这大概是沿续习惯称呼。

潮州音乐乐器

自东晋义熙九年(413年)以来，潮州是历代郡、州、路、府、道的所在地，因此是粤东地区的政治、经济、文化中心。潮州历史悠久，人文鼎盛，历史上以其山明水秀、河岳炳灵的自然景色和精巧秀逸、古朴典雅的文化景观而闻名，被历代名宦贤士誉为"岭海名邦"、"海滨邹鲁"。

1986年12月，潮州被列为国家级历史文化名城。潮州古城区，金山、葫芦山、笔架山三山鼎立如屏，韩江一水中分似带，构成了一幅水色山光护古城的壮丽图画。这里不但景色迷人，而且名胜古迹星罗棋布。有与赵州桥、洛阳桥、卢沟桥并称中国四大古桥的广济桥；有绵延两公里，号称"百窑村"的笔架山宋窑遗址；有国内罕见的宋代许驸马府；有纪念唐代大文豪韩愈的韩文公祠；有国内首座泰国式佛殿"泰佛殿"；以及常年不干的凤凰山天池，至海边"白鹭天堂"的西澳岛自然保护区，等等。此地共有文物古迹720多处，其中全国文物重点保护单位5处，省级文物保护单位11处，是粤东文物荟萃之地。这里还是"十相留声"之所，唐代的常衮、杨嗣复、李德裕、李宗闵，宋代的陈尧佐、赵鼎、吴潜、文天祥、陆秀夫、张士杰，这十位身居百官之首的宰相都曾来到潮州，将中原文化带进了潮州。

揭阳因何得名

揭阳是粤东古邑，历史悠久，距今已有2200余年，因位于揭岭之阳而得名。春秋战国时期隶属百越地。秦始皇三十三年(前214年)，设揭阳县，隶属南海郡。自此，潮汕地区开始有正式行政建制。从建制沿革上看，揭阳建制早于潮汕。秦始皇三十三年，秦将任嚣、赵佗平定南越，遂置南海郡、桂林郡、象郡3郡，南海郡领4县：龙川、番禺、揭阳、博罗。今潮汕全境、梅州及福建龙溪、漳浦一带隶属揭阳县。汉元鼎六年（前111年），汉武帝发兵平南越，复置南海郡，辖揭阳、龙川、番禺、博罗、中宿、四会等6县，史定任揭阳县令。以后几经复废，至宋绍兴十年（1140年），又复置揭阳县。1991年12月7日，国务院批准揭阳撤县建市（地级）。

从方言上看，揭阳话在今潮汕各县潮语中保留古音最多。饶平学者郑肫仁在《古县富古音》一文中称："揭阳是岭东最先建起的古县，尔后又建海阳、潮阳，合称'三阳'，揭阳先走了几大步，文化远比后二县发达，故保存的古韵母音特别多，也特别牢固，历来人们称颂榕江人语音特别优美悦耳，这是古韵母多的缘故。""揭阳话是潮州话最古的语言。"

揭阳民间龙舟赛场景

从历史名人上看，揭阳人才济济。其中，汉时之吴砀、宋代之吴复古皆为有才有德之士；明朝尚书翁万达和清朝武状元林德镛，太平天国名将林凤祥、罗大纲等皆为揭阳籍名臣重将。

从出土文物上看，古揭阳的历史文化和中原文化有着紧密联系。在普宁市广太镇虎头埔发现的距今4000多年的新石器时期窑群遗址，是目前国内发现的最大的新石器时期窑群遗址。北京大学文博院教授李伯谦和中山大学人类学系教授曾骐等专家学者，都对虎头埔遗址作了高度评价。曾骐认为："虎头埔遗址的发现证明了新石器时代粤东文明已与中原实现同步，那时的粤东已不是人们所说的'蛮荒之地'。"而此前在揭阳出土的文物还有战国铜剑、铜鼎、铜锄；揭阳黄岐山、旧坑尾、龙船石等地区发现了随葬铜镜的汉墓；新亨溢溪村、玉窖三虎山、埔田鼎盖山等古代遗址出土了大量汉代陶器，溢溪村还出土过钱币；桂竹园汉墓出土了4个陶环，瓮内水库岭后、山边园遗址先后出土了手斧状石器、骨斧、磨光空孔石犁头等一批远古农业生产工具。

老广东的山水园林

可园因何得名

可园位于东莞市市区中的西博厦村，始建于清朝道光三十年（1850 年），为莞城人张敬修所建。它是岭南园林的代表作，享有“可羡人间福地，园夸天上仙宫”的美誉。与顺德清晖园、佛山梁园、番禺余荫山房并称为“广东近代四大名园”。

关于可园得名的由来，不一而足，大家基本一致的看法认为，“可”就是“可堪游赏”的意思。

东莞可园大门

可园具有面积小、设计精巧的特点。它将住宅、客厅、别墅、庭院、花圃、书斋等，巧妙地结合在了一起。在只有三亩三分的土地上，亭台楼阁，山水桥榭，厅堂轩院，一应俱全。可园虽然是木石、青砖结构，但建筑十分讲究，窗雕、栏杆、美人靠，甚至地板也各具风格。它的布局特点是：高低错落，处处相通，曲折回环，扑朔迷离。其基调是空处有景，疏处不虚，小中见大，密而不逼，静中有趣，幽而有芳。再加上摆设清新文雅，占水栽花，极富南方特色，是广东园林的珍品。

虽然可园占地面积不大，但园中拥有十分丰富的景物，如建筑、山池、花木等。因为造园时运用了“咫尺山林”的手法，所以在有限的空间里再现了大自然迷人的景色。园北临村中大池塘，建筑物分西南、东北两组，中隔庭园。全园共有一楼、六阁、五亭、六台、五池、三桥、十九厅、十五房。左回右折，互相沟通，通过130余道式样不同的大小门及游廊、走道联成一体，设计精巧，布局新奇。

可园具有两大特点：

其一，四通八达。可园把孙子兵法融汇在了建筑之中，成为整座园林的最大特色。全园亭台楼阁，堂馆轩榭，桥廊堤栏，共有130多处门口、108条柱栋，整个布局有如三国孔明的八阵图。如果进入园中，稍不留神的话，就极可能会迷失路径。

其二，雅意文风。虽然可园主人张敬修曾身任武职，但其琴棋书画方面的造诣颇深。所以，整个庭园虽偏于武略，但局部都显出了极浓的文风雅意。

可园园主张敬修（1824—1864），字德圃（德父），广东东莞人，官至江西按察使。其人酷爱金石书画、琴棋诗赋，样样精通。他还广邀文人雅集可园，画家居巢、居廉兄弟就曾在这里居住了十年，并开创了“岭南画派”的先河，使可园成为广东近代的文化策源地之一。现在，可园是全国重点文物保护单位。

可园为什么是岭南文化的策源地

可园之所以被称为“岭南文化的策源地”，是因为这里曾住过两位大名士——居巢、居廉。他们两人都是开创岭南画派先河的画坛大师。居巢（1811—1865），字梅生，号梅巢。他从小得到父亲指教，善作诗词，兼及金石书画，特别擅作写生花鸟，意态生动，色彩明丽。他年青时爱游览名迹，观赏桂林山川，结交著名画家。清道光二十八年（1848年），居巢来到了广西。当时，张敬修为广西按察使，居巢先是做了张的幕僚，后来由张保举担任同知。在广西期间，居巢与宋光宝、孟觐乙等画家过往甚密，他们一起切磋字画、交流绘画技法等。后来他有感于自己不适合走仕途，于是就辞官回乡，潜心研究艺术。张敬修素来喜欢琴棋书画，因为酷爱居巢的才

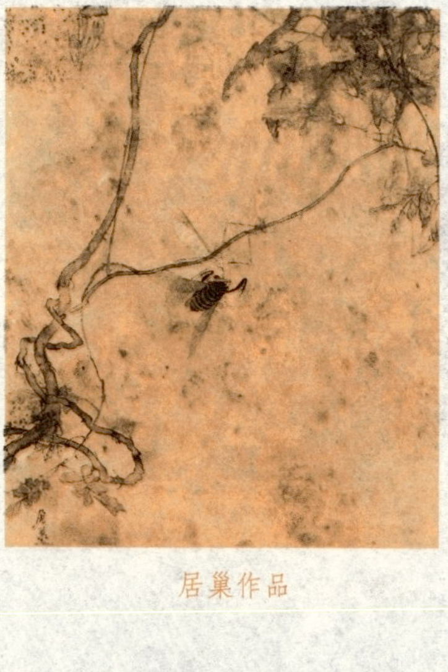

居巢作品

华，所以就将居巢和他的堂弟居廉（1828—1904，字士刚，号古泉）一起供养了起来，让他们寄住在可园。这样一住，前后时间达10余年之久。“二居”的绘画不落窠臼，独具一格，绘画特点是色彩艳丽，色调和谐，艺术质地是形象生动，立体感强。

可园之中遍栽名花异草，虫鸟翔集，令居巢、居廉兄弟大开眼界。他们二人对景写生，创作极丰。他们在客居可园期间，独创撞粉法、撞水法等花鸟画画法，开岭南画派先河。此外，他们还广招徒弟，传授技艺，比如高剑父、高奇峰、陈树人等岭南画派的泰斗级人物，都是“二居”的学生。“二居”作画时认真细致，为了在画中形象地再现各种草虫的生活动态，他们就亲自去花间草畔、石旁篱下深入观察。甚至有的时候，比如夜深人静的秋夜，听到虫声鸟语后，也会提着油灯去寻找画材。

作画时，趁画未干，就用笔将画稍稍架斜，让色聚于一边，画后自然现出朝雾未干和透明效果。点花蕊的时候，将少许白粉加入藤黄内，使每一花蕊当中必有一个小小的凹洞，与真花形神俱似。这就是撞粉法。

画叶的时候，古人先勾勒而后涂色，居廉则以水注入色中，从叶面向着阳光的方向注入，色泽自然变得稍微淡白，而叶背向下的地方，肯定浓而阴暗。干后，叶片显出深浅明暗，富有凹凸感。这便是撞水法。

余荫山房为何又叫“馀荫”

余荫山房，又称余荫园，位于广州市番禺区南村镇。它是清代举人邬彬的私家花园，始建于清同治三年（1864年）。邬彬，字燕天，曾官至刑部主事，任七品员外郎。因为他的两个儿子也是举人，所以有“一门三举人，父子同登科”的说法。后来，他看破世情后隐居乡里，兴建了这座园林。之所以取“余荫”二字作为园名，是为了纪念先祖的福荫，同时也是寄寓子孙后代能够永泽先祖的福荫。

余荫山房是广东四大名园中保存原貌最好的古典园林，是典型的岭南建筑。1989年6月，广东省人民政府公布其为文物保护单位。1990年，国家建设部、国家文物局、中国建筑学会核定公布其为全国近代优秀建筑单位。2001年被确定为全国重点文物保护单位。该园占地面积为1598平方米，具有小巧玲珑、布局精细的艺术特色。此园有四大奇观：“夹墙竹翠”、

广州余荫山房门楼

"虹桥印月"、"深柳藏珍"、"双翠迎春"。

余荫山房的布局十分巧妙。园中亭台楼阁、堂殿轩榭、桥廊堤栏、山山水水尽纳于方圆三百步之中。园中之砖雕、木雕、灰雕、石雕等四大雕刻作品丰富多彩，尽显名园古雅之风。此外，还有参天古树，奇花异草，可见满园生辉，景色诱人。

余荫山房坐北朝南，以廊桥为界，将园林分为东、西两部分。它吸收了苏杭庭院的建筑艺术风格，整座园林布局灵巧精致。由于运用了"藏而不露"和"缩龙成寸"的手法，因此在有限的空间里分别建筑了众多的景物，如深柳堂、榄核厅、临池别馆、玲珑水榭、来薰亭、孔雀亭和廊桥等。在这片面积并不大的山林里，浓缩了园林的主要设施和景致，使有限的空间注入了幽深广阔的无限意境。

余荫山房园地虽小，但亭桥楼榭、曲径回栏、荷池石山、名花异卉等，一应俱全。西半部以长方形石砌荷池为中心，池南是造型简洁的临池别馆，池北是主厅深柳堂。在堂前庭院两侧，有两棵苍劲的炮仗花古藤，十分绚丽。深柳堂是园中的主题建筑，是本园的装饰艺术与文物精华所在。堂前两壁有古色古香的满洲窗；厅上有两幅栩栩如生的花鸟通花花罩；侧厢有 32 幅桃木扇格画橱；碧纱橱的几扇紫檀屏风，都是著名的木雕珍品，珍藏着当时的名人诗画书法。与莲池呼应的是临池别馆，夏天如果凭栏观望，会感受到风送荷香般令人欲醉的美妙之情。

广东四大名园之一的清晖园有何特色

清晖园位于广东省佛山市顺德区大良镇华盖里，为我国南方古典园林艺术的杰作，素有"岭南四大名园"之一的盛誉，已被列为省级文物保护单位。其布局既吸取了苏州园林的艺术精华，又能因地制宜，环境以清幽自然、秀丽典雅见称。故址原为明末状元黄士俊（1577—1661）所建的黄氏花园，现存建筑主要建于清嘉庆（1796—1820）年间。园取名"清晖"，意为和煦普照之日光，喻父母之恩德。园林经龙氏数代龙应时、龙廷槐、龙元任、龙景灿、龙渚惠等五代人多次修建，逐渐形成了格局完整而又富有特色的岭南园林。清晖园与佛山梁园、番禺余荫山房（或称余荫山房）、东莞可园并称为"广东四大名园"，也是岭南园林的代表作。

顺德清晖园一角

清晖园全园构筑精巧，布局紧凑，建筑艺术颇高，蔚为壮观。建筑物形式轻巧灵活，雅致朴素，庭园空间主次分明，结构清晰。整个园林以尽显岭南庭院雅致古朴的风格而著称，园中有园，景外有景，步移景换，并且兼备岭南建筑与江南园林的特色。现有的清晖园，集明清文化、岭南古园林建筑、江南园林艺术、珠江三角水乡特色于一体，是一个如诗如画、如梦幻似仙境的迷人胜地。园内有大量装饰性和欣赏性的陶瓷、灰塑、木雕、玻璃。园内妙联佳句俯仰可拾，名人雅士音韵尚存，艺术精品比比皆是，令人流连忘返。园林艺术处理颇具匠心：园内叠石假山，曲水流觞，曲径回廊，景趣盎然；银杏千秋，百龄龙眼，玉棠春瑞，沙柳飘扬。闲步曲桥喜看金鲤碧波嬉戏；徐行花径，好赏绿树时花扑面。时而庭园内传出袅袅弦歌，听一粤曲，令人心清耳悦，如醉如痴。园内保存的一套清朝乾隆年间(1735—1795)评定的"羊城八景"，是一套仅存于世的清代旧羊城八景套色雕刻玻璃珍品，已被初步鉴定为国家一级保护文物。

顺德清晖园建筑

清晖园的造园特色首先在于园林的实用性。为适合南方炎热气候，形成前疏后密、前低后高的独特布局，但疏而不空、密而不塞，建筑造型轻巧灵活、开敞通透。其园林空间组合是通过各种小空间来衬托突出庭院中的水庭大空间，造园的重点围绕着水亭作文。其次，清晖园内水木清华，幽深清空，景致清雅优美。龙家故宅与扩建新景融为一体，利用碧水、绿树、古墙、漏窗、石山、小桥、曲廊等与亭台楼阁交互融合。造型构筑别具匠心，花卉果木葱茏满目，艺术精品俯拾即是，集我国古代建筑、园林、雕刻、诗画、灰雕等艺术于一体，凸显出我国古园林庭院建筑中"雄、奇、险、幽、秀、旷"的特点。

清晖园主要景点有船厅、碧溪草堂、澄漪亭、六角亭、惜阴书屋、竹苑、斗洞、狮山、八角池、笔生花馆、归寄庐、小蓬瀛、红蕖书屋、凤来峰、读云轩、沐英涧、留芬阁等。造型构筑各具情态，灵巧雅致，建筑物之雕镂绘饰，多以岭南佳木花鸟为题材，古今名人题写之楹联匾额比比皆是，大部分门窗玻璃为清代从欧洲进口经蚀刻加工的套色玻璃制品，古朴精美，回味无穷。

号称石斋的梁园有什么特点

梁园位于佛山松风路先锋古道，是佛山梁氏宅园的总称。它主要由"十二石斋"、"群星草堂"、"汾江草芦"、"寒香馆"等不同地点的多个群体组成，规模宏大。梁园素以湖水萦回、奇石巧布著称岭南，并珍藏着历代书家法贴。秀水、奇石、名贴堪称梁园“三宝”。

佛山梁园建筑

梁园由当地诗书名家梁蔼如、梁九章及梁九图叔侄四人，于清嘉庆、道光年间（1796—1850年）陆续建成，历时40余年。梁园总体布局以住宅、祠堂、园林三者浑然一体，最具当地大型庄宅园林特色，尤其是以奇峰异石作为重要造景手段。其中的四组园林群体因各自构思取向不同而风格各异，各种“平庭”、“山庭”、“水庭”、“石庭”、“水石庭”等岭南特有的组景手段式式具备，变化迭出。与各建筑物和景区主题紧密结合的诗书画文化内涵丰富多彩，诗情画意比比皆是，园内精心构思的“草庐春意”、“枕湖消夏”、“群星秋色”、“寒香傲雪”等春夏秋冬四景俱全，各异其趣。展示文人园林特质的“石斋寄情”、“砚磨言志”、“幽居香兰”、“庄宅遗风”四景，将岭南古园林的多种文化意境，如雅集酬唱、读书著述、家塾掌教、幽居赋闲等多种文人文化生活追求表现得淋漓尽致，令人回味无穷。梁园是研究岭南古代文人园林地方特色、构思布局、造园组景、文化内涵等问题不可多得的典型范例，展现了古代佛山文人对远离大都会凡嚣、享受林泉之乐的追求，也体现了“广府文化”中对花园式宅第和自然空间环境的向往。其典型丰富的历史文化内涵，又是反映佛山名人荟萃、文风鼎盛的重要实物例证。

梁园是清代岭南文人园林的典型代表之一，布局精妙，宅第、祠堂与园林浑然一体，岭南式“庭园”空间变化迭出，格调高；造园组景不拘一格，追求雅淡自然、如诗如画的田园风韵。富于地方特色的园林建筑式式俱备、轻盈通透。园内果木成荫、繁花似锦，加上曲水回环、松堤柳岸，形成特有的岭南水乡韵味。尤以大小奇石之千姿百态、设置组合之巧妙脱俗而独树一帜，是闻名遐迩的“粤中四大名园”之一。时至民国初年，一代名园已濒于湮没。鉴于其历史、艺术和观赏价值，1882年，佛山市委、市政府首先对现存的群星草堂群体进行了抢救保护，1990年梁园被定为省级重点文物保护单位。1994年，开始大规模的全面修复梁园，总面积达21 260平方米，使名园重光成为现实。

中山詹园有何特色

中山詹园，又名中山大宅门，坐落于中山市南区北台村。它是目前岭南地区最大的私家古典园林。詹园占地百亩，1988年始建，历时五年建成。它由詹园主人黄远新亲自设计，由苏杭征调而来的数百名园林能工巧匠建造。

黄远新建造詹园的初衷，是为了给母亲找一处淡雅精致、颐养天年的静心居所。所以，最早的詹园就是现在的詹家后院。它曾是詹家上下，尤其是詹老太太的饮食起居之地。在詹老太太搬离之后，里面的生活器具仍然保持着最初的模样，从而成了詹家家史的真实见证。

中山詹园

为了表明孝心，黄远新以父名命桥名，以母姓冠詹园。他又专辟了一处设立《孝道馆》，将彩绘《廿四孝》图悬挂其内，弘扬中华民族的传统"孝文化"。

整个詹园的建筑是以苏杭园林为基调的，建造中运用了中国传统的天人合一思想。它综合了中国古典园林的精髓，同时强调岭南水乡的布局脉络，结构简洁而凝重，风格古朴而洒脱。这种岭南格调就是通透典雅、轻盈畅朗。詹园的建筑取材，多为民间古旧材料。因此，一砖一瓦、一门一窗都凝聚着历史的痕迹，阐释着园林艺术与人文景观融合的高尚审美理念。

在建造过程中，黄先生打破了传统的造园工序，以"先植树，后建房"为原则，按照天势、地势、树势造园。因此，各个建筑相得益彰，景和园浑然天成，完全看不出是现代建造的园林，仿佛是一座百年老园。

詹园体现出了轻盈通透、爽朗典雅的岭南风格，是一座休闲园林，集欣赏、娱乐、饮食、教育功能为一体，极具游览价值。进入其中，你就会感受到青砖灰瓦、粉墙绿树、斗拱飞檐、回廊曲径的美妙、清新。

说到詹园里的景点，不得不提"相依亭"。它由双亭相连，从远处看起来就像是一对恩爱夫妻手拉手、肩并肩地走着。其实，它就是园主本人和其妻子的真实写照。因此，这个景点也吸引了很多年轻夫妇或情侣的目光，他们会来这里走走，或者拍照纪念，等等。亭前是两根石柱，传说这是明代石雕，叫做"拴马桩"。柱头上有石雕像，是一只大猴子背着小猴子的画面，寓意为"辈辈封侯"，也叫"马上封侯"。游客们来这里，总是喜欢在上面摩挲一下，希望沾沾喜气。

在詹园，除了有宏伟典雅的建筑、瑰丽多姿的花木等，还有多种令人目不暇接的艺术表演，如话剧、变脸、杂技、歌舞等。

番禺宝墨园有何特色

番禺宝墨园位于广州市番禺区沙湾镇紫坭村，始建于清末。它原来占地五亩(约0.33公顷)，20世纪50年代毁于一旦。到了1995年，在原番禺市委书记梁伟苏的推动下，重建宝墨园，历时6年建成，并扩大至160多亩(约10.7公顷)。它集清官文化、岭南古建筑、岭南园林艺术、珠三角水乡特色于一体，规模宏大，造型高雅，古色古香，是一座远近闻名的园林精品。

宝墨园的来历，与其东侧的包相府庙有关。包相府庙是奉祀北宋名臣、龙图阁大学士包拯的地方，始建于清嘉庆年间(1796—1820)。当地流传着这样一个故事：有一年，西江发大水，当时有一段黑色木头漂流到了村边，人们发现后就把它放回江里。由于下游水大，木头又回流到村边来。人们接着又把它投入江中，不料了它又回流来了。这种情况再三出现后，人们便觉得十分奇怪，认为这肯定是神明刻意的安排，于是就把黑木头供奉了起来。嘉庆四年(1799年)，朝廷一举铲掉贪官和珅及其同党，社会上随即掀起了反贪倡廉之风，影响十分广泛。当地人们受此启发，希望能出现更多像包青天那样的清官来治理国家，于是便把木头刻成包青天像供奉起来，建成了包相府庙。

宝墨园建筑风格鲜明，景点众多，极具特色。知名的、主要的景点有以下几个：

白石仿石牌坊：是一座石构牌坊，五叠八柱三门，其特点是雄伟巍峨，巧夺天工。门额为著名书法家启功手笔；对联有22个字："宝聚紫坭，点化三江连一水；墨挥南国，皴成万绿吐千红"，为前全国政协副主席叶选平书写。牌坊背面的匾额是"宝墨生辉"四个字，为著名画家关山月所题；对联有26个字："鲤水耀祥云，荔景湖边玉龙起舞；鳌山呈瑞气，柳波堤畔紫燕于飞"，为我国香港书法家、邑人刘云书写。

番禺宝墨园池塘

龙图馆：该馆极具岭南建筑风格，以包拯担任过的职务龙图阁大学士而命名。馆内有包公等七人的铜像，即包拯、公孙策、展昭、张龙、赵虎、王朝、马汉。铜剑、虎头铡立于台前，造工精美，形象逼真。此外，龙图馆还有56个蜡像，件件都是艺术珍品，全部出自河南美术学院李元星教授之手。

赵泰来藏品馆：位于宝墨园中部，按照珠江三角洲晚清时的祠堂（宗祠、宗庙）形式而建。它的正面是“回”字大门，其匾和联的刻字，是已故著名岭南画家黎雄才先生的手笔，当时他已94岁高龄。外面是双卷耳山墙，和水磨青砖白石脚。赵泰来先生除捐赠了41幅大型的西藏“唐卡”之外，还捐赠了明代的铜观音、铜马、铜香炉等巨型重宝。

番禺宝墨园龙图馆

宝墨堂：宝墨堂是岭南仿古建筑，弘扬的是清官文化。该堂有不少精美艺术品。堂正中悬挂的包拯画像，为四川著名国画家韩云朗的手笔。在宝墨堂前，有两棵老榆树，树龄近百年，是具有古树风格的巨型盆景。因为它们苍劲挺拔，又位于包拯像前，看起来就好像是捍卫正义的卫士，所以被人们称为“树将军”。

治本堂：是旧宝墨园的建筑，原为包公花厅，毁于20世纪50年代，现已按旧貌复原。厅中有包拯像，是根据北京故宫南薰殿画绘制的；厅柱上有楹联，是称颂包拯高尚品格和表达后人对先贤敬仰之情的。大厅两侧是玻璃柜，分别陈列着包拯的简介、政绩、家训和遗诗等，供游客阅览和了解的。

紫洞舫：固定在清平湖的岸边。它长为21米，宽为6.8米，高为8.7米。全舫共分两层（楼），每层面积70平方米左右。钢筋水泥主结构，内外装饰全为名贵柚木。共有10个挂落，全为通花雕刻，即“荔庆丰年”、“祥桃邀月”、“八仙贺寿”、“竹报平安”、“花开富贵”、“松鹤延年”及其他花鸟虫鱼等。船头上有大型木雕“百鸟朝凤”，百只鸟儿各具风姿，其雕工之精，栩栩如生，蔚为壮观。舫内摆设，全是用花梨木和酸枝木精工制成的宫廷式几椅，再加上配套的仿宋器皿，鲜艳夺目，十分气派。此外，还有“九狮会金龙”的大型屏风和《清明上河图》的局部雕刻，也是雕刻之精品。舫内一层，以演奏广东音乐和粤曲为主，可容纳40人品茶、听曲。

丹霞山为何有“中国红石公园”之称

丹霞山位于广东省韶关市东北郊，总面积为219平方公里。它是国家级风景名胜区、国家级自然保护区、国家4A级旅游区和国家地质公园。2004年，经联合国教科文组织批准成为世界地质公园；2009年，又被批准列为世界自然遗

丹霞山公园

产提名地。

丹霞山由陆相红色沙砾岩构成。山中有 600 多座大小石峰、石堡、石墙、石柱等，群峰如林，疏密相生，错落有致，造型奇绝，如阳元石、阴元石、双乳石、睡美人等，因而素有“露天地质博物馆”之称。由于丹霞山整个看起来如同一方红宝石雕塑园，因此又称“中国红石公园”。

丹霞山的景色特点是：雄、险、奇、秀、幽。

雄：表现为崖壁拔起于平川、河岸之上，光滑齐削，有力度，气势雄浑。

险：也就是山势险峻。丹霞山顶平、身陡、麓缓，其山顶留有古人修建的登山小道和崖顶山寨。经过修建，现已是开展攀岩、探险、健身等户外活动的天然场所。

奇：指的是山的造型奇特。其中，阴元石最是鬼斧神工，并与阳元石阴阳相望。

秀：指的是锦江江水的特色：“江作青罗带，山如碧玉簪。”江中碧绿的玉液，出自于岭南的万顷林海，在丹霞山群中迂回南流，一路翠竹夹岸，树木婆娑，富有岭南情调的山村掩映其中，丹山碧水相映成趣。

幽：即幽静之感。当人们走在丹霞山的林间小道中，自然而然会产生一种超凡脱俗之情，一种红尘不到的佳境。

相传，人类始祖女娲曾在此造人、补天，舜帝南巡也在此登山奏乐。后代文人墨客赋诗题咏，怀古忧今，僧道纷至，香火大兴。隋唐以来，这里便成为岭南风光胜地和宗教名山。丹霞山的景区主要分为丹霞山景区、韶石山景区、大石山景区和矮寨景区。目前，已开发的景点有长老峰、阳元山、翔龙湖、锦江游览长廊、韶石山、大石山等。山上现有广东十大禅林之一的别传寺、仙居岩道观，以及锦石岩的尼姑庵。丹霞山秀美奇险的自然风光和历史悠久的人文景观，吸引了历史上众多文人骚客赋诗题字，留下了荟萃夺目的摩崖石刻和碑刻，而神奇的古山寨和岩庙、神秘的悬棺葬和岩棺葬，更令人叹为观止。

莲花山因何得名，有何特色

莲花山风景区位于番禺市的东郊，距离广州市区 20 公里。莲花山原名“石狮头”，是古代石矿场，因采石后留下来的石头似出水芙蓉（莲花）状而得名。远

番禺莲花山观音像

自西汉时期，先民们在此大规模地开采石料，形成悬崖峭壁和奇岩异洞，如莲花石、燕子岩、八仙岩、莲花岩、观音岩、飞鹰岩、南天门、神仙桥等。山上有明万历四十年（1612 年）建造的被誉为“省会华表”的莲花塔和清康熙三年（1664 年）建造的莲花城等古迹，被列为省、市重点文物保护单位。连绵起伏，横贯粤东的莲花山脉，主峰位于海丰县北郊 4 公里，海拔 1336 米，海丰八景中的“连峰叠翠”和“银瓶瀑布”就在这里。莲花山主峰方圆 5000 多公顷，崇山峻岭，千山万壑，奇峰异石，青山绿水，构成了著名的莲花山旅游风景区。

风景区以鸡鸣寺为中心，在五公里半径范围内的名胜古迹有“金鸡鸣晓”、“玉龙喷须”、“仙人潜洞”、“如来盘石”、“三井回音”、“五马归槽”、“猕猴奇石”等，构成了一幅幅美丽别致的风景画。中外驰名的莲花山茶，以这里出产的为正宗，用莲花山之泉沏莲花山之茶，别具风味。

明崇祯六年（1633 年），印真和尚化缘至海丰，看到莲花山山环绕、幽静秀雅、灵气散发，于是择地始建莲花山脚庵。庵堂建成后，庙人常闻半岭村户的鸡鸣声，便又另取名“鸡鸣寺”。该寺占地 4800 平方方米，印真大师是它的开山始祖。鸡鸣寺由于处在莲花银瓶双峰环抱的鸡心山半腰，右靠“莲峰叠翠”，左倚“银瓶瀑布”，面向东方，居高临下，因此气势磅礴、蔚为壮观。

1994 年建成的望海观音金像，高 40.88 米，以 120 吨青铜铸成，外贴 180 两黄金，是目前世界上最高的露天观音像，是饮誉中外的艺术瑰宝。1996 年开通的区内上下山穿梭巴士和磁卡电话亭，更使旅游区服务又上了一个新档次。莲花城现已建成一座仿清兵营，游人在城头可远眺壮丽浩瀚的珠江景色。每年这里还举办桃花节、莲花节，以花节展览盛会为特色，以观光性、艺术性、知识性等吸引游客。莲花山旅游区有环境优雅、设备先进的度假宾馆与舒适的餐厅、舞厅、烧烤场及购物街；还有水上乐园、文艺表演厅等大

莲花山莲花禅寺大雄宝殿

型游乐项目。

现在，莲花山旅游风景区重建鸡鸣寺，已营造了千亩果木、万亩松林。赵朴初已为之书题寺名“鸡鸣寺”三字。鸡鸣寺建设规模宏大壮观，计划建造观音阁、大雄宝殿、四大天王殿、内外山门、禅房、斋房、僧房等，总建筑面积逾2000平方米。全部采用仿古式建筑。与此同时，在寺外计划建设避暑山庄、度假村、娱乐场、天然游泳场、素菜馆、车场、商场、宾馆、桥廊圆亭、叠廊方亭、八角凉亭、人工湖亭、鸡鸣寺开山祖师印真和尚墓塔、金鸡出笼雕塑、彭湃烈士纪念亭、万花圃、动物园、先人功德堂等，还要整修猕猴奇石、三坑汇水等和辟建梅场、菜场。这是这个风景区的近期规划。莲花山旅游风景区的中期规划准备建埔仔温泉、廊湾温泉和红花地水库游艇区。远期规划主要是修建环山公路，使游客可登莲花山、银瓶山主峰以纵观远近景致。这个风景区一经建成，即可开设莲花山一日游、三日游和七日游业务，必令游人流连忘返。

五桂山有怎样的传说故事

五桂山是中山市唯一的一座山，是广东省重点旅游开发区。辖区内青山连绵、溪水常流、四季花香。“五桂雄峰”是珠江口最高峰，也是“中山十景”之一。独特的自然条件，为发展旅游业提供了广阔空间。

五桂山故称“香山”，据《太平环宇记》记载：“东莞县香山在县南隔海三百里，地多神仙花卉，故曰香山。”这里是中山、珠海两市的屋脊，历代相传五桂山区大花园和小花园的天然景物有奇岩怪石、飞禽走兽、流泉飞瀑等，景色可与岭南胜景西樵山、罗浮山媲美，引人入胜。五桂山腹地是石滢桥村和槟榔山村，这是英雄的村庄。

五桂山区还流传着曾哥潭的故事：传说当年，有一对勤劳智慧的、被人们称作曾哥、曾嫂的夫妻，曾来到五桂山的一个水潭边定居。他们在受到水流冲力的启发后，就发明了一种碓米器械，这样就可以节省很多劳力。此后，他们一直过着幸福美满的生活。然而天意弄人，在一次山洪后，他们辛辛苦苦建造起来的水碓，被一下子冲走了。当时，曾哥为了挽救劳动成果，就奋不顾身地跳入潭

五桂山风光

中。无奈之下，曾嫂也不假思索地跟着跳了进去。最后，他们双双淹死在了潭中。后来人们为了纪念曾哥、曾嫂夫妇，就将这个水潭命名为“曾哥潭”。

五桂山中盛产吊钟花、杜鹃花、兰花和沉香木。每年迎春花市上，都有采自五桂山的吊钟花，中山兰友也采得珍贵的五桂山兰，但更大面积的，是新中国成立以来人工种植的松林、桉林、杉林和相思林。它们郁郁葱葱，覆盖群山，保持广大区域的水源。所以这一带水源充足，水质好，空气清新。

早在1942年年初，为了抗日斗争形势需要，决定开辟五桂山革命根据地。1944年10月，在石滢桥村召开了中山县民主政权成立代表大会，宣布成立中山县行政督导处。1945年1月，在槟榔山古氏宗祠成立珠江纵队第一支队。珠江三角洲人民抗日游击队——珠江纵队司令部就设立在古氏宗祠。这些政治军事组织成立后，开展了如火如荼的对敌斗争，并取得最后胜利。今天，古氏宗祠已修葺一新，前庭置植花木，祠中有珠江纵队事迹文献及实物，村前有烈士纪念碑，供游人凭吊追忆，激发民族精神和爱国情怀。

岭南水乡为何被誉为“南国的周庄”

岭南水乡位于中山市民众镇，开发可游览面积约35平方公里。这里河网交织，物产丰饶，风光秀丽，民居建筑和兼渔兼农的生活方式极具特色，最大限度地保存了珠三角岭南水乡的自然生态环境，是岭南一带保存最完整、最具水乡特色的自然景观与人文生态的景区，享有“南国的周庄”、“动感水乡”、“中国的漏公河”、“天然氧吧”等美誉。这里有30多个景点，如“红桥碧水”、“草塘潮音”、“水乡农榭”、“相思缠绵树”、“翡翠长廊”、“长堤丹荔”、“古榕牛浦”等，它们展示出和谐浓郁的水乡风情。在此地，水上购物也是一绝，许愿树更因为极有灵验而被游客们称为“水乡一宝”。

这里也是中国最大的香蕉生产基地，蕉林成片。除寻常可见的香蕉、大蕉、粉蕉，还有红蕉、皇帝蕉、苹果蕉、贵妃蕉等数十个品种。最出名的为有梅花点的香蕉，蕉身特别肥大，皮包青黄而带小黑点(俗称“梅花点”熟香蕉)，非常香甜可口。如今虽通了公路，但在水乡，船还是不可缺少，运输香蕉只能靠船，因为公路的颠簸会使香蕉变黑。

岭南水乡湖涌村风光

20世纪90年代之前，村与

村之间没有桥，只靠在河道中垒起石块才可以互相往来。而这些村与外界的交通就只能靠水路了。于是，民众水乡里家家户户有船、有码头。据说在这里要看哪家有钱，不看房子不看车，要看船和码头。城里人有钱了要买房子、买汽车，而这里靠水吃水的水乡人有钱了当然是置船、造码头，因此旧时有姑娘嫁得好夫婿便是“泊得一个好码头”的说法。以前，水乡人都是住在船上，就算在已上岸多时的今天，水乡人家还有个不成文的约定：船坏掉了，不能烧不能毁，只能让它搁置在河里终老，直到自然腐烂消失，所以水道里有许多老船旧船。

岭南水乡河产品相当丰富。依水而居的水乡人以捕鱼和种植为业，日出而作、日落而息，生活过得悠然自得，恬静朴实。岭南水乡也是一个四季大果园，经过多年的经营，目前水乡餐厅、乡村风格的茅寮别墅、足浴馆、水果街、海鲜街、农家餐等已配套成龙。人们说，这里有三宝：虾干、鱼雷干、鱼干。岭南水乡的特色菜有民众蕉蕾汤、古法酸甜鱼等。

乳源大峡谷是怎样形成的

韶关乳源大峡谷位于乳源县西南 68 公里的大布镇，峡谷长达 15 公里，谷深 300 多米，属石英砂岩。原来的大峡谷所在地只是山沟中的小盆地，由于受到燕山造山运动的影响，令地壳承受地块抬升的扩张力，而使部分地块张裂下陷形成裂谷，距今已有 1000 万年的历史。也因为乳源属于石灰岩地貌，所以大峡谷内有许多溶洞，而石灰岩与红色沙砾岩的成因非常相似，所以大峡谷的地貌与丹霞山的地貌非常相似。峡谷顶部的地貌平缓，一溪从谷始端的梯级样的崖层飞流直下 200 多米的谷底，形成气势磅礴的埕头瀑布。有一条坡度达 50 度斜角的 1386 级石阶的“通天梯”可达谷底。谷中沟壑纵横，奇峰林立，古木参天，构成一幅巧夺天工的山水画廊，是探险旅游胜地。

韶关乳源大峡谷风光

据有关专家考查，由于距今一亿三千万年前的喜马拉雅造山运动，地壳曾几度升沉，有多期花岗岩侵入，地层断裂，经风化侵蚀，形成了今天的大峡谷景观。“雄、险、奇、秀”是大峡谷的特色，大峡谷是这四者的有机综合体，即雄伟中见险峻，险峻中有奇景，奇景中带秀丽，这其中的奇妙，一时难以用言语或笔墨来形容。韶关乳源大峡谷有黄山之奇，下雨时山间涌出的云雾，漂流在山峦中，就如置身仙境；有华山之险——千步云梯1386级；有张家界之秀，谷中幽深，峰峦层叠，翠映生晖。

韶关乳源大峡谷的两侧是高角度的绝壁峡谷，十分险峻，谷内出露的岩石为距今3亿多年以前形成的沉积岩，以致密坚硬的石英岩为主。大峡谷的顶端状似一只大埕，谷面宽约600米，平静的大布河流从东南向西北蜿蜒流过，流到这里突然腾空冲下，形成瀑布，其气势之磅礴，撼人心魄！瀑布下有一深潭，潭水一直沿着大峡谷流出英德波罗镇，汇入北江河。在离大峡谷约20公里处，有一个国内罕见的石英砂岩洞——景峰洞，洞内奇石千姿百态，与石灰岩溶洞相比，风格迥异，独具特色。韶关乳源大峡谷就像平地间突然撕开一条长15公里，深陷300多米的大裂缝，这裂缝两边的山崖植被茂密，一片翠绿中夹杂着各色时花，清秀艳丽，峡谷两崖相距远近不一，即谷面宽窄不一，有千米以上，有几百米，最窄处也有百米。

韶关乳源大峡谷的始点，即现在的游览中心处。两边崖岸相距400米，谷壁像斧劈似的，直劈到谷底，300米深，谷崖大多垂直陡峭、断崖绝壁，即使有护栏保护，俯视谷底时，其高、深、奇、险也会令人头晕目眩，胆战心惊。谷中景观比比皆是，如骆驼峰、金龟岩、双狮拜客、灵龟贺寿、石猴迎宾、送财童子、仙人伞柄、虎跳岩等，不下20多个石景。在谷中，往往于清晨或雨过天晴时，团团云雾自谷底腾空而起，又渐渐向上飘散，飘忽于谷面，迷幻如人间仙境。

为何罗浮山被称为“岭南第一山”

罗浮山是中国道教十大名山之一，位于惠州博罗县长宁镇境内。由于地处岭南“旅游休闲走廊”的中心地段，是构成“广州—香港—惠州”旅游金三角的支撑性景区和代表型景区。西连发达的城市群（广州、佛山及南番顺等地），南接东莞、深圳，毗邻我国港澳地区与东南亚。景区规划总面积260平方公里，内有大小山峰432座，飞瀑名泉980多处，洞天奇景18处，石室幽岩72个。史学家司马迁把罗浮山比作“粤岳”，所以罗浮山素有“岭南第一山”之美称。罗浮山

惠州罗浮山风光

已被国务院批准为第五批国家重点风景名胜区。

据地质学家考证，罗浮山形成于8000万年以前，这一带地壳发生断层，花岗岩体受挤压而隆起。经过长年的风雨侵蚀，形成现在奇峰林立的罗浮山。相传古时只有罗山，浮山从东海浮来，倚于罗山东北，由铁桥峰相连，罗浮山故而得名。据《云笈七签》卷二十七《洞天福地》记载，罗浮山为道教十大洞天之“第七洞天”、七十二福地之“第三十四福地”，山中有七十二石室、十八洞天、四百三十二峰峦、九百八十瀑布与飞泉。

罗浮山曾经在广东文化史上占有不可忽视的地位。原有九观十八寺二十二庵等道教与佛教宫观寺院点缀其间，历来有许多文人墨客、方士道人纷纷前往山中游览、隐居和修炼，为其作赋吟诗，歌颂赞美，如陆贾、谢灵运、李白、杜甫、李贺、刘禹锡、苏东坡、朱熹、葛洪、陆修静、杨万里、屈大均等人。东晋年间，著名道教理论家、炼丹家、医学家葛洪入此山中修道炼丹，采药济世，著书立说，创建九天观、黄龙观、冲虚观、酥醪观、白鹤观。葛洪居山积年，优游闲养，笔耕不辍，著述极丰。他继承并发展了早期道教的神仙理论，整理了当时流行的各种炼丹术，总结了自己在研制金丹过程中所积累的丰富经验，撰写而成《抱朴子·内篇》一书。此书既确定了我国的神仙理论体系，又丰富了道教的思想内容，从而使罗浮山逐渐成为岭南道教名山。据《罗浮山志》所载，秦汉时神仙家安期生曾至山修炼，宋代著名道士白玉蟾亦曾在此修道传教。苏东坡曾在此地住过很长时间，写下《杂书罗浮事》《书卓锡泉》等文章。明朝吏部尚书湛若水也曾于九十高龄在罗浮山讲学。

罗浮山中至今名胜古迹众多，自然风景秀丽，其中道教的主要有冲虚观、黄龙观、九天观、酥醪观、葛洪炼丹灶、仙人洗药池、飞来石、遗履轩、会仙桥、蝴蝶洞、朱明洞、飞云顶、华守岩、升仙岩、刘仙岩等，尤以冲虚观最为著名，现为全国道教重点开放宫观，属广东省重点文物保护单位。

惠州罗浮山牌坊

罗浮山有432座山峰，较有名的有飞云峰、铁桥峰、玉女峰、骆驼峰和上界峰等。其中飞云峰是主峰，海拔1281米，因为高耸入云而得名。还有980多处飞瀑名泉，著名的有白漓瀑布、白水门瀑布、黄龙洞瀑布和芙蓉池、长生井泉水，还有北宋文人苏东坡所推崇的卓锡泉等。此外，还有朱明、蓬莱、桃源、蝴蝶、夜乐等18

个大洞天，有通天、罗汉、伏虎和滴水等72个小洞天，其中朱明洞是山上最大的洞穴。

罗浮山刚好处在北回归线上，属亚热带季风气候，雨量充足，植物茂密，呈垂直分布变化明显。山顶是低矮的灌木林和草甸，山腰是灌木林和松木林，山底是常绿阔叶林。山上生长着1200多种药用植物和各种水果，形成了独特的罗浮山特产，包括罗浮山百草油、酥醪菜、云雾甜茶、矿泉水等。苏东坡有诗云："罗浮山下四时春，卢橘杨梅次第新。日啖荔枝三百颗，不辞长作岭南人。"这正是罗浮山盛产各种水果的真实写照。

南昆山因何得名

南昆山位于广东省惠州市龙门县境内，东经114°38′，北纬23°38′，北回归线正好穿山而过。南昆山的原始森林自然保护区是国家4A级旅游风景区，也是重点保护的国家森林公园，被誉为"北回归线上的绿洲"、"南国避暑天堂"和"珠三角后花园"。

南昆山的得名与一个美丽的传说有关。相传远古年代，南昆山是一片荒漠，人们深受风沙之害。有一户姓蓝的人家，为解脱人们的痛苦，种了许多竹子、树木，都没成活。于是，全家人聚集在堂屋唉声叹气。儿女们不禁发问道："有什么东西适宜在这里种植呢？"老父亲说："听说很远很远的福建有一种毛竹，耐旱、贱生，易成林。要是有了那种竹苗，我们就不用忧愁了。"小儿子蓝瀵听后勇敢地说："我就去福建找竹苗。"

蓝瀵辞别父母兄弟，向福建走去。他跋山涉水，历经千辛万苦，走了99天，来到福建。他赶忙采集了竹苗，放入大瓦缸，填土浇水，装上船，启程返乡。不料途中碰上大风暴，船主遇难。蓝瀵被一阵狂风卷上半空，飘飞了三日三夜，跌落在昆仑山巅。待他醒来一看，脚下千山万壑，头顶万朵云天，不知如何是好。他想起全家人的愿望成了泡影，潸然泪下，号啕大哭，哭得天旋地转。

南昆山风光

昆仑山神被哭声惊动，化作一老翁，上前询问："年轻人，你有什么伤心事？"

蓝瀵止住了哭声，叙述了事情的原委，请求老翁帮忙。山神很感动，告诉他，有一张昆仑图，按图在荒漠垒66座高六尺的山，用大石头做筋骨，用泥土做肌肉，种下不同的草木花卉，切开手指头，每山滴上六滴血，就会出现绿洲。

山神从怀里取出昆仑图交给蓝瀵，又随手摘了两片竹叶贴在蓝粪的小腿上，撩起衣袖轻轻一拂，蓝瀵脚下生风，快步如飞，走了七天七夜。

第二天，他就带领家人，把一块块大石头运进荒漠，锄开表层沙土，从深处掏出黑泥，按图垒成山。风魔沙妖惊恐万分，向他们发怒施威。蓝瀵全家却百折不挠，继续垒泥，一直干了九个月，才垒完66座山。紧接着，他们分头四处寻找各种各样的草木花卉，种到山上。种毕，蓝瀵切破指头，照山神的吩咐滴血。这时他已精疲力竭，几次昏倒。一醒来，他又挣扎着往前爬。当他爬上最后一座山，滴落六滴血时，荒漠不见了。而蓝瀵最后爬上去滴血的地方，变成一座山峰，高出群山，耸入云天。他高兴得流下串串泪水。泪水滴落的地方，转眼变成山泉，涌出清甜的泉水。

后人为了纪念这位舍身为人的青年，就把这块地叫“蓝瀵山”，又因为此山是按昆仑图造成，亦称作“南昆山”。

石河奇观，何奇之有

说到南昆山，最著名的一处景区恐怕就是石河了。在石河中，有一段河段是由八个大小绿潭相连组成的。因为河里怪石嶙峋、形态各异，石头与河水构成了一组组图景，因而被后来的文人骚客们赞誉为“石河奇观”。

一个接一个碧绿的水潭，波光粼粼地镶嵌在石河中，即使深度有三四米，也依然清澈见底。潭水是如此之绿，以至远远地站在山坡上，也能够欣赏到它迷人的风采。走近一看，就连沉在水底的树叶树枝都一清二楚。

潭边有两块呈红青色大石，边缘有图案，形似罗裙，叫罗裙石。河中还有一大石似镜台，叫梳妆镜石。梳妆镜石旁，有一圆形小池，叫卸妆池。这个大水潭就是南昆山风景点之一——仙女潭。七个小潭则叫七仙池。关于它，有一段神话传说。相传在远古年代，天上的七仙女羡慕人间美景。不顾禁令，偷偷下凡。这天，仙女们来到南昆山遨游。时值盛夏，酷热难当，她们见密林深处有一溪流，瀑布飞花，银浪

南昆山“石河奇观”

翻滚，遂动了戏水梳洗的念头。本地的山神、河神见仙女们想戏水，就讨好她们，取石垒筑好七个小水潭和一个大水潭，供她们各自洗澡和一起戏水。七仙女卸下盛妆，各据一潭，尽情洗涤，还聚集到大潭互相追逐戏水。欢声笑语，回响山谷。她们于是十分开心，不知不觉过了七天。王母娘娘见了七仙女私自下凡，竟敢七天不归，便派天神去捉拿她们。天神奉旨寻到石河上空，见七仙女得意忘归，便大喊一声："王母娘娘有旨，令我捉拿你们回宫！"顿时，天昏地暗，电闪雷鸣。仙女们来不及穿衣裙，便被天神捉回天宫去了。遗下的衣裙和梳妆镜，就变成了罗裙石和梳妆镜石。如今，镜框的轮廓仍清晰可辨。

有了这一段美妙传说，仙女潭成了人们神往的地方，每逢农历七月初七，成群结队的南昆姑娘，还专门前去卸妆池戏水，用卸妆池的水洗脸。据说，这样可以使姑娘们长得更白嫩清秀。这儿是南昆山的天然浴场，所以吸引着众多的游客，人们到此都禁不住要下水去嬉戏抚弄一番。在潭与潭的交接之处，股股清泉奔涌而下，形成一串串落差不大的小瀑布，坐在瀑布下，任流水冲击身体，很是舒服惬意。石河奇观里最险峻的地方是一处约有四五米高的桥，桥下水深处几乎看不见底，但从插入水中的岩石至少可以看下去五六米深。站在高高的桥面上，望着左边不见底的深潭和右边激奔的瀑布，有头晕目眩的感觉，深深感受到大自然的威慑力。

七星岩因何得名，有何主要景点

肇庆七星岩位于肇庆市区北约 4 公里处，景区由五湖、六岗、七岩、八洞组成，面积 8.23 平方公里。湖中有山，山中有洞，洞中有河，景在城中不见城，美如人间仙境。七星岩以喀斯特岩溶地貌的岩峰、湖泊景观为主要特色，七座排列如北斗七星的石灰岩岩峰巧布在面积达 6.3 平方公里的湖面上，20 余公里长的湖堤把湖面分割成五大湖，风光旖旎。此地被誉为"人间仙境"、"岭南第一奇观"。七星岩摩崖石刻国家级文物保护单位，是中国南方保存得最多最集中的摩崖石刻群。

七星岩原是由西江古河道形成的沥湖，主体由阆风岩、玉屏岩、石室岩、天柱岩、蟾蜍岩、仙掌岩、阿波岩七座石灰岩山峰组成。排列如北斗七星般撒落在碧波如镜的近 600 公顷湖面上，20 多公

肇庆星湖七星岩风光

肇庆星湖七星岩“水月岩云”

里长的林荫湖堤，如绿色飘带般把仙女湖、中心湖、波海湖、青莲湖和里湖联结在一起，湖光山色，绰约多姿。

七星岩早在晋代已有文字记载。唐朝文学家、书法家李邕（北海）曾慕名来游，写下了著名的《端州石室记》，镌刻在石室洞口石壁上。叶剑英元帅于1964年4月游览七星岩期间曾写七绝一首：“借得西湖水一圜，更移阳朔七堆山。堤边添上丝丝柳，画幅长留天地间。”七星岩旖旎多姿，集“桂林之同，杭州之水”于一地，自古以来就有“峰险、石异、洞奇、庙古”之说。重点游览区有“七岩、八洞、五湖、六岗”，可供观赏之景点达80余处。天柱岩最高，海拔117米；龙岩洞最奇，洞中有洞，有“千年诗廊”之美誉；石峒古庙最古，洞中有庙。

七星岩牌坊：位于景区中心湖南部，1959年落成。牌坊为钢筋混凝土仿古建筑，高12米，宽17.5米。四柱三间，柱础为花篮形，四根大圆柱饰以朱红，仿歇山顶，上盖琉璃瓦，中门上方镶嵌着朱德于1959年手书的“七星岩”三个大字，为肇庆的重要标志物。牌坊北侧有广场，面积2.83万平方米，是集娱乐、休闲、观赏、购物于一体的活动中心和大型公共活动场所。广场有广东最大的音乐喷泉，广场文化在省内颇有名气，周末游客可在此免费观赏文艺演出。

七星岩摩崖石刻：位于景区中心，共有531题，其中石室洞有333题。它是广东省保存最多、最集中的石刻群，1957年就被列为省级重点文物保护单位。广东石刻以唐为贵，七星岩就有唐刻4题。石刻以汉字为主，还有藏文和西班牙文。汉字各种书体俱全，以楷书为最，行书次之，其中唐代李北海正楷《端州石室记》是七星岩摩崖石刻的珍品。石刻群文体有诗、词、歌、赋、对联、题记，其中诗有252首，陈毅元帅撰诗称之为“千年诗廊”。

石室洞：由龙岩洞、碧霞洞和莲花洞组成，龙岩洞乘小艇游览，后两洞可步行参观。石室洞是七星岩开辟最早、景物最多的溶洞。穹隆高大，千姿百态，如梦如幻的景观，令历代文人骚客陶醉，并留下赞美的诗篇。洞中存各种文体石刻333题，可见石室洞在七星岩风景区中是何等的引人注目。

石峒古庙：位于七星岩东北部，仙女湖游览区内。始建于唐初，明万历十三年（1585年）重建，清嘉庆三年（1798年）、道光二十二年（1842年）重修，因古庙置于岩洞中而得名。庙中供奉附近百姓的神，称周氏神。因传说庙中石钟乳有一小洞曾流出白米，故俗称“出米洞”。

莲湖泛舟：最佳观赏点在红莲桥南风情码头处。此处设有竹排、摇橹木船、电瓶船等，船在水中行，景色两岸走，如在画中游，休闲舒适、快意悠悠。自古有云：“不乘舟游湖，不知湖光之胜，枉来星岩。”

“鸟的天堂”有何特色

“鸟的天堂”是广东省一处闻名中外的旅游风景区，又名“小鸟天堂”。景点位于距广州市100公里外的江门市新会区会城镇天马河的河心沙洲上，是全国最大的天然赏鸟乐园，也是新会著名的国际级生态旅游景点。岛上有一株500多年历史的奇特的大榕树，这棵树的树枝垂到地上，扎入土中，成为新的树干，随着时间的推移，这棵大榕树竟独木成林，林中栖息着成千上万只鸟雀。

鸟的天堂，原名“鸟墩”。婆娑的榕叶笼罩着20多亩的河面，树高约15米。榕树枝干上长着美髯般的气生根，着地后木质化，抽枝发叶，长成新枝干。新干上又长成新气生根，生生不已，变成一片根枝错综、扑朔迷离的榕树丛。在这树丛上，栖息着10多种小鸟，最引人注目的是白鹤和灰麻鹤（即夜鹭，俗称诊游鸟）。白鹤早出晚归，灰鹤暮出晨归，一早一晚，鹤群一出一归，盘旋飞舞，掩映长空，嘎嘎而鸣，蔚为奇观。

如今，傍晚时分百鸟出巢的情景十分壮观，一批批灰鹭从鸟的天堂准时朝东南方向编队出发，飞到周边一带的浅滩上去觅食。起飞前，先由一只负责召集的灰鹭从古榕树的西头飞到东头，有时还飞到隔江的小岛，呼朋引伴，催促同类赶紧趁着暮色外出觅食。不到5分钟，在领头鸟的带领下，一群大大小小的灰鹭陆续从林子里飞出，群鸟争鸣，翩翩起舞……这种情景每次大约持续半个小时。第二天清晨，飞出去的灰鹭经过一夜辛勤劳动，满载而归，从四面八方飞回古榕树。而后它们与伏在枝头正准备飞出去觅食的白鹭交头接耳、盘旋飞舞，有时还会做出俯冲和倒飞的动作。据说这一自然景象延续至今已有380年的历史。

“小鸟天堂”风景区

1933年，著名作家巴金来到这里游览后，有感而发，写出了散文——《鸟的天堂》。如今，"鸟的天堂"已成为一个著名的风景点，吸引了千千万万的游客。

1984 年，巴金先生亲笔题写"小鸟天堂"四字，为风景区增色生辉。2002 年，鸟的天堂风景区经过重新规划扩建后，占地面积达 40 万平方米，形成了一个集"古榕、鹭鸟、天马人"历史文化和民间传统生态环境保护特色于一体的自然文化景观。这是目前侨乡广东新会著名的国际级生态旅游景点，每年吸引了大批中外游客慕名而来，流连忘返。

通天箩因何得名，有何特色

通天箩位于韶关市，是一个极为罕见、完全封闭的下降洞穴。上小下大，洞口直径 73 米，底部最大直径 140 多米，深度达 97 米。整个洞穴四壁呈倒立梯形，由于肚大口小，看起来形似一个农家所用的谷箩，因此而得名"通天箩"。它号称"中华第一洞"。此外，美国的阿里西波大漏斗也是一个下降洞穴，号称世界第一，洞口直径是 322 米，深 70 米。

通天箩岩壁垂直陡峭，外界的人和动物都很少能进入天坑，天坑就形成了一个相对封闭的生态环境。阳光透过坑口"大嘴"可以直射坑底，这为植物的生长提供了必要的光照条件。经过洞口落下的雨水以及原有的地下水，又为生物生长提供了水分。而由于坑底海拔高度低于坑外高原，上小下大的巨大"石箩"将寒风拒之门外，所以坑底明显比坑外温暖许多。时逢寒流来袭，站在天坑边缘往下望，一片郁郁葱葱的地下森林生机盎然、青翠欲滴。与周边山上一片披霜带雪的枯黄林木相比，风光截然不同。但站在高于坑底近 100 米的高度往下望，茂盛的林木群就仿佛如茵的小草株。

这个高度封闭的"地下森林"在世界上并不多见，成为现代生物学家研究原始生态的宝库，对研究岩洞植被的起源和发展有极大价值。千百万年来，天坑里的动植物就在这里生老病死，不仅保留着数千万年前的生物化石，还保存着几亿年前的生物物种。站在极少数人能涉足的天坑底部，数千万年来枯死败落的残枝败叶最深处竟然没过了探险者的膝盖处。

通天箩

天坑洞底部有一片约 3500 平方米的原生性植物群落，几乎与外界的生态系统相隔离。在洞底，棕黄色的土壤与灰白色石块间，生长着大量参天树木。但与外界树木明显不同的是，为了争夺有限的阳光雨露，这里大部分的树木只能朝上“疯长”，所以树形又瘦又高，许多树的直径只有 20 厘米左右，但高度却达到了 30 多米。

乔木下密布着 1 米高左右的灌木丛，地表遍布一层绿油油的矮小植物，地表林间苔藓、真菌及小昆虫随处可见。在这个奇妙的半封闭的地下世界中，林木丛生、藤蔓相缠、花草争妍，不愧为粤北石灰岩地貌的一朵奇葩。

万绿湖中有哪“三浴”

万绿湖是华南最大的生态旅游名胜，因四季皆绿、处处皆绿而得名。万绿湖“三浴”是指森林浴、湖水浴和空气浴。

森林浴：万绿湖的森林浴以桂山有名，具有保健作用。人们在进行森林浴过程中，会通过肺部吸收一些森林植物散发出的芳香物，从而达到保健作用。因为芳香物中含有大量的空气负离子，具有药理效果，能使人体内分泌协调。对生活在人口稠密的城市人来说，保健效果会更加明显。森林浴能够给人们失调的身心以刺激，促进人体很快恢复本来具有的抵抗力。

湖水浴：万绿湖拥有秀奇的自然生态环境，形成了秀丽的湖面景观和一汪清澈恬静的碧水。万绿湖水质达到国家一级地表水饮用标准，可以直接饮用。每年的 5—10 月，是进行万绿湖水浴的最佳时期。经过万绿湖水的沐浴，会令人倍感清爽和快乐，真正体验到万绿湖水之美。水月湾是万绿湖的水上娱乐中心，是进行湖水浴的佳处。

万绿湖日落风光

空气浴：万绿湖湖面空气清新，得益于周围清幽的环境。分布于湖中茂密的原始次生常绿阔叶林，其散发出的大量空气负离子，使得万绿湖湖面空气具有刺激人体神经系统和改善新陈代谢的作用。

盘龙峡因何得名

盘龙峡位于肇庆市德庆县西北部，距县城 28 公里。这里是一个原始的自然生态旅游区，占地 2000 公顷。景区内古木葱茏，有“植物活化石”之称的国家一级保护植物黑桫椤遍布其间。峡谷空气负离子含量达每立方米 12.5 亿个，是南中国最大的天然大氧库。2005 年，它被中国最高权威旅游杂志《中国国家地理》评为“广东最美丽的地方”。这里还是广东省摄影家协会拍摄基地。

盘龙峡风光

德庆是龙母的故乡。传说龙母养了五个儿子，小儿子斑龙特别调皮，经常在西江嬉戏玩水，兴风作浪，搅得西江两岸人民不得安宁。龙母生气之下，把斑龙送到了一个山清水秀、林木幽深的峡谷，让斑龙在此修炼思过。然而，龙母毕竟不放心，便要斑龙的大哥青龙来看着它。青龙、斑龙于是就盘踞于此，不时为附近的百姓施云降雨。后来，这个峡谷就被人们命名为盘龙峡。

盘龙峡生态旅游区以其得天独厚的山、水、森林等自然生态资源，成功开发了峡谷漂流、栈道观光、瀑布观光、峡谷品氧、大型梯级天然泳池、全国最大的水车群、全国最具风情的山顶木屋度假村、岭南仅存的古老织布村、高空溜索、越野卡丁车等生态休闲型旅游产品。自 2001 年开放以来，它受到各地游客的青睐，成为广东省内游的必游精品线路。

有“中国勇士第一漂”之称的盘龙峡漂流，于 2002 年在全国首创冬季漂流，成为国内唯一可以开展四季漂流活动的景区，在广东省内众多的漂流景区当中一枝独秀，享有极高的知名度。

德庆盘龙峡 100 多公顷范围内，有近百个大小瀑布组成了瀑布群，在全省独占鳌头。它是首个得到广东省旅游局认可的有 10 级以上瀑布群的旅游区，这种规模的瀑布群在亚洲亦十分罕见，因此它被誉为“亚洲罕见、广东第一”。其中最有名的是“腾龙飞瀑、聆天飞瀑、烟雨飞瀑”三大天然奇观，水势变幻属南方罕见。最大的腾龙瀑布落差达 90 米，是广东省落差最大的瀑布。

九泷十八滩因何得名

河流中狭窄而湍急的河段，叫做“泷”；水浅石多、水流急湍的地方，叫做“滩”。顾名思义，九泷十八滩是说这个河段由九处窄处、十八处宽处组成。九泷十八滩是广东省省级风景名胜区，位于粤北大瑶山麓的韶关市坪石镇至乐昌市城的武江河段。全程约60公里，又名韩泷，泷峡。昔称“新、垂、腰”三泷，谓之“三泷水”。九泷包括“白茫泷、惊泷、腰泷、燕泷、梅泷、崩泷、垂泷、新泷、老泷”。十八滩为“切玉滩、三层滩、百鸡滩、新秦滩、犁壁滩、和尚滩、歧门滩、小摊、蓑衣滩、大长滩、滑石滩、石板滩、冲花滩、麻滩、张滩、胡滩、剥皮滩、雀子滩”。

东汉熹平三年(174年)，桂阳太守周昕开凿泷水河道，发现险处颇多，皆以险峡数目为水名，于是又增加“崩、驾、白芒”三泷，谓之“六泷”，有“水出王禽岭，飞腾作穴泷”之句。明末清初，泷水东岸沿河开发，修筑粤汉铁路，这时泷水已命名为“九泷十八滩”，又增加了“燕、梅、老”三泷。

九泷十八滩，蜿蜒曲折，水流湍急，泷中有滩，滩中有泷，滩处连泷，总落差达65米。沿河两岸有龟山、“7011”工程、马鞍山、蛙石、庙子角、韩泷祠、大瑶山隧道、十里画廊等多处景点。九泷中，河道最险处为垂泷，落差3米，“惊湍飞注，涛风沫雪，如裸如泗，寒不可忍”。其“一美、二奇、三险”的独特风韵，堪称一绝。古往今来，这里吸引了众多文人墨客赋诗抒怀，欣赏美景，领略其中惊险情趣。

九泷十八滩两岸如削，谷深林密，河道蜿蜒，水流湍急。立于滩头，可见挂舟北上，木筏南流，往来穿梭。清代诗人廖燕有诗赞曰：“大滩小滩排水面，转眼高低尤喜变。缆纤里许多山弯，果然上滩如上山。”由此可见九泷十八滩之险峻。

1987年，乐昌旅游局在此开辟了中国第一家江河漂流旅游项目，九泷十八滩便成为“勇敢者的旅游胜地”。驰名中外的大瑶山隧道贯通后，又为九泷十八滩增添了别样的风采。近年来，慕名前来漂流旅游的国内外游客，络绎不绝，亲历与

韶关九泷十八滩漂流

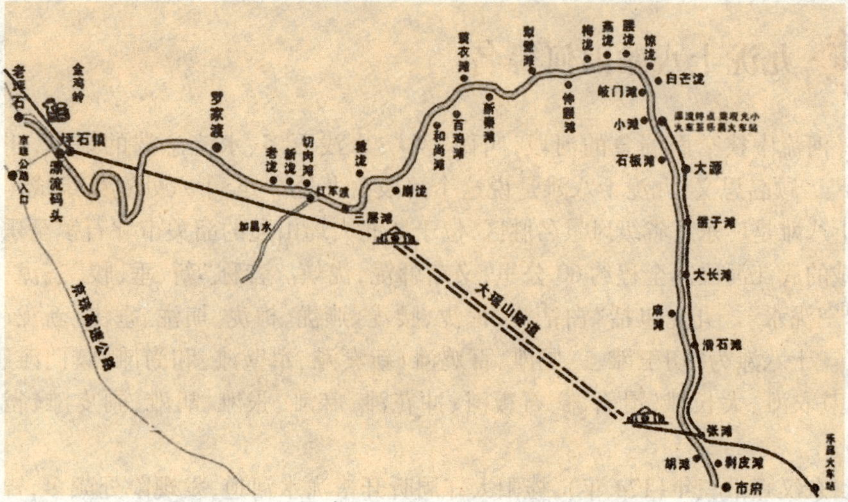

韶关九泷十八滩漂流航程图

大自然搏斗的无穷乐趣和有惊无险的旅程。1995 年,豪华空调旅游客车“大瑶山号”和访古观光小火车“金鸡号”的开通,更是锦上添花。

这里是全国第一处漂流旅游点。每天八时整,旅游者从坪石镇金鸡岭脚乘坐橡皮舟,顺流而下,时而掠惊涛骇浪于人前脑后,时而置轻舟于青山绿水之间,有张有弛,其乐无穷。漂流所用的橡皮艇,碰到礁石会反弹,一般不会撞破,如撞破了也没有关系,因为橡皮艇内有 6 个气室,哪怕撞破个两三个仍能继续漂流。每艘橡皮艇可载 6 ~ 10 人,由专人负责掌舵。漂流的河段选取得当。开始的一段,水流较缓;约 1 个小时后,进入一段狭窄的河道,水流湍急,小艇随着激流的撞波破浪而下,有时翻进旋涡里,有时穿过乱石堆,在波浪中抛上跌下。此时,艇里人衣裤尽湿,但要紧紧抓住艇边的安全索,以防被抛出艇外。漂流相当惊险,但其乐趣和吸引力也正在于此。闯过若干个险泷后,水流就慢慢缓和下来。这时,放眼看去,就会发现两岸景色优美,有“十里画廊”之称,漂流也接近终点了。

凌霄岩为何被誉为“南国第一洞府”

凌霄岩风景名胜区,是广东省省级风景名胜区,也是广东省省级旅游度假区(春湾——凌霄旅游度假区)。该风景区位于阳春市西北部的河土朗镇,以雄伟壮观著称,被誉为“南国第一洞府”。洞内高度 120 多米,上下分 3 层,有凌霄大厅、凌霄宝殿和观景台,现开放可游览面积为 3 万多平方米。凌霄大厅高大宽敞,岩底小溪清澈透亮,潺潺流水穿岩而过。洞内景物千姿百态,惟妙惟肖,

阳春凌霄岩岩洞

形象逼真，气象万千，仿佛进入神话世界。健步踏上百步云梯便进入凌霄宝殿，有“寿星迎宾”、“灵芝巨柱”等景观，其中九条擎天巨柱惟妙惟肖。再上观景台便可俯瞰洞内景物，“仙女思凡”、“八仙过海”、“群狮起舞”等，更为气象万千，尤其是“吉星高照”、“一线天”、“水中印月”、“滴水明珠”等四大天然奇景，实为世间罕见。400 多米长的岩底河，可供游人坐船浏览，“倒挂莲花”、“天马行空”等景物让人流连忘返。

凌霄岩分为正岩、东岩、西岩三大洞，今开放正岩。正岩高约 100 米，长、宽近 200 米，游览面积 3 万多平方米，分 5 层游览。洞内 19 条如楼宇般高大的钟乳石柱直撑岩顶，气势磅礴，雄伟壮观，天然形成的“一线天”、“一颗星”、“水底月”为三大奇景，神奇奥妙。

距凌霄岩 2 公里的玉溪三洞，由漠江上游穿过三个大石溶洞而成，总长 3 公里，今开放一、二洞。洞内清泉叮咚，溪水清莹，景色别致，洞内层林叠翠，景物万千。且凌霄岩和玉溪三洞内均可泛舟。其中底层凌霄厅高 60 米，宽 34 米，长 105 米，有一岩底河长 320 米，可泛舟。该区旅游配套设施完备，有餐厅、旅馆、商场、舞厅、跑马场。岩洞距三茂铁路春湾站 28 公里，有公路直达。

凌霄岩已被地质界认为是华南地区最具代表性的喀斯特地貌特征的溶洞，有着无可比拟的地质学课外教育优势。世界岩溶洞穴研究专家、中国洞穴研究会会长、中国科学院院士朱学稳教授，以及中国地质科学院岩溶地质研究所洞穴研究中心陈伟海主任，于 2004 年 8 月到凌霄岩考察地质情况。经考察比较凌霄岩洞口的高度、宽度，评估后认为：凌霄岩洞口壮观程度位于国内已发现洞穴的前列，无愧于“南国第一洞”的称号。在凌霄岩洞内，到处是琳琅满目、形态各异的巨大石柱、石笋。朱教授指出，“凌霄大厅”内的石柱、石笋是喀斯特岩溶地貌中典型的棕榈片造型（国际通用称谓，也有国内学者将其命名为

阳春凌霄岩“别有洞天”风光

"石灵芝"),凌霄岩"石灵芝"类型之全、形态之高大、数量之多以及其发育生长年代之久,在国内绝对独占鳌头,在世界上都是极为罕见的,这里完全可以称为"世界石灵芝王国"。同时,凌霄岩内有许多形态多样、同样具有世界级水平的典型石盾。在凌霄岩岩壁上,多层河床砂石沉积层和钙化板记录了阳江市的母亲河——漠阳江上游的几十万年乃至几百万年的发育史。

崆峒岩的名称有何由来

崆峒岩,又名"四崆峒山",位于阳春城西 3 公里处,始建于明万历年间(1573—1620)。清乾隆二十一年(1755 年),阳春县令姜山重修寺宇。崆峒岩以古雅清幽为特色,山下有岩,岩中有寺,寺外有峰,可以说自然风景和人文景观俱全,是广东省文物保护单位。

在全国,共有 4 座崆峒山,即甘肃临洮、山东安定、河南汝川和广东阳春崆峒山,是佛道一体的道家名山。阳春崆峒岩因为排行老四,故又名"第四崆峒山"。洞分 5 层,高 60 多米,曲径通幽,是神佛洞府。玉皇殿、文昌殿建于明朝,金刚塔、三宝殿、观音殿、六祖殿建于清朝。有摩崖石刻、碑碣 100 多题,佛像 12 尊。著名景点有"慧石把门"、"瑞狮迎宾"、"汶米石"、"瀑布泉"、"白蛇盗草"等。

崆峒岩有众多字碑、题壁等,都是古人智慧的结晶。特别在乾隆年间(1736—1795),由礼部尚书曹秀先所题的《岩亭》两字,端正大方,结构紧密,坚实有力,很值得人们欣赏;那仿效唐朝大文学家韩愈笔法所刻于石壁上的《飞鱼跃》的草书,使人看了活泼有神,似飞似跃,尤为醒目;那碑文的正楷更令人陶醉,笔力铁划银钩,字法藏理入情,是学书法难得的榜样。除题字外,这里还有诗词、联句、游记等。例如,四首《游崆峒岩石上韵》五言绝句,意象结构紧密,哲理景情自然,使人看了韵味无穷,怡情逸兴。又如,《第四崆峒岩碑刻》《修四崆峒岩碑刻》等石刻名篇,不仅记述了岩峒史迹、人物、景点,而且文章情理并茂,其字其文,其史其迹,其景其趣,读后余香长存。今人曹崇恩艺术大师铜塑的《中国第一尊四方佛》,由赵朴初题字,艺术形象很高,四尊一模一样,既有佛的慈悲为怀

阳春崆峒岩风光

之感，又有艺术高超之觉，使人看了叹为观止。

阳春崆峒岩岩洞

崆峒岩之所以神秘，有一个传说。从前阳春有个名叫姜山的县官，当时见崆峒山阻挡来往行人交通，就想为民办实事，打通这崆峒岩。但他又没有筹到款。无可奈何，他只能按老祖宗的办法，烧香拜佛。也许是"精诚所至，金石为开"，有天夜里，忽然"轰隆"一声，从山上掉下一块大石头来，也就是我们现在看见的这一块。姜山高兴极了，他想如果再滚下哪怕两块，路也就通了。于是他再次烧香拜佛。可是，也许老天爷早就规划好这里要做旅游区，就保持了这个岩洞的样子。如果让姜山的目的达到，那么，现在这里只是一条平常的山路，而不是现在全国著名的岩洞了。后来，人们因这块石头这么有灵性，就叫它"慧石"。

到了清朝，一个名叫曹秀先的礼部尚书来到这里，在听了这个"姜公移山"的故事后，颇为感动，于是写了一篇《慧石铭》，以之纪念。

湖光岩因何得名，有何特色

"四山围一湖，湖水明如镜，山边有岩洞，岩与湖光映"，这些美丽的诗句描述的正是美丽的湖光岩。

湖光岩风景区位于广东省湛江市西南部，距市区约 15 公里。关于湖光岩，有这样一个传说：据说在成湖之前，这里是宁、托两村。有一天，村中忽降下一头白色神牛，村民宰而食之，招致天降大祸，村随之陷为湖。到了现代，对湖光岩形成原因的科学解释是：形成于距今 5 万年前的火山爆发。据史书记载，湖原名陷湖、净湖，湖边楞严寺在隋代名曰"灵惠侯祠"。北宋靖康年间（1126—1127），有一位"擢拔流俗，足不入城市"的僧人孙琮，结茅居于此，取名"禅庵"。宋建炎三年（1129 年），抗金名将被谪海南，因兵事阻留遂溪，曾应琮师之约，题"湖光岩"三字，琮师勒于石壁，湖光岩之名始建于史。

湖光岩由火山爆发而成，因清澈而明净的湖水而得名。对于我国的湖泊来说，地表水是湖水的主要来源，但湖光岩的丰富湖水却主要从地下水而来。湖光岩平均水深 18 米，最深处 40 多米，面积 2.3 平方公里，湖面略呈心形。由于

湖光岩风光

湖光岩的爆发口在地平面以下300多米，岩浆回落形成的湖底仍然低于海平面，由此丰富的地下水就成为湖水的主要来源。

湖光岩中的湖是我国唯一的火山爆发形成的玛珥湖，也是目前世界上仅存的两个玛珥湖中的一个。清澈的水、秀丽的山、郁葱的树组成了一幅隽永的山水风景画。月夜时，月光照在湖面，映射在崖壁上，光采动人，无愧于“湖光镜月”之美誉。

湖光岩又名玛珥湖，湖水由地下矿泉水汇聚而成，水质清净，富含微量元素，且具有神奇的自我净化功能，整个湖面无蛇无蛙，落叶无影无踪，还有龙鱼神龟出没的奇闻。

湖光岩，充满了魅力，是永远利用不完的旅游资源，是一本天然巨书。它的点点山水，满满青色，以及美丽的传说给它增添了神秘的色彩，值得人们瞻仰和纪念。

为何惠州西湖享有“苎萝村之西子”美誉

惠州西湖是位于中国广东省惠州市境内的一个城市浅水湖泊，是中国国家重点风景名胜区，其景观由“五湖六桥十八景”组成。在历史上，惠州西湖曾与杭州西湖、颍州西湖合称为中国三大西湖。

湖中的孤山因四面环水，俨然杭州西湖之孤山而得名。一尊苏东坡的石像矗立在面前，此石像建于1983年，它面向西湖，背倚孤山仿佛在欣赏西湖的美景。在雕像旁是苏东坡纪念馆，里面陈列着许多苏东坡的故事、诗词、题刻等。这里就是西湖八景之一的“孤山苏迹”。走过孤山穿过九曲桥，就可以看到八景的另一景“留丹点翠”，这也是湖心的一个小岛，即点翠洲。宋时，惠州太守陈称在岛上筑孤屿亭。明代才女孔少娥在《点翠洲诗》中曰：“西湖西子两相侍，湖面偏宜点翠洲，一段芳华描不就，月湾婉转似眉头。”所以，明嘉靖年间(1522—1566)改为点翠亭，成为西湖岛景一胜。民国初年，孙中山在七汝湖指挥起义，为纪念牺牲的烈士，洲上建“留丹亭”。由于洲渚古树苍翠，亭馆红墙绿瓦，朱红圆柱，挺拔屹立，四面碧波千顷，人称“留丹点翠”。

西湖的又一胜景便是烟霞桥。苏东坡谪居惠州时，曾在鳄湖开辟放生池，

惠州西湖风光

并修烟霞堤。当时堤上不曾筑桥，烟霞桥是后人在堤上加筑的。据记载，现在这座桥是1992年重建的。烟霞桥是西湖六桥中的第三桥，是六桥中的美女。它飘逸秀丽，气质不凡，当年曾与永福寺一起构成西湖古八景之一，即“野寺岚烟”，有“世上黄尘吹不到，烟霞桥外白云封”的意境。如今盛极一时的永福寺早已化作尘埃，而烟霞桥依旧孑然独立，远离闹市，景色清幽秀丽，飘然尘埃之外。在桥上可静观湖光山色，看柳色生烟，群鸟飞翔，一派诗情画意。

作为惠州的古八景，不得不提水帘飞瀑。它位于红花湖入口公园内，重现了西湖古景的风貌。只见峰峦叠翠，峭壁流泉，飞瀑掩映水帘洞、洗心台；水花飞溅如云雾，如冰柱；注潭激石，声如钟鼓，令人尘积涤尽，心旷神怡。

西湖景区的特色是山川透邃，幽胜曲折，浮洲四起，青山似黛。古色古香的亭台楼阁隐现于树木葱茏之中，景城妙在天成。与杭州西湖相比，清朝雍正初年惠州知府吴骞有《诗西湖》诗云：“西湖西子比相当，浓抹杭州惠淡妆，惠是苎萝里质，杭教歌舞帽君王。”故有杭州西湖为“吴宫之西子”，惠州西湖享有“苎萝村之西子”美誉。

苏东坡爱妾王朝云为何葬在惠州西湖

“水光潋滟晴方好，山色空濛雨亦奇。欲把西湖比西子，淡妆浓抹总相宜。”这是苏东坡第一次见到王朝云时为她写的诗句。当时，苏东坡因反对王安石新法而被贬为杭州通判。他常与几位文友同游西湖，宴饮寻欢。有一日招来了王朝云所在的歌舞班助兴，悠扬的丝竹声中，王朝云长袖徐舒，轻盈曼舞，一下子就吸引了苏东坡的目光。舞罢，王朝云换了一身素净衣裙，清丽淡雅，楚楚动人，苏东坡灵感一来，挥毫写下了那传颂千古的佳句。而且王

惠州西湖牌坊

朝云诗文俱佳，又特别善解人意，此后苏东坡将她娶为侍妾。

苏东坡是一位情种，他本来深爱着他的原配夫人。他的夫人王弗嫁到苏家时才16岁，红袖添香，是苏东坡的伴读良友。可惜的是，天妒红颜，红颜自古多薄命，王弗在27岁便去世了。后来他续娶了王闰，也就是前妻的二堂妹，也是一位庄重守礼的大家闺秀，但受不得风霜之苦，后来苏东坡颠沛流离的贬官生活都不能相伴，全是这位红颜知已王朝云无怨无悔，天涯相随。

苏东坡在杭州四年，之后又官迁密州、徐州、湖州、黄州，在黄州他们的生活十分清苦。王朝云甘愿与苏东坡共度患难，不离不弃，悉心为苏东坡调理生活起居。她用黄州廉价的肥猪肉，微火慢炖，烘出香糯滑软、肥而不腻的肉块，作为苏东坡常食的佐餐妙品，这就是后来闻名遐迩的"东坡肉"。

到宋哲宗亲政，苏东坡被贬得更远，来到了当时还是南蛮之地的惠州。这时他已经年近花甲，眼看运势转下，难得再有起复之望，身边众多的姬妾都陆续散去，只有王朝云始终如一，追随着苏东坡长途跋涉，翻山越岭到惠州。来后第二年，朝云因长期生活清苦，又操劳过度而重病亡故，那年她才34岁。临终前她握着东坡的手意味深长地说："世上一切都为命定，人生就像梦幻泡影，又像露水和闪电，一瞬即逝，不必太在意。"

王朝云去世后，苏东坡将她葬于惠州西湖孤山南麓西禅寺大圣塔下的松林之中，但日日的思念竟化为天天的夜梦。他常常梦见朝云回来看望他和年幼的孩子，但每次都是"衣衫尽湿"，苏东坡询其缘故，朝云梦中答曰："夜夜渡湖回家所致。"苏东坡醒后大为不忍，于是兴筑湖堤横跨湖上，以便朝云前来入梦，此堤便是如今著名的苏公堤了。

苏东坡侍妾王朝云

朝云墓上至今还有一座小亭——六如亭。"六如"就是《金刚经》中所说的"如梦，如幻，如泡，如影，如露，如电"。因为朝云后来笃信佛教，死前还念着金刚经上的偈语：一切有为法，如梦幻泡影，如露亦如电，应作如是观。所以，苏东坡建六如亭纪念她。

王朝云早逝，苏东坡悲伤至极，他在《惠州荐朝云疏》中痛苦地写道：轼以罪责，迁于炎荒。有侍妾王朝云，一生辛勤，万里随从。遭时之疫，遘病而亡。念其忍死之言，欲托栖禅之下，故营幽室，以掩微躯……

王朝云虽只是苏轼的侍妾，但是两人却是情深笃厚，"六如亭"的柱子上有一副对联："不合时宜，惟有朝云能识我；独弹古调，每逢暮雨倍思卿。"足见苏轼对王朝云的深情和思念。

黄岐山为何被称为东莞古八景之首

黄岐山位于揭阳市区北 4 公里，主峰高达 293.1 米，总面积 1180 公顷。黄岐山是揭阳历史文化名城的一个象征，自古以“黄歧夕翠”列为揭阳八景之一。

黄岐山原名黄紫山，取其黄紫相间，艳色辉煌的意思。后来人们将“黄紫”两字去掉，称为黄岐山，因其山土黄且多歧道，并取其凤鸣岐山周文王出世之嘉意。黄歧山上有九庵十八岩，山巅有歧山塔，山中有月容墓、侣云寺、卧云洞等名胜古迹，有“海滨邹鲁”摩崖石刻等 20 余处，还有珍稀罕见的古槐、风景秀丽的水库和岭南佳果。它的景色极具地方特色，是一处融山、石、林、水及名胜古迹于一体的风景旅游胜地。

其中岐山古塔始建于清代同治年间，位于黄岐山主峰上。塔分五层，呈八角形，高 20 米，每层均有通窗一个，塔内中空，无分层。由塔向四周环视远眺，百里之内的景物均一览无遗。在黄岐山上有一处天然的石洞，那便是竺岗岩，它由巨石覆盖而成。环岩群石嵯峨，丛林尽染，游人登岩远眺可一览揭阳市区旖旎的风光。竺岗岩处还有一座明代古墓，墓中人黄月容为潮汕人民所传诵，是知名度极高的奇女子。墓前两只苍老的石狮，历经数百年的风霜雨露，带着古朴的气息，在落日的余晖下，孤寂落寞。茕茕孑立的墓身上遮盖着片片枯黄的落叶，仿佛在向人们倾诉着岁月的无情。月容墓左上方有一巨石高耸数丈，酷似“童子拜观音”，这就是童子石。此石原四方形，高数丈。民间传说韩仙子营造潮洲仙子桥时，因缺大石为墩，四处寻觅。一日，他到黄岐山选中该石。童子石闻知不能长住黄岐山，要迁往韩江，因而悲痛万分，痛哭不止，其声凄厉，其情悲恸，感动了观音菩萨。观音问明原因，起恻隐之心，随施法力，使童子石变矮变小变弯腰，成一奇石，避免了迁徙之灾。为报答观音菩萨相救之恩，童子石回首叩头拜谢，成童子拜观音之状，故称为“童子石”。

黄岐山

此外，在黄岐山有一神奇的景观，那便是有名的“蛤蟆涎”胜景。在蛤蟆石下面有石湖，石湖常年积水，长久不竭，令人叹为观止。还有凉风习习、精致迷人的水帘洞，其幽雅娴静，让人如临仙洞。登上黄岐山，俯瞰榕江，如彩练萦绕，远眺平畴，尽收眼底，看红日西沉，百鸟归巢，余晖返照，景色动人，更显“黄岐夕翠”之美。一派南国风光，让人流连忘返，黄岐山真不愧为东莞古八景之首。

天下第二泉位于哪里

金山温泉是恩平市最早开发的温泉旅游度假村，坐落在那吉镇。这里山清水秀、空气清新，有着浓郁的乡土文化气息，而且地下热资源十分丰富。恬静、优美的大自然景色及其独特的旅游资源使金山温泉成为南方一个旅游新景点。

关于这个温泉的发现还有一段美好的传说。相传在很久以前，恩平那吉镇河畔一带的百姓，都患上了一种古怪的皮肤顽疾，奇痒不止，痛不欲生，百姓苦不堪言。他们天天烧香拜佛，祈求上天垂怜。时至农历七月初七寅夜，天气闷热，雷声轰鸣，闪电如白昼。一个妇人到河边挑水，朦胧中见七少女在河中戏水，这妇人觉得非常惊奇，她走近前偷偷地看，发现河中蒸雾缭绕，热浪扑面。其中一个少女对这个妇人说：“这是仙泉之水，可舒筋活络，医治百病。上天同情你们所患的病，所以创造了这个温泉，来医治你们的病，造福百姓。”妇人听了将信将疑，赶紧去报告村里的长者，并且带着男女老少来河边观看。此时天色已明，少女渺无踪影，但见河中云雾缭绕，热气腾腾。众人断定这是上天遣仙女下凡消灾解难。于是他们都到河边清洗，没想到立马感觉不到身上痒痛，而没有患病的人洗过之后顿感神清气爽。此事一时传遍方圆百里，附近的人们都成群结队，扶老携幼，齐集温泉享此仙水，令温泉一带热闹非凡。金山温泉水能治百病之说便流传至今。

金山温泉占地 800 亩，自然泉眼 300 多处，天然浴池整天蒸汽袅袅，有仙气吐珠之誉。它按温度分为三级，一级池的自然水温常年达 70℃ 以上，泉眼更高达 80℃，游客可目睹温泉水汩汩流出，水质清纯。一级池是温泉自然涌出的区域，在这里可尝试“温泉一绝浸鸡蛋”。这种蛋有一特点，就是蛋黄已老而蛋白未凝，所以最后煮成的蛋白鲜滑可口，有健胃、补肾、壮阳之功效，令人称奇。二级池温度保持 35℃ ~ 40℃，适于秋冬时节浸泡。三级池近 2000 平方米，池面宽广，温度在 30℃ 左右，最宜于夏季浸泡戏泳。

金山温泉度假村

据有关专家考证，金山温泉不论其水质、水温、水量、景观都居国内温泉前列，是“东南亚第一泉”。而其所含之氡及硫化氢是最佳值，当今世界只有南美洲秘鲁有一处温泉可出其右，所以金山温泉便有“天下第二泉”的美誉。

三水荷花世界为何被称为荷花的世界

三水荷花世界位于“鱼米之乡”广东佛山市三水区西南街道内，园区占地1000亩，水面积600亩，它集建筑、雕塑、荷文、机动游戏、酒店、饮食于一体，是目前世界上规模最大、品种资源最丰富的荷花观赏旅游景区，被称为荷花的世界。

从荷花世界主入口进去，映入眼帘的是一朵硕大无比盛开的荷花。它高20米，宽60米，整体是一个经过渐渐演化而成的荷花抽象造型。其左右各有粉红色的三个半圆瓣，象征荷花的花瓣，每一片花瓣都由一根绿色体撑起，结合绿色曲线弧梁，这样的设计凸显出了荷花洁白无瑕、出淤泥而不染的高贵品格；而中间的黄色网架则比喻荷花花芯的无比鲜艳，象征它日渐成熟；下方的立体张拉钢绳则好比“藕断丝连”。这独特的造型，寓意深长，给人一种清新独特的感觉。在正门入口的两边，有两个各具特色的观赏池。一边是数千条五彩缤纷的锦鲤熙熙攘攘、水中畅游的壮观景象；另一边则是现今世界上鱼类中体形大、寿命长、最古老的中华鲟自娱自乐、悠然自在的景观，它被称为“水中活化石”。这里是吸引众多游客驻足的第一观赏点，在夏日里给人们带来一丝清凉和欢乐。

三水荷花世界入口

而荷花世界最别具特色的标志性建筑，当然要数荷花剧场。它位于荷花世界正门的正前方，坐落于湖面之上，是一幢巨大的圆形建筑物，与“春晖”、“春晓”、“春鸣”三座各具特色的石拱桥相连。剧场内可容纳1300多人，半圆形的座位区环绕着大型的舞台，仿佛要把舞台拥抱在怀里。二层的舞台设计很是独特，在建筑风格上采用了西方古建筑的列柱、环廊，然后衬以叠泉，静中有动。当音乐喷泉突起时，无数水花恍如人间精灵，翩翩起舞。此外，还有真真假假的各式仿真植物。它们高低错落，在舞台上花团锦簇，给舞台更增添一种脱俗不凡的意境。荷花剧场每天都上演一场大型的诗化歌舞剧《荷花仙子》，讲述的是一个关于荷花仙子古老而美丽的传说。故事情节丰富精彩，而一众演员在灯光闪耀的舞台上倾情演绎，柔美与刚毅的舞姿吸引着观众的眼球，并且中间还穿插精彩高难度的杂技表演，使整个剧情荡气回肠。《荷花仙子》歌舞剧，不仅谱就了人间的千古绝唱，还演绎着一个迷人感性的荷花世界，很受追捧。

三水荷花世界奉献的不仅是一份色、形、香、味、意俱全和眼、耳、口、鼻、心同乐的愉悦，更让人们在远离世俗的喧嚣之余，找到一种回归自我的轻松和飘逸之感。

蟠龙洞为什么能够独冠南天

蟠龙洞，因为迂回曲折的洞体像一条蚊龙而得名。它又叫"宝石花洞"，因为石花众多而得名。该洞位于狮子山，距云浮市北约1.5公里。

蟠龙洞于1983年11月才被发现，所以洞内许多石质还保持雪白。蟠龙洞全洞57景，分两层，上层洞为"天堂"通天洞，下层为宝石花洞室。洞内景点主要有"鸡鸣破法"、"龙珠镇洞"、"海狮卷帘"、"石羊拜客"、"龙床宝镜"、"龙宫奇宝"、"龙母玉池"、"仙桃盛会"、"青龙翻浪"、"鱼跃龙门"、"金龙人帐"、"斑石凌空"、"双龙出海"、"海狮护帐"、"龙母回归"等57景。各景奇丽无比，景随步移，路随景转，非常紧凑，无怪乎有"神州奇葩"之称。从洞穴沉积物看，形态的品种名称齐全，如"天书神笔"的钟乳石、"神龟朝圣"的石笋、"玉柱擎空"的石柱、"玉壁雄关"的边石坝、"金龙入帐"的石瀑布、"龙母玉池"的石莲盘、"仙山琼阁"的狗牙石、"雨箭风刀"的石旗、"海狮护帐"的石盾与石幔，以及"巨龙迎宾"的凝结水再溶蚀钟乳石等，无一不奇，无一不怪。

蟠龙洞内最为奇特的是洞内岩壁上长出的簇簇"宝石花"。石花晶莹洁白，玲珑剔透，形态万千，如银星闪烁，熠熠生辉。在国内外均比较罕见，全世界仅美国、土耳其和中国有。除河南省巩县石花洞等极少数洞穴有此种类型沉积外，很少见到这种雪白晶莹、似球非球、似针非针的形态和色泽的石花，因此它很受游人称道。其形态之完美、色泽之纯白，堪称世界等级，被誉为"世界十大洞穴奇景"之一。蟠龙洞内另一个世界级洞穴奇观，便是"玉罗伞帐"。它的外形酷似人

云浮蟠龙洞

们平时所见的罗伞蚊帐，形态之优美，在世上是极其罕见的。它由两部分组成，顶部的盾形板面叫石盾（也叫调色板），从盾顶坠下来的部分叫盾坠，属于石幕式的石幔。这两部分结合起来，便是一顶神似玉石的华丽宫廷蚊帐，故被称为“玉罗伞帐”。玉罗伞帐的前后两部分颜色有明显的差异，后部分色泽较暗，生长较早，据测已有24 200 年了。而其前半部洁白如玉，生长较晚，估计生成年代在数千年之内。

1987 年有关部门曾把蟠龙洞作为中国南方洞穴的代表，在有 48 个国家参加的“国际洞穴年会”上做了交流。蟠龙洞受到了高度的关注，特别是其宝石花，独特的风格和罕见的奇观，令世界洞穴专家赞叹。1991 年中国地质学会洞穴研究会在云浮开会，来自世界各地的专家对蟠龙洞及其洞内的宝石花给予极高的评价，一致认为洞体玲珑奇特，石花晶莹如雪，形态优美，数量之多，在国内均属罕见，世界少有。

鼎湖山因何得名，有何特色

鼎湖山是岭南著名的风景区之一，位于广东省肇庆市东北郊 18 公里处，东距广州 86 公里。鼎湖山由鼎湖、三宝、凤来、鸡笼、伏虎、青狮等 10 多座山峰组成，山势重峦叠嶂，沟壑纵横，飞瀑凌空，溪水不竭，古木葱茏，云雾缭绕，既是游览胜地，又是我国南方的天然植物园。

相传轩辕黄帝曾在山中铸鼎，后来乘龙飞去。人走后，宝鼎就化作一泓明湖，故名鼎湖山。鼎湖山风景区的特点是多而全，它有江、湖、山、峡、瀑、潭、洞等多种天然景致，有人称它是“风景集锦”，夸赞它兼有桂林的山，杭州的湖，黄山的雾，庐山的瀑。

鼎湖山历史悠久。据史料记载，早在 1300 多年前的唐代仪凤年间（676—679），禅宗创始人六祖慧能的弟子智常禅师开山建白云寺于此。继而唐高僧鉴真偕日僧荣睿、普照等弟子五次东渡遇难，辗转经此，荣睿因病殁于龙兴寺（即白云寺）。明崇祯年间（1628—1644）又在莲花峰兴修了莲花庵，后扩建庆云寺。至晚清光绪年间，山中寺庙香火鼎盛，驰誉岭南及东南亚地区。

肇庆鼎湖山风景

鼎湖山，原称“顶湖山”，因山顶有湖而得名。后有黄帝在山

鼎湖山荣睿碑亭

上铸鼎的传说。明弘治七年(1494年),理学家陈献章将其改称为"鼎湖山"。它是广东最早的国家级自然保护区,被誉为"北回归线上的绿宝石"、"活的自然博物馆"、"华南生物种类的基因储存库"。景区以丛林古刹、飞瀑流泉著称,群峰竞秀,古木参天,是广东唯一融"岭南四大名山"、"岭南四大名寺"为一体的胜地。

鼎湖山的自然景色分为三个景区,即天溪、云溪、天湖景区。主要景点有飞水潭、响水潭、双虹飞堑、连天栈道、天湖、葫芦潭、白鹅潭、浴佛池、水帘洞、三昧潭、老龙潭等。景点依天溪、云溪两水系分布,西片云溪景区有鹤亭小憩、伏虎听泉、葫芦妙迹、白鹅戏水、圣水浴佛、水帘洞天、三昧幽胜、古潭潜龙、跃龙古庵、白云怀古等。东片天溪景区有小歇群峰、碑亭凝谊、曲径云封、龙潭飞瀑、幽谷奔雷、双虹飞堑、庆云环翠、艺苑飘香、远眺砚洲、天湖探险等景点和旅游项目。下面是比较著名的景点:

鼎湖古寺(白云寺):位于云溪上游的云顶峰山麓,原称白云寺。唐高宗仪凤三年(678年),禅宗六祖慧能高徒智常禅师创建。明万历三十五年(1607年)在白云寺旧址兴建鼎湖古寺,至万历三十九年(1611年)竣工。清咸丰九年(1859年)、光绪二十九年(1903年)重修。古寺由山门、花园、庭院构成,主体建筑分前后横排两列,中间以庭院相隔,内有大雄宝殿、五佛堂、檀越堂、祖堂、韦驮殿,寺前和寺侧有花园。寺内庭院古树苍郁,环境清幽。有明万历年间(1573—1619)重修白云寺碑记等碑刻5件及石匾1件、石楹联1副。

庆云寺:坐落在天溪景区的山谷中,始建于明崇祯九年(1636年)。它占地1.7万平方米,建筑面积9000平方米,有大小殿房100余间,是岭南四大名刹之一,为有名的佛教圣地。寺院依山而建,甬道纵横,四通八达,殿宇僧舍,构成一个完整而紧密的古建筑群。全寺由下而上分七级,第一级为花园,第二级为平台,第三级至第七级为寺的主体建筑,建筑物按纵轴线对称布局,均是砖木结构。寺存文物众多,镇山宝要数"舍利子"。

飞水潭:在庆云寺东南,是鼎湖山重要景点。该潭瀑布高30米,潭旁建有"观瀑亭",潭顶有"观雪亭",巨大的扇形瀑布从悬崖峭壁上分作几股倾泻下来,轰轰作响,旦暮阴晴,千变万化。飞水潭还是天然的山间泳场,民国时,孙中山先生曾在此畅泳，今存宋庆龄同志题“孙中山游泳处”摩崖石刻。

荣睿纪念碑：在天溪景区登山径旁，1963 年为纪念日本入唐留学僧荣睿大师圆寂端州而立。碑高 1.6 米，宽 0.95 米，正面刻“日本入唐留学僧荣睿大师纪念碑”，后面刻《荣睿大师赞》四言长诗，均为已故中国佛教协会会长赵朴初所题。1979 年加建碑亭。

品氧谷：是近年开发的森林生态旅游项目，起于鼎湖山国际青年旅馆前的香界桥，沿天溪谷地经半山亭、飞水潭、眠绿亭，止于荣睿碑亭处。全程分健身区（沐足健身区）、品氧区（品氧清肺）、眠绿亭（静心调神区）、静养场（吐纳养生区），其中以健身、静养两区最富特色。

英西峰林为何被称为天南第一峰林

英西峰林位于英德市西南 60 公里的九龙、明迳、岩背三镇，是群山环抱的一片谷地，自然景观似桂林，故有“英西小桂林”之称，又称“英西峰林”。这里密集分布着上千座石灰岩山峰、溪涧、岩洞，古建筑点缀其间，它是广东省最长、最密集的峰林景区，有“天南第一峰林”之美誉。

在英西峰林群中，“千军峰林”和“公正溪树峰林”是两大著名峰林。

千军峰林距离九龙镇南面约 3 公里。此处石峰虽然互不相连，但离得很近。由于所有山峰向东倾斜，看上去就像是一队队准备冲锋陷阵的士兵，俨然金戈铁马的古战场，故而令很多游客心向往之，尤其是对摄影爱好者而言。

公正溪树峰林在距离明迳镇 3 公里处。这里的山峰形态奇异，连绵起伏，造型奇特而秀美。它们有上千座，而1000 个峰林就是1000 个景象，游人大可发挥自己的想象力与创造力。它们分布于公路两侧，呈线形排列方式，有各种各样的形态，像鲨鱼翅、双峰驼、下山虎、将军印……此外，还有溪流蜿蜒流淌于峰林之中，为其增添了不少秀美的灵气。

英西峰林中，还有一处景点，名为小赵州桥。桥在明迳镇北 2 公里处，始建于清初。它采用了力学原理，完全靠着石块堆垒而成，故有“赵州桥第二”的美名。在岁月的剥蚀下，桥上的大麻石已经几乎没有

英西峰林

层次了，但依然挺立着。它当初建造时，没有用砂浆，没有护栏，也没有桥墩，只是搭成了一个弧弓。

在明迳镇旁的螺山就是彭家祠，它始建于清朝中期，建筑物依山势叠建而上，从山脚至山顶、气势壮观，有“小拉萨”之称。整个建筑四面封闭，仅中间一条石阶为通道，且山后陡峭，易守难攻，是当地彭氏族人为抵御山贼而建。在山顶可眺望周围峰林景色。在峰林里还能漂流，漂流起点在明迳镇以北的黑岩，乘竹筏顺流而下至九龙镇，沿途欣赏峰林景色，船移景换，比游览漓江还多几分天然野趣。

连州地下河为何有“岭南第一洞河仙境”之称

经地质学家分析，连州地下河溶洞是由 2 亿年前的地壳运动形成的。这里四季气温保持在 18℃左右，空气清新，冬暖夏凉，是旅游避暑的胜地。现在，洞内可游览面积达 45 000 平方米。

“喀斯特现象”给世界许多地方造就了千万奇观。石灰岩溶洞就像是自然的魔术师，可以变化许多神奇的境界，使人如入梦境，如登仙域，成了童话里的梦游者，从而发出一连串的惊叹号。粤北连州的地下河，最高处为 47.8 米，最宽处为 53.6 米，长 1500 米，被称为岭南第一“洞河仙境”。它是华南亚热带喀斯特地貌的典型洞穴，洞里石径曲折，钟乳石景象奇特，置身其中有一种“别有洞天”的感觉。现代作家秦牧说它是“神秘瑰丽的地下河”；现代作家杨羽仪说它是“永远没有满足的艺术品”；现代诗人杨应彬说它“胜似世外桃源”。

这里的地形地貌奇特，喀斯特岩溶景观秀冠南国。这里的溶洞旱、水两洞高低错落，遥相对峙。旱洞（神笔洞）集景区精髓——国内罕见的由黄蜡石构成的洞内奇观，不仅纳尽喀斯特岩溶地貌的风采，还千奇百怪，拟人似物，令人遐思；更有洞内堆集的新老钟乳、石笋及岩层文理，勾勒着亿万年来溶洞地质变化的年轮，是地质研究的活教材。

连州地下河溶洞

连州地下河是国家 4A 级景区、中国生态旅游示范区、中国洞河奇观。它是我国最神秘、最瑰丽的地下河，穿过 4 座山头，距地面 50 ~ 60 米，水面宽 4 ~ 10 米，水深 1 ~ 7 米。其主要特色是洞中有洞、洞中有河、洞中有桥，钟乳石“千姿百态、巧夺天工、瑰丽多彩、神秘莫测”。地下河共分三层:上层仙人洞,中层玉帝宫,下层地下银河。地下河的主要景点有:古炮台、古城墙、玉帝神像、玉帝罗帐、仙人桥、仙人神田、恐龙化石、巴西仙人掌、仙女浴池、望海观音等。

连州地下河独有的特色是:洞中有洞、洞中有河、洞中有桥。洞内有无数千姿百态、瑰丽多彩的钟乳石,游览范围共分三层:上中两层为陆地层,厅堂高大宽阔,岩壁坚固,雄伟壮观,瀑布、山林、幽谷、田园、瑶寨,百花争艳,鸟飞云走……下层是一条地下暗河,由北向南蜿蜒 1500 米,经过三个美丽的峡谷,穿过四座山头底部,两岸奇景密布,巧夺天工,美不胜收。有洞中之宝“金鸡报晓”、“飞象过河”,还有地下河最高最大、一物两景的“寿星公”,更有近百处由石柱、石幔、石笋、石藕、石花等天然形成的奇观,如“飞瀑奇石”、“花鸟神阁”等。各处自然美景无不让人叹为观止,流连忘返。

世界之窗到底是什么

世界之窗是广东也是中国著名的缩微景区,位于深圳市深圳湾畔。它以弘扬世界文化为宗旨,是一个把世界奇观、历史遗迹、古今名胜、民间歌舞表演融为一体的人造主题公园。公园中的各个景点都按不同比例自由仿建。

世界之窗,英文名为 Window of the world。世界之窗是位于南山区华侨城的大型文化旅游景区,是深圳最为著名的旅游景点之一。深圳世界之窗文化旅游景区,占地 48 万平方米。该景区集世界奇观、自然风光、民俗风情、民间歌舞于一园,再现了一个美妙的世界。世界广场、世界雕塑园、巴黎之春购物街和侏罗纪天地等共同构成了千姿万态、美妙绝伦、让人惊叹的人造主题公园。

深圳世界之窗,包括世界著名景观埃及金字塔、阿蒙神庙、柬埔寨吴哥窟、美国大峡谷、巴黎雄狮凯旋门、梵蒂冈圣彼得堡大教堂、印度泰姬陵、澳大利亚悉尼歌剧院、意大利比萨斜塔,等等。这些景点分别以 1∶1、1∶5、1∶15 等不同比例仿建,精致绝伦、惟妙惟肖。有些景点气势非常壮观,如缩小为 1/3 比例的法国埃菲尔铁塔高 108 米,巍然耸立,游人可乘观光电梯到塔顶饱览深圳市和香港风光。缩小的尼亚加拉大瀑布面宽有 80 多米,落差 10 多米,水流飞泻时吼声震

世界之窗广场

天、声势浩大。喷吐岩浆的夏威夷火山以及百米喷泉，令游客叹为观止。作为景区活动中心的世界广场，可容纳游客万余人，正面有10尊世界著名雕塑。广场四周耸立着108根不同风格的大石柱和近2000多平方米的浮雕墙，还有象征世界古老文明发祥地的6座巨门。此外，一座华丽的舞台将所有世界各地艺术家表演的精彩节目呈现了出来，让游客在文化和艺术的氛围中得到了最美的享受。在一片浓郁的荔枝园里，有50多尊世界名雕，如“约翰·施特劳斯纪念碑”、“掷铁饼者”、“阿波罗太阳神”、“思想者”等，个个形象生动、栩栩如生。景区内交通设施齐备，有高架单轨环游车、吉卜赛大篷车、老爷车单桨木船、橡皮筏等，这为游客提供了多种趣味的观赏活动设施。

世界之窗五洲艺术团演员

景区按世界地域结构和游览活动内容分为世界广场、亚洲区、大洋洲区、欧洲区、非洲区、美洲区、现代科技娱乐区、世界雕塑园、国际街九大景区，共有130个景点，如世界广场、国际街等。

老广东的名胜古迹

羊城八景都有哪些

宋代羊城八景：扶胥浴日、石门返照、海山晓霁、珠江秋月（色）、菊湖云影、蒲间濂泉、光孝菩提、大通烟雨。

元代羊城八景：扶胥浴日、石门返照、大通烟雨、蒲间濂泉、粤台秋月、景泰僧归、白云晚望、灵洲鳌负。

明代羊城八景：粤秀（越秀）松涛、穗石洞天、番山云气、药洲春晓、琪林苏井、珠江静澜、象山樵歌、荔湾渔唱。

广州白云山

清代羊城八景：粤秀（越秀）连峰、琶洲砥柱、五仙霞洞、孤兀禺山、镇海层楼、浮丘丹井、两樵云瀑、东海渔珠。

1963 年羊城八景：白云松涛、罗岗香雪、越秀远眺、珠海丹心、红陵旭日、双桥烟雨、鹅潭夜

现代化的中信广场建筑

月、东湖春晓。

1986年羊城八景：红陵旭日、黄埔云樯、云山锦绣、珠海晴波、黄花浩气、越秀层楼、流花玉宇、龙洞琪林。

2002年羊城八景：白云山景名“云山叠翠”、珠江景名“珠水夜韵”、越秀山景名“越秀新晖”、天河火车东站水景广场景名“天河飘绢”、陈家祠景名“古祠流芳”、黄花岗景名“黄花皓月”、广东奥林匹克中心景名“五环晨曦”、番禺莲花山景名“莲峰观海”。

新世纪羊城八景：云山叠翠、珠水夜韵、越秀新晖、天河飘绢、古祠留芳、五环晨曦、黄花皓月、莲峰观海。

云山叠翠：指白云山风景区。白云山在广州城北15公里，由30多座山峰组成，面积28平方公里。它是五岭中之大庾岭的余脉，屹立于珠江三角洲，素称“岭南第一名山”、“羊城第一秀”。最高峰摩星岭，海拔382米，号称“天南第一峰”。白云山挡住了潮湿的海风，所以常有白云蓊郁而起，“白云山上白云飞，白云山下白云围”，故而得名。自古以来，它都是广州著名风景名胜，历来都被评为羊城八景，如蒲涧濂泉、白云晚望、景泰僧归、白云松涛、云山锦绣，等等。不仅广州人、广东人，甚至海外来宾都把白云山作为来穗必临之地。九龙泉、蒲涧、滴水岩、能仁寺、云台花园、北山公园、鸣春谷等数十个景点，遍布全山。漫山遍野树木葱茏，所到之处，映入眼中的是无所不在的“翠”和“绿”。全景区30平方公里，绿化覆盖率95%以上，处处古树参天，泉水汩汩，绿水青山，鸟语花香，空气清新。这里不愧是广州的“市肺”，“云山叠翠”实至名归。

珠水夜韵：是指珠江夜景。珠江是流经广州的一条大江。广义的珠江是指西江、北江和东江三条河流的总称；狭义的珠江是指从广州市区北面的名门（流溪河）到东面的黄埔港这一段流经市区的河道，全长约70公里。珠江是广州的母亲河。自宋代至今，历代“羊城八景”都少不了珠江的景致。如“珠江秋色”、“鹅潭夜月”、“珠江晴澜”、“珠水晴波”等。

越秀新晖：指越秀山或越秀公园。越秀山又称粤秀山，为白云山之余脉，因有越王台遗址而得名。面积92.8万平方米，平均海拔约65米。越秀公园除越秀山外，还包括周围6个小山冈及东秀湖、南秀湖、北秀湖，与山麓湖畔一些文体娱乐设施合为一体。越秀山历来是广州重要的游览胜地，拥有五羊雕像和镇海楼两座广州标志性建筑，更以湖光山色、闹中取静闻名。

天河飘绢：是指中信广场和车站瀑布这两个景点。中信广场是广州第一高楼，是广州标志性建筑之一。广场由一座高 80 层的主楼和左右两座各高 38 层的副楼，以及高 5 层的中信购物城组成，占地 2.3 万平方米。主楼高 391 米，比白云山主峰摩星岭还高出 20 米，是华南第一高楼，也是世界上最高的混凝土大厦。中信广场是广州市民和游客心目中鸟瞰大都市广州风光的最佳首选地点。广州新城市中轴线就目前而言，最美的一处地方，无疑就是它的第二段——火车东站绿化广场的水景瀑布以及中信广场。尤其是被称为“广州黄果树”的东站水景瀑布，被广州市民情有独钟地选入“新世纪羊城八景”之一“天河飘绢”。

古祠留芳：是指陈家祠。陈家祠又名陈氏书院，位于中山七路。顾名思义，它是当时广东省 72 县陈姓的族祠和书院，该祠筹建于光绪十四年(1888 年)，落成于光绪三十一年(1905 年)。古祠占地 1.5 万平方米，坐北朝南，大门前有大广场，门内有前、后、东、西四院。主体建筑宽 80 米、深 80 米，布局为三进三路两厢杪，穿插六院八廊，规模宏大，厅堂轩昂，庭院幽雅。整座建筑的门、窗、屏、墙、栏、梁架、屋脊均配以精美绝伦的各式木雕、石雕、砖雕、灰塑、泥塑、陶塑以及铜铁铸等艺术精品，与雄伟的厅堂相辉映，浑然一体。

五环晨曦：是指广东奥林匹克体育中心。该体育中心位于天河区东圃镇黄村，是广东省政府为承办第九届全国运动会而兴建的一座现代化体育场馆。中心占地面积 101 万平方米，总建筑面积 32.8 万平方米。设计上采用了飘带造型的独特设计，新颖、浪漫，形如飘带。屋顶自由飘逸的“缎带”造型又像中国巨龙翱翔半空，寓意着广东在新世纪的腾飞。中心南部是奥林匹克体育场，占地面积 14.56 万平方米，可容纳 8 万观众。该体育场于 1998 年 12 月动工，2001 年 9 月竣工，它是国内同类场馆中建设速度最快、规模最大、最早采用飘带式屋顶设计、技术含量最高的，而且电子显示屏效果名列全国第一。体育场内设 21 个色彩各异的看台小区，犹如万片色彩斑斓的花瓣，汇合成广州市的市花木棉花，蔚为壮观。整座建筑富于动感和象征意义。无论观众坐在哪个位置，场内的所有景象均一览无余、历历在目，享受观看竞技的欢乐与激情。体育中心已建成各种体育竞赛设施和辅助设施，如足球场、田径场、马术场、射

广州陈家祠建筑

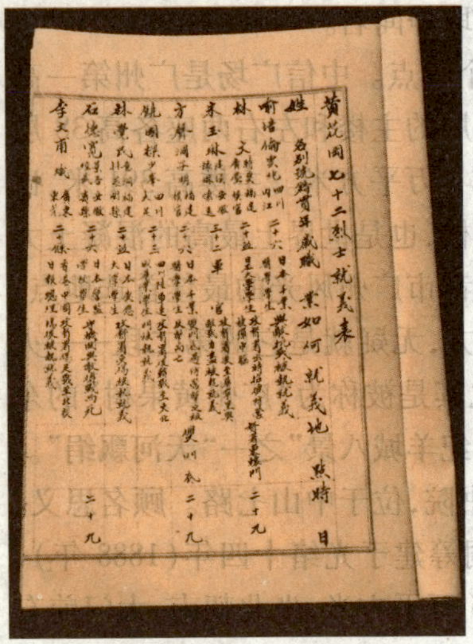
黄花岗七十二烈士就义表

箭场、棒球场、垒球场、曲棍球场，以及体育科技中心、新闻会议中心、药检中心、体育俱乐部、会所、商场、宾馆及其他大型休闲、娱乐、康复设施等。这些设施构成集竞技体育、群众体育、旅游观光、休闲娱乐、医疗康复于一体的大型综合体育文化中心。

黄花皓月：是指黄花岗公园或称黄花岗七十二烈士墓。黄花岗位于广州先烈中路，是为纪念在 1911 年 4 月 27 日由孙中山领导的广州起义中牺牲的革命烈士而建的。起义当日，黄兴率领革命党先锋队 160 多人，与清军激战一昼夜，终因寡不敌众、弹尽粮绝而惨遭失败。此役伤亡惨重，后来查清姓名的烈士共 86 人，事后革命党人潘达微冒死收殓烈士骸骨 72 具，合葬于红花岗，并以《咨议局前新鬼录，黄花岗上党人碑》为题，将安葬情况在报纸上报道。红花岗因而易名黄花岗，起义称为黄花岗起义，被孙中山先生称之为“惊天地，泣鬼神”的起义。这次起义虽然失败了，但却极大地激发了全国人民的斗志，各地起义风起云涌，此起彼伏，半年之后武昌起义成功，终于推翻了清朝，结束了中国 2000 多年的封建君主专制统治。1912 年，广东军政府拨款在原地修建烈士陵墓，孙中山亲手栽植青松。1918 年，滇军师长方声涛（烈士方声洞之兄）募款修建而粗具规模。后经多次修建，至 1935 年基本建成现有规模，并辟为黄花岗公园。

莲峰观海：是指番禺莲花山风景区。莲花山风景区坐落于番禺区东部。主峰海拔 105 米，由 40 个小山冈组成，素有“莲花胜境”之美誉。莲花山上有古采石场遗址，历史可追溯至西汉，开采面积达 500 多亩。当年南越王墓所用的 12 种石料中有 8 种是从这里开采的。这个“人工无意夺天工”的古石场遗址，奇峰异洞林立，悬崖峭壁嵯峨，千姿百态，奇丽壮观，形成莲花岩、象鼻山、神镜、天池、南天门、云梯、金鱼池、莲花洞天、溅玉、观音岩、飞鹰岩等胜境。

深圳八景是什么

2004 年 8 月新评选出来的“深圳八景”是指：大鹏所城（大鹏所城）、莲山春早（莲花山）、侨城锦绣（华侨城）、深南溢彩（深南大道）、梧桐烟云（梧桐山）、梅沙踏浪（大梅沙、小梅沙）、一街两制（“中英街”）和羊台叠翠（羊台山）。这八景

深圳梧桐山入口

是在31处候选景观中脱颖而出的，共同组成新的“深圳八景”。

为了让评选结果更富权威性，2004年的这次评选活动分为了市民踩线、市民投票、专家考察和专家评定四个阶段。时任深圳市旅游局局长的池雄标表示：“评选过程中，群众投票积极性高涨，选票就达102万张，这出乎意料。‘八景’是深圳的城市形象，也是我们的精神家园。”

当时，有幸为评选踩线的热心市民厉先生对这次评选“深圳八景”的经历记忆犹新：“从前我们一帮户外运动爱好者常去的地方便是莲花山、小南山、梧桐山，再不就去海边吹吹海风，那次的踩线之旅让我接触到了更多的深圳美景，让我发现原来深圳有着许多鲜为人知的美景。”厉先生同其他热心市民一同走遍了“深圳八景”的31个候选景点，其中有不少的景点“深待闺中无人识”，也有不少未经开发、原生态的自然景观，这也让厉先生有了一次非常之旅。海角观涛、坝光寻梦、桔沙望月等景点都让他倍感兴奋，“不看不知道，深圳的大好河山只要开发得好便是深圳的宝。”

对于这次八景的评选，厉先生说：“这让生活在深圳的人真正地对这个城市有了归属感和自豪感，其后针对‘深圳八景’的‘写八景、画八景、拍八景’等文化活动，也让这个城市将自己的美和内涵展示了出去。”然而当年评选出来的八景在今天是否依然具代表性、是否同样发展迅速，厉先生有着独到见解：“到现在，大梅沙、梧桐山、莲花山都成了市民休闲旅游最常去的地方，华侨城片区也是外地游客到深圳的必去之处，楼越建越高、夜景越来越靓，深南大道也是一天比一天美丽，然而当初评选时的八景之首‘大鹏所城’和第八名的‘羊台叠翠’发展得并不尽如人意，‘一街两制’的中英街也失去了当年的光彩。”

深圳东部华侨城

大鹏所城：始建于明洪武二十七年（1394年），位于深圳市东部龙岗区大鹏镇鹏城村，是我国东南沿海现存最完整的明代军事所城之一，深圳又名"鹏城"即来源于此。大鹏所城是深圳市唯一的全国重点文物保护单位，主要建筑包括赵公祠、天后庙、华光庙等。

莲花春早：位于市中心区北端，因山形似莲花而得名，是中心区最大的公共绿色空间，是深圳最重要的市政公园之一。此山虽然海拔只有532米，但在山顶可以俯瞰中心区全貌。山脚下南侧是关山月美术馆，由江泽民同志亲笔题写馆名。

侨城锦绣：位于深圳市南山区，是深圳城市规划建设的典范。华侨城文化主题旅游园区集中华文化与世界文化精华于一体，熔自然景观和人文景观于一炉，因此可以一天游遍千山万水，一日穿越千年文明。华侨城主题公园是深圳的创举，是中国旅游业的史诗，也是世界旅游业的奇葩。

深南溢彩：深南大道横贯市区中心地段，是深圳最繁华的道路，全长17.2公里。沿线集中了深圳建筑的精华，是我国城市道路建设的精品。东段以现代写字楼为主，有地王大厦、赛格广场等；中段以行政、文化功能为特色，集中了市民中心、中信城市广场、五洲宾馆、车公庙等；西段有著名的华侨城景区和深圳科技工业园。

梧桐烟云：梧桐山位于东部，是"深圳河"的发祥地。横跨罗湖和盐田两区，包括东湖公园、仙湖植物园和沙头角林场的部分场地，是特区内唯一的省级风景名胜区。梧桐山为莲花山余脉，历史上是"新安八景"之一。梧桐山自西南向东北渐次崛起，在其主要山脊线上，分布着三大主峰（海拔分别为692米、706米、944米）。由此登高，西可俯瞰市区，南与香港大雾山（海拔958米）对峙，向东南远眺，烟波浩淼的大鹏湾海面及美丽的大鹏半岛尽收眼底。

深圳大梅沙海滨公园风光

梅沙踏浪：大梅沙位于深圳东部大鹏湾，长逾2000米。背倚青翠挺拔的梧桐山脉，面向浩瀚无边的南海。该海滨公园由政府投资兴建，免费向游客开放。小梅沙也位于旭日东升的大鹏湾畔，湾口长约800米，犹如一弯新月镶嵌在苍山碧海之间，人称"东方夏威夷"。

一街两制：独特的"一街两制"人文历史景观在国内独一无二。中英街有8个历史文化景点：国旗风采、古井乡情、古榕奇观、警世钟亭、历史见证、吴氏宗祠、天后庙宇、海关旧址。中英街又名沙头角，由深圳进入中英街须办理沙头角证。

羊台叠翠： 位于宝安区的羊台山，主峰海拔587.3米，登临其上，可环视石岩镇（湖）、西丽镇（湖）、龙华镇、宝安新城等，景色秀丽。羊台山每年九九重阳节举办的的登山节，更是吸引了成千上万的人参加。

广州第一楼——镇海楼知多少

在我国，镇海楼有许多座，包括广州镇海楼、福州镇海楼、香港镇海楼和宁波镇海楼。其中名气最盛的当属广州镇海楼，被誉为“广州第一楼”。

广州镇海楼又名“望海楼”，坐落在广州市越秀山小蟠龙冈上。虽然被称为镇海楼，但它所处位置附近并没有海，那何来此名呢？镇海楼实际上是临珠江而建，最初被称为“望江楼”，后来因为广州附近的珠江河道十分宽阔，有如临海，所以就将“望江楼”改为“望海楼”了，后来又改称“镇海楼”。

广州镇海楼

镇海楼始建于明洪武十三年（1380年），当时永嘉侯朱亮祖扩建广州城，把北城墙扩展到了越秀山上，为了显示气势、以壮观瞻，便在山上修筑了一座五层高的楼，此即镇海楼，因为楼高五层，便有很多当地人称之为“五层楼”。

在历史上，镇海楼曾多次被毁，又多次被重建。最初的镇海楼是木架结构建筑，主要以木材为建筑材料建成。现在的镇海楼则是钢筋混凝土结构建筑，是1928年重修时由木架结构改建而成的。镇海楼全楼高25米，呈长方形，长约31米，宽约16米。楼的一二层的围墙是用红砂岩条石砌成的，三层及三层以上则是用砖砌墙，随着高度的增加，外墙逐渐向里收减，而且每层楼都有层檐，都用绿色的琉璃瓦覆盖，在檐脊上都装饰有石湾彩釉鳌鱼。镇海楼顶层正面还悬挂有“镇海楼”牌匾。从外面看，整座楼朱墙绿瓦，巍峨壮观，因此被誉为“岭南第一胜览”。除了楼本身十分珍贵之外，在镇海楼前还有碑廊，廊下陈列有历代文人骚客和达官贵人的碑刻，十分难得。在楼的右侧有12门古炮，依次排列，很有气势。

镇海楼是广州的标志性建筑之一，曾以“镇海层楼”列为清代“羊城八景”之一，现在则以“越秀层楼”被誉为新“羊城八景”之一。1929年，广州博物院成

立，镇海楼被用作当时的院址并一直沿用至今，即广州博物馆，里面分朝代陈列着广州建城2000多年来被发现的文物史料，十分珍贵。

大鹏古城为何成为深圳唯一的国家级文物保护单位

在人们的印象中，深圳曾经是一个小渔村，荒凉无比、贫穷落后。后来经过几十年的快速发展，现在的深圳则变成一个经济迅速发展、在国内具有举足轻重地位的大城市，高楼大厦鳞次栉比，人潮涌动，很有现代化的气息。可能很少有人知道，甚至很少有人能想象到，深圳会有国家级的文物保护单位，那么这个文物保护单位到底是哪儿呢？它就是深圳大鹏古城。

可能很少有人听说过大鹏古城，它位于深圳市东部龙岗区大鹏镇鹏城村，始建于1394年，是明代广州左卫千户张斌开主持建设的。明代，倭寇横行，时常侵犯我国沿海地区。当时为了抗击倭寇，朝廷便在这里设立"大鹏守御千户所城"，简称"大鹏所城"。虽然当时的大鹏所城规模很小，只是为驻兵而建，但是却在深圳地区发展史上有着重要的地位，深圳今天的简称"鹏城"就是因此而得名。

可能很多人不明白"卫"、"所"的意思，不知其为何物，这里要简单介绍一下。明代初年，朝廷建立起"卫"、"所"军事制度。那什么是"卫"、"所"？"卫"、"所"其实就是最基本的军事编制单位，最初一卫的编制是5600人，每卫设前、后、左、中、右五个千户所，千户所一般是1120人的编制。

公元1377年，明朝政府在东莞县城南设立了南海卫，后来盗匪和倭寇横行，为了保护地方安宁，朝廷就在今大鹏古城增设了大鹏千户所，修筑了大鹏所城，这里由海路与东莞守御千户所一起扼守珠江口，战略地势十分险要，是外敌入侵岭南重镇广州的必经之地，被称为"省会门户"。清朝初年，大棚千户所改为大鹏所防守营，康熙年间（1662—1722）又改为大鹏水师营，并在海上要塞设置了九汛，后又增建南头、大屿山等4座炮台，从而使大鹏古城成为一个管辖珠江口外东部海路的海防军事机构。在鸦片战争期间，大鹏古城在抗击英国侵略军方面发挥了重要作用，留下其历史上十分重要的一页。

深圳大鹏古城

在大鹏古城中，有门楼、敌楼、护城河等城池建筑，在明代一直作军事用途。到了清代，古城曾多次进行修缮，从而形成了今天的古城风貌。古城平面呈不规则的四边形，城内有三条主要的街道，分别是东门街、南门街和正街，主要建筑有左营署、参将府、守备署、军装局、火药局、关帝庙、赵公祠、天后庙等。现在的古城基本保留了其原有格局，东、西、南三个城门保存也十分完好。因此，大鹏所城是目前广东保存较好的一处所城旧址。

古城从建成至今，已历经数百年，其建筑风貌保存得较为完好。除此之外，大鹏古城还是中国人抵抗外来侵略的重要见证。因此，正是由于其自身所承载的这些价值，它被列为了国家级的文物保护单位。

新安故城知多少

新安故城，又名南头城、南头古城，位于深圳市南山区。古城占地面积约7万平方米，是深圳目前规模最大的历史文化旅游景区，迄今已有1600余年的历史了。

新安古城历史悠久，据史料记载，这里在汉代曾是盐官驻地。东晋咸和六年（331年），朝廷设置东官郡和宝安县，并将郡治和县城设在古城，这是深圳城市历史的开端。之后，南朝和隋朝都将宝安县县城设在新安故城中。唐开元二十四年（736年），朝廷设置屯门镇，镇治就设在今天的南头古城内。唐至德二年（757年），历时426年之久的宝安县更名为东莞县，县治也从南头迁到了今天的东莞市，原来的县城就从行政中心变成海上交通门户和军事要塞了。

今天的新安故城实际上是明代才建立起来的。明洪武二十七年（1394年），朝廷在南头地区设立了东莞守御千户所，广州左卫千户崔皓在原旧城址上修建了“东莞守御千户所城”，也就是今天的南头古城。明万历元年（1573年），朝廷在所城基础上建立新安县，这里便成为了江海交通要冲，海防军事重镇。

根据相关测量，新安故城的地基是用黄泥砂土堆筑而成的，呈现出不规则的长方形，四周有濠沟围绕。城址范围东西长约680米，南北宽约500米。由于历史悠久，古城出现许多破坏和缺损，到现在，南北城墙只剩下地基遗址还存在，南城门保存还比较完好，但是城楼已经被毁了。经过历代的建设和修缮，新安古城中出现了很多建筑，其中很多都保留至今，比较完好的有牌楼、南城门、县衙、新安监狱、海防公署、东莞会馆、关帝庙、文天祥祠、

深圳南头古城东城门

鸦片烟馆、接官厅、聚秀楼、义利押当铺、陶米公钱庄等，它们都具有很高的历史文化价值。

自晋代以来，香港、澳门、珠海、中山、东莞等地长期隶属南头古城管辖，足见古城历史之长、地位之重。古朴雄伟的新安故城，是岭南古地区古代文化的宝贵遗存和珍贵见证，它经历并记录了深圳地区的历史变迁。

为何明代海军出发前要到赤湾天后宫一拜

赤湾天后宫，也就是今天的天后博物馆，坐落在广东省深圳市南山区赤湾村旁小南山下，倚山傍海，气势非凡。天后宫到底是何时所建？其创建时间可以远溯到宋代，但是创建的具体时间没有从史料和文物中发现，可以肯定的是其创建至今的历史已经非常悠久了。天后宫气势宏伟，明、清两朝曾多次对其进行修整，以后规模日隆。在明代，但凡海军要出海，出发之前都要到天后宫来拜一拜，这是为什么呢？

赤湾天后宫中供奉的是天后，也就是民间常说的妈祖。妈祖是中国沿海地区普遍崇奉的济难安航的海神。相传，妈祖的真名叫林默，小名默娘，她以行善济人为志，精研医理，为人治病，教人防疫消灾。她还洞晓天文气象，会预测天气变化，提前告知船户可否出航，许多渔舟、商船都得到过她的帮助。不幸的是，妈祖 28 岁那年，为了救人不幸溺水身亡。从那以后，航海人中便有了传说，说经常能看见林默身着红装飞翔在海上，救助遇难呼救的人。因而妈祖也就成为了百姓心目中航海的守护神，受到沿海各地人民的崇信和朝拜。沿海地区逐渐地开始供奉妈祖神像，沿海各地也兴建了许多妈祖庙，以祈求航海平安顺利，

赤湾天后宫也是人们为祭祀妈祖、祈求福安而建，据说是当时沿海最重要的一座天后庙宇。它正好处在珠江口和大海的交界处，距离香港、澳门地区只有咫尺之遥。东莞、广州、番禺等珠江三角洲的渔民，祖祖辈辈以捕鱼为生，海上作业危险极大，出海前赤湾天后宫又是他们的必经之地。他们每次出海前都要到这里来祭拜妈祖娘娘，祈求平安，久而久之，赤湾天后宫的影响力便越来越大。作为当时海上“丝绸之路”的重要一站，明代朝廷曾

深圳赤湾天后宫

妈祖

颁文：凡是朝廷使臣出使东南各国，经过这里时必定停船祭祀。因此，那时不论是朝廷派使臣到东南亚各国出访，还是海军出航，经过这里时一定要停船进香，以大礼来祈祷妈祖的庇佑。传说，当年郑和七下西洋，每次经过这里时，都会到天后宫祭拜妈祖娘娘。

赤湾天后宫建成后，建筑规模不断扩大，到明清时期，已成为我国沿海地区最大的妈祖庙了。据说，在鼎盛时期，赤湾天后宫有房屋120余间，占地60余公顷，殿宇巍峨恢弘，最令人称奇的是拥有99道门，这在一般的妈祖庙中是绝无仅有的。由于战乱等原因，天后宫曾多次被毁，现在的赤湾天后宫是20世纪90年代重建的。每年的3月23日是民间传说的天后娘娘的生日，俗称“天后诞”。从“天后诞”的前半个月开始，每天都会有大批信徒赶来祭拜妈祖，由此足见妈祖在民间的巨大影响力。

梅溪牌坊因何而建，有何特色

梅溪牌坊坐落在珠海市前山镇梅溪村“陈芳花园”旧址中，现存三座，分别建于清光绪十二年（1886年）和十七年（1891年），是光绪皇帝为表彰陈芳及其亲属为家乡所做的善举而赐建的。

陈芳是何许人也？陈芳，字国芬，珠海梅溪村人，生于1825年。第一次鸦片战争后，他离开家到香港、澳门等地学习经商。1849年，24岁的陈芳随伯父到檀香山经商，从商店学徒做起，以后不断发展，后来自立门户，经营甘蔗种植和制糖业，从而成为华侨之中的第一位百万富翁，被誉为“商界王子”。1857年，陈芳迎娶夏威夷国王义妹朱丽亚为妻，并且被选举担任夏威夷国会议员，1881年被清政府光绪皇帝钦命为中国驻夏威夷第一任领事，官居二品。1890年陈芳返回

梅溪牌坊

故乡，落叶归根，晚年热心于家乡公益事业，1906 年逝世于澳门，葬于故乡梅溪村。

梅溪牌坊原址共有四座牌坊，中间一座“急公好义”坊，建于 1886 年，即光绪十二年，这一年珠海发生特大水灾，很多村民流离失所、无家可归。远在异国他乡的陈芳听到这个消息后，捐赠白银 3000 两寄回国内，并奏请朝廷救济灾民。光绪皇帝听到奏报后，非常感动，即赐建石牌坊一座，以示褒奖。南边一座“乐善好施”坊，建于光绪十七年（1891 年），是为了纪念光绪帝册封陈芳父母而建的。北边还有一座“乐善好施”坊，与“急公好义”坊并列，这座牌坊是陈芳长孙陈永安奏请朝廷赐建给其父陈龙的，当时陈龙及其夫人被赐封为奉政大夫和五品太宜夫人，故而建造此坊。在这座石牌坊的南端，本应还有一座牌坊，三座牌坊成一字排列，但这一座牌坊在“文革”中遭到破坏。据史料记载，被破坏的这座牌坊应是陈芳在 1878 年为“丁戊奇荒”捐款 5000 美金后，根据当时朝廷的规定，下令修建的牌坊。据有关记载，这座被毁的牌坊与“乐善好施”牌坊外形类似。

现存的三座牌坊都用花岗岩建造，都采用榫卯结构，有庑殿顶、石斗拱、石阑额，石柱下面有角柱石、须弥座，石脊上有立鸱吻、鳌鱼和火焰宝珠，还雕刻着花卉、瓜果、人物、瑞兽、暗八仙等。梅溪石牌坊具有中西合璧的艺术造型、恰到好处的力学结构和精美的雕刻装饰，可以称得上是石材建筑中的艺术珍品。牌坊气势雄伟，与梅溪村落、凉亭、古庙、陈芳故居、“胜地佳城”、西洋式花园墓地，以及槟榔树、小桥流水等自然景色交相辉映，展现出古朴的侨乡风情。

东澳岛因何得名

东澳岛，位于珠海市万山区，处在万山群岛的中部。该岛是珠海海上旅游的经典岛屿。它位于珠江口，地处珠、深、港、澳之间，四周就是一望无际的南海，地理位置很是优越。该岛分南北两个部分，岛屿面积约 4.663 平方公里，海岛沿岸有很多断壁悬崖海岸。岛的山坡上有很多巨大的石块，而且海岛周围的海中有许多礁石。岛上石奇水美，花木葱茏，空气清新，十分美丽。东澳岛非常完整地保留了近乎原始自然的生态环境，洁白的沙滩、湛蓝的海水、明媚的阳光与岛上浓绿的森林一起构成了东澳岛近乎完美的生态环境。

珠海东澳岛风光

那么，东澳岛因何而得名的呢？要想知道其名字的来历，首先就必须知道什么是“澳”。“澳”是指海边弯曲可以停泊船只的地方，也就是小型的海湾，在多数情况下都是用于指代地名，打个比方，作为我们国家特别行政区之一的澳门，就是使用“澳”这个字，也就说，澳门这个地方以前也是一个停泊船只的海湾。东澳岛也是一样，在岛东侧是东澳湾，这个海湾嵌入岛的中部约1500米，因此就形成了一个巨大的凹陷部位，从而形成了海湾，因此可以称这个岛为“澳”，又因为海湾处于岛的东部，因此，当地人就把这个岛叫做“东澳岛”。

东澳岛在明清时期曾是万山群岛中最为繁华的海岛，岛上人口有3000多人，农、牧、渔、商等各种行业都比较齐全，后来由于战乱频繁，人口大多都迁往内地，东澳岛才逐渐失去了往日的繁华与光彩。虽然现在的东澳岛上人口较少，也不似其繁盛时期，但是岛上还留存有许多历史的遗迹，比如铳城、蜜月阁、摩崖石刻等。

在东澳岛上的空旷地带有东澳岛海关遗址。鸦片战争以后，英国侵略者占领了香港地区，接着又在1860年强占九龙，于1898年租占了新界及大屿山、长洲等海岛。为了取得海关对外贸的管理和税务利益，清政府于1898年在东澳岛筹建东澳海关，用来代替刚撤出的九龙海关常州税厂的职能。1899年10月，东澳海关正式启用，负责监管往来香港地区和广东西部沿海城镇的华籍民船及所载的货物，征收鸦片税厘和百货的关税。辛亥革命以后，民国政府停止了罪恶的鸦片贸易，加之当时社会混乱、民不聊生，这个海关又经常受到海盗滋扰，来报关的船只越来越少，所以在1919年东澳海关正式闭关，其历史使命也就终结了。虽然东澳岛作为海关驻地的历史早已终结，但是其在中国近代史上留下了自己永远不可磨灭的痕迹。

南澳岛上为何有总兵府

南澳岛，是广东省唯一的海岛县，该岛由37个大小不等的岛屿组成，陆地面积约130.9平方公里（其中主岛面积128.35平方公里）。它位于福建、广东和台湾地区的交界海面上，距广东省汕头经济特区仅11.8海里，东距台湾地区高雄160海里，北距厦门97海里，西南距香港地区180海里，而且恰好处在这

汕头南澳岛风光

汕头南澳岛总兵府

三大港口城市的中心点上，又濒临西太平洋国际主航道，因此其地理位置十分优越。自古以来，南澳岛就是东南沿海一带往来商船的必经泊点和中转站，早在明朝就已经有了“海上互市”的称号，当地人称之为“海上绿洲”。

由于去南澳岛的特殊地理位置和重要性，历朝历代对南澳岛的管理都十分重视。最初，南澳岛属于闽越管辖，到了秦汉时期，朝廷为了削弱闽越地方实力，就把它划归南越管辖。到了唐朝中期，当时潮州、汕头一带隶属于福建省，由闽州都督府和福建节度使管辖，因此南澳岛就归属于福建了。

那么岛上为什么会有总兵府呢？由于南澳岛地处东南沿海的要冲，又在粤东与闽南之间，是军事要地，朝廷怕这里拥兵自重，所以就把这个本就不算大的海岛划分由广东和福建共管。明万历三年(1575 年)，南澳岛被分割开来，一部分由福建省管辖，另一部分由广东省管辖，当时朝廷还在岛上设南澳副总兵，分广东、福建两营，以雄镇关作为分界线。由于南澳副总兵的设立，次年，当时的南澳副总兵晏继芳建造了南澳副总兵衙署用以办公。万历九年(1581 年)，副总兵侯继高又增建衙署的后楼，从而使其成为一个完整的副总兵衙署。

明清时期海禁很严，朝廷限制得越厉害，民间走私活动就越猖獗，再加上外有倭寇的侵扰，内有海盗盘踞，朝廷派驻岛上的士兵越来越多，因此南澳岛的规格也逐步升级。清康熙二十四年(1685 年)，朝廷改南澳副总兵为南澳总兵，管辖闽南、台湾、粤东海域的军事。因此，原先的南澳副总兵衙署就变成了南澳总兵府。

南澳总兵府是全国唯一的海岛总兵府，明、清二朝 300 多年间，共有 173 位正、副总兵赴任，民族英雄刘永福也曾任南澳总兵官。南澳总兵府自康熙二十四年(1685 年)起，一直负责闽粤二省及台湾、澎湖海防军务，是“台湾是中国不可分割一部分”的重要历史见证。现在总兵府已经被辟为博物馆，保存有许多重要的海防资料。

总兵府前有两棵大榕树，据说已经有 410 年的树龄了，其中一棵树围达 14 米，枝叶繁茂，生机旺盛。据说明朝末年郑成功曾在树下讲演，招兵去收复台湾，所以后人就把它称为“招兵树”。总兵府前还陈列有两尊土炮，根据炮上的铭文，它们铸造于清道光二十年(1840年)。总兵府右侧院墙上镶嵌有23块历代石碑，其中有两块很值得关注，一块是中国最早的港务约法，一块是税务碑，都具有重要的历史文物价值。

南澳岛上的两个藏金谜知多少

历史上，南澳岛是兵家必争之地，也是商贾海上互市之地。南宋末年，南宋皇室因元兵追逼，曾逃难到南澳岛；从明代中叶开始，南来北往的商旅都要上岛休息游览；海盗、窃贼等也将南澳岛据为巢穴，劫船越货。历史车轮滚滚向前，南澳岛也给后人留下了许许多多的传说和谜团，直到今天，南澳岛还有两大金谜的传说。

汕头南澳岛观音佛像

太子楼藏金谜：在南澳岛上，有一座宋代的井亭，在亭子的东北方向约1000处，有一处古建筑遗址，名为太子楼。在遗址附近，有一棵长势茂盛的古榕树，长在一处硕大的岩石壁上，石壁下方有一条裂缝，裂缝两边刻着许多难以辨认的文字。据说，石壁里面是一处石室，石室里藏有南宋皇室南逃时来不及带走的大批金银珠宝，如果有谁能将石壁上的文字辨识出来并解释对它的含义，石壁就会自动开启，里面的一切宝物也归他所有。

据说，有很多人都曾怀着猎奇探秘碰运气的心理来到这里，想破解石壁的秘密，但都一无所获。后来，有一位饱读诗书的商人来到这里，对石壁上的文字加以研究之后，居然能念字成文，当他解释文字的含义至八成时，石壁就打开一条缝隙，露出了耀眼的珠光宝气。就在这时，山下来了一个人，商人唯恐上来的人争夺珠宝，便急忙往石室里钻，想进去取宝，但是石缝突然关闭了，商人被夹在了里面，只留下一条辫子还露在石缝之外，后来就变成了一株小榕树，天长日久，便长成今天这个模样。直到今天，石壁上的文字还清晰可见，但太子楼藏金之谜仍没有人可以解开。

汕头南澳岛太子楼遗址

吴平藏金谜：在南澳岛深澳镇西北，有一个临海的小村子叫吴平寨。400多年前，诏安人吴平在这里聚集了大批民众意图谋反，而且他还勾结倭寇，时常在沿海一带烧杀抢掠。明嘉靖四十四年(1565年)，吴平在南澳岛上建设城堡，负隅顽抗，朝廷多次派兵来剿杀，但是屡剿不除。同年9月，朝廷命都督戚继光、俞大猷联兵征伐吴平，在强军的追剿之下，吴平部最终被剿灭了。

据说，吴平在兵败之前，将平时劫来的金银财宝分别装到18个坛子里，并藏到不同的地方，还留下了一句谜一般的歌谣："水涨淹不着，水退淹三尺。"据传，藏宝的地方只有他妹妹知道。有一次，吴平笑着问他妹妹："一旦山寨被官兵剿灭，你是想随我逃走还是想留下来看管金银?"吴平的妹妹说："我愿留下来看管金银。"吴平心里十分不悦。

后来，戚继光、俞大猷联军分别从水陆两路围剿吴平山寨时，吴平见大势已去，逃至海边杀死了看守金银珠宝的胞妹，并将其尸首分成18块分别埋在藏宝的地方，然后夺舟逃出海去。因此，18坛金银埋在哪里至今仍然是一个谜。

青澳湾有何传说

青澳湾，又名白马翻肚，位于广东省汕头市南澳岛，是南澳岛东端的一个海湾，其西部距离南澳县城约11公里。青澳湾背靠着青松岭，呈弓形面向东南方的大海开口，海湾入口处宽约1公里，面积1平方公里，海湾水深5~10米。海湾的东北沿岸是岩石滩，其余部分海岸都是沙质岸滩，湾底平坦宽阔。最值得一提的是，那里的天然海水浴场条件十分优越，甚至可以说是得天独厚，这里海滩平阔，沙滩沙质精细且洁白，海水清澈湛蓝，而且没有淤泥，没有污染，也没有大的风浪，十分适合海边休闲度假。因此，青澳湾也被人称为"东方夏威夷"。

除了美丽的景色之外，青澳湾还留给人们一个美丽的传说。在闽粤沿海一直流传着这样一个美妙的传说：

东海龙王有七个女儿，有一天，七个龙女偷偷跑出了龙宫，她们想要去南海寻找一个好玩的地方。她们刚过南海，便看见海面上有一个美丽的小岛。岛的东北角有一系列岛礁环绕，从而将大海圈出了一个平湖，而且这里的海岸沙滩纯净洁白，海水清彻如镜，岸上山川也秀丽无比，她们都被这里的美丽景色迷住了。她们在海湾里沐浴戏耍，直到临回东海龙宫时仍依依不舍，为了以后还能来到这里，她们把各自所佩戴的金钗留下作为标记，便离开了。

汕头南澳岛青澳湾七娘山风光

这个美丽传说中七个龙女所游玩眷恋的海滩，就是南澳岛的青澳湾。龙女们抛下的金钗则化为七座礁石留在海中，退潮时，礁石露出海面，远远望去好像七颗星星镶嵌在蓝天之中。白天，稍有风吹，大海便托起碧波白浪涌向礁石，仿佛来自天际，溅起的阵阵飞沫将七星礁置于朦胧之中；夜晚，海浪撞击礁石，不时闪着淡淡的光亮，就像在广阔幽静的夜幕上点缀着七颗闪烁着微光的星星，十分漂亮。因为这美好的传说和美丽的景色，当地人称这个景致为“七礁缠星”。

青澳湾的湾顶海滩上种有 0.35 平方公里的成片木麻黄防风林带，它既防风、防沙土流失，又可以为游客提供遮阳休息之处，是中国沿海少见的浅海湾，开阔、僻静、优美，可称得上是国际性的度假疗养胜地。现在的青澳湾环岛公路通达，林木繁茂，气候宜人，旅游休闲、娱乐聚餐、购物、会客、电信等基础设施配套完整，是粤东著名的旅游度假胜地，和美国夏威夷相比，可以说是有过之而无不及。

为何太子楼的青蛙叫“哑蛙”

太子楼，位于广东省汕头市南澳岛，是岛上的一处重要文物古迹。“哑蛙”是太子楼附近存在的一种不会鸣叫的青蛙。本来，凡蛙类都会鸣叫，尤其是夏季，而且常常出现众蛙“大合唱”的景象，但是太子楼附近的青蛙却不会叫，且脖子上又都有一条与其他青蛙种类不同的暗圈，故被当地人称为“哑蛙”或“太子楼蛤”。

南宋末帝赵昺

"太子楼"是怎么一回事呢？南宋景炎元年(1276年)5月，宋端宗赵昰在福州称帝。由于元军进逼，当年11月，端宗和他弟弟及一干人等逃往南澳岛。到达南澳岛后，他们在澳前村东面修建行宫，"太子楼"便是当时的行宫之一。随着时间的推移和不断的战乱，太子楼早已遭到毁坏。现在，南澳岛的澳前村还存有太子楼遗址。

那么，"哑蛙"又是怎么出现的呢？当地人关于"哑蛙"有这样一个传说：

宋端宗一行逃至南澳岛后，皇帝要在岛上修建行宫，于是便派礼部侍郎陆秀夫勘察全岛，以确定行宫修建地点。陆秀夫经过实地勘察之后，确定了几个行宫修建地点。南澳岛的澳前村东侧的一个小山包上也修建了一座行宫，行宫建好之后，宋端宗赵昰的弟弟赵昺便住在了那里。由于当时皇子未为帝便称太子，于是赵昺住的这座行宫便被称为"太子楼"。

由于元军持续逼近，宋朝皇室岌岌可危。国之将破，征途奔波，一连好些日子赵昺都身心劳累、疲惫不堪。到了夜里正想入睡，就听到住所附近的青蛙叫声响成了一片，吵得他无法入眠，于是他就起床让侍郎陆秀夫去把蛙王捉来问罪。

陆秀夫

陆秀夫在太子楼墙脚下捉来蛙王复命，蛙王在陆秀夫手中"噎哇，噎哇……"(象声词)叫个不停。看那样子，悲悲切切，好像是在诉说，又好像是在恳求。太子赵昺顿时心生怜悯，便随手拿起案头上的朱笔，在蛙王的脖子上画了一圈，挥手让陆秀夫放生。

自此，太子楼周围青蛙的脖子上都有一个圈。蛙王为感谢太子赵昺的不杀之恩，在鸣叫时只发出低微的"噎"声，太子楼附近便顿时安静下来。于是，太子楼附近的青蛙会"噎"不会"哇"的传说就在南澳岛及潮汕沿海一带流传开来，这种青蛙便被称为"南澳哑蛙"。"哑蛙"因此而得名。

海陵岛因何得名

海陵岛，位于广东省阳江市西南端的南海北部海域，距阳江市区约20公里，是广东省的第四大岛，总面积约108.89平方公里，岛岸线长约141.7公里。该岛地处广东、广西、海南等省区的海上交界处，是这一区域的水陆交通要道，毗邻香港、澳门地区，靠近珠三角地区，是国内外不可多得的自然生态海岛。

海陵岛原名螺岛，关于海陵岛名字的来历有这样一个传说：

海陵岛闸坡风光

在南宋时期的一个春天，一场大风过后，螺岛沿岸渔村的渔民正准备出海打渔，忽然看见一条狗咬着一只靴子跑进村里。打渔的人不穿靴子，也很少见过靴子，因此就觉得非常奇怪，于是全村人就都过来看。但是那条狗却朝海边跑，于是大家就跟着它往海边去。那狗把大家引到海边之后，渔民们就看见海边沙滩上有一具海水冲上来的尸体，尸体旁边还有几大堆白蚁在翻泥沙。有识字的渔民仔细一看，那些白蚁翻动泥沙组成的是几个字，可以看出来写的是“张太傅”三个字，全村人这才知道这是南宋忠臣张世杰。于是村里好心人就凑了些钱买了一口棺材，把张太傅埋葬在了海边的山下，这就是现在的张太傅陵墓。因为有张太傅的陵墓在此，当地人便把原先的岛名“螺岛”改为“海陵岛”了。

据史料记载，从明代起，海陵岛就一直被朝廷作为沿海军事设防的重地。鸦片战争之后，英国政府在租借香港岛的同时，提出租借海陵岛，但未获得清政府的同意。民主革命先驱孙中山先生也曾在《建国方略》中提出了把海陵岛开发出来作为商埠的构想。

100多年来，海陵岛没有成为繁华的国际大都市，仍是一块未经雕琢的翡翠，是“中国最美的海岛”之一。海陵岛四面环海，属亚热带海洋气候，年平均气温22.3℃，冬无严寒，夏无酷暑，四季如春，海水浴场的开放时间可以长达8个月。这里海水洁净，沙滩绵长而柔软，山水相接，风光旖旎，拥有大角湾、马尾岛、十里银滩、北洛湾、金沙滩等诸多优美自然景观。除此之外，岛上还有宋太傅张世杰庙址和陵墓、古炮台、镇海亭、新石器文化遗址、闸坡渔港等诸多人文景观。因此，海陵岛上的旅游资源十分丰富，被誉为“东方夏威夷”、“南方北戴河”。

马尾岛因何得名

马尾岛，位于广东省阳江市海陵岛的西南端，与闸坡镇山岭相连，该岛的海岸线曲折多湾，最长的一处海湾海岸线长约1公里。虽然被叫做岛，但马尾岛三面环海，实际上是一个半岛。马尾岛上林荫遍布，海底平缓，水面平静，水中安全地带十分宽阔，因此很受游人的青睐。

那么，马尾岛因何而得名的呢？这就不得不提到关于马尾岛的一个传说了。相传，当初齐天大圣孙悟空被玉帝封为弼马温，当他得知只是一个芝麻大的小官之后，十分恼怒，于是便有了大闹天宫这出戏。当时他十分愤怒，便驱散了天马，任它们各自放纵逍遥自在，可是有一匹天马却在马尾岛附近流连忘返，最终化为山脉长伴海陵岛。天马长长的马尾就变成了马尾岛，海陵岛上间隔数十米之遥的大洲、洲仔二岛，则被称为天马的“马鞍”。当然，这只是民间传说，马尾岛到底是因为什么以“马尾”为名，还须有关专家和学者进一步的考证。

晚霞中的马尾岛

马尾岛的自然条件十分优越。这里水质清澈，水静如镜，水底平坦，是国内罕见的静浪区，很适合海滩度假。马尾岛依傍着马尾山，沿着山间小路向上走，可见山上植物茂盛，许多热带植物及不知名的野花使来到这里的人们感受到浓郁的热带海岛气息。站在山顶极目远眺，可以看见远处大海波涛汹涌，海浪好像万马奔腾一般向近前涌来，到了海湾处忽然又像跑累了的小马驹依偎在母亲的跟前，显得温顺、平和，这种景致令人心旷神怡，很受触动。海风吹拂树梢的声音和大海不断传来的浪涛声，仿佛在向人讲述着那遥远的故事。因为马尾岛在海陵岛的最西端，因此是岛上观赏日落的最佳地点，当夕阳西下时，漫天的彩霞映衬着傍晚天空，这种美丽的景色简直让人迷醉，因此人们为这美景取了一个名字，叫做“马尾夕照”。

除了自然景色之外，岛上还有许多人文景观值得一看。马尾山上的古炮台历经沧桑；岛上的北帝庙，供奉着“水神”北帝，当地渔民出海前总要虔诚地来这里上香礼拜，以求平安；大洲上的古灯塔是远航渔船夜晚航行的指路明灯；小洲上的灵日灵庙里的偶像是渔民们的保护神。这些历史古迹和岛上美丽的自然风光相映成趣，共同记录着马尾岛的历史，书写着马尾岛的未来。

大澳渔村为何有“十三行尾”之称

大澳渔村，是一个古老的渔港，位于广东省阳东县东平镇东南3公里处，史称“六澳之首”。它是中国古代南方“海上丝绸之路”的必经港口，因为昔日港口商贸十分繁荣，所以人们把它与广州的“十三行”相并列，称之为“十三行尾”。

大澳渔村作为一个古渔港，在秦朝时属于南海郡管辖，到了汉代属于合浦郡管辖。宋明时期曾划归台山县，后来又被分为两部分，台山县与阳江县各管辖一部分。到了清乾隆九年(1744年)6月，大澳渔村第一次划定村界并树立界碑；清嘉庆年间，渔村又全部划归阳江县管辖；光绪二十七年(1901年)，渔村与东平镇联防；宣统年间，朝廷设立大澳局用以提高海岸防守能力，从而使大澳渔村成为当年广东的大港之一。

大澳渔村的悠久历史给它留下了许多辉煌记忆。明代大航海家、三宝太监郑和率领船队七下西洋，曾经在此设立补给站，每次庞大的船队出海时都要在这里停留。宋代古沉船“南海一号”的发现地就在大澳港海域。

那么，大澳渔村为什么会被称作“十三行尾”呢？要想知道这个问题，我们就得先了解什么是“十三行”。

阳东大澳渔村

十三行是清代专门进行对外贸易的牙行，是由清政府指定的专营对外贸易的垄断机构。又叫“洋行”或“洋货行”。由于对外贸易的发展，康熙二十四年(1685年)，清政府分别在广东、福建、浙江和江南等省设立海关，设在广东省的海关叫做粤海关。粤海关名义上专门负责对外贸易和征收关税的有关事宜，但实际上税收等事务都是由十三行出面主持的，他们承接包揽的项目很多，包括代办报关纳税、商品购销买卖等业务。其中，办理与税饷事务相关的商行就被称为“十三行”。虽然名义上称为“十三行”，但是具体有多少家并没有确定的数量。后来十三行就逐渐演变为一个享有对外贸易垄断特权的特殊组织。

清代，政府实行海禁政策，对外贸易完全由十三行垄断，因为途经大澳渔村的商船大多数都与广州“十三行”往来频繁，所以民间就戏称大澳渔村为“十三行尾”。虽然有戏谑的成分在里面，但是足以看出当时的大澳渔村在对外贸易方面是多么的重要。

七星岩摩崖石刻为何称为千年诗廊

七星岩摩崖石刻位于广东省肇庆市城北七星岩风景区内，为中国少有的庞大摩崖石刻群之一。七星岩的七座石山，崖壁面积不足 1.5 平方公里，但上面却镌刻着上至唐朝，下至现在的石刻 523 则。它们分布密集、保存完整、文体齐全、字体纷繁、中外兼备，不仅是我国精美的石刻艺术品，而且也是研究我国唐朝以来各个朝代的政治、经济和文化的重要实物资料。

肇庆七星岩摩崖石刻

在七星岩摩崖石刻群中，年代最久远的要数李邕的《端州石室记》。此石刻整体高 1.07 米，宽 0.79 米，其中正文连同标题、落款共 18 行 386 字，落款日期为“开元十五年（727 年）正月廿五日”。由于石刻中央偏左有一马蹄形印记，所以又称马蹄碑。马蹄形印记始见于宋初，到清朝末年该石刻可见文字 319 字，而如今清晰可见文字 273 字，连模糊但尚可辨认的 31 字在内，实存 304 字。继李邕之后，历代游览七星岩的文人雅士，都喜欢在七星岩的崖壁上写诗、题字、作画，以写景抒怀。唐朝李绅，宋朝包拯、周敦颐、郭祥正、黄公度，明朝俞大猷、吴国伦、郭都贤、陈磷，清代的黎简、冯敏昌等，都在岩洞内外留下了大量的诗文或题名。七星岩石刻以其数量多、地点集中、文体齐全、面貌完整，受到历代金石研究者重视。据不完全统计，七星岩石刻约 500 余题，计有唐代 4 题、宋代 80 题、元代 13 题、明代 146 题、清代 117 题、民国 10 题等。它们从各个方面反映出历代政治、经济、文化的面貌，是研究历史、地理、书法艺术和石刻工艺的重要资料。新中国成立后，朱德、郭沫若、叶剑英、陈毅、宋庆龄、粟裕、周扬、夏衍、光未然、韦君宜、舒同等，也在七星岩留下了石刻诗文或题名。这些石刻绝大部分分布在石室岩、玉屏岩和阿坡岩，尤以石室岩最多，竟汇集了 333 则。

七星岩摩崖石刻，就文字种类看，以汉文字为主，也有藏文和西班牙文。汉文字的字体，有篆、隶、楷、行、草，巨者丈余，小者半寸，不少书法名家的佳作都荟萃在一起：唐朝李邕的楷书，宋朝郭祥正的行书，明朝吴桂芳、朱完的篆书，清朝洪颐煊的篆书，清朝黎简、陈恭尹的隶书，清朝耆英的草书等，构成了独特的书法艺术宝库。而这些碑刻文体也十分丰富，熔诗词歌赋、游记史实、对联题咏与崖刻画于一炉，其中最大量的是诗词歌赋，仅石室岩内外就有206首之多，所以陈毅元帅称它为“千年诗廊”。

端州古城墙知多少

端州，即现在的广东省肇庆市，此地以出产砚台而知名，著名的端砚就是这里的特产。端州古城墙，就位于现在肇庆市端州区人民南路一带。

端州古城墙，始建于北宋时期。北宋时，广西的壮族首领侬智高公开反宋并起兵北上，起义军接连攻克邕（今南宁）、封（今封开）、康（今德庆）等州。当时的端州太守丁宝臣因端州城无城墙可以防守，便丢下城池逃跑。宋帝大怒，撤了他的官职。宋皇祐五年（1053年），朝廷平定侬智高起义之后，为了防守的需要，就在端州修筑了土城墙。宋政和三年（1113年），端州郡太守郑敦义将原有的土城墙进行改造扩建，建起了砖城，并在城墙的四周开了四个城门，东门为宋崇门、西门为镇南门、南门为端溪门、北门为朝天门。

端州古城墙

城墙建成以后，一直没有大的整修，历经宋、元两代共250多年。到了明洪武元年（1368年），朝廷对端州城进行修整，并任命江西行省郎中摄府事黄德明主持修城事宜。这次修整不仅改造了端州城，端州古城墙也得到了修葺和改造扩建。黄德明还将东、西两座城门的名字改为“正东”和“景星”，南、北两座城门则沿用了以前的名字。明成化年间，古城墙又先后被修葺过六次，其中规模最大的一次在成化十六年（1480年）。当时的知府李璲在披云楼护城壕靠近壕沟的地方增建了楼下砖城，对原有的部分城墙进行了加厚，更改了东门和南门的名称，东门名为庆云，南门名为南薰，并亲自为端州城的四座城门题刻了石制匾额。此后，也有多次修缮，城池保持十分完好。

历代对古城墙的改造和扩建都留下了宝贵的建筑财富。古城墙的四座城门外都有屏蔽城门的半月形子城，被称为月城。每座月城都另开一座城门，被称为廊门，四座月城和古城墙的四个拐角上各有一座城楼。在北侧古城墙西段和南城墙东段也都有城楼，北城墙的城楼名为披云楼，南侧城墙的城楼名为文昌阁。为了防守的需要，古城墙上建有各类炮台。

最初修建端州城墙的目的是御敌，但在城墙建成后的年代里，其御敌的作用没怎么发挥，倒是挡住了数十次西江的洪水。民国四年西江洪水，由于古城墙的抵挡，肇庆城内安然无恙。

现在的端州古城墙，是广东省仅存的完整古城墙，其制高点在城北披云楼，城墙高出地面约 10 米，城墙两侧由砖砌成，中间夯土，外围有 28 个城垛，城砖规格达 40 多个品种，为研究古代城墙建制提供了宝贵实物资料。

德庆学宫为何被称为“古建瑰宝”

德庆学宫，位于广东省肇庆市德城镇，始建于北宋大中祥符四年（1011 年），后又于元丰四年（1081 年）搬迁到现在的位置。元大德元年（1297 年），学宫重建，虽然经过历代的不断修葺，但仍保留了元代木构建筑的风格。

什么是学宫？顾名思义，就是古时候学生上学的地方。在我国古代，教育机构还没有像现在这样被划分为小学、中学、大学，那时候，学宫是培育人才的重要场所。在古时候，孔子因开教育之先河，被后世称作“至圣先师”，加上历朝历代都尊崇儒家学说，而孔子是儒家学派的创始人，所以学宫里面都供奉有孔子塑像，用以祭祀，因而学宫又被称作孔庙。德庆学宫正是这种集教育和祭孔功能为一体的地方，因此在古代很受当地重视。

大成殿是学宫的主建筑。在古代，全国各地修建的孔庙很多，但凡是孔庙，无论其规模大小，庙内都会设有大成殿，用来安放和祭祀孔子塑像。在长江以南的众多孔庙大成殿中，不论是在建筑规模、建筑结构还是建筑的气势上，都应首推德庆学宫大成殿。这座大成殿始建于北宋元丰四年（1081 年），至今已有 900 多年的历史了。建成后曾经倒塌，后又于元大德元年（1297 年）重建，是广东省唯一现存的宋元两代砖木结构古建筑。

德庆学宫

大圣孔子

德庆学宫大成殿打破了传统厅堂那种“八柱撑空”的木梁架结构，采用了“四柱不顶”的独特形式。所谓“四柱不顶”，就是指在大殿的梁架不砌上露明藻，左右次间各减了两根内檐柱，明间正中只立有四根不到顶的圆林金柱，柱顶上横架座斗枋，安放四朵类似镏金的斗拱，来承托压槽枋和井口天花板，然后天花板上再立园柱以支撑正梁；在山墙上和前后檐柱的柱头上，承托着下檐重叠起来的斗拱，殿身的梁架则用大鹿结构法。这样不仅满足了建筑物防灾的要求，而且可以消除电学上称为“跨步电压”的危险，使厅堂免受雷击。

从外观艺术上看，大成殿气势宏伟，殿面宽阔，加上高台基、高柱础，前檐用花岗石柱，左、右、后三面还建有高墙，从而使得整个大殿采光良好，光线均匀，还可以防洪、防蛀。大成殿的外面，正面通花门，重檐歇山墙；屋顶坡度较缓，上面还有雕饰物——正中是一轮红日，两边是鲤鱼翘首；两对雕龙趴在鲤鱼上。这些精美的艺术造型，反映了修建学宫的宗旨：“圣人之道，如日中天；鲤跃龙门，聿开文运。”殿前的大成门及左右两边的东西庑，绕成正方形宫殿院落，使大成殿显得恢弘而庄严，雄伟而辉煌。

德庆学宫大成殿，无论是外部造型还是内部结构，都有很高的建筑艺术价值，是典型的古代岭南建筑，是不可多得的建筑佳品，因此受到我国古建筑学家的高度评价，被誉为“南国古建筑明珠”。

德庆学宫，作为一个建筑群，德庆学宫原有建筑群占地 3900 多平方米，坐北朝南，大成殿居于正中，前面有文明门、石栏、泮池，后面有崇圣殿、尊经阁、明伦堂，还有东西两座原殿。学宫自元代重建开始，距今已经有 700 多年历史了，是我国岭南地区现存最古老的孔庙，比当时的北京国子监早 10 年，比番禺学宫早 70 年，比苏州文庙早近百年。其大成殿与其他建筑一起，通过合理布局，精心建造，从而具有了极高的建筑艺术价值和文物价值。它不仅是建筑界、文物界的珍宝，还是国之文化的珍宝。极高的建筑技巧和艺术价值，以及自身所具有的深刻文化意义，使其赢得了“古建瑰宝”的崇高赞誉。

己略黄公祠为何号称潮州木雕艺术的殿堂

己略黄公祠

己略黄公祠在潮州市区义安路铁巷2号，建于清光绪十三年(1887年)，是一座二进院。面宽15.4米，进深25.7米，门楼楼屋架饰以精美的石雕，门额刻“己略黄公祠”，背镌“孝思维则”。首进与后厅之间是天井，两侧有廊轩，后厅有抱厦，形成四厅相向的格局。后厅中槽屋架是“三五木瓜十八块坯”的典型结构。己略黄公祠的这些木雕装饰，在技法上采取了圆雕、沉雕、浮雕、镂空等不同手法，在外形色彩上则充分运用了黑漆装金、五彩装金、本色素雕等三大类表现手法，使整座建筑物轻重有别，层次分明，因而它被誉称为“潮州木雕第一绝”。

拜亭位于祠堂平面构图中心，是人们进入祠堂后的视角中心。它的屋顶采用有别于前、后进屋面硬山顶的歇山顶，这样使拜亭屋顶既突出又有变化，丰富了整个祠堂屋顶的外观。拜亭的金漆木雕装饰是祠堂最为集中最为精彩的地方，这些金漆木雕内容以戏曲传奇、民间故事为题材，如“水漫金山”等，用连环画幅形式，再现了白娘子与法海斗法的壮观场面，人物造型生动，虾兵蟹将栩栩如生。它采用多种手法形象地表现了多层次的复杂内容，是潮汕金漆木雕精品之作，更令人赞叹的是拜亭木载下两边装有十八只金漆木雕凤凰，其造型传神生动、工艺精雕细刻，同其他内容的金漆木雕融为一体，展现出一个金碧辉煌、精美绝伦的装饰空间。这些金漆木雕饰品施于木载下，除观赏外，还能从感觉上把沉重的梁架升腾，减少屋顶空间的压抑感。那18只凤凰，头上顶着梁还起着斗拱作用，真是艺术和建筑奇妙结合的佳作，其构思与工艺之精妙，令人叹为观止。

己略黄公祠木雕殿堂

走过拜亭就是祠堂大厅，大厅前门楣有长卷式描金漆画《郭子仪拜寿》，画面表现唐朝文武官员到汾阳府向郭子仪拜寿的热闹情景，作者以长卷式平列铺陈，充分利用空间，将不同时间、不同空间活动的人物同时出现，通过不同空间活动的人物情节、人物服饰和彼此间的关系，让人们联想到当时汾阳府中冠盖云集、气氛热闹的场面。该画工整秀丽，勾勒纤细，层次丰富，形象逼真，充分表现潮州金漆画古朴浑厚和华丽辉煌的工艺特色，是一幅相当难得的民间工艺精品。进入大厅，抬头可见大厅悬挂堂匾“衍庆堂”。大厅宽敞，恢弘大器，现辟为“金漆木雕陈列馆”，陈列这一部分难得一见的潮汕木雕精品。大厅中槽为典型“三木载五木瓜十八块花坯”抬梁式梁架，该梁架设有七架梁、五架梁、三架梁，三根大梁俗称“三木载”。梁上有驮瓜柱，瓜柱下部作一木瓜插入大梁，故俗称“木瓜”。最具特色的是瓜柱间用多层拱枋穿插托垫，具有穿斗梁架的特色，同时瓜柱也以多层装饰过的拱枋相连。整个构架全部上漆描金，凸显出祠堂金碧辉煌又稳重端庄的气氛。

己略黄公祠以精美绝伦的潮汕木雕装饰艺术著称，不仅集中体现出清末潮汕人民建筑的艺术特色，而且还是一颗嵌在古城潮州上的明珠。前来参观的人们无不为它琳琅满目、精美绝伦的金漆木雕装饰赞叹。它于 2001 年被公布为全国重点文物保护单位。

高栏岛上的岩画为何被誉为“广东第一画”

高栏岛古称“皋兰”，因为“五峰桀竖如指，谷多兰卉”而得名。它亘古以来的“飞沙奇景”为南国罕见的一大奇景，是古代海上丝绸之路的天然海岸航标。近年来，这里因为发现了许多大型远古岩画而越来越出名。

高栏岛宝镜湾岩画，共分布着“天才石”、“宝镜石”、“大坪石”和“藏宝洞”等 4 处共 6 幅岩画。岩画中既有乘风破浪的海船、欢歌载舞的艺人，又有形态各异的猴、鹿、龙、蛇、犬等动物，有的岩画简洁明晰，有的岩画则繁缛凝重，充分展示了 4000 年前南越先民搏击风浪的动人画卷。它们于 20 多年前被考古学家发现，被誉为“广东第一画”、“中国沿海地区史前岩画最杰出的代表作”。

高栏岛宝镜湾岩画

这些岩画发现于 1989 年 10 月，其年代在新石器时代晚期至青铜时代。它们均刻于平整的大石面上，其中以“藏宝洞”最为丰富，最大的一幅岩画长 5 米、高 3 米，整幅画以船形为中心，周围有舞蹈人形、波浪纹、蛇纹、屋形纹等，图案密集而复杂，一般认为是青铜时代的产物。当地传说是清代海盗张保仔的“藏宝图”，但实际上应是南越远古先民海上生活的反映，或者是他们的图腾崇拜、宗教信仰的写照。这些岩画为广东所仅见，具有重要的历史、艺术和科学价值。

因为暂无有效的保护方法，作为国家重点文物保护单位的珠海宝镜湾摩崖石刻目前只能被围起来，不轻易让人参观。

遗憾的是，由于当年开发建设高栏港以及自然风化，宝镜湾岩画正在逐渐“消失”。其中的“天才石岩画”、“宝镜石岩画”已在当年的开发建设过程中不见踪影，原来发现时比较清晰的“大坪石岩画”现已风化得无法辨认。目前当地政府已予以足够重视，有专门的机构和人员看护，只要不遭受人为破坏，主体岩画还可以保存 1000 年。

平海古城为何被称为“活化石”

平海古城，位于广东省惠州市惠东县，地处惠东县的最南端，东濒红海湾，南临南海，西倚平稔半岛，是东江流域文化最为鲜明的古城。古城临海，城墙周围山岭环绕，地理位置十分特殊，是一个易守难攻、可进可退的军事要地。因此，它历来是海防军事重镇和惠州南部地区海运进出口的咽喉。

平海古城西门

元末明初，大亚湾、红海湾一带盗寇猖獗、民不聊生。明洪武十八年(1385 年)，朱元璋为抵御倭寇的骚扰，“靖海上烽烟，卫边疆社稷”，派花都司到平海建造守御千户所城，以抵御外侵。经过 9 年的不断建设，平海古城于明洪武二十七年(1394 年)建成完工。“所城周五百二十丈，高一尺八丈，雉堞八百七十一，城门四座”。平海建城设所之后，朝廷又在这里设立了平海巡检司署、平海营参将署、平海营中军守备署等机构，还设有平海仓用以屯粮。

清康熙至嘉庆年间，朝廷在平海城的前沿相继建成了大星山炮台、盘沿港炮台、墩头港炮台、东缯头炮台和吉头炮台等军事设施，从而筑成一道道壁垒森严的海防线。如今,人们从古城东郊的大星山炮台上,仍可以感受到其当年的雄姿。

平海古城内的街道都很狭小,街道两旁有很多明清时的古建筑。街道至今仍保持着古时十字街交叉的布局,这就是有名的"十字古街",连接着东西南北四座古城门。南门被称为"天子门";西门是古城中最高大的建筑,富有民族特色。

在古城中,家家户户都在门口设有"天官神位",房子里设有"地王爷神位",厨房里设有"灶君神位"。城中神庙林立,祠堂遍布,终年香火不断。

如今,虽历经600多年的沧桑,但平海古城仍较为完整地保留了四座城门楼、部分城墙、完整的十字古街、大部分古民居以及一批古寺庙、古文化遗址和大量的历史文物。因此,平海古城被称为是岭南文化的"活化石"。

海丰有怎样光辉灿烂的历史

位于海丰县海城人民南路西段的海丰苏维埃政府旧址,原是明、清两代县衙。1927年11月,海丰苏维埃政权在红宫宣告成立,会后在此办公,领导海丰人民开展轰轰烈烈的土地革命斗争,创建以朝面山为中心的革命根据地。县城海城镇,历来是县政权所在地,是海丰政治、经济、文化、军事和贸易中心,也是中国第一个工农红色政权——海丰苏维埃政府诞生地。它坐落在海丰县中部的河流冲积平原上,广汕公路穿城而过,北倚绵延百里,列峰如莲花山余脉,东有龙津河潺潺南去,注入浩瀚的南海。境内溪河纵横交错,水陆交通方便,水路可顺龙津河等河流向西南经丽江浦(亦称长沙海口)出海,通往广州、香港、澳门等地。公路东距汕头市180公里,向西往广州市290公里,向南到汕尾港27公里。

海丰是全国著名的老苏区,是全国13块革命根据地之一。1922年,海陆丰成立了共青团和海陆丰第一个农会组织。在中国共产党的领导下,该组织掀起了轰轰烈烈的农民运动,影响所及,不仅席卷整个粤东地区,而且带动了广东全省乃至全国农民运动的兴起。它为1925年国民革命军两次东征的胜利和广东革命根

海丰红宫红场旧址纪念馆

据地的统一与巩固，起到了重要作用。1927 年，国民党反动派发动了“四·一二”反革命政变，使刚刚形成的革命运动转入低潮，整个中华大地处在白色恐怖之中。英雄的海陆丰人民在中国共产党的直接领导下，在彭湃等革命先辈的带领下，进行了不屈不挠的革命斗争，并于 4 月、9 月、10 月连续举行了三次革命武装起义，解放了海丰和陆丰县城。11 月 13 日至 16 日，陆丰举行县工农兵代表大会，彭湃参加，成立陆丰县苏维埃政府。11 月 18 日至 21 日，海丰举行县工农兵代表大会，选举成立县苏维埃政府。其后，海丰县城和陆丰县城相继召开工农兵代表大会，选举产生苏维埃政府。从而成功地创建了被誉为“中国第一个苏维埃”的海陆丰县苏维埃政权，在中国革命史上写下了光辉灿烂的一页。

方饭亭因何得名

方饭亭，坐落于广东省海丰县城北郊的五坡岭上，在今天的彭湃中学校址之内。方饭亭是一座十分气派的八角双层重檐攒尖顶的古亭，亭子坐西北而面向东南。其台阶下几米处有一块宽 1.5 米、长 0.5 米的大石碑，碑上镌刻着“一饭千秋”4 个金色大字。台阶分为 5 层共 34 级，拾阶而上，就可到达月台。月台基座四周为红色围墙，高约 1 米，长 20 米，宽 13 米，通高 9 米，台上有 8 根大柱支撑着亭顶。月台后侧还有一座庑殿顶的小石亭，被罩在大亭的下面。小石亭高 3.9 米，里面竖着一块石碑，高 2.7 米，宽 0.9 米，碑上刻着文天祥的画像。

这座亭子因何而建？又为什么取名为“方饭亭”呢？方饭亭是为了纪念南宋抗元名相文天祥而建的。明代正德十年（1515 年），为赞颂文天祥的浩然正气，海丰县邑生吴子昌提请广东提学章朴庵要修一座亭子以示纪念，章朴庵觉得此举甚好，于是就命令海丰知县杜表、县丞陈义、教谕林右、训导万秉和等人共同完成这件事。经过商议之后，海丰县就在五坡岭上建起了一座祠堂，名为“表忠祠”。不久，惠州守备陈祥又在表忠祠前建起了一座牌坊，名为“忠义牌坊”，之后又在祠堂后面建起了一座亭子。因为当年文天祥是在方饭五坡岭时不幸被捕的，因此就将这座亭子命名为“方饭亭”。

海丰方饭亭

亭下的石碑也有来历。当时的惠州知府甘公亮从文天祥的家乡庐陵取得了一幅文天祥画像，

文天祥

于是就找工匠在石碑上把画像描摹出来，并在石碑的画像旁题刻了文天祥的名作《衣带铭》："孔曰成仁，孟曰取义，唯其义尽，所以仁至。读圣贤书，所学何事，而今而后，庶几无愧！"在石亭的两旁还刻有"热血腔中只有宋，孤忠岭外更何人"的对联，相传，这是明代的一位名叫林大钦的状元写的。亭子前面的月台上还立有一块石碑，上刻有"一饭千秋"四个字。

方饭亭在明、清两朝曾多次进行修缮。后来，日本发动侵华战争，表忠祠和方饭亭被侵华日军的飞机炸毁，但幸运的是刻有文天祥画像的石碑得以保存下来，现存的方饭亭是新中国成立后重修的。

方饭亭现在被划归于海丰县彭湃中学，学校师生经常在方饭亭前举办各种形式的教育活动，以激励后辈的爱国主义精神，而且现在每年都有大批的海内外游客前往拜谒，这也成了他们到海丰旅游的必经之地。

汕尾市的凤山祖庙为何出名

凤山祖庙，位于广东省汕尾市区东南，靠近汕尾品清湖，面向大海。凤山祖庙始建于明朝天启、崇祯年间（1621—1644），庙内供奉的是海神妈祖。清乾隆年间（1736—1796 年），原有庙宇改建成宫殿式建筑，从而形成了今天的凤山祖庙。

凤山祖庙的修建与汕尾的形成有着十分密切的关系。据《海丰县志》记载，汕尾港形成于明朝中叶之后，凤山祖庙始建于明末清初，原籍福建的渔民离乡漂泊，最后到了凤山一带定居，在这里开创基业，同时也带来了他们心中的保护神——妈祖，并建立了凤山妈祖庙。清康熙年间解除海禁，这使得汕尾港得到巨大发展，出现了"商旅两集，舟楫如云"的繁荣景象，凤山祖庙也因此于清乾隆壬戌年（1742 年）得以扩建。到了民国二十三年（1934 年），当地按原貌重修了凤山祖庙。

凤山祖庙，是福建湄洲妈祖庙的分灵行宫，也是粤东最负盛名的妈祖文化传播中心，历代香火都十分鼎盛，是广东著名的妈祖庙。随着汕尾港海道航线的对外拓展，凤山祖庙也就成了汕尾人民、旅居港澳台地区同胞及海外侨胞寻

汕尾凤山祖庙

根问祖的圣地。同时，凤山祖庙作为汕尾港历史沿革的见证，也反映出了当地古代、近代的渔业、农业、商业贸易、交通运输，以及文化艺术、传统习俗和民间信仰，因此被认为是汕尾港的发祥地。每年的农历三月二十日为妈祖诞辰，市区民众、渔民、乡间信众等都会到妈祖庙参加庙会活动。在庙会期间，通常会举办一些传统的民俗活动，如妈祖出巡、争抢炮头、演戏和祭拜进香等。

现在的凤山祖庙已被列为汕尾市城区文物保护单位，修葺一新，并开辟为旅游区，原有的古戏台、凤山公园得到修复，新建了天后阁、钟鼓楼、石牌坊，当地还在凤山顶峰塑造了一座高达 16.83 米的全国最高的天后圣母石像，由 468 块来自妈祖家乡的优质花岗岩石雕刻而成。我国著名文学家冰心女士为石像题写了“天后圣母”四个字。凤山妈祖石像落成之后，犹如在红海湾畔点缀上了一颗绚丽璀璨的明珠，成为汕尾市的新标志。旧的民风民俗与新的发展思路相互促进、相辅相成，从而使得凤山祖庙更加知名，吸引了大量海内外游客前来参拜游玩。

虎门的名字有何来历

虎门，是我国名闻中外的历史重镇，是广东省东莞市的三大镇之一，位于东莞市西南，珠江口的东岸，南临伶仃洋，毗邻广州、深圳、香港、珠海和澳门。它是珠江三角洲地区最重要的商品集散地，也是中国时装名城、历史名城和旅游名城。

虎门的知名度之所以如此之高，和历史上著名的“虎门销烟”有很大关系。那虎门的名字是从何而来的呢？传说很久以前，南海龙王经常出没于广东沙角的西南海域。有一天，南海龙王的小女儿亚娘独自跑到大陆的海滩上玩耍，并向西游到了莲花山下。谁知莲花山住着一只母老虎，且已成精。这时的老虎已经有孕在身了，急需食物，所以正四处寻觅。它一见亚娘，便猛扑过去，亚娘被吓得魂飞魄散，飞快地往回跑。这时龙王被惊动了，感到自己的爱女有危险，便马上带着鱼、虾二将奔出龙宫去救女儿。此时的亚娘已经危在旦夕，鱼将、虾将全力以赴，才最终用神棍将老虎打死。老虎受伤时，生下了一个死胎。但是龙

东莞虎门

王还是不放心，担心死胎会复活，便命人用一把金锁将母虎与死胎锁在珠江之中。后来，这两只老虎变成了横卧在珠江中的两座山岛，后人就称它们为大虎山和小虎山。这两座山横卧在江中，就好像两个卫士在守门，因而得名“虎门”。

虎门人文历史悠久，在这里，有远古新石器时代的贝丘遗址；在这里，160 年前民族英雄林则徐率领虎门军民销烟御敌，写下了悲壮的中国近代史的第一页；在这里，有抗日名将蒋光鼐的故居；在这里，有热血洒虎门的民主革命战士朱执信纪念碑。这些历史遗迹、人物及其光辉的事迹无时无刻不辉映着这片英雄的土地。

虎门还具有丰富的旅游资源，如虎门大桥、鸦片战争博物馆、礼屏公祠、陈莲峰墓、逆水流龟村堡、郭真人古庙、郑氏宗祠、郑瑜墓等，都是远近闻名的名胜古迹，每年都吸引着无数海内外游客前来寻幽探古，旅游观光。

虎门炮台有哪三道防线

第一道：即沙角炮台，它是林则徐来到此地后，与当地百姓共同捐建的。原来，第一道防线是指虎门炮台对面番禺的大角炮台。因为这里江面很宽，所以沙角炮台不能够完全封锁江面起到防守作用，而主要起号令台作用。林则徐虎门销烟时，曾作如下规定：凡英国商船进入珠江口，必须要在沙角炮台停船待检；如果发现私藏鸦片，就要当场没收；如果不停船待检，这里就会鸣炮三响，并让后两道防线放出木排铁链，作战斗准备。

第二道：威远、镇远、靖远、巩固、永安等炮台以及横档前山月台，一起构成了第二道防线。因为在岛西面的水底钉了木桩，所以使船只通过这里时，只能走东面很窄的水道。在水道上，分布

东莞虎门炮台

有一条装满倒钩的铁索，被称为“金锁铜关”。这条铁索由好几股铁链组成，并用一排木筏进行了编组。平时，300 丈长的木排铁链，顺岸摆放，一头固定在威远炮台前一门 8000 斤大铁炮（当时已作废）上，另一头固定在一艘船上。只有在沙角炮台打响警号炮时，才会放出该船，让它顺水横江，划到对面横挡岛上自动固定下来，从而形成挡江铁锁，发挥防守作用。这些铁锁上有倒钩，如果有敌船硬闯，它们就会被钩在上面，进退两难。这时，伫立在两岸的威远炮台和武山上中下三层的立体火力网就一起开炮，打击敌船。所以，当时有一首虎门民谣这样唱道：“虎门六台，金锁铜关，进来不易，出去更难！”

第三道：江中的大虎山和小虎山构成了第三道防线。两山的形状像两头伏虎，而其两侧群山对峙，如同门户一样，所以人们按照“大虎小虎看门”之意，将此处命名为“虎门”。这里的炮台位于江心，是用来专打前两道防线上的“漏网之鱼”。

因为虎门炮台的三道防线，布局严密有致，非常合理，所以当年英国远征舰队第一次来到虎门后，一经查看，没有放一枪就跑到厦门去了。由此看来，这三道防线确实起到了十分有效的防守作用。

硇洲灯塔为何被评为国家级文物

硇洲灯塔，位于广东省湛江市硇洲镇孟岗村东南海边的硇洲岛的高坡上；始建于清光绪二十五年（1899 年），由法国驻广州公使署主持设计和建造，而具体承包和主持该塔建筑工程施工的则是硇洲岛上知名的工匠招光义。这座灯塔的全部施工历时三年，于 1903 年竣工。当时，该灯塔主要是作为法国军舰和商船进出广州湾的航标灯塔使用。1945 年，中国收回管理权。

硇洲灯塔通高约 23 米，由塔座、塔身和灯具三部分组成。塔座的平面呈正方形，边长为 4.8 米，高为 5.9 米。塔身呈圆柱形，高 16.05 米，塔身上设置了若干窗洞，其外环平台还加装了栏杆。塔腹的内径约为 2.6 米，有楼梯通往塔顶。楼梯是用 66 块扇形构件叠筑而成的，由中心圆柱和步阶两部分组成，呈螺旋状，盘旋而上可以到达顶部平台，平台上安放有灯具。塔座和塔身都是用规格一致的花岗岩石砌筑而成的，塔的部分位置采用榫卯结

硇洲灯塔

构，相当牢固。

塔内的灯具是用160块三棱水晶镜片组成的如蚌状的灯罩，中间放置了一块凸透镜。铜制的圆槽底座里，盛有约3吨的水银作为润滑剂，由发条牵引旋转，从而使灯光通过三棱水晶镜汇聚成强大的光束，其光照射程可以达到26海里，光弧方位可以呈360°。灯具最初使用的是31.75公斤重的锤钟表式发条来牵引旋转，上链一次可以旋转1个小时40分钟，并控制灯具转速为5秒钟一周，到1984年，灯具改用电动转速箱牵引旋转。

硇洲灯塔，是世界上现存的两座水晶磨镜灯塔之一，也是在国际上知名的航标灯塔之一，至今仍作为中外船舶来往湛江的指示灯塔。灯塔建成后一直没有间断使用和维护，期间也没有进行过大型的维修，直到1989年才采用灌浆法用钢筋混凝土加固塔顶。

硇洲灯塔之所以会成为国家级文物，主要是源于它的历史文化价值与现代技术的完美融合。它与伦敦和好望角灯塔一样，饮誉世界。可以说，硇洲灯塔已经是我国航海的一个标志。

寸金桥因何得名

寸金桥，坐落在湛江市赤坎区西侧。始建于1925年，原为遂溪麻章区绅民所建。桥名含“中华国土寸土寸金，不容外敌侵占”之意，是为了纪念1898年当地人民的抗法斗争。1959年重修，重修后的寸金桥为水泥铺面单孔石桥，长19米、宽12米。两侧各立栏柱18根，桥西头立碑一方，记抗法斗争事迹始末。1964年2月，国家领导人董必武来湛，为桥题诗：“不甘俯首听瓜分，抗法人民组义军，黄略麻章皆劲敌，寸金桥头自由云。”郭沫若也有“一寸河山一寸金”的诗句。1986年7月，市人民政府再修寸金桥，桥宽扩至22米、身长24米，为水泥钢筋结构。桥两头分别竖碑一方，碑上分别记载董必武“寸金桥”手迹和郭沫若“一寸河山一寸金”诗句手迹。寸金桥为湛江市文物保护单位。

赤坎寸金桥

1898年3月，法帝国主义向清政府提出租借广州湾（即湛江）的无理要求，清政府屈膝投降，同意租借，租界另议。法帝国主义得寸进尺，不待议定租界，悍然于4月22日派兵攻占广州湾，自拟租界，并四处烧杀掳掠，妄图囊括我国大片领土。法军的暴行激起了湛江人民的极大义愤。南柳、海头一带人民在吴帮泽等率领下首揭抗法义旗，誓师起义，用长矛、大刀、棍棒等为武器，予敌迎头痛击。尔后，抗法斗争风起云涌，扩展到遂溪、黄略等地。湛江人民抱着“寸土当金与伊打”，誓与国土共存亡的信念，与敌战斗 10 余次，打退了装备精良的敌人的数次进攻。1899 年 11 月 16 日，清政府不顾人民反对，竟在《中法互订广州湾租界条约》上签字。慑于湛江人民的反抗，法帝不得不将租界西线从万年桥（今遂溪县新桥糖厂处）退至赤坎桥，租界范围从纵深一百几十里缩小至三十里。在这场波澜壮阔的抗法斗争中，吴帮泽等民族英雄为了保卫祖国献出了自己宝贵的生命。为了纪念这次长达一年半之久的抗法斗争，当地群众便将赤坎桥改名“寸金桥”。

放鸡岛因何得名

在中国广阔的海陆面积中，有着很多风景秀丽的岛屿。据统计，中国的面积达 500 平方米以上的岛屿为 6536 个，总面积 72 800 多平方公里，岛屿岸线长 14 217.8 公里。其中有人居住的岛屿为 450 个。在这其中，位于广东省茂名市电白县水东镇的放鸡岛由于自然风光秀丽，天然景物奇异多姿，山清水秀，林密石奇而受到很多中外游客的喜爱。那么，放鸡岛这么有特点的名字又是从何而来的呢?

其实当地，有着不少关于放鸡岛的传说，主要有这么三种：

第一种：放鸡岛名字的由来，有一个神话故事。古时在附近海岸的渔村里，有一位叫柔姑的渔妇。她丈夫出远海打鱼，长年不归，不知生死。柔姑想念丈夫，茶饭不思。每当日落西山，她便摇船登上该岛，爬上岛的最高峰，遥望浩瀚的南海，祈求丈夫平安归来。一日，柔姑在岛上发现一遇海难的鹤发童颜的老翁，便用鸡汤救活了他。第二天，柔姑上岛后，却发现老翁神秘失踪了。巧的是几天后柔姑的丈夫从天而降般地平安归来，而且船上鱼虾满舱。这事传开后，人们都认为那老翁是神的化身，能保佑出海平安，打鱼高产。从此，渔民凡出海打鱼经过该岛时都往岛上放个鸡，以祈求海途平安，鱼虾满舱。放鸡岛名称由此而来。

茂名放鸡岛

第二种：据载：唐宣宗大中二

年(848 年),宰相李德裕贬崖州司户,赴任途中舟经此岛,泊舟登岛取淡水。以后立一石碑记叙岛之险要及其被贬的梗概,后人把他当做神,建庙纪念。海船过此必登岛祭祀,并放一鸡于山中,示放生之意,遂有“放鸡岛”之名。

宰相李德裕

第三种:传说古时候,岛上长着茂密的树林,在林间栖息着大群凤鸡,每当旭日喷薄而出、霞光万道之时,金凤展翅,引颈齐鸣,沿海渔民便迎着朝阳扬帆出海,撒网打鱼,过着幸福的日子。后来不知从何时开始,岛上没有凤鸡打鸣了,但见洋面上浊浪排空。渔船不敢出海,过往船只也时有舟覆人亡之事发生。后有道人指点,说岛上来了狐狸精,把凤鸡偷吃光了,又常常在海上兴风作浪,不知害了多少渔民和过往客商。但如果在岛上建神庙,敬起天后神,并祀放生鸡,这样,就可保平安了,附近沿海渔民听信道士的话,纷纷捐款建庙。庙建好后,家家户户都去烧香拜神,将生鸡放养于岛上。凡航海者过此,也必入庙进香和放生活鸡。因而此岛便有了放鸡岛之名,同时也有称凤岛的。

到了今天,放鸡岛得益于自然风光秀丽,天然景物奇异多姿,已成为集奇、壮、古、秀、阔、幽、乐为一体的旅游景区。

许驸马府的主人公是哪位公主的驸马

许驸马府,位于广东省潮州市区中山路葡萄巷东府埕 4 号;始建于宋英宗治平年间(1064—1067),至今仍较好地保留了最初建造时的平面布局及特色。这座府第的很多地方都具有皇家特色,据说这是因为公主喜欢皇宫的建筑特色,特意让人仿照皇家特色而建的。

走进许驸马府,就仿佛穿越了历史的隧道,好像是来到了封建时代的皇宫中,但见整座府第的墙壁四周均用圆杉木柱支撑着,显得很坚固、很大气。那高高的门槛,似乎是在向人们展示着主人的高贵身份。

那许驸马是谁呢?驸马府的主人许驸马名为许珏,字君瑶,又字国玺。许珏出身于显宦家族,是韩山山前乡(今潮州市山前乡)人。其曾祖父是潮州前八贤许申。许申于北宋真宗大中祥符二年(1009 年)就被初举贤良。他还没及第时就因为文才出众为众人所知。当时真宗南巡东封，召其考试，结果许申成绩第一。于是皇帝赐其进士及第。许申最初的时候担任韶州知州，后来不断升官，一直做到刑部郎中，后来受赠银青光禄大夫。许钰的祖父许因，曾担任过太子中舍（英宗皇帝为太子时的老师），他的父亲许闻诲，官至卫尉寺丞通议大夫。

许驸马府建筑

由于家族显赫，几代为官，所以北宋英宗皇帝将其女德安公主指婚给许钰。所以许驸马府的女主人是德安公主。德安公主在宋仁宗时，是皇太子的长女，所以被称为郡主，并下嫁给潮州许珏。后来，太子赵曙也就是德安郡主的父亲登基称帝，是为英宗皇帝，他的长女德安郡主也就改称为公主了，到了神宗朝时又改称为皇姑。宋徽宗时，重封前朝诸皇姬，封德安公主为舒国公主，当时德安公主已经在潮州逝世，驸马许珏被谪戍儋州还没有返回，因而宋史记载到"舒国公主早薨"，而后人却误以为她是幼年早薨，所以不得不说这是一个错误。

当初许钰在京城时，德安公主曾问他："潮州祖居如何？"驸马回答说："前有千里龙潭，后有百里花园。"其中所说的龙潭，是指老宅屋前的韩江；所说的花园，是指后山花木四时开花。数年之后，驸马与公主回潮州老宅时，公主背靠韩山，面朝韩江，对许驸马道："驸马好眼力，千里龙潭映百里韩山。"由此可见，许驸马府所处的地理位置和周边自然环境是如何的优越。

老广东的宗教陵墓

为何说先有光孝寺后有广州城

光孝寺位于广州光孝路北端，是广州年代最久、规模最大的寺庙。很多人都知道“先有潭拓寺，后有北京城”一说，其实在广州也有“先有光孝寺，后有广州城”的说法。

广州光孝寺入口

光孝寺建于三国时期，原为吴国贵族虞苑的讲学之地。在虞苑死后，他的家人将此地赠出，建了一座寺庙，名叫“制止寺”，但在后来的历史中，由于各种原因，该寺曾多次易名，直到宋高宗年间才定名为光孝寺沿用至今。

在我国的佛教历史上，光孝寺占据着极重要的位置，许多佛教重镇都在此地修行讲学过。最早到光孝寺的佛家大家是南北朝时期的印度名僧智药禅师，他经由西藏来到广州。而这位禅师对我国的最大贡献，便是他带来的那株菩提树，可以说现在全国境内的所有菩提树都是它的后代。后来梁武帝时期的达摩祖师也来到这里讲法，并在此居住了很长一段时间，还挖出了一泉洗钵，即现在的“洗钵泉”。到唐朝时东渡日本的鉴真和尚，在他第五次东渡失败时，北台风吹到海南岛，后经辗转来到广州，在光孝寺“登坛受戒”。

禅宗六祖慧能与光孝寺颇有缘分，这位大字都不识的佛法大家在继承了五祖的衣钵后，在岭南民间隐姓埋名16载。直到有一次他在光孝寺混迹于信徒之间听当时的主持印宗法师讲佛。“时有风吹幡动，一僧曰：风动；一僧曰：幡动；争论不休，惠能进曰：不是风动，亦非幡动，仁者心动”。一语惊四座，印宗马上明白慧能乃是得黄梅五祖弘忍真传后失踪多年的传人，遂拜为师，并聚集各界名流来为之行剃度之礼，从此慧能成为禅宗六祖，南宗领袖。现在的光孝寺内的“摩发塔”中还藏着当年慧能剃度的头发，而风幡阁也是为纪念“幡动心动”的故事。

光孝寺对于广州城的影响十分巨大。岭南客家人大多信奉佛教，因而光孝寺也就成了广州佛教信徒礼佛的最好去处。而历经上千年的风雨，光孝寺里文物遗迹众多：建于东晋的大雄宝殿、唐朝的摩发塔、南汉的千佛铁塔、宋明六祖殿等，都是我国佛教建筑的精华之作。这些对于了解禅宗和广东地理人文具有重要价值和意义。

如今光孝寺这座古老的禅宗寺庙依然安静、庄严地伫立着，看着广州的风起云涌，英雄荟萃，犹如一位慈爱的佛祖看着世间百态，用它最睿智的智慧包容着汇集于此的众生。

广州大佛寺有何来历及特色

广州的大佛寺是一座历史悠久的寺院，它的历史犹如羊城的另一面镜子，承载着这座城市的沧桑沉浮。大佛寺始建于南汉。当时的南汉王刘龑笃信佛教，为应二十八星宿之数而在广州城东南西北四个方位建起了七座佛寺，合称为“南汉二十八寺”，大佛寺便是其中之一。据史料记载，大佛寺到宋代时逐渐落寞荒废，元朝时又重新建起殿宇，起名“福田庵”。

广州大佛寺

明初，天下百废待兴，广州城也要进行大的改建，于是福田庵扩建为龙藏寺，其规模空前——南控南城脚，北枕拱北楼，山门朝西，直通龙藏街。朱元璋鉴于佛教对元朝的影响，因而在开国之初便对僧道进行严格的管理。明后期，朝政腐败，徭役赋税沉重，加之连年饥荒，寺庙里的香客越发稀疏，布施甚少，佛教也日渐式微，连昔日恢弘的大佛寺也出现了无力修葺的窘状，后被当局改建为巡按史公署。

曾自捐王奉重建大佛寺的尚可喜

清顺治六年（1649 年），尚可喜、耿继茂合围穗城，历经 10 月方才攻下，随后发生了惨绝人寰的七日屠城，而公署也毁于兵燹之中。后来尚可喜称藩王，独霸广东，到他晚年的时候，似乎对自己屠城之事感到不安。他的谋士金澄给他献策——“逃禅避祸”，于是尚可喜在康熙二年（1663 年），重建大佛寺，以表自己“放下屠刀，立地成佛”之心。大佛寺也重新兴旺起来。雍正十一年（1733 年），雍正帝颁布整顿僧伽谕旨，时任广州知府刘庶将大佛寺作为宣谕之所。此时的大佛寺与光孝寺、华林寺、海幢寺、长寿寺齐名，共称广府五大丛林。道光十九年（1839 年），林则徐查禁鸦片，把“收缴菸土菸枪总局”设在大佛寺内。太平天国起义发生后，广州府又把大佛寺设立为善后局。

到民国时，大佛寺的作用又发生了变化，先是被当做市政公所。民国十年（1921 年）当地寺僧及名流鉴于世风日下，人功利之心过盛，联名在大佛寺组织广州佛教阅经社，希望此举可通过佛教文化和教义净化人心。此举得到孙中山先生的嘉许，他亲笔写下“阐扬三密”的大匾赠予阅经社。民国十一年（1922 年）时任广州市长的孙科为筹措北伐经费，将大佛寺全部地产、房产标价出售，后经寺僧多方努力才部分保留。1926 年“中山舰事件”后，大佛寺祖堂及部分僧舍成为军事委员会的高级政治训练班，周恩来在此担任班主任。1938 年秋，广州遭到日寇敌机轰炸，寺僧四散，大佛寺成为一座空寺。抗战胜利后，僧人们逐渐回到大佛寺，佛事活动也逐渐得到恢复。

大佛寺坐落于广州市越秀区北京路西侧，是广州市级文物保护单位。现保存的大佛寺为仿清京师官寺而建，十分雄伟壮观。寺庙坐北朝南，仅大雄宝殿就有 1200 多平方米，正中供奉三座高达 6 米、重 10 吨，由精铜铸造的三世佛像，此乃岭南寺庙之冠，故而得名“大佛寺”。大佛寺的山门联“大道有岸；佛海无边”是尚可喜谋士金澄题字书写的。大佛寺另一个让人称奇的是由安南(今越南)王捐赠的木质梁柱框架,即使历经近三百年,如今仍保存完好。

圣心大教堂为何被称为石室

在广州市内一德路,矗立着一座大教堂。它是天主教广州教区最宏伟、最具有特色的一座大教堂,也是国内最大的一座以高直尖顶为特色的哥特式建筑。它就是圣心大教堂。该教堂在清同治二年(1863 年)奠基,落成于光绪十四年(1888 年),历时 25 年,因其奠基日是天主教圣心瞻礼日,所以被称为圣心大教堂。

由于教堂的全部墙壁和柱子都是用花岗岩石砌造,所以又称之为“石室”或“石室耶稣圣心堂”、“石室天主教堂”。圣心大教堂是东南亚最大的石结构天主教建筑,也是全球四座全石结构哥特式教堂教主之一。它参照巴黎圣母院设计,工程浩大。石室教堂建筑总面积 2754 平方米,坐北朝南,东西宽 32.85 米,南北长 77.1 米,底层建筑面积约 2200 平方米,而从地面到塔尖高 58.5 米。圣心大教堂的室内光线终年都保持着柔和,形成一种慈祥、肃穆的宗教气氛,这与它独特的设计是分不开的。因为它所有的门窗都以法国制造的较深的红、黄、蓝、绿等七彩玻璃镶嵌,所以才会出现这种特殊的效果。

沿石室教堂走一圈,可以看到在教堂外屋顶的两侧有强劲的扶壁。扶壁对整个建筑起到支撑的作用,正是扶壁的出现,才解决了哥特式建筑在结构上的诸多问题,使整个建筑呈现出灵巧和骨感的姿态。除了扶壁,斜撑的飞虹由小尖庭和小尖塔构成,屋顶的雨水可以沿飞虹流下,经由下面的兽头中流出。因为广州地区多雨,所以这样的设计也使教堂具有了良好的排水功能。

广州石室圣心大教堂内景

圣心大教堂现仅存教堂、主教府和东面颐铎堂。教堂建筑可分为前后两个部分。前半部分是两座尖顶石塔,这种哥特式建筑艺术有着浓厚的宗教色彩和含义,象征着皈依上帝的宗教思想。后半部分是大礼拜堂,其建筑又高又圆又大。教堂的外围四周有大小石亭近百座,按原设计可安放宗教人物塑像之用。后因故未能实现,成为该建筑物未完成之部分。

1979 年 7 月,由于市政府重新落实了宗教信仰政策，所以，石室重新得到开放。目前广大信徒过着正常的宗教生活，世界各地的信徒和游人也到石室观光。石室天主堂周围，一年四季树木常青，鲜花簇拥，五彩缤纷，古老的教堂内外都散发着一种宁静、青春的气息。

怀圣寺光塔为何叫“光塔”

怀圣寺位于广东省广州市光塔路，是伊斯兰教传入我国后最早的清真寺之一，也是中国四大古清真寺之一。该寺是以怀念伊斯兰教创始人穆罕默德而得名。寺内有一光身柱形塔，它就是怀圣寺里最富有伊斯兰特色的建筑——光塔。

怀圣寺光塔是现存最古老的伊斯兰的教塔，古时侯它就一直屹立在珠江古航道的北岸，“白云之麓，坡山之隈”。在唐朝，光塔原叫“番塔”，据说因塔由番人所建得名。也有记载说，此塔是由唐朝的怀圣将军所建，也叫“怀圣塔”。从清朝之后，粤人普遍称之为“光塔”。

之所以称为“光塔”有好几种原因。一说是因为跟阿拉伯有关，阿拉伯的“麦那尔”译为“光亮之塔”，所以简称“光塔”；也有说怀圣寺光塔原名叫呼礼塔，波斯语音读作“邦克塔”，因为“邦”和“光”的粤语中音近，误称为“光塔”；再有一种是说，塔表圆形灰饰，望之如光洁银笔，故因此而得名。怀圣寺光塔的具体建造年代有唐、宋、元等不同说法，有待考证。南宋岳珂《桯史》记载的怀圣寺光塔与现存塔外观大体一致，但记载为下有一门，上有金鸡，而现状为下有二门，上无金鸡。所以有人认为塔是后代重修的。至于有人说是唐朝贞观时所建造的，似乎不大可信，因为当时伊斯兰教尚未传入中国，所以推测，始建时间约为唐朝末年或北宋初年。

光塔高36.3米，塔身呈圆筒形，由下往上筒形逐渐缩小。塔身全部由青砖砌成，表层涂上灰沙。当时建塔的目的，是作为船舶的指示探照灯和指示风向用，也为了登塔顶召唤穆斯林做礼拜用，显示伊斯兰教的威信，让人起敬。据《羊城古钞》载，古代“每岁五、六月，番人望海舶至，以鼓登顶呼号，以祈风信”。光塔形体独特，为我国塔林所罕见。虽屡经修建，但仍具阿拉伯伊斯兰的建筑风格。塔顶最早时原有金鸡，可随风旋转以示风向，明朝初年为飓风所坠，后来进行了重修。

广州怀圣寺光塔

现在的怀圣寺光塔，几经翻修，虽无大碍，但塔表层的灰沙已有脱落。

云龙寺塔为何成为国家级重点保护文物

云龙寺塔坐落于广东省仁化县董塘区安岗村的云龙寺后山坡上，是国家级重点文物保护单位。据明朝正德十四年(1519 年)《重建西山寺碑记》记载，此寺的创建年代已不可考，但碑记说“宝塔巍峨，上载乾宁之号；断碑始迹，中书光化之年”，而该塔的建筑风格和塔基四周残留着大量的唐代莲花瓣瓦当，所以推断此塔建于晚唐乾宁光化年间(894—900 年)。清同治《仁化县志》载：“此塔为仰山禅师塔。”距塔 200 米处有一寺庙，原名西山寺，到清朝时更名为云龙寺，塔也随之更名为云龙寺塔，自此沿用至今。该塔为平面四方形，砖构实心塔。各层四面用仿木构筑法，用砖隐砌出倚柱、门拱、栏额、普柏枋、檐枋、假门、栏杆、平座等，具有典型的唐代方形砖塔之风格，外形古朴端庄，造型独特，是研究广东早期古塔建筑形式的珍贵宝物。

仁化云龙寺大雄宝殿

在我国历史上，凡是宝塔多的地方，经济、文化也伴随着佛教的兴盛而发展。反之，寺院、宝塔的建筑，也依赖于这个地方的社会经济繁荣，所以它们之间是相互促进、相互发展的。因此，古老的宝塔作为一种象征和标志，既印记着这个地方社会历史发展的轨迹，也反映出这个地方经济、文化发展的水平和知名度。而今，云龙寺古塔作为一宗宝贵的历史文化遗产和风景旅游资源，不仅为文物考古提供了重要的资料，而且也吸引了众多的游人来欣赏参观。

南华寺为何有“佛教祖庭”之称

“菩提本无树，明镜亦非台，本来无一物，何处惹尘埃”这一千古绝句，正是佛教禅宗六祖慧能在南华寺所写，他在南华寺弘扬“南宗禅法”，传授佛法 37 年，法眼宗远传世界各地。现在中国的寺庙有 90% 都是属于禅宗的，天下九成的寺庙也是由这一宗教分枝散叶出去，所以，南华寺才有“佛教祖庭”之称。

南华寺坐落于广东省韶关市曲江县马坝东南 7 公里的曹溪之畔，距离韶关

韶关南华寺大门

市南约22公里，这里依山面水，峰峦奇秀。南华寺始建于南北朝梁武帝天监元年（502年），据史料记载，印度高僧智药三藏自广州北上途经曹溪，“掬水饮之，香味异常”，“四顾群山，峰峦奇秀”，“宛如西天宝林山地”，于是建议在此建寺。天监三年（504年），寺庙建成，梁武帝赐名“宝林寺”。后又先后更名为“中兴寺”、“法泉寺”，到宋开宝元年（968年），宋太宗敕赐“南华禅寺”，寺名沿袭至今。

南华寺距今已近1500多年的历史，寺后有卓锡泉（俗称九龙泉），几株高达数十米的古老水松，是现在世界上稀有的树木。寺内建筑面积广阔，约占12 000多平方米，由曹溪门、放生池、宝林门、天王殿、大雄宝殿、藏经阁、灵照塔、六祖殿等建筑群组成。现有建筑除灵照塔、六祖殿外，都是1934年后虚云和尚募化重修的。1983年，南华寺是最早一批被国务院定为国家重点寺院的。2001年6月25日，南华寺作为明清时期古建筑，被国务院批准列入第五批全国重点文物保护单位名单。

古往今来，南华寺因禅宗六祖慧能在中国佛教史和哲学思想史上的崇高地位，吸引着许许多多的人们。宋代大文学家苏轼写道：“水香知是曹溪口，眼净同盾古佛衣。不向南华结香火，此身何处是真依？”表达了他对南华寺的向往之情。南宋民族英雄文天祥也写下了《望南华》这样真挚动人的诗篇：“北行近千里，迷复忘西东。行行至南华，匆匆如梦中。佛化知几尘，患乃与我同。有形终归灭，不灭惟真空。笑看曹溪水，门前坐松风。”到了近现代，许多著名的社会人士，也都纷纷慕名前来观光游览。1924年，孙中山在韶关发动第二次北伐时，政务及军事极为繁忙之际，仍偕谭延闿、刘成禹、许世英等来南华寺，并向寺庙捐赠了银元，嘱咐要爱护寺庙里的一草一木，保护好文物，让后人瞻仰。

六祖惠能

南华寺现存六祖真身、唐元明代圣旨、

御制金丝千佛袈裟、清代《大藏经》、铁铸观音等国家一级保护文物300多件。而六祖真身像是南华寺最珍贵的文物，被僧人称为“镇山之宝”。除此之外，南华寺还有北齐昭帝皇建元年(560年)的铜佛造像、唐代花缎袜、六祖坠腰石、唐代铁质观音殿、天人像、释迦牟尼像、明代四大天王木雕、清代五百罗汉瓷瓶、明代金书《华严经》残卷等文物，都具有一定的历史价值。

南华寺为何又叫“宝林寺”

南华寺位于广东韶关市曲马县曹溪之畔，这里依山傍水，峰峦叠翠，古木参天，清幽雅致，是出家人修行的绝好之地。南华寺在我国禅宗佛教中占据着极重要的地位，因为当年禅宗六祖慧能就是在这里弘扬“南宗禅法”的，所以南华寺也是我国最著名的佛教寺庙之一，有“岭南禅林之冠”的称号。

韶关南华寺藏经阁

南华寺建于南北朝梁武帝天监元年(502年)，印度高僧智药三藏在途经曹溪时，“掬水饮之，香味异常”，“四顾群山，峰峦奇秀”，“宛如西天宝林山地。如在此建梵刹，可称之为‘宝林’”，他的意见得到当时韶州刺史侯敬中的重视，表奏梁武帝。寺庙于天监三年(504年)建成，武帝赐名“宝林寺”。后来宝林寺寂静兴衰，曾陆续更为“中兴寺”、“法泉寺”等名。至宋开宝元年(966年)宋太宗敕赐“南华禅寺“，寺名乃沿袭至今。说到南华寺的出名，就不得不说到六祖禅宗慧能了。慧能最为人们称道的便是他那首千古偈语——“菩提本无树，明镜亦非台，本来无一物，何处惹尘埃。”是许多中国人出世的态度。慧能在南华寺所讲的《六祖坛经》对于后世有着深远的影响，在1000多年后的英国伦敦，大不列颠国家图书馆广场上，矗立着由西方人评选的世界十大思想家的雕像，其中东方思想的代表分别是孔子、老子和六祖慧能，这是人们对于他思想贡献的极大肯定。

唐仪凤二年(677年)，六祖慧能主持该寺院，当时的僧人数量达到上百人，成为最兴旺的寺庙之一，而这里也成为南宗的发祥地，所以又被誉为“祖庭”。禅宗流传到各地后，又分为临济、曹洞、云门、沩仰、法眼五宗，其影响深远，在东南亚的华人圈以及日本等地都有它们的分支。

三影塔因何得名

三影塔原名延祥寺塔。它位于广东省南雄市中心车水马龙之处，是南雄市的地标性建筑，也是目前广东省仅有的一座年份可考的北宋早期砖塔。三影塔是因何得名，真的是有三个影子吗？据说，该塔建成时，在延祥寺光滑如镜的寺壁上反射出三个塔影，一影朝上，两影倒悬，设计之精巧，便由此得名。延祥寺内的一间厅堂也被称为“三影堂”，可惜这座古寺庙早已毁掉，由于光线折射而出现的一塔三影的奇观也随之消失了。

韶关南雄三影塔

三影塔始建于北宋大中祥符二年（1009 年），后于明代重修。该塔结构呈九层楼阁式，平面六角形，塔内设有木梯逐次通向顶层。游人每上一层楼均须钻出塔门，环绕塔身一段，才得以进入另一扇塔门再行攀登，颇为玄妙。游人如此登塔凭栏远眺南雄风光，也可追思当年一塔三影的奇观。三影塔的塔身每层都伸出飞檐和栏杆，每个檐角的梁头下都悬挂着一只铜钟，全塔共挂了 48 个铜钟，每条檐脊的端部各蹲伏着一只酱红色的陶貔貅。貔貅是传说中的一种猛兽，形状似虎，毛色灰白。古时候人们常用它来作为军队的称呼。但这三影塔的陶貔貅却有着一段神话传说，相传在南朝时候，梁武帝萧衍的长子萧统，曾经隐居于始兴的傅大士那里读书。有一年，始兴、南雄疫病流行，死人甚多。萧统为了治病救民，奋起追瘟，从始兴追到南雄的瑞应山。突然他看到一只貔貅，便促住它，斩去它的角，磨水给民众治病。于是，人们的病情得到了控制，瘟疫也得以平息。后人为了纪念这位性情温和、心地仁慈的太子，便在瑞应山前建了一间延祥寺来祭祀他。到了宋代建塔的时候，又将陶制貔貅放在檐角，寄以祛灾托福之意。

云门寺为什么能成为禅宗五宗发祥地之一

云门寺位于广东韶关乳源县城北，离韶关市区 50 公里。云门寺是六祖慧能的弟子文偃禅师所创云门宗的发祥地，也是我国佛教禅宗五宗之一。云门寺又称大觉禅寺，五代后唐同光元年（923 年），云门祖师文偃禅师开创于云门山，初名“光泰禅院”，稍后改为“证真禅寺”。公元 963 年，又改名为“大觉禅寺”，一直沿用至今。因其地处云门山下，所以俗称“云门寺”。

乳源云门寺

云门寺建寺一千多年来，历代高僧辈出，在宋代有绍资禅师，明代有了偈、法浩、法传等禅师。寺内保留著名的南汉大宝元年（958 年）《大汉韶州云门山光泰禅院故匡真大师实性碑铭并序》和南汉大宝七年（964 年）《大汉韶州云门山大觉禅寺大慈云匡圣弘明大师碑铭并序》两块重要石碑。据说至清代末期寺庙已近荒芜，现在殿宇多为虚云老和尚募化重建的。虚云老和尚一生具有传奇色彩，据说他从小喜爱佛经，19 岁出家，在这之前他曾娶了两房美眷，结果都让他度化为尼了。他出家后的第一件事就是报答母恩，发愿三步一拜到五台山，历经艰辛。后来他更独行万里，访名山古寺，向高僧请教，还经西藏人印度，经不丹到锡兰，到处弘法救世人。再后来，虚云大师远至南洋弘化，经马六甲、吉隆坡，过台湾地区，他所得受捐巨款不留分毫，全都用在修建道场上。他一生重建了无数名寺，像云南鸡足山的祝圣寺、南华寺、福建鼓山涌泉寺、江西云居山真如寺，以及乳源云门山大觉禅寺。

修复云门寺时，虚云大师已经 105 岁高龄，当时的云门寺已是残宇颓垣、荒废凋零。他不辞辛苦，历时九年，建成殿堂 180 楹，新塑圣像 80 多尊，重振了云门宗风，所以如今云门寺内建有虚云纪念堂和舍利塔。

由于云门寺在“文革”期间遭到严重破坏，1984 年，在政府的支持和海内外信徒的资助下，又再次对云门寺进行了大规模的重建工作。修复后的云门寺，主要建筑有天王殿、大雄宝殿、法堂、藏经楼、客堂、钟楼、功德堂、鼓楼、伽蓝殿、延寿堂、祖师殿、禅堂，还新建了虚云和尚纪念堂、舍利塔、山门、佛经流通处、凉亭等，殿堂内塑造了佛像，其中大雄宝殿内释迦牟尼像

乳源云门寺虚云和尚纪念塔

前两尊一立一卧的佛像，由纯正的缅甸汉白玉雕成。镶嵌在四壁的大型彩瓷佛面，下为十八罗汉，上是二十四天神，这在国内的佛殿中都是非常罕见的。云门大觉寺共维修改建2600多平方米，新建9800多平方米。这次重建后的云门寺，占地1.2万平方米，建筑面积7000多平方米，门、厅、殿、堂、舍等风格独特。1983年，云门寺与南华寺同时被定为全国重点寺院。寺里办有佛学院，1989年云门寺开始开办僧伽培训班，1992年改为云门佛学院。学院教学“农禅并重，学修一体”，办学思路和教育成果，已普遍得到了海内外佛教大德信众的认同，为佛教事业培养了一批又一批有较高素质的人才。

如今，庙内佛法活动十分繁盛，香客如云。此外，云门寺秀丽的风景更是吸引着众多的游客，后山是著名的桂花潭风景区，几十米的山崖上飞瀑直泻深潭，潭的四周山坡上长满桂花树，八九月间，满山满谷桂花飘香，令人陶醉。

龟峰塔形似乌龟吗

龟峰塔建于南宋绍兴二年（1132年），至今已有800多年的历史了。这是一座六角飞檐的七层宝塔，坐镇龟峰山上。它被列为“河源八景”之首，又享有“东江第一塔”美誉，是广东省首批公布重点保护文物之一。

这座塔有什么来历呢？相传，江河为人民带来生命之水，也带来了洪灾。从前，河源人民年年为水患所害，苦不堪言。有一位神仙云游到河源，正好看到河源人民处于水患中，整个河源民不聊生。于是，他萌发了恻隐之心，就在新丰江与东江的汇合处投下巨龟，让它变成一个山包，然后建了一座塔以镇水妖。虽然这只是神话传说，但“宝塔镇河妖”的传说古已有之，而且龟一直以来就是长寿安康的象征。而此山也因此被称为龟峰山，塔名为龟峰塔。从此，河源人民安居乐业，岁岁平安。龟峰塔的建筑很是独特，塔平面为六角形，通高42.6米。塔正门向东，外观七层，内为十四层，一明一暗，节节上升，层层收分，沿阶梯盘旋而上可登塔顶层。攀登宝塔的人，无不为它精巧的结构所叹服，在暗层中比赛寻找上塔的真门，成了游塔人的一大乐趣。每上一层，看到的风景都不一样；每一面，看到的风景也不一样。登高凭栏，远眺槎城（指河源城），顿时让人心胸开阔，这或许就是龟峰塔魅力之所在。

河源龟峰塔

龟峰塔因为年代已久，遭受风雨侵蚀。塔顶已失，台基被堆积尘土埋没，塔檐与平座崩塌，瓦面无存，塔内各层原有木楼板业已毁尽。我们现在所看的龟峰塔是重修之后的面貌，1989 年在广东省有关部门的支持下，对龟峰塔的重修严格遵守“修旧复旧”，“不改变文物原貌”的原则。该塔在民间有“河源塔无顶”的传说，但据有关专家考证，龟峰塔原有塔顶，只是因为“咸丰二年壬子，龟峰塔崩第一级”所造成的。《河源县志》所记载的“崩第一级”即是原来的塔顶，而且修复前在塔腔第六层发现的一条大横梁，就是建塔时用来承托塔顶的实物见证。重修后的龟峰塔更显得庄严雄伟，瑰丽拔秀，吸引着众多的中外游客。

灵光寺有哪“三绝”

广东省梅县雁洋镇阴那山麓有一座千年古刹，它就是广东五大名寺之一的灵光寺。灵光寺最初被称为“圣寿寺”，是人们为了纪念唐朝高僧潘了拳而建，至今已有 1000 多年的历史。明朝洪武十八年（1385 年），粤东监察御史梅鼎捐钱对圣光寺进行了扩建，并更名为“灵光寺”。

灵光寺依山而建，布局奇巧，主殿以“菠萝顶”建筑为最大特点，乃全国罕见，堪称庙堂建筑艺术的杰作。寺前有古柏两株，一荣一枯，相传为潘了拳手植，至今已逾千年。被人称为“生死树”的枯柏，历经 300 余年而不朽，给灵光寺更添了几分神秘。灵光寺自古远近闻名，吸引大量游人参观，一个很重要的原因是灵光寺有“三绝”。

第一绝是被称为“广东宝树”的“生死柏”。寺前草坪有两棵高度相当的巨大柏树，一棵枝繁叶茂，傲然挺立，一棵干大枝壮，枯死而不腐不朽，甚是奇异。据说这两棵柏树是建“圣寿寺”之前潘了拳亲手种的，树龄达千年以上，而那株枯树也死了近四百年，却与生的那株几乎同样高大，真是令人叫绝。

第二绝是大雄宝殿的藻井。寺里最壮观的主殿大雄宝殿，经常香烟鼎盛，但不管任何情况下，都没有香烟熏人，这是因为殿顶的藻井所起的作用。这个藻井是用 1000 多块精制的长方木构成的螺旋形藻井，俗称为菠萝顶，结构巧妙奇特，是寺庙建筑艺术的杰作。在我国这样的菠萝顶仅有两处，另一个是北京天坛的方形藻井。这个菠萝顶妙就妙在它会把大殿内

梅州灵光寺佛像

的香烟及时吸到殿顶迅速排出，而不会使殿内游人被烟呛着。大雄宝殿终年空气洁净，尽管供奉“惭愧”祖师潘了拳的塑像前香火鼎盛，但香烛浓烟全部顺着殿中央正下的菠萝顶袅袅升空，散发而出，殿内不留一丝烟缕。

第三绝是大雄宝殿后面山上绿树繁荫，但大殿屋顶上却没有一片树叶。这究竟是什么原因？至今仍是个谜。此外，灵光寺还有不少神奇传说，如“五色雀”、“无笃石螺”、“片生熟鱼”，以及一些珍稀植物等灵迹。

灵光寺是广东省重点文物保护单位之一，现已修整一新。由于人民政府重视和海外侨胞的资助，修建了“三柏轩”、“观音阁”，塑制了“三宝”、“十八罗汉”、“二十四诸天”等像，以及重建了山门、歇石亭、粲花馆、陶茶亭、古银桥。目前，它与附近景点“叶剑英纪念馆”和“雁南飞旅游度假村”相衬联辉，吸引着不少海内外游客。有心登上五指峰观看日出美景和山顶风光者，可以头一天到达灵光寺，第二天一早登上五指峰顶等待日出，幸运者还可能看到“灵光”的出现。

千佛塔因何得名，有何特色

千佛塔坐落于梅州市东郊大东岩山顶。据清光绪《嘉应州志》载，由南汉王刘鋹始建于大宝八年(965 年)，距今已有 1000 多年历史。它与广州光孝寺的东西铁塔是同一历史年代的遗物。铁塔分为七层，身高 4.2 米，呈四方形，塔底边长 1.6 米，为生铁所铸。千佛塔按每一面计算，第二层有 77 尊佛、第三层 67 尊佛、第四层 57 尊佛、第五层 37 尊佛、第六层 12 尊佛，合为 250 尊佛，四面共计满千佛，故称千佛塔。

原塔建于修慧寺，后来寺庙被毁。清乾隆初年，嘉应州官王者辅将铁塔移于梅城东岩山顶，上面盖亭宇，周围筑栏杆，并砌石阶，以供游览者登临观赏。1990 年，在政府支持和海内外热心人士捐款资助下，由千佛塔寺住持释明慧法师，耗资 4000 多万元，在大东岩山顶建造九层石塔，并经上级批准，将“南汉千佛铁塔”移置于新千佛塔底层，统称为“千佛宝塔”。新建千佛塔全用花岗岩石砌筑，高 9 层 36 米，高耸云天，气势宏伟。佛塔首层安放着铸于南汉时期的千佛铁塔。从二层至八层内壁镶嵌着千尊汉白玉佛，第九层安装一口一吨重的大铜钟，并在该层内

梅州千佛塔

墙存放千尊小金佛，塔内上下共有佛像三千尊。塔顶则为一座小巧玲珑的石塔，所以，形成塔下有塔、塔中有塔、铁佛玉佛金佛共容一塔的特色，被誉为宝塔建筑艺术一大奇观。如今，在千佛塔下，人们又新建了雄伟的千佛殿。殿中有各式各样栩栩如生的神像，中间毗卢遮那佛像镶嵌着两万颗宝石，为中国之最。大殿两侧的二十四诸天壁画，全国仅有两幅，另一幅在北京。

元魁塔因何而建

元魁塔俗称松口塔，位于距梅县松口镇 8 公里的梅江下游铜盘村境内。它历经 300 余年的风雨变化，依旧巍然屹立在古镇江畔，不仅吸引了众多的游客来游览观赏，更是海外游子心中永远的珍藏。

元魁塔是明末翰林学士、东宫侍讲李二何所倡建的。李士淳，号二何，明神宗年间进士，历任知县、翰林院编修、东宫侍讲、太子大傅。明万历四十七年(1619 年)，他开始兴建元魁塔，于崇祯二年(1629 年)竣工，历时十年。据说，元魁塔的兴建有这样一段缘故。李二何中解元后曾先后四次上京会试，皆受挫，觉得松口之梅溪出口处“山川文峰欠佳”，所以想建塔以补“风水”之不足，所以建塔之地选择在松口河曲水转弯之处。此塔建成以后，李二何亲自撰写石刻门联：“澜向阁前迴，一柱作中流之砥；峰呈天外秀，万年腾奎壁之光。”这副门联描绘了塔的位置和形象，表达了李二何的抱负。

元魁塔属楼阁式，呈八角形，有 7 层，高 40 余米。塔的最顶端嵌有重达万余斤的铁铸宝葫芦，至今无人说得清它是如何被置于塔顶之上的。塔底层以方块花岗石作基础，其余各层则全为青砖砌筑。每层都有以青砖砌成的檐椽和对开的窗口，空气流通，阳光充足。游人欲登塔顶，可沿塔内 154 级的螺旋形石级盘旋而上，外围筑有近 1 米宽的石栏。登上高耸的塔顶，绕塔栏环视松口秀丽之田畴村舍，翠竹丛林，令人心旷神怡。站在塔顶俯视梅江，则又是另一番景象。只见滚滚江水汹涌澎湃，直拍塔下巨大的岩壁，顿时浪花飞溅，产生湍急之回流，然后又汇入滔滔东去之江水，气势磅礴，很是壮观。

梅县元魁塔

元魁塔之所以名声显赫，还有一个原因，就是游子把古塔看做是家乡的象征。梅县是著名的侨乡，粤东山区昔日陆上交通不畅，水上运输几乎成了唯一的通道。漂洋过海的客家人，过番过南洋多数由梅城上船，经松口、大埔至潮汕，再搭乘洋船到海外。“离别故土情何堪，回望古塔心黯然。”如今，游子归家，华侨重回故土，都会到元魁塔前摄影留念。

莲花山鸡鸣寺是如何命名的

莲花山位于海丰县北部的莲花镇内，处于海丰八景“莲峰叠翠”和“银瓶飞瀑”之间。莲花山主峰高耸，云雾缭绕，有“雄”、“奇”、“秀”、“幽”特色，是岭南四大山脉之一。平时山峰上云缠雾绕、袅袅飞升，但当夏天在山上小憩时，顿觉肌肤生凉，与山下炎炎烈日比之犹如两个季节。

“山不在高，有仙则名”，由于莲花山所具有的奇特景象，是神宿仙游的境地，所以“鸡鸣寺”就建于此。关于鸡鸣寺还有一段故事。相传明崇祯六年（1633 年），印真和尚化缘至海丰，看到莲花山上幽静秀雅，好一块佛地净土，便在此安顿下来，每日诵经念佛。一日，印真在凌晨做功课时，听见半山腰传来一阵鸡鸣声，循声而去，发现原来鸡鸣声来自一块石头。他走上前，鸡鸣声马上停止，离远些，鸡鸣声再次响起。印真和尚顿时觉悟，此地乃佛灵所在，于是把佛像、香案摆在石上，此后再也听不到鸡鸣声。后来，印真和尚就在半山腰建了庵堂，他就成了鸡鸣寺的开山祖师。鸡鸣寺的灵气给附近的百姓带来了安康，他们有什么头疼脑热都会上山祈祷或问药，印真会在寺院附近采点野生“苦刺心茶”布施给老百姓，每每都会药到病除。自此，这佛教圣地香火鼎盛。

鸡鸣寺在战争年代曾遭损毁。1987 年，陆丰定光寺释达观和尚几经跋涉，寻到鸡鸣寺旧址，决心师承印真复建鸡鸣寺。翌年农历五月二十六日成立鸡鸣寺筹建理事会，年底由潮州开元寺释定持方丈主持，举行奠基典礼。1989 年农历三月十七日，由开元寺堂主释弘歉法师和南岩寺当家释弘如法师举行重建动工仪式。现鸡鸣寺已粗具规模，建成恢弘壮丽、气象庄严的大雄宝殿，殿内奉祀三宝佛。

莲花山鸡鸣寺

鸡鸣寺历来就是人们旅游观光的胜地。沿山门踏阶而上，周围有“猕猴奇石”、“犀牛望月”、“玉龙喷须”、“三井回音”等自然景观，还有开山祖师印真和尚墓塔、明末天然奇石弥勒佛像、东洋古银币等文物古迹。种种景象真是令人心旷神怡。

佛山祖庙因何得名，有何特色

佛山祖庙位于广东省佛山市禅城区，始建于北宋元丰年间(1078—1085)。当时，祖庙名叫“祖堂”，也就是北帝庙，因为珠三角地区多为水乡，故而水患多，而北帝恰是传说中的治水之神，于是禅城人把北帝作为保护神供奉了起来。[北帝，全称北方真武玄天上帝，是统理北方、统领所有水族(兼水神)的道教民间神祇，又有黑帝、玄天、玄天上帝、真武大帝、北极大帝、北极佑圣真君、开天大帝等名称，通常俗称为上帝公、上帝爷或帝爷公。]

佛山祖庙夜景

明初，祖庙遭到破坏。洪武五年(1372 年)，又得到重建。至清代初年，祖庙附近已逐渐形成了一座体系完整、结构严谨具有浓厚地方特色的庙宇建筑。到了晚清时期，特别是光绪二十五年(1899 年)，祖庙经过大修，今日的祖庙建筑群的基础完全具备了。

从建筑的角度看，祖庙的整体布局规整庄严，疏密有致，是一组建筑艺术高超、装饰工艺精美的具有岭南特色的建筑群。它的亭台廊榭的设置严格遵守着中国古代园林建筑的原则，以藏和露的巧妙辩证塑造出内部空间的含蓄、内敛、复杂、神秘，从而让人产生肃然起敬之感。其中，南北中轴线是由万福台、灵应牌坊、锦香池、钟鼓楼、三门、前殿正殿、庆真楼等建筑物组成的。

在祖庙的建筑装饰中，大量采用了木雕、砖雕、陶塑、灰塑等。因此，祖庙也是一个民间艺术博物馆，它拥有巧夺天工的建筑装饰工艺，外国友人誉其为“东方艺术之宫”。祖庙之所以如此知名，首先得益于禅城地区发达的民间工艺。

木雕：佛山是广东木雕的重要产地之一，木雕特色丰富多彩：刀法利落，线条简练，豪放、粗犷、流畅，构图大方饱满，装饰性强。禅城木雕的题材以人物、动物、花卉、瓜果等为多，以建筑装饰木雕为主。例如，祖庙前殿、正殿所陈列的大型神台，就是禅城著名的金漆木雕杰作之一。其中，雕刻的内容包括“荆轲刺秦王”、“李元霸伏龙驹”、“竹林七贤”、“薛刚反唐”等历史故事。此外，祖庙也有很多建筑木雕,如檐口木雕衽、花篮、木雕大门、戏台(万福台)、屏风、牌匾、对联、挂屏、仪仗、彩门、香案、门窗、案台、桌椅等。

砖雕:它主要用于建筑装饰上,和木雕、石雕等艺术一样,也是禅城的民间手工艺之一。它是我国历史悠久的建筑艺术,特别是在明清两代的珠江三角洲各地,用这些民间雕塑艺术装饰建筑物极为流行,形成了一种风潮。例如,祖庙公园内的马郡宗祠内牌坊,建于明正德十六年(1521年),都是用砖雕、石雕进行装饰的,是禅城目前保存最完整、最早的砖雕装饰艺术之一。再如,祖庙大殿三门前两侧,以及端肃门上的砖雕"大红袍"(海瑞故事)、崇敬门上的"守房州"(牛皋故事)等,都是典型代表。雕刻细腻,层次多,构图集中概括,主体感强,雕刻工艺娴熟,多用圆雕、透雕、浮雕刀法,刚劲利落,极富于装饰性,这些就是祖庙砖雕的主要特色。它的制作工艺,令人叹为观止,流连忘返。

佛山祖庙一角

陶塑:其中,应用在祖庙建筑中的陶塑瓦脊共有六条,被分别装置在了三门、前殿、正殿、前殿两廊和庆真楼等建筑的屋顶脊之上。规模最大的是三门瓦脊,全长32.02米。它们的正反两面均有雕塑,以戏曲故事为主要题材,人物的面部、手部均露胎,不施釉,目的是为了生动传神地表现人物的神态表情和手部造型。釉色以绿、蓝、酱黄、白为主,体现出了高贵华丽、古朴典雅的气质。祖庙各处的陶塑,釉色历经百年风雨仍光亮如新,可见其精良的制造工艺。

灰塑:又叫灰批,是禅城历史悠久的民间艺术之一。灰塑主要用在门额窗框、山墙顶端、屋檐瓦脊、亭台牌坊等处,用来美化、装饰建筑物。其题材有人物、动物、山水、花鸟以及书画等,艺术造型生动传神,栩栩如生,色彩绚丽。在祖庙中,这种传统民间灰塑艺术作品随处可见,比比皆是。例如,祖庙两旁门、额的灰塑"唐明皇游月宫"、"桃园结义",东廊的"郭子仪祝寿",西廊的"哪吒闹海",等等。此外,还有"三英战吕布"、"刘伶醉酒"、"八仙"和琴棋书画等题材的作品。

庆云寺有哪三宝

庆云寺位于风景秀丽的肇庆鼎湖山群峰环抱之中,寺四周峰峦环抱,如莲花瓣。因此,庆云寺又称莲花庵。上庆云寺,看三宝,是许多游客来此的目的。

肇庆庆云寺

庆云寺创建于明末崇祯年间(1628—1644年)。清朝顺治初年,增修殿宇,扩大规模。至清末寺内有僧众800人,成为肇庆第一大寺。光绪十九年(1893年),慈禧太后60寿辰敕赐“万寿庆云寺”雕龙竖匾及《龙藏经》《释迦事迹应化图》。1923年7月孙中山先生游览该寺,曾挥毫写下“众生平等,一切有情”的大字条幅。关于庆云寺的三宝,一直是游人津津乐道的事,到底这三宝是哪三宝呢?以前,庆云寺的镇山三宝是慈禧所赐《大藏经》、贝叶灵文和舍利子铜塔。“文化大革命”期间,大藏经和贝叶灵文遭劫。后经蕴空和尚等僧众公议,将舍利子铜塔、在犄和尚手植白茶花和千人锅定为镇山新三宝。舍利子只度有缘人,它就在殿右密室中,有时可买票一观,但有时因住持外出等原因就可能看不到了。千人锅也在殿右边的密室,现在这里已不再用作厨房,只是保留着灶台给人参观。这锅铸于清代乾隆年间(1736—1795),锅很大,深近一米,锅口直径近两米,据说烧一锅饭够1000多人吃,所以称之为千人锅,这也是清代庆云寺香火兴盛的见证。而被人们称为神奇的白茶花树也已有400多年的树龄了,传说这里曾经发生火灾,当时树干被火烧毁,后来竟然在枯死的树根上又长出了新枝。

庆云寺建筑宏伟,格局分布整齐。它坐西向东,有大小殿房100多间,建筑面积广阔。寺的建筑群均为砖木结构,建筑物按中轴线对称布局,并利用山间斜坡共分成七级,寺院建筑物分五级罗列。大雄宝殿是主体建筑,琉璃瓦面,鱼珠脊顶,彩釉生动,十分庄严雄伟。殿内供奉释迦牟尼、阿弥陀、弥勒三尊佛像,金身闪烁,神态庄严。钟楼上悬一口高约1.5米、直径1.2米的大铜钟,为清代咸丰年间(1851—1861)铸造,上铸有各种花纹及佛教咒语。每日清晨僧人击之,声如雷震,山鸣谷应,余音久久不息。此外,寺内碑刻也很多,不少是名作。庆云寺作为岭南四大名刹之一,在国内和东南亚一带享有盛名。庆云寺已被列为中国142个重点对外开放寺庙之一,也是国务院确定的汉地佛教全国重点寺院。

宝光塔为何被称为“粉塔”

在高州城西鉴江边上屹立着一座宏伟的宝塔,塔身双层,浮屠九级,熠熠闪光,别具特色，它就是宝光塔。由于塔身为粉白色，所以，高州人也将其称为“粉塔”。

宝光塔建于明代万历四年（1576 年）。据《高州府志》记载，宝光塔由高州知府张邦伊倡建，共耗费白金 13 万多两。这些建塔资金分摊到府属六个县衙负担，同时发动乡民捐献，县中邑人李铠捐资八万。塔为八角九层楼阁式砖塔，通高 65.8 米，底层边长 5.72 米。塔身全部用青砖砌筑，塔基为须弥座，束腰部分各面均嵌有花岗岩浮雕图，浮雕内容分别有吉祥富贵、双凤朝阳、鹏程万里、鱼跃龙门，还有独具特色的高州香蕉图等。两幅浮雕之间，镶嵌一块竹节形石浮雕相隔，基座每角镶嵌一尊托塔力士浮雕。托塔力士双手高擎塔身，给人以安全稳重之感。古往今来，众多登塔游人，在攀登此塔时诗兴大发，留下大量赞美的诗篇。如明代知县张晓所作的《秋日登宝光塔诗》，是其中较有代表性的一首。诗曰：“浮图九级俯江流，乘兴抠衣豁倦眸。万里雄风吹短袖，四山疏雨澹高秋。星辰半自晴空落，云气低联远岫浮。回首尘寰烟树隔，犹疑飞鸟傍云游。”

关于宝光塔还有一个动人的传说。话说那时建塔的人有 100 人，但是餐餐却只有 99 人吃饭，因为他们大部分人都互不相识，所以很是奇怪，到底少了哪一个人？等宝塔建成之后，干活的 100 人中有其中一人消失得无影无踪，人们传说只干活不吃饭的那人就是神仙了。仙人神助一说自然只是人们的美好想象，但宝光塔的建成却体现了高州人民能工巧匠的艺术精华。它是广东现存最高的古塔，也是全国第二高塔。

至于宝光塔为何又俗称“粉塔”，除了塔身为粉白色外，还有一段这样的故事。据说宝光塔建成后，有只妖猴爬上塔顶，常常窜到村里作乱，弄得这一带村庄鸡犬不宁。一天，街上来了一名驯鹰老汉，决定为民除害。他带着大小双鹰来到鉴江河边，小鹰飞上塔尖，欲啄妖猴双眼，怎知妖猴反应迅速，乘机举起双脚一扫，把小鹰当场击死。老汉看到小鹰已死，伤心欲绝。后来他取来一袋石灰和一大包泥沙粉，并对老鹰说了一番话，老鹰很通人性，待老汉举手时，它滚了一身的泥沙粉，并张开两翼让羽毛黏满石灰。老汉还在老鹰的脚下挂上一小袋石灰，让它飞向宝光塔顶。妖猴看见老鹰飞来，又想故伎重演，没想到老鹰吼叫一声，撒下泥沙粉，粉尘滚滚，遮住了妖猴的视线。接着，老鹰拍拍两翼羽毛，撒下石灰，再用两只爪子刺破袋子，将石灰抖下。妖

高州宝光塔

猴的眼睛被老鹰给弄瞎了，老鹰乘机为民除了一害。而那些被散下的石灰，把塔身染得粉白，从此，便有了"粉塔"一称。

国恩寺大雄宝殿供奉的为何是二十罗汉

罗汉是阿罗汉的简称，有杀贼、应供、无生的意思，是佛陀得道弟子修证最高的果位。在中国汉传佛教的寺院里，大雄宝殿两边供奉的罗汉一般都是十六或者十八个，而广东省云浮市新兴县国恩寺的大雄宝殿两边却供奉着二十罗汉。国恩寺大殿为何要多供奉两个罗汉呢？

相传在唐先天二年（713 年），六祖惠能在故居国恩寺圆寂。为了使慧能所创的禅宗正旨流传于世，以神会、法海为首的众弟子便在国恩寺成立"录经堂"，准备把六祖一生所弘扬的正法眼藏整理辑录成书。因为有很多邪魔外道都惧怕六祖的禅宗正旨流传于世，所以在辑录经书时，众魔多次前来破坏。神会、法海等一批有道行的高僧舍身护法，才使这些邪魔外道每次前来滋事均以失败告终。但就在《六祖法宝坛经》将要辑录成书之际，众魔趁夜深人静、大部分护法弟子都进入梦乡的时候，便放火烧"录经堂"，妄想把《六祖坛经》全部毁灭。眼看经书就要被毁，神会奋不顾身地纵入火海并用身体遮住经书。随后法海等一众弟子把火扑灭，最终经书被神会用身体保住了，但神会的身体和脸部却被烧伤了。众弟子为了表达对神会、法海两位高僧的敬意，称他们为护法罗汉，并且把他们的法像供奉在国恩寺大雄宝殿两旁，和其他罗汉一起永为供养。这就是为何国恩寺大殿的两旁比其他寺院的大殿旁边多供奉两位罗汉的原因。后来佛教弟子们还称神会为禅宗第七代祖师。

新兴国恩寺寺门

国恩寺在佛教界被视为"岭南第一圣域"和"中国禅文化的发祥地"。它于唐高宗弘道元年（683 年）建成，原名为"报恩寺"。唐中宗神龙二年（706 年），中宗下诏赐名为"国恩寺"。该寺距今已有 1300 多年的历史了，虽然历经沧桑，但经过重修和扩建，它的面貌又重新焕发光彩。如今寺门之上，高悬着一块金光闪闪的"敕赐国恩寺"大牌。寺院建筑面积广阔，殿堂鳞次栉比，气势恢弘，巍峨庄严，成为广东省境内屈指可数的大丛林及全国仅存的两大祖师故居之一。此外，宝光塔因为具有较高历史价值和艺术价值，被列为广东省省级文物保护单位，更是吸引了大批的游客来此谒祖、观光。

梅庵的梅是何人所种

梅庵位于肇庆城西的梅庵岗上，紧邻北岭山，远眺西江水，是岭南少有的千年古刹。相传唐代佛教禅宗六祖惠能生性好梅，客居古端州城西岗时，被四周清丽景色感染，便在岗上亲手插梅。当夜，万树梅花迎风绽开。北宋至道二年（996 年），智远和尚为了纪念先师，在惠能插梅处就地建庵，取名梅庵。

肇庆梅庵

梅庵是广东省最古老的木构建筑之一，现存山门、大雄宝殿、祖师殿和六祖井泉。尤其是大雄宝殿，完整地保留了唐宋结合木构架形制和做法，以斗拱设计称绝。大雄宝殿的斗拱为七铺作，双杪三下昂，出跳总长达 120 分，位居全国斗拱前列。斗拱拱头无拱瓣，为宋《营造法式》问世以前的古风；斗底刻皿板，保留中唐以前之古制。同时，斗拱还保留有拱栓、昂栓，这一突出特色，实属全国罕见。在我国建筑史上有着重要的科学研究价值，也受到国外学术界的珍视与关注。梅庵曾经历过几次修缮。明嘉靖年间（1522—1566），梅庵曾改为夏公祠，佛像全部被弃置于庵后露天处。明万历元年（1573 年）后，一些寺僧曾对梅庵先后做过 7 次较大的重修和扩建，对佛像进行过两次装金。1995 年，梅庵进行了全面维修和扩建。如今的梅庵呈现出一番崭新的面貌。山门前，几株新栽的印度正宗菩提树，叶茂枝繁，终年常绿。而当初慧能挖掘的水井，即“六祖井”，依然保存在此。井深 8 米，水波平滑，如明镜般清澈。庵内的右侧辟出一小块梅园，斜坡上散落着数十株梅树，每岁新春，梅花压枝怒放。梅花坡下，是一处游廊，名曰“赏梅廊”。庵内新增建了禅咏堂，堂内绘有《禅宗六代祖师像卷》壁画，壁上展示了六祖惠能学佛艰辛历程的巨幅长卷。六祖殿内，重光的六祖像端坐在殿堂中部的佛龛内，金身铜面，光彩照人，正是“菩提无物还真本，明镜非台证色空。”除此之外，在庵的院墙外，有一棵据称千年以上的菩提树，树身粗大，老树盘根深入地面，其直径非数人不能环抱，颇有禅境。

梅庵不仅是赏梅的好去处，也是全国重点文物保护单位，有“千年古庵，国之瑰宝”的美誉。

德庆悦城龙母祖庙为何闻名于世

龙母祖庙坐落在广东省德庆县悦城镇三江汇流处，是国家级重点文物保护单位。其始建于秦汉时期，曾多次重修。光绪三十一年(1905 年)，两广能工巧匠和技艺大师历时七年时间才建成今天的规模。1985 年又进行了整修。它与广州陈家祠、佛山祖庙合称为岭南古建筑的“三瑰宝”。

龙母祖庙最让人值得称赞的是其精湛的建筑艺术。它的建筑体系按水区特点设计。柱基特高，墙四周砌以水磨青砖，盖以琉璃瓦，殿内外地面，全以花岗石板铺设。每逢西江发大水淹过后，庙外街道往往淤泥及膝，而庙内稍作清扫便干净如故。龙母祖庙自光绪三十一年(1905 年)重建至今，历经洪水雷雨而墙不裂、地不陷、害虫不蛀、雷电不侵，堪称建筑史上一绝。其高超的防洪、防虫、防雷的建筑设计，令人叹为观止。庙内殿中有殿，规模宏大，富丽堂皇。石雕、砖雕、木雕、灰雕技艺精湛，独具匠心；陶塑、壁画神态逼真，栩栩如生；历代名人石刻对联，对仗工整，意蕴隽永，书法各具特色，堪称珍品。所以，龙母祖庙是我国古建筑的明珠，也因此享有“古坛仅存”的美誉 。

龙母祖庙除了其精妙绝伦的建筑设计令人称奇外，所蕴含的龙母文化和风水文化更是让它闻名海外，成为海内外龙的传人寻根问祖、四海朝宗、祈福观光的旅游胜地。相传龙母姓温，秦时人。她一生下来，头发就有一尺长，身体奇伟，一脸慈祥。她能预知人间祸福，精通各种医术。她曾带领当地的百姓战胜天灾人祸，深受百姓的爱戴。《中国神话传说》记载，一天温女到江边去洗衣服，突然见到旁边水中沉着一枚熠熠发光的巨蛋。她觉得很是奇怪，便将其抱回家，当做宝贝一样珍藏起来。经过七个月又二十七天之后，那枚石蛋忽然裂开，从中蹿出五只如蛇状能活动的小动物。它们个个非常喜欢玩水，温女像母亲对待自己的孩子一样细心地喂养它们。这五只小动物长大后竟然变成了头角峥嵘、身披鳞甲的五条真龙。它们为了感谢温女的养育之恩，衔鱼孝敬温女，并且帮助她造福黎民百姓，保境安民。所以，温女被西江流域的百姓们尊称为“龙母”。后来龙母仙逝，五龙悲痛欲绝，化作五秀才，将龙母葬于北岸的珠山下。后人感于五龙的孝心，就在此建庙，名曰“孝通庙”，后来

德庆龙母祖庙

演化为龙母庙。

龙母有功于国、有德于民的事迹被广大人民广为传颂，千百年来深受人民的爱戴和敬仰，并且受到历朝皇帝的册封。现在，庙中还完整保存着明代开国皇帝的洪武诏书碑。龙母文化源远流长，龙母祖庙更是成为广大龙的传人寻根问祖、缅怀龙母厚德的圣地。每年海内外来朝拜的人数不胜数，常年香火鼎盛。

罗定文塔为何成为省级文物

罗定文塔建于明万历三十九年（1611 年），历时三年竣工。塔高 47 米，建筑宏伟壮观，是罗定年代最早的高层建筑。文塔地处曲水环抱之中，与神滩庙妆楼双峰相对，河上七级浮屠映照波心，成为明清罗定八景之一。文塔历经 400 余年的风雨变换，依然以雄伟的气势屹立在这片土地上，它是罗定人的骄傲。罗定自晋末设县至今已有 1600 多年历史，秦属南海郡、汉隶段溪县、宋朝为泷水县。明朝万历五年（1577 年），因罗旁地区的"瑶乱"被平定，泷水县升格为罗定直隶州，"罗定"一名自此载入史册。据介绍，当时只有州府才有建塔的资格，因为当时罗定平乱，百姓为了庆祝安稳的生活便建造了七层八角塔——罗定文塔。

宝塔平面上呈八角形，各层塔檐微微翘起，状如绽开的花瓣，整个塔身犹如七朵盛开的花儿叠成。顶层由一铁柱直插苍穹构成塔尖，四周用铁链牵护，形若伸出的花蕊。远远望去，宛如一座色彩华丽的花塔。"外看仅七层，内走十四层"，文塔的建造比较特殊，塔身每层分明暗两个层次。每登两层台阶，便转一个方向，左旋右转，沿级登塔，如进迷宫。塔顶铁柱刺破蓝天，莲花座铁柱铸有明代建塔铭文，连同宝珠、相轮（塔顶部的装饰）等铸件，总重量逾 7 吨，是广东古塔塔顶之最。刹杆穿过顶层，外套古朴莲花座铸铁柱套，上面铸有建塔铭文，阳文铭刻倡建三元宝塔的罗定州官员、生员、耆老姓名和建塔年代。它是迄今广东省已发现和保留最完好的有绝对年代的铁铸塔柱，是极为珍贵的历史文物。1985 年已被列为省级文物保护单位，1986 年罗定县政府进行了重修。为了更好地提升罗定历史文化名城地位，罗定还兴建了文塔公园。该公园不仅成了城区一道亮丽的风景线，也成为市民休闲游乐的好去

罗定文塔夜景

处，在塔顶上凭栏远眺，景色尽收眼底。

雷州三元塔因何而建

雷州三元塔位于广东雷州市，是“雷阳八景”之一，广东省省级重点文物保护单位。此塔建于明万历四十一年（1613 年），原名为启秀塔，取启发文采，培育俊秀之意。因在挖地基的时候发现了三颗蛇蛋，认为是“三元及第”的征兆，遂改名为“三元塔”。在当时，建筑工具十分简陋，雷州人民用两年的时间就建成这么一座历经 400 年风雨仍屹立如山的雄伟壮丽的宝塔，充分表现了古代劳动人民的智慧和创造力。

雷州三元塔

雷州三元塔高 57 米，外观是九层，内为十七层，为砖木结构，呈平面八角形。塔基为石刻须弥座，八面共嵌有 23 块浮雕石刻。这些浮雕形象生动，各具特色，为明代石刻珍品。如“狮子戏球”、“三羊开泰”、“双凤朝阳”、“喜鹊登梅”等。塔身比例匀称，挺拔秀丽。塔内有阶梯，可登塔顶，凭栏远眺。塔刹为 2.2 米高的紫铜葫芦。登临塔顶，凭高远望，湖光水色，锦绣禾田，雷州美景尽收眼底。三元塔建成之后，雷州景观大为改观，一些文人墨客兴趣所至，提笔赋诗：“鼎峙琼南添一指，联翩雁字豫题名。”形成了雷阳八景之一的“雁塔题名”。

当时雷州地方官员为了改观雷州地区的名胜景观，也为了提倡人文之风，领导修建了三元塔，希望此塔建成之后，能为雷州带来好运，使雷州士子能够金榜题名。此后果然出现了陈瑸、陈昌齐两位“乡贤”，后人还为之修建了“二贤祠”。现如今修建的三元塔公园，“集山水于一园，融古今于一体”，每年都吸引大量游客的到来。

飞来寺是飞来的吗

飞来寺是广东三大古刹之一。闻其名，不得不问，寺果真能飞来吗？传说轩辕黄帝的两个庶子太禺和仲阳，在飞来峡隐居。一夜，皓月当空，两人乘兴饮酒赏月。月夜下的飞来峡别有一番风情。两人越看越喜欢。只是感觉少了点什么。灵光一闪，两人发现少了寺庙之类的建筑场所。当即，两人腾云驾雾来到安徽延祚寺，对主持讲道："我二人隐居的地方是处人间福地，想要你把寺庙搬到那里去。你愿意吗？"主持不好回答，但是也不好拒绝，只是点了一下头。于是，两人便作法。一时间风起云涌，大风把整座寺院拔起，腾空飞向飞来峡，落于峡山之上。于是这座原本位于安徽的寺院飞到了广东，改名为"飞来寺"。

清远飞来寺

当然这些都是传说，其实这座寺庙建造于梁武帝普通元年，即520年，距今已近1500年的历史了。最早的古寺建立在半山之中，宋朝时为了方便老弱信徒进香礼佛，才在江边新建了一些殿宇。刚开始的时候，这些殿宇建造的规模很小。到了元代，1329年，朝廷官员重修古寺，进行了大规模的扩建。之后，飞来寺就成为了岭南最为著名的古刹之一。后来人们就把梁代建在半山的称为"旧寺"或"飞来禅寺"；把元代扩建的称为"新寺"或"飞来寺"；把这两者结合在一起称为"清远峡山寺"。

传说中，古寺是飞来的。在现实中，古寺却曾"飞"走过。1997年5月8日，一场特大暴雨袭击清远，进而引发泥石流。飞来寺在这场泥石流中被淹没，许多重要文物被冲走。灾难过后，有关部门人士纷纷进行抢救工作。七年过去后，在2004年5月，被称为"人间佛国"的飞来寺重现人间。

彭家祠为何有"小布达拉宫"之誉

彭家祠位于广东省清远英德市西南部的黄花镇明迳坑坝村的螺山上，始建于清代中叶，既是当地彭氏族人为抵御土匪滋扰而建的防御型堡垒，又是当地彭姓人家的祖祠堂，乡间称之为"寨山古堡"。它坐南朝北，整个建筑因封闭而自成一体。因为它的建筑形式与西藏的布达拉宫相近，所以又有"小布达拉宫"之称。

从山脚至山顶，彭家祠的房屋共分9层。大小厅房共有数十间，依山势建在一座造型如田螺的山上。极具特色的是，一栋栋房屋从山脚一层一层盘旋至山顶，恰如其分地与螺山融为一体，丝毫看不出一点雕琢的痕迹，这在我国建筑中十分罕见。彭家祠东北背靠险要峭壁，面向西南，前为小河。从山脚到山顶，只有一条360级的石阶通道，充分占据了地理上得天独厚的有利条件——"一

彭家祠建筑

夫当关,万夫莫开”。

彭家祠属英西峰林走廊的景点之一,周围建满了各种古建筑,其顶上有一平台,站在平台上可俯瞰整个峰林景色。英西峰林位于英德市的九龙、黄花两镇之间,整个景区绵延10余公里。它形成于两亿多年前,其地质结构和广西桂林大致相似,均属峰林、峰丛地貌。内有形态各异、纵横连绵的石灰岩质山峰1000多座,大大小小的河流溪涧穿绕其间,山峰四周常年云雾缭绕,绿树成荫,气候宜人。地理学教授陈传康认为,它是广东目前已发现的最长峰林走廊,并赞誉为“南天第一峰林风光”。

现在,彭家祠仍有保存完好的墙壁雕刻、古老窗花和清咸丰年间(1851—1861)的“明义知方”赐匾。1995年12月,它被列为县级文物保护单位。

雷州西湖的寇公祠和十贤祠有何特色

雷州西湖具有南国热带风光,它的面积达9万多平方米。雷州西湖原名罗湖,位于雷州市西湖大道北侧,与雷湖风景区相对。湖水面积3300多平方米。今建成雷州西湖公园,内有苏公亭、莱井泉等古迹。雷州西湖名胜古迹众多,著名的有十贤祠、浚元书院、寇公祠和苏公亭。

寇公祠是为了纪念寇准而建的。“曾为深渊无处诉,年年江上哭青春”,这是寇准寄居“西馆”时抒发内心激愤和伤感的诗句。这位历经宦海沉浮的良相,自宋乾兴元年(1022年)被贬雷州当了个小小司户,不到两年,就于天圣元年(1023年)与世长辞了。雷州,成为他在人生道路上最后的归宿点。他的遗体虽运回西京(今西安)安葬,而正气却在雷州永存。为了缅怀这位忠心耿耿的名宦,雷州人在他寄居寓所“西馆”立祠祭祀。宋绍兴五

寇准

年（1135 年），宋高宗赐“旌忠祠”匾额。至今，人们以崇敬的心情瞻仰其伫立在祠前的塑像，详阅展厅陈列事迹，凝眸当年其寓所仿制的他生前用的家具。噙泪低吟其感人肺腑的遗篇，以依恋的心情在“莱泉井”边徘徊。这口井千年不枯，泉水清冽，是寇公饮用过的古井。其芳名是因寇准曾被封“莱国公”，故后人命名为“莱泉”。到了 280 多年后的

雷州十贤祠

元仁宗延祐四年（1317 年），海北南道廉访使余胜，慕寇准之为人，又重新清理这口井，由名宦进士王佐题“莱泉井”石匾。寇公祠两侧廊厢布满歌颂寇准的诗文。十贤之一的李纲宰相和古代一批高官文士在谒寇公祠时，留下了不少催人泪下、激励人生的诗篇。明进士金都御使魏瀚诗云：“廊庙安危力万钧，泰山乔岳等群峋。雷阳何以有此老？宋室未知有几人！济海舟航模野渡，谪居池地动星辰。南来为问崖州户，曾似丞尝庙貌新。”

十贤祠是为了纪念十位名臣而建的。“十贤”可谓是“贤”中的代表人物，其人品高尚，正气凛然，学识渊博，政绩卓越，而不是阿谀奉承、为五斗米而折腰之辈。把他们列为“十贤”，反映了雷州民众的意愿。这十贤是：寇准、李纲、赵鼎、李光、王岩壁、苏轼、苏辙、任伯雨、秦观、胡诠。寇准、李纲、赵鼎，身为宰相（丞相），他们是辅助皇帝，统领群臣，总揽全国政务的最高行政长官。李光，被贬之前任参政，此职为宰相之副，与宰相合称“奉执”。王岩壁，任枢密使，为皇帝顾问官，掌握中枢机密。苏轼，翰林学士，号称“内相”。苏辙，门下侍郎，为宫廷近侍，皇帝顾问。任伯雨，任正言，属于谏议官。秦观，任正率，掌校朝廷重要书刊。胡诠，任编修，编修国史、实录、文献。十贤像宋朝就有了，可惜后来被毁了，现存的是 1984 年重建的。南宋宰相文天祥挥泪撰写的《雷州十贤堂记》碑，文稿写好以后一直收藏着，直到清朝才由状元姚文田书写后刻成了碑。

朱明洞真是山洞吗

朱明洞在道教被列为“第七洞天”，它同时是罗浮山十八洞天之首。秦时，安期生曾在此寻找长生不老药。汉时，朱真人在此建朱子庵设朝斗坛，修炼太

罗浮山朱明洞葛洪炼丹炉

清神丹。东晋葛洪在此炼成九转金丹成道。宋时，有人在朝斗坛挖得铜龙六条、铜鱼六条，置观内为镇山之宝。明时，曾城人湛若水在此建精舍，讲理学，门徒多达 3000 人，从此这里的香火更盛了。新中国成立后，部队曾在此建元帅楼，林彪、叶剑英等七位元帅曾在此疗养。

作为罗浮山的核心景区，朱明洞景区是人文景观最为丰富的景区。葛洪创建的冲虚古观距今已有1600 多年的历史，是全国重点道观之一。新建的东江纵队史迹展览馆，坐落在冲虚古观旁，是惠州市目前设施最完善的展览馆，为景区平添了亮丽的光彩。其他景点还有洗药池、葛洪炼丹灶、白莲池、飞来石、狮子峰等。

葛洪本是江苏人，后来到了被道教称作“第七洞天”的罗浮山修炼。当他发现罗浮山“篱陌之间，顾盼皆药”时，便选择安居于罗浮山，殚精竭虑地采药炼丹。他在冲虚古观的左侧建起了丹房和丹灶，决心“丹以祈寿世”。他深知百姓贫穷，有病买不起珍贵药材，便专门选用寻常易得之草石，炼成药丹，贱价卖给穷人。由于葛洪一生以慈善为怀，救治黎庶，所以逝世后便羽化为仙。当然，这只是传说，“葛仙宝殿”就是后人为纪念他而建的庙堂。

这里有著名的“葛洪炼丹炉”，据说就是他当年炼丹的设施。炼丹炉灶顶高3.6 米，基座由花岗石砌成八角形，按方位分为乾、坤、震、巽、离、艮、兑八卦图形，还雕刻有鹤、麒麟等灵禽异兽，古色古香。并按五行学说青、黄、赤、白、黑五色，在四角的石柱上雕刻着栩栩如生的云龙浮雕。丹灶之上有一个三足鼎，鼎盖为荷叶形，还有可转动的手柄等机关，就当时的工艺水平来说，可称世界之最。

《葛洪移居图》

顺着上路往上走，就可以看到“蝴蝶洞天”。这里是葛洪羽化成仙的地方。每到春夏之交，团扇大的蝴蝶就会成双成对地飞翔在林间树梢，据说它们是葛洪的道袍化成。传说葛洪仙去之时，当地百姓纷纷赶来送行。当时，只见葛洪遗下的道袍顿时化为千只彩蝶，会聚于此。当然，这仅仅是传说而已，因为葛洪多年采药济世，深受罗浮山民众爱戴，所以人们便编出了这样一个美妙的故事。

玉塔绿榕有何特色

玉塔又名泗洲塔，位于惠州西湖西上之巅。它建于唐代，是为纪念泗洲大圣僧伽而筑。唐高宗龙朔三年(663年)，西城有个名僧，叫僧伽大师，他来到中州，南游东淮，于泗洲(今江苏宿迁县东南)建寺，唐中宗亲书"普先寺"赐之，一时很有名声。唐宋人好佛，全国各地都建塔，惠州当时也在西山建了这座佛塔。苏东坡是崇佛之人，便称为大圣塔。塔系砖木结构，屡毁屡修，明万历年间又重修，是惠州最为古老的建筑之一。

泗洲塔是一座八角柱体建筑物，用砖砌成，塔外为7层，内13层，高达37.37米，为楼阁式佛塔。登临高塔可远望惠州全景，山川明丽，绿树成荫，五湖如镜。晚间明月升起，凉风拂过湖面，逐波而过，星光闪烁，当年苏东坡就有"一更山吐月，玉塔卧微澜"的佳句。现在打了极美的灯光在塔上，雪白的塔影映入深绿的湖中，构成西湖游客赞不绝口的"玉塔微澜"一景。

塔顶还有几棵小榕树。相传天上有一位白鹤仙翁最爱作诗，听说东坡被贬到惠州。于是想会会他，仙翁坐在塔顶等东坡，可是等了很久没有看见他的到来。仙翁随意拿着榕树的种子来吃，忽然听见塔下有人吟诵"一更山吐月，玉塔卧微澜"绝妙诗句，仙翁脱口赞道好诗。没想到含在嘴里的种子却掉在塔顶上，仙翁听僧人们称那人为东坡先生，于是拜服而去。但是掉在塔顶的榕树种子从此生根发芽，顽强生长，后来塔顶就长出了几棵小榕树，留下"玉塔绿榕"这一独特的自然景观。

惠州西湖泗洲塔

清朝光绪年间，塔顶遭雷击，损坏一角，直至1955年才得以修复。尔后，又几经修葺，加固外墙，粉刷塔身，修补塔顶，加铺楼面，使这一古老的建筑物焕发青春。登塔赏景，意境清新，每登一层，视野开阔一些，东、南、西、北，景色各异。登上绝顶，惠州全景美不胜收，"玉塔鸟瞰"不失为西湖一景。

赤湾宋少帝墓为何成为南宋末帝的归处

在广东省赤湾村附近有一座皇帝陵墓，它远没有一般皇帝陵那么大气，整个陵园几乎一览无余。这就是南宋最后一个皇帝赵昺的陵墓，即宋少帝墓。它是广东省境内唯一的一座皇帝陵寝，也是深圳市第一批重点文物保护单位。

宋少帝也称宋末帝，是宋度宗赵禥的儿子。元军攻破临安以后，抗元名将陆秀夫、张世杰拥立赵昺为帝，在广东继续抗元。后来，南宋降将张弘范引元军大举进犯广东，水陆两路夹击宋军。宋军水师在张世杰的指挥下进行顽抗，在崖门海域里与元朝军队交战，史称“崖门战役”，这场战役关系到南宋流亡小朝廷的兴亡。结果，宋军全军覆灭。陆秀夫见大势已去，便背着这位刚满八岁的小皇帝赵昺跳海殉国，两人壮烈牺牲。于是，宋朝宣布灭亡。当年赵昺死后，据《赵氏族谱》记载：“后遗骸漂至赤湾，有群鸟飞遮其上。山下古寺老僧偶往海边巡视，忽见海中遗骸漂荡，上有群鸟遮居，设法拯上，面色如生，服式不似常人，知是帝骸，乃礼葬于本山麓之阳。”而民间传说，当时赤湾海滩漂来一具身着黄袍龙衣的童尸，而赤湾海边天后庙（即今天位于赤湾的天后博物馆）的一根栋梁却突然塌下，庙祝与乡绅父老急忙焚香问卜，得知童尸为少帝遗骸，塌下的栋梁是天后娘娘送少帝做棺材的材料，当地百姓于是礼葬赵昺于天后庙西边的小南山脚下。

宋少帝墓地中央竖立着一块大石碑，墓碑的上方刻有祥龙两幅，中间刻有一太阳浮雕。墓碑正中镌刻“大宋祥庆少帝之陵”八个填金大字。右左两行填金小字“本山坐于兼祭复卦四支”、“辛亥岁赵氏三派裔孙重修”，墓碑两旁有一金字对联“黄裔于今延宋祀，赤湾长此巩皇陵”。墓前有祭坛和祭台，左右有两只石狮。墓的东侧立有一块 1 米宽、2 米多高的泉州白石墓碑，碑文用篆体阴文，内容为“宋帝昺陵墓碑记”，为书法家商承祚所写。碑背面刻有“崖海潜龙，赤湾延帝”八个大字，为书法家秦萼生所书。宋少帝陵墓西侧，是一座高约 4 米的陆秀夫负帝殉海石雕像，民族英雄陆秀夫背负幼主，视死如归，凛然正气，令人肃然。或许，正是陆秀夫这种宁死不屈的民族气节的感召，才不时有世人前来拜祭。

赤湾宋少帝墓

宋少帝陵始建年代已经无证可考，只是康熙年间的《新安县志》记载,明代在南山建墓立碑以纪念。但也有一些专家认为,现在的宋少帝陵是明代修筑的衣冠冢。陵墓虽无帝王气势,但香火鼎盛,我国香港地区及海外赵氏宗亲每年清明都到此处扫墓祭拜。

南越王墓的镇墓之宝是什么

南越王墓位于广州解放北路的象岗山上,是岭南地区规模最大的一座汉墓,同时也是中国境内迄今为止发现年代最早的彩绘壁画石室大墓。1983 年这座墓被发掘后,共出土各类文物达 1000 多件(套),十分丰富,尤以铜、铁、陶、玉四者所占比重最大。出土文物中有“文帝行玺”金印一方,以及“赵眜”玉印,证明了陵墓主人的身份。而“文帝行玺”金印是中国考古发掘首次发现的“皇帝”印玺,最为珍贵,所以被认为是南越王墓的镇墓之宝。

《史记》记载赵眜为赵胡,是中国西汉时期南越国的第二代王,公元前 137 年至公元前 122 年在位,是南越国第一代王赵佗的孙子,号称“南越文帝”。南越文王墓的出土,被誉为近代中国五大考古新发现之一,已开辟为博物馆。“文帝行玺”金印,全数由黄金铸成,通高 1.8 厘米,边长 3.1 厘米,重 148.5 克,含金量 98%。印面方形,有田字界格,小篆阴文“文帝行玺”四字。印钮为一龙蜷曲状,龙首尾及两足分置四角上,似腾飞疾走。这枚金印铸后,局部又用利刃凿刻而成,出土时印面槽沟内及印台四周壁面都有碰痕和划伤,并遗留有暗红色印泥,显然是因为长期使用所致,说明金印是墓主生前的实用印。“文帝行玺”龙钮金印,是迄今所见最大的一枚西汉金印。

在传世或发掘出土秦汉印章中,从未见有一枚皇帝印玺。只有文献记载,但是文献讲的帝印,是白玉质印、螭虎钮印,印文是“皇帝行玺”或“天子行玺”,而南越国赵眜这枚帝印却是金质印、蟠龙钮印,印文是“文帝行玺”,这是金印的独特之处。南越王墓除了“文帝行玺”金印外,还有“泰子”(泰同太)金印和“右夫人玺”金印,但不是龙钮,而是龟钮。“泰子”金印也是首次发现,在传世印玺中未曾见过。按秦汉礼制规定,只有皇帝、皇后的才能称“玺”,其他臣属的印是不能称“玺”的。皇帝用玺并非只有一种,而有多种。例如“皇帝之玺”(用于赐诸侯王)、“皇帝行玺”(用于封国)、“皇帝信玺”(用

西汉南越王墓墓道

西汉南越王墓“文帝行玺”金印

于发兵)、“天子之玺”(用于册封外国)、“天子行玺”(用于治大臣)、“天子信玺”(用于事天地鬼神)。“皇帝玺”被视为“传国玺”,历代统治者视为保国镇疆之宝,正所谓“得宝者得天下,失宝者失天下”。汉武帝就有六个玺,是可以往下传的,而赵昧的“文帝行玺”是个人专用,不往下传,因此,死后用于陪葬。汉皇玺印虽多,却早已失传,今不得见。而在南越王墓中共清理出土 30 颗印章,也唯有这颗金印称“帝”、称“玺”。迄今为止,它是今日唯一得见的汉代“帝玺”,可谓弥足珍贵。

南越王墓中除了这颗镇墓之宝“文帝行玺”金印外,还出土了“丝缕玉衣”、“漆木屏风”、“印花铜板”、“西汉最长铁剑”等,都各具价值,对考古界来说,是不可多得的财富,也是中国考古史上最辉煌的发现之一。

郑王墓是谁的墓葬

郑王墓位于广东省汕头市澄海县,是郑信的陵墓,他是历史上唯一一位在外国当上皇帝的中国人。不过,这里虽然被称为郑王墓,但是这里安葬的并不是郑信的遗体,而只是郑信的衣服和帽子。

郑信是中国人,为什么会到外国当皇帝呢?原来郑信的父亲是澄海上华人,为了谋生到了泰国,并在那里娶了泰国女子为妻,成家立业。1734 年的泰国,正处于大城王朝的统治之下。郑信出生后不久,其父便去世。当时大城王朝的财政大臣看郑信相貌不凡,便收为义子。郑信自小聪颖,九岁时,被送到佛寺拜高僧为师,学习了泰、中、印、越等国家的语言文字。13 岁以后,进入皇宫当侍卫。八年后,依照佛国的条例重返佛寺,进行了三年求知养志的修行。郑信在宫中当侍卫期间,自学了许多中泰史籍,使自身的知识日益增加。还俗后,郑信重新回到宫中任职,在王宫

澄海郑王墓

担任内政厅执行令侍卫，管理宫里的日常事务和法规。由于郑信工作认真，办事廉正，使他既得到皇帝的赞赏又赢得其他人的爱戴。因此，在甘烹碧府的王侯去世后，郑信就被任命到当时人口繁多，又是交通要地的甘烹碧府去当王侯。郑信上任两年，就使甘烹碧府政通人和，兵强马壮，面目一新，从而使他扬名全国，也为他以后的事业奠定了基础。那时候，泰国和缅甸这两个毗邻国家经常有摩擦，可以说是干戈不息。而当时的大城王朝国势已经很衰落，又没有得力猛将。1766 年年底，缅军进攻大城，由于京城守兵的错误战略，大城被攻陷，大城王朝也随着宣告灭亡。但是，郑信却侥幸突围了。不久他重新招兵买马，抗缅复国。经过艰苦曲折的斗争，于 1767 年年底统一了泰国。年仅 33 岁的郑信，也被拥为泰国第三代王朝的开国之君，即吞武里大帝。郑信做了皇帝后，努力平荡盘距各地的割据势力，使国家安定，人民生活平稳。他还积极发展与睦邻国家的友好关系，为泰国的民众做出了极大的贡献。

郑信不仅是泰国的重要人物，也是汕头澄海人民的骄傲。他去世后，后人把他生前的衣物从泰国运回来，埋葬在汕头澄海区上华镇华富村的韩江边上，并建立一个衣冠冢。这不仅表达当地人民对郑信的纪念之情，也标志着中泰两国的亲情友谊。

黄岐山上的月容墓有何特色

黄岐山，距揭阳市区北 4 公里处，主峰海拔 293.1 米，总面积 1180 公顷。自古以来，它因“黄岐晚翠”而名列于“揭阳八景”。黄岐山有众多的名胜古迹，如九庵十八岩、岐山塔、月容墓、侣云寺、卧云洞等，还有“海滨邹鲁”等 20 余处摩崖石刻，以及古槐、水库和岭南佳果。

黄夫人月容墓

月容墓就坐落在黄岐山一处叫竺冈岩的地方中，是明代古墓。墓中人黄月容是知名度极高的奇女子，为潮汕人民所传诵。据《揭阳县志》载，黄月容是江南扬州人，貌美性贤。明天启六年(1626 年)，浙江慈溪进士冯元飚任揭阳县令，纳年仅 14 岁的黄月容为妾，并偕来揭阳任上。月容聪慧美丽，并且协助冯元飚勘破不少疑案，甚得冯的宠爱。名士郭之奇曾在《月容传》中描述道：“殊姿窈窕，秉性幽闲，冯甚宠之，嫡妻苏氏性妒悍，容奉侍惟谨，苏忌益炽。”当月容得到冯元飚的宠爱时，她深感不安，对冯说：“妾荷君宠过浓，主母在堂，须加恩遇，以其余逮妾可矣。”黄月容小小的年纪，便有如此胸襟，具备这种常人所不及的修养，实在令人赞叹。尽管如此，冯妻苏氏还是对月容心怀忌恨，趁冯元飚到潮州公出之际，将不到18岁的月容毒死。冯元飚闻讯很是悲痛，昏倒在地。后来他为月容在黄岐山上择墓而葬，并置田产，筑吕云庵，募僧人长年供奉，又请名士郭之奇撰《侣云庵记》和《月容传》。他自己在离任时写了《钟铭》，铸成铜钟，以寄哀思。关于黄月容的死，历来传闻甚多，有资料认为黄月容不仅被苏氏用毒酒所害死，还被苏氏利剪毁容。另有传说，认为黄月容是被苏氏用利剪毁去如花娇容，然后用酷刑对身体各部分进行残忍而变态的摧残，最后致死的。

黄岐山风光

月容墓坐北朝南，正位俯视揭阳城，墓址周围青岭环绕，前景广阔，榕江绿水于墓前横亘浩荡而过。虽然墓地处于青山绿水之中，但仍然给人一种惋惜遗憾的感觉。墓前两只苍老的石狮，它们历经数百年的风霜雨露，带着古朴的气息，在落日的余晖下，孤寂落寞。古朴的“月容墓”三个字，简简单单的墓前布局，却道尽了黄月容悲凉的一生。黄月容的悲惨命运得到老百姓的同情，逐渐将其奉为神，而侣云庵也扩大成侣云寺，成为闻名遐迩的古刹和游览胜地。

老广东的建筑民居

广州骑楼有何特色

广州骑楼，最早出现于20世纪初，其形式非常多样，可以称得上是粤派骑楼的典型代表，至今仍有许多保存得比较完整。广州骑楼来源于哪里呢？当前，学术界主要有两种说法：一种认为，骑楼延续了越族先民“干栏”建筑的一些特点，又根据岭南地区湿热多雨的气候加以改进，再结合商业经营的需要发展而来；另一种说法认为，骑楼是广东人将西方建筑和岭南建筑结合的产物。由于意见的不统一，所以目前关于广州骑楼的起源还没有一个结论。

广州骑楼

那么，广州骑楼有什么特色呢？

时代特色：广州骑楼的出现有其鲜明的时代特色。20世纪初的广州，是当时中国大地上中西方文化交流碰撞最为激烈的地方。在这样的时代背景下，很多的建筑都具有"中西合璧"的特色，尤其是广州骑楼。骑楼作为一种兼具商用和居住功能的建筑形式，之所以会带有西式风格，一方面是因为商人要迎合顾客的崇洋心理；另一方面则是商人们为了标新立异、突出自己。另外，当时骑楼的设计建造者大都不是职业的建筑师，一般都是一些普通的工匠。他们面对西方建筑，除了吸取一些结构和布局方式外，更多的是看到了西式建筑的装饰。工匠们凭借自己丰富的经验，按照自己的理解，对西方建筑进行了创造性的模仿和大胆的改良，从而形成了广州骑楼活泼而又富有时代特色的建筑风格。

结构特色：广州骑楼的结构可以分为三个部分：下段为宽约 4 米的列柱走廊，中段为楼层，上段为檐口或山花。沿街的一面在各层窗台下面的墙面或檐口窗楣处，大多都有装饰花纹或浅浮雕。根据具体的风格，广州骑楼又可以分为西关骑楼和东山骑楼两个流派。

西关骑楼是早期骑楼的典型代表，外观主要采用巴洛克式的装饰风格，山花和楼身大多具有古罗马特征，如罗马柱、卷曲花纹等，同时还融入了中国传统的建筑元素，比如墙体中多采用中式清水砖材料等。西关骑楼中，最具中式特色的是西关大屋中常见的满洲窗——一种由细小的彩色玻璃组合而成的方形窗。此外，西关骑楼顶部的山花挑檐也大都做成中国特色的柔和的拱形顶。

东山骑楼出现的年代比西关骑楼稍晚一些，但是其风格更加现代化，也更简洁。比如，原来的罗马柱变为简单的方柱、圆柱，细石米墙代替了清水砖墙，几何图案增多等。东山骑楼的山花挑檐十分独特，它的正面墙壁挑出而形成拱形雨篷，不仅美观而且实用。

功能特色：广州骑楼是把原来的门廊加宽扩大并打通，从而形成了沿街廊道。廊道一边向街敞开，另一边是店面橱窗，这样顾客可以沿着走廊边走边看，自由选购商品。骑楼街可以避风雨、防日晒，非常适应岭南地区的亚热带气候，而且骑楼内的店铺可以借用柱廊空间敞开铺面、陈列商品以招徕顾客。

广州西关骑楼

广州人口众多，商业发达。因为商业街的人流很多，所以广州骑楼的楼底空间较其他地区宽而且高。这里骑楼的柱子比较粗，而且基本是方柱，这些粗大的方柱可以在一定程度上阻隔来自马路的高频噪声，而且柱列可以遮挡人的视线，从而使走在骑楼底的行人忘记马路上的车辆，给行人营造一种“逛街安全”的心理环境。

广州骑楼建筑艺术很高，各种中西结合的装饰随处可见，每条马路的每间骑楼的石雕、砖雕、灰塑、彩画、彩色玻璃、彩色水磨石等装饰都不相同。骑楼空间的整齐，骑楼屋顶上大多建有不规则的中式凉亭和西式尖塔，从而使得广州的城市天际线丰富多彩。

现在，广州的骑楼建筑在第十甫路、上下九路、中山路、解放路、人民南路、一德路等商业街道较为集中，而最为壮观的骑楼则在西濠口一带，新亚酒店、南方大厦、爱群大厦等都是广州初期骑楼建筑中的典型代表。

开平市的碉楼有何奇异

开平碉楼位于广东省江门市下辖的开平市境内，是中国乡土建筑的一个特殊类型，集防卫、居住和中西建筑艺术于一体。它最早出现于明朝后期，到了20世纪初，由于大量华侨回乡置业，所以达到了鼎盛时期。到目前为止，开平碉楼仍保存完好的有1833座。2001年6月，开平碉楼被列为全国重点文物保护单位。

开平市是名副其实的侨乡，散居世界各地的华侨达到75万人。开平碉楼是融中西建筑于一体的华侨乡土建筑群体，建筑风格多样，既有中国传统的硬山顶式、悬山顶式，也有像希腊式、罗马式、拜占庭式、巴洛克式等国外不同时期的建筑形式。可以说，其千姿百态，异彩纷呈。它享有“华侨文化的典范”和“令人震撼的建筑艺术长廊”的赞誉。碉楼的建筑艺术充分体现了中西合璧的特色，建筑结构上则充分体现了防卫功能。它们的共同特点就是门窗窄小，钢窗、铁门，墙身厚，顶层四面都有枪眼，楼顶还有瞭望台、探照灯、警报器、枪械等，在历史上对保护村民生命财产安全有极大贡献。

开平境内的碉楼，大致可以分为三类：更楼（灯楼）、众楼、居楼。

更楼：一般建在村头或村尾，另外一些建在小山丘上，是提供给民团及更夫使用的。它里面配备有枪支、探照灯及报警器，如果一旦发现匪贼就会立即自动报警，以便让村民们提前做好准备。

众楼：一般由10多户或几户人家合资兴建。它有三到六层，

开平碉楼

水天一色中的开平碉楼

每层有房屋二到四间。如果遭遇匪贼,村里的各户人家就可住进众楼,从而避免被洗劫一空。

居楼:由华侨独资兴建,是为了长久居住而建造的。

建造碉楼时,使用的建筑材料大多是泥和青砖,还有少部分使用的是钢筋、水泥。其中,边远山区的碉楼大多是用黄泥建墙的,并且设有方形炮眼,像金鸡镇山区的碉楼就是这种样式;还有的是用大石或鹅卵石砌成的,一般楼身比较小,楼层矮,通常设有一到三个圆形炮眼,像大沙镇的碉楼就是这种式样。

分布开平城乡各地的碉楼,其形成与开平的地理、当时的社会治安状况有着密切的联系。清末民初时期,当地出现了十几帮土匪,偷盗活动猖獗,这从当地流传的俗语就可以看出来:"一个脚印三个贼。"当时,匪盗的主要抢夺对象是生活富裕的归侨或侨胞。为了防贼抗匪,侨胞纷纷捐资寄回家乡兴建碉楼,一些华侨还将住宅建成碉楼式的民居,碉楼开始在开平各地蜂拥而出。

碉楼在防匪的基础上,还具备防涝作用。例如 1884 年,潭江发生洪涝,附近多处房屋被淹,而开平赤坎三门里的村民因为及时登上碉楼而全部幸免于难。碉楼除了防匪、防涝,还是五邑人民抗击外敌、不屈不挠的见证。有的碉楼成为革命时期共产党员的活动场所,如开平塘口镇以敬乡庆民里的碉楼中山楼,就曾是开平抗日救亡运动指挥中心。

为何说立园是开平碉楼中的突出者

开平立园是一座中西合璧的园林别墅,由旅美华侨谢维立先生捐建,历时 10 年建成。它以《红楼梦》中所描绘的大观园为原型,因此有"小观园"的美名。在华侨园林中,它是一颗璀璨的明珠,由于集传统园艺、江南水乡特色于一体,所以在中国园林中独树一帜。

立园内有六幢别墅和一座碉楼,别墅都是中西合璧的典范。别墅里面的装饰有屏风壁画、红木台椅、水晶宫灯、花架书橱、洋盆浴缸、西方壁炉、湘绣潮雕等,很有讲究。

立园布局风格鲜明,大致可分为别墅区、大花园区、小花园区三部分。三个区之间用人工河或围墙隔开,但又巧妙地通过桥亭或通天回廊连成一体,使人感到园中有园,景中有景,亭台楼榭,布局幽雅,独具匠心,令人有巧夺天工之感。

立园正门,在别墅区靠南角,门边(向南)就是“立园运河”。大门正中上方“立园”二字,柔中带刚,潇洒圆滑,是书法家吴道熔于1934年书写的。

从正门进去,沿运河回廊西行约100米,便进入别墅区。别墅区有别墅6幢,古式碉楼1幢,其中以“泮立”、“泮文”两幢别墅最为华丽壮观,其楼顶按中国古代重檐式建筑,盖绿色琉璃瓦,巧妙地架空,成了实用的隔热层。室内地面和楼梯皆铺彩色意大利石,距今60多年,仍然光彩照人,此乃能工巧匠登峰造极的技艺,令人叹为观止。室内墙壁装饰着以中国古代人物故事为题材的大型彩色壁画、浮雕和大型涂金木雕。彩泥浮雕是刘备“三顾茅庐”,涂金木雕为“六国大封相”,塑造人物逼真,栩栩如生,且雕刻精湛,构图别出心裁。各层墙边都装置西式壁炉,所有窗户装有防蚊窗纱,天花下悬吊着古式灯饰,每层摆设着工艺精致的酸枝家具,显得幽雅贵重、古色古香。用水和卫生间的设施,如抽水机、浴盆、坐厕、水箱等均是从国外购置的。门口重门深锁,使人倍感神秘——当时的家庭防盗设施,由此可见一斑。

别墅区的西边是大花园,它的布局为南北向(即是坐北向南),主要以“立园”大牌坊和“本立道生”大牌坊为轴心进行布局。立园牌坊,南隔运河,遥对“虎山”。牌坊左右,有铁制的20米高、直径30厘米的两条圆形“打虎鞭”,向着虎山巍然矗立,像是要镇住“老虎”的淫威。它起着理顺当时人们信仰风水的祈求,也使得牌坊更加肃穆、壮丽。步入牌坊,可以看到两边对称地各蹲一只雕刻精细的花岗岩石狮,右雄左雌,显示出雄踞镇虎之气概。沿着水泥路两边的金鱼池可直达“修身立本”牌楼,牌楼后面是一大片“井”字形花辅。牌楼东侧有一建筑群,前面一座是钢盘水泥石米的罗马建筑,工艺别致,名曰“鸟巢”;稍后一座是米黄色全部通花的水泥建筑,工艺特异形如鸟笼,底部又建有金鱼池,一说为“鸟笼”,一说为“花藤亭”。

大花园的西南角有一座塔式别墅,名为“毓培”。别墅小巧玲珑,建筑工艺堪称一流。内有四层建筑,是园主别出心裁构思的,有仿效中国古代的、日本寝式的、意大利藏式的、罗马宫式的。每层地面精心选用图案,巧妙地用四个“红心”连在一起,构成的圆形图案独具爱心,又用彩色的意

开平立园

大利石磨镶在每个厅、房正中。据推测，那是园主对四位夫人心心相印的情怀。这幢别墅是园主为纪念爱妾所建，可谓匠心独运。大花园地下，是用钢筋水泥建筑的地下室，有暗道内外相通。大花园四周是曲径回廊，把整个花园建筑连成一体，置身其间，令人倍感自然舒适。

开平立园后花园

“小花园”位于“大花园”和别墅区之南，中间与运河相隔。别墅区与小花园之间建“虹桥”连接。桥上建“晚香亭”一座，游人入亭登楼观赏园景，别有一番情趣。小花园构图别致，为“川”形。园内以“兀”形运河分隔，东边建“玩水”桥连接，桥上建“长春”亭；西边建“观澜”桥连接，桥上建“共乐亭”。小花园主要由“挹翠”、“长春”、“共乐”三亭组成。而“挹翠”亭顶，涂绘几帧古代“八仙过海”的人物灰雕壁画，色彩鲜艳，人物活灵活现，顶部盘踞着一条金龙，悬垂的灯盏，就像它吐出来的明珠，惟妙惟肖，令人赞不绝口。此三亭皆建造得各具风格，精巧秀丽。“长春亭”边的五层小白塔，造工也很精美，玲珑剔透，小而别致，惹人喜爱。据称是震慑南方的“丙丁祝融”火神，以摒除烟火侵扰，保护园林平安。

整个立园不但建筑物构图独异，种植花草树木也是构思独特、新颖，适应了时代潮流，有规划地巧妙安排，遍栽各种名花异草、风景树、材用树、果木树等，应有尽有，琳琅满目。而今古木参天，绿树成荫，翠挹园亭，繁花满园，花香鸟语，置身园中心旷神怡，游者流连忘返。遗憾的是，抗日战争爆发后，园主谢维立举家赴美，故而立园原计划的各项工程也只好停建，使人不禁慨叹惋惜。

西关大屋有何特色

西关大屋，俗称古老大屋，位于广东省广州市荔湾区西关一带，是一片富有岭南特色的传统民居。目前保存下来的西关大屋，大部分兴建于清朝同治、光绪年间，多是由名门望族、官僚巨贾所建，主要分布在多宝路、宝华路、龙津路西、上下九路等地。

西关，在明朝就已经是广州城区的商业中心了，而西关角（今荔湾区）则形成于清代同治、光绪年间，范围包括文昌桥、大观桥、泮塘、昌华园及周围一带。清末至民国初年的西关传统民居建筑，从建筑的平面布局、立面构成、剖面到细

广州西关风情

部装饰等都具有十分浓厚的广州地方特色和风格，其中规模较大的就被称为“西关大屋”，一般每座面积约为400平方米。那么，西关大屋有什么特色呢？

房屋布局：西关大屋通常的布局模式是：三间两廊，左右对称，中间为主要厅堂。中轴线由前而后，依次为门廊、门厅、轿厅、正厅、头房、二厅、二房。每厅为一进，厅与厅之间有天井。正间两旁主要有书房、偏厅、卧室和楼梯间等。门厅右边一般设有庭院，栽种花木，布置山石鱼池以供游憩观赏。庭院后部为书房。大屋两侧各有一条青云巷（取“平步青云”之意），有通风、防火、排水、采光、晒晾、交通、栽花木等多种功用。门前有水磨青砖石墙、矮角门、趟拢门、回字门廊等。西关大屋布局狭长，高大明亮，厅园结合，结构独特，因而具有冬暖夏凉的特点。

西关大屋多为两层的砖木结构建筑，个别院落也有面积不等的三层建筑。从二楼起，内厅必须要留一个井口，以供底层厅房采光、通风之用，楼上各段由木制走廊相连接，这样就使得西关大屋内显得宁静而清幽，到了夏天十分凉爽。

房屋装饰：西关大屋装饰精美。其门一般为矮脚双扇门，中间是趟栊，再往里才是大门，三道门都是由高级硬木制成的。房间的内部装饰一般采用木刻的花眉、花罩、屏风和满州花窗等，装修讲究。除装修之外，室内的陈设也都十分恰当、精美，有家具、灯具、条幅、对联、书籍、古董、字画、瓶花、盆栽、笼鸟、镜台及各种艺术品，很有书卷味和工艺美。名贵的红木家具、精巧的木雕花饰、富有地方特色的槛窗以及其独特的布局形式等，这些都具有浓郁的岭南特色。

广州西关大屋门口

建筑工艺：民间流传，西关大屋修建时，铺砌青砖墙所用的材料不是水泥，而用的是糯米饭拌灰浆，所以砌出来的墙严丝合缝。砖墙砌好之后还要在外面贴一层水磨青砖，这种面砖在贴之前要先进行打磨，所以西关大屋的青砖墙十分平滑。

西关大屋的大门，是用麻条石砌筑而成的，分为三道。第一道为矮脚门，高度约是大门的一半，用木雕花作为门斗，门扇是用木刻花蕊拼造而成，十分精巧，这道门是西关人家不愿街外人看通屋内情况所设置的一个隔断，既可分割屋内外，又可以通风、采光。第二道为趟栊，是用横排硬园木条打造的，有防卫、通风的作用。第三道是大门，是用洋什木打造的，一般在夜间才关闭。正门与偏间相连，正间前墙向里凹入，形成一个凹廊，瓦口装上原木雕刻的檐楣，图案花纹同出一木，具有很高的工艺观赏价值。瓦口以木制飞唇作桶条收口，瓦筒口加瓦当，瓦面也有以胡须瓦装饰的，一般用白瓦或绿瓦，别具一格。

现代化的城市建设，虽然遮掩了昔日显赫一时的西关大屋的光芒，但是，当你走进西关，慢慢地行走在西关多宝路、逢源路、龙津西路那些纵横交织、百转千回的幽静巷陌中时，藏匿在现代城市的繁喧与浮华中的西关大屋，将会把你带回到那古朴优雅、优游自得的境界，让你领略从未有过或者已经久违了的市井情怀。

珠玑巷为何被称为粤人故里

珠玑巷，又名沙水镇，位于南雄市区东北方向10公里的沙水村，在沙水河西侧。它全长1500米，宽4米，为鹅卵石路面。古巷现有三街四巷，即珠玑街、棋盘街、马麒街和珠玑巷、黄木巷、铁芦巷、棘巷，建有北、中、南三个门楼。它是古代中原和江南通往岭南古驿道上的一个商业重镇，也是广东省仅存的唐宋古巷古道。珠玑巷是珠江三角洲一带主要族姓的祖居，被称为“粤人故里”。

珠玑古巷原名敬宗巷。据史料记载，珠玑巷的得名始于唐朝的张昌。相传唐敬宗宝历年间(825—826)，敬宗巷孝义门人张昌七世同堂，朝廷闻其孝义，特赐予珠玑绦环，为避敬宗庙讳，故将敬宗巷改名“珠玑巷”。珠玑古巷依托梅关古道，始凿于秦朝，由于年久失修，慢慢失去了旧时的光彩。到了唐朝，经济文化发展空前繁荣，呈现出一片盛世景象，重新开凿梅关势在必行。因此，开元名相张九龄奏请唐明皇，开凿梅关。开凿工程十分艰巨，荆棘丛生，山石嶙峋，所以留下了很多传说。据说在打通最后关口时，有一巨石当道，白天凿夜里合，久久难

南雄珠玑巷

成。当时，张九龄夫人身怀六甲，夜里便以身躯阻挡巨石合拢，终于凿通。迄今当地仍有张夫人庙，纪念这位贤相夫人。凿通之道便是至今还坐落在南雄市区约30公里的梅岭顶部的梅关驿道。

珠玑巷随着南迁人数的增多，又有得天独厚的地理环境，渐渐发展起来。史载自唐开元四年（716年），张九龄奉诏开凿梅关以后，珠玑巷便渐渐成了梅关驿道上的一个商业重镇。南宋极盛时，珠玑巷的商贩和居民曾达到1000多户。由于珠玑巷离古时县城近15公里，距离大庾岭近2.5公里，正好是南下北上的过客路途歇脚处。南下的赶路人从大庾岭过梅关，再走25公里的路到珠玑巷，正好是一日脚程，恰好在日薄西山时分抵达珠玑巷。北上的赶路人从南雄起程行15公里到珠玑巷，如果当日上梅关，在天黑前不一定能翻过大庾岭，因而也暂住下来。所以从盛唐开元而下，尤其是明、清时期，南来北往路过珠玑巷的商旅、挑夫"日有数千"，直到清末粤汉铁路修筑之前，这条路载着珠玑巷兴旺了1000多年。许多流传下来的诗词可以印证珠玑巷当时的繁华。曾触怒魏忠贤去官的御史、明万历年间的进士黄公辅诗中就曾写道："编户村中人集处，摩肩道上马交驰。"清朝同治年间的茂名举人杨庭桂则在《南还日记》里称："古道上行人拥挤，比看唱戏的人还多，走起路来如蚂蚁般缓慢，人口密度超过当时的广州城。"

相传，南宋度宗咸淳年间（1265—1274），胡妃因为奸臣贾似道陷害而被逐出宫，流落江湖。当她走到钱塘江畔时，遇到了珠玑巷商人黄贮万，两人于是定下终生之事，回到珠玑巷生活。多年后，黄家家仆由于对黄贮万不满，遂到官府告发他。朝廷诏令血洗珠玑巷，捉拿胡妃问罪，众乡邻为逃胡妃之祸，大批南迁。胡妃为了不牵连四乡居民，投井自尽。后人为纪念她，在井上造了一座石塔，这就是贵妃石塔的来由。胡妃之祸引发珠玑巷居民大举南迁只是一个民间传说，是为了给历史上的真实事件平添一丝人情味而已。真正的珠玑巷先民的大举南迁，分别发生在南宋末年、元末明初和明末清初朝局动荡之时。

南宋末年的珠玑巷移民，是岭南有史以来最大规模的一次。宋末，元军从大庾岭进入广东，遭到福建、江西、广东军民反抗。南雄等地正好处在战区中心，双方互相争夺，战争惨烈。在多年的战乱之中，位于交通要道上的珠玑居民和附近村民走避一空，几乎倾巢南下。有专家估计，在宋朝，直接由珠玑巷和附近58村迁出的人口将近10万。这样空前集中的南迁在

南雄珠玑巷板鸭

南海九江傅氏族谱上可以找到记载:"逃难的人太多,沿河没有船,只好砍木结筏顺水漂下。到了连州码头边,约有1万多人停靠在河边歇息。不料夜晚狂风大作,潮水猛涨,木头绑起来的船不能抵挡,纷纷散开。淹死的人难以数计,满江都是哭泣的声音,凄惨景象令人毛骨悚然。"

1000多年以来,梅关驿道成为岭南通往中原最便捷的驿道。从此,中原文化和岭南文化交流频繁,加快了岭南的开发,无数骚人墨客、达官显贵也在此留下足迹。珠玑古道也就成为五岭南北经济文化交流之枢纽,沉积了深厚的文化底蕴。他们或弃乡赴任,或获罪遭贬,仕旅蹇顿,逶迤梅关古道而驻足南雄。无论是匆匆过客,还是短暂盘桓,他们目睹大庾岭南北的山光水色和民俗民情的差异,触景生情,感时伤势,忧国忧民,发于情而成佳作。范云、朱熹、杨万里、宋之问等都留下了许多诗文笔迹。如苏轼的《赠岭上梅》:"梅花开尽百花开,过尽行人君不来。不趁青梅尝煮酒,要看细雨熟黄梅。"全诗以贴切的比喻,表现出诗人历经磨难后的从容和遇赦北归的打算。也是在这个时候,珠玑巷开始形成了,并渐渐繁华起来,成为一座交通要道旁的千古重镇。珠玑古巷,卧虎藏龙,有闻名遐迩的贵妃塔、沙水寺、中楼门、双龙桥、千年古榕、张昌故居等古迹古文物完好地保存其中。近年来,珠玑巷已成为广东韶关观光旅游的新热点。

为何说广州沙面是中国最富有欧美风情的地方之一

沙面,曾被叫做拾翠洲,位于广东省广州市城区西南的珠江岔口白鹅潭畔,面积330亩。之所以被人们称作"沙面",是因为它是一片由珠江泥沙沉积而形成的沙洲。

沙面的历史非常悠久,在宋、元、明、清四个朝代中,就一直是国内重要的通商门户和著名的游览胜地。明代时,朝廷在这里设华节亭,来管理广州地区对外贸易货物的进出口。清代中叶,朝廷在这里建成了西固炮台,来拱卫广州城。第二次鸦片战争以清政府的战败而告终,咸丰九年(1859年)七月,英国驻广州代理领事引用中英、中法签订的不平等条约,以"恢复商馆洋行"为名,要求清政府将沙面划给英法两国作为租界。为了使沙面适合建房居住,英法两国要求清政府对沙面进行改造,有关费用从战败赔款中支

广州沙面的欧陆风情

付。清政府雇用当地劳工修护河堤，填土筑基，使沙面岛的格局基本形成，从此沦为英、法两国的租界，直到第二次世界大战结束之后，才归还我国。

沙面岛在19世纪末时，就已经成为了一个拥有各种公共设施的独立于广州城的城区，租界内的各种权力完全由英法两国驻广州领事直接控制。从19世纪末到20世纪初，沙面租界内的公共设施已基本完备，有领事馆、教堂、银行、邮局、电报局、商行、医院、酒店和住宅等，另外还有俱乐部、酒吧、网球场和游泳场等休闲娱乐设施，其住户多是各国领事馆、银行、洋行的职员，以及外籍的税务官和传教士。许多外国的大企业集团也在岛上建立了分支机构，其中就包括太古洋行、美孚洋行、三菱洋行、汇丰银行、渣打银行等这些现在还活跃在世界经济舞台上的资本大鳄。

沙面公园门口雕塑

沙面岛作为租界，完全是按照外国人的要求来建造的，岛上的外国单位也修建了许多西式建筑。据统计，沙面岛上有150多座欧洲风格的建筑，其中有42座特色比较突出的新巴洛克式、仿哥特式、券廊式、新古典式及中西合璧风格的建筑，它们是广州最具异国情调的欧洲风格建筑群。其中，沙面大街2～6号的楼房，被称为“红楼”，原是海关职员俱乐部，高三层，用红砖砌筑，楼房的南面和北面都建有尖顶阁楼，是仿19世纪英国浪漫主义建筑风格而建的；沙面大街54号的建筑，原是汇丰银行，高四层，二层的外墙砌有通柱，可以直接通到三层楼顶，在西南面楼顶建有穹窿顶的亭子，是仿西方古典复兴风格的建筑；沙面大街48号的楼房，高三层，为钢筋混凝土结构，四周的走廊均为券拱形，是最具代表性的券廊式建筑；沙面大街14号的露德天主教圣母堂，虽然规模很小，结构也非常的简单，但其入口处是典型的仿哥特式建筑。

现在的沙面绿化较好，古树参天，空气清新，环境卫生。岛上于19世纪末20世纪初建造的带有西方风格的建筑至今仍保存得十分完好，而且现在的美国驻广州总领事馆也位于沙面岛，这使得沙面岛上有不少外籍人士在此办公生活。所以岛上不论是城市布局、建筑群落风格还是日常生活，都具有浓郁的西方特色，因此很多人说沙面是中国最富有欧美风情的地方之一。

为何说“潮州大厝皇宫起”

“潮州大厝皇宫起”是一句在岭南一带流传十分广泛的俗语，它的意思是说潮州的大屋是按照皇宫的样式建造的。当然,这里所说的“皇宫起”并不是说大屋的规模像皇宫那样庞大宏伟,而是指其装饰的豪华程度并不逊于皇宫。那么,这句话又是怎么来的呢?

由于自身所处的特殊的地理位置、拥有的气候条件和深厚的历史文化积淀,潮州的建筑艺术历经长久的发展,逐渐形成了自己的独特体系和风格。潮州的建筑大体上可以分为两大类,一类是桥、塔、亭、阁、庙宇等古代建筑,另一类是当地民居建筑。

在潮州,有三处古建筑十分出名,可以称得上是潮州古建的代表,它们是广济桥、许驸马府和海阳县儒学宫大成殿。这三处古建筑的建筑艺术精湛,而且在今天还有很大的研究、借鉴的价值,因此,被有关专家誉为“潮州古建三宝”。

广济桥:始建于宋代,历经元、明二朝而形成“十八梭船二十四洲”,集中体现了潮州先民在建筑上的智慧。这座桥的石桥墩和石梁十分巨大,它的架设本身,就体现着一种勇气和创造。这座桥还将桥梁史上的浮桥、拱桥、梁桥集于一身,因而成为我国古桥建设的唯一一例。

许驸马府:建成于北宋时期,由于其建筑历史悠久、建筑特色鲜明,因而被当地人视为潮州民居建设的“先祖”。尽管这座府第的装饰不如明清时期的住宅那样豪华(当地的如黄尚书府和卓府),但是它的布局方式独特,采用的是“四马拖车”的三进式布局,此后潮州地区所建造的大宅大多都是模仿的这种模式。

儒学宫大成殿:始建于明朝初期,已经走过了五六百年的风雨历程了。虽然其历史久远,但是在近年的大修中,人们发现,这座古老建筑仍基本完整,没有人的缺损和破坏。这座大殿,空间宽敞,柱梁高大,还有环绕大殿的走廊,可以算得上是这一地区庙堂建筑的代表。

潮州的民居建筑也很有特色,民间有“四马拖车”、“抛狮”、“四点金”、“书斋”等不同的建筑形制和布局方式。其中规模比较大的有原彩塘东里的王善鱼宅,是“十六马拖车”(即中间为主体建筑,两侧各有八行从厝和大巷)。而以小巧著称的则有原饶平县三饶的四“书斋”,但是以上所提到的民居建筑现在已经被破坏了。总的来说,潮州的民居建筑,不论是采用哪种形制、多大规模,它们大体有以下几个共同的特点:

潮州广济桥

一是多有天井和从厝巷(或后包)。这是因为南方炎热多雨,这种布局有利于采光、通风和导水。此外，潮州人有种花的喜好，天井可以成为一个花圃，这样显得清幽、儒雅，可以提升住宅的形象，彰显主人的品位。

潮州民居

二是多以木雕、石雕和嵌瓷为装饰。这在屋梁、窗户、门楼、屋脊上表现得尤为明显，从而透露出一种华贵之气，而且富有艺术性（在现代则多以字画和瓷塑为装饰），这也是潮州人文化内涵的一种具体体现。

三是明厅暗房。受到儒家传统思想的影响，当地人认为厅是可以接待客人的活动的空间，而房则是个人特别是妇女活动的私密地带，不能让人看到里面的情况。因此，当地有的房间仅开一扇小窗和房门，这也从一个侧面反映出潮州人对传统儒家礼仪的重视。

四是二进或三进依次升高。这一地区的大门大多朝向东或南（一些住宅由于地方限制或风水的关系而朝西或朝北，但其主座正厅也会设法朝东或朝南），色调以灰和白为主，屋里大多铺红色地砖。这些民居建筑特点的形成，与潮州当地的气候条件有着密切联系，有其特定的科学性在里面。

除了古建筑和传统民居以外，潮州的商店多为“骑楼”，这也是由于南方多雨而产生的一大特色。这一特色，在今天东南亚各国的旧唐人街上还可以明显地感受得到。

潮州的建筑，立足于自身的历史和地理条件，具有鲜明的民族和地域特色，表现出了潮州人的审美情趣和文化内涵。它的细节处理和建筑装饰十分精细美观，既高贵而又不失淡雅，既细致而又十分大方，不愧为建筑艺术的财富，也就难怪当地人说“潮州大厝皇宫起”了。

为何将陈家祠设为岭南民间工艺博物馆

陈家祠，原名陈氏书院，位于广州市中山七路。这座祠堂是由清末广东省七十二县的陈姓人家联合建造的，始建于清光绪十四年（1888 年），建成于光绪二十年（1894 年），占地面积 1.5 万平方米，规模宏大，装饰华丽，是目前广东地区保存较为完整的、富有代表性的清末民间建筑，同时也是我国清代宗祠建筑的代表，该祠现在是岭南民间工艺博物馆。

广州陈家祠

陈家祠堂的建筑结构可以分为“三轴”、“三进”，建筑面积达8000平方米。祠堂的每进之间既有庭院相隔，又利用廊、庑巧妙地把各个院落连接在起来，共有九座厅堂和六个院落，祠堂的整体布局上下对称，殿堂楼阁，虚实相间，气势雄伟。聚贤堂，位于陈家祠堂的中轴线上，是这座祠堂的主殿，也是整座建筑组合的中心，堂的正面是一座宽阔的石露台，周围用嵌有铁花的石栏板环绕。祠堂建成之初，聚贤堂主要作为族人集会的地方，后来又改作为宗祠，两边的侧房作为书院使用。

陈家祠的建筑以装饰精巧、堂皇富丽而著称于世。木雕、石雕、砖雕、泥塑、陶塑、铁铸工艺等各种各样的装饰，遍布在祠堂的各处，在顶檐、厅堂、院落、廊庑之间等地方随处可见。既有大型的制作，也有精致的小作品，装饰风格或粗犷豪放、或精致纤巧，各具特色，特别是在琉璃瓦脊的塑造上，更是带有很多古典故事，体现地方风物，琳琅满目，美不胜收，风格十分独具。

祠前的影壁上，有六幅画卷式的大型砖雕，每幅砖雕长达4米，是用一块块的青砖雕刻好之后再拼接成一体的，画面立体、多层次，内容有神话传说、山水园林、花果禽兽、钟鼎彝铭等，不一而足，就像是一座民间的艺院。

祠堂里的各类工艺品很多，陶塑工艺品主要集中在19座厅堂屋顶上的瓦脊上；砖雕则以东、西两面的倒座外墙最具规模；灰塑主要集中在瓦脊及院廊上，大多数都是南海灰塑艺人制作完成的；木雕作品除了在梁架、大门及聚贤堂的屏风上之外，后座的11座双层透雕神龛也是经典之作，其体型非常高大，而且刻有许多题款。祠堂中的各种装饰，丰富多彩，题材也十分广泛。

广州市陈家祠“桃园结义”图

祠堂建筑中的各种雕刻装饰，主要是由建筑商到省内各县组织聘请大批能工巧匠到广州制作的。根据现有的资料，参加砖雕刻制的艺人有番禺的黄南山、杨鉴庭、黎壁竹，南海县的陈兆南、梁澄、梁进等。其中以黄南山雕刻的数量最多，雕式也极为精巧，技艺独具匠心，十分有名。

在这座祠堂中随处可见名家的经典作品，而且祠堂规模庞大、保存完整、装饰精美，所以陈家祠堂在1958年经过修缮之后，被辟为广东民间工艺馆，后又更名为岭南民间工艺博物馆。

苏家围为何姓“苏”

苏家围位于河源市义合镇，距河源市区约26公里。东江和久社河在它的南面交汇，整个村子山水环绕，绿色相拥，环境优美，有“南中国的画里乡村”的美誉。

苏家围为什么姓苏呢？这与一个美丽的故事有关。相传元皇庆元年（1312年），苏东坡的第七代孙苏天荣从江西庐陵（今江西吉安）乘船沿东江南下赴番禺任教谕，途中夜宿义合。那天晚上，他梦见五位老人指点他上岸观看一棵高大茂盛的紫苏，并且告诉他这个地方风水好，所以紫苏长得那么高大。苏天荣醒后，觉得紫苏与本姓有缘，非要上岸去看，结果看见一棵大榕树，发现周围的环境非常优美，于是他怀疑这里是梦中五位老人指点他定居的地方。后来他升任四川富顺知县，还念念不忘此事，嘱咐后人定要落居此地，一直到他的第四代孙苏秀弘任东莞京山（今东莞茶山镇）巡检时，才圆了他的梦。到如今，苏家围中还有一个紫苏园。

如同黄山的迎客松一样，迎亲桥是游客到苏家围的第一个景点，同时也表示苏家围人像迎接亲人一样迎接朋友们的到来。站在桥上可以看到苏家围的全貌，它的民居不是人们常见的圆形围龙屋，而是方形的明清特色的“府第式”围屋。全村共有18座围屋几百间房，看似杂乱地拼在一起，但从它的排水系统看，其实是非常讲究的。在苏家围即使遇上特大暴雨，雨水都能从屋的暗渠里排走，绝不积水。据村里的老人介绍，苏家围的排水系统是仿照苏家先祖在江西吉安故居前的九曲水而建。

苏家围现存五棵大榕树，均有一千多年的树龄，其中最出名的当数五显榕和鸳鸯榕。五显榕是当年苏天荣上岸时，看见的第一棵榕树。当年树下还有座五显祠纪念苏天荣梦中的五位老人。“文革”时，五显祠被毁，现在这里被建成了山歌台。客家妹子经

苏家围筒车

苏家围古榕树

常对着悠悠的东江水，在这里高唱悠扬的山歌。游客至此，可以学着与客家妹子对唱，感受一下客家人借歌传情的美妙和浪漫。鸳鸯榕则像苏家围的保护神一样伫立在江边，它的名字源于一个美丽的传说：清朝时，有一位龙川县才女逃婚至此，藏于古榕树而躲过一劫。她最终也与自己的意中人喜结良缘。后来，才女的丈夫做了官，两人便专程运来一块"树恩难忘"的碑立于树前，以表谢意。于是，这棵树被后人世代称颂。

苏家围至今保存的18座古民居中，最古老的是永思堂。它建于明成化十七年(1481年)，是为纪念苏家围八世祖苏东山而建，故又称东山苏公祠。它一直是苏家围人举行祭祀、议事的地方。古代的官宅建筑式样和大小规模是有讲究的。苏东山曾任广西桂林府推官，这座永思堂就是根据他的官职按朱元璋颁布的官宅府第式建筑风格而建。堂屋主体为三幢，它没有我们常见的正对厅堂的大门，而是在两边开有侧门。据说，这是府第式客家民居的特点，因为客家人认为正对厅堂开门不吉利，古人在建筑上对阴阳风水的讲究从此可见一斑。永思堂已经历了500多年的风雨，至今仍然保存得相当完整，这与它坚固的建筑结构分不开，也与它历史上的影响力和地位分不开。据说在1947年秋，国民党196师师长葛先才率军路过义合，不顾军旅疲劳直奔永思堂，回去后即令："烧杀以壮军威不得在苏围，奸淫以供军乐不得在义合。"

恩平石头村有何传奇

广东省恩平市那吉镇西部山区有一个别具一格的村落，人称石头村。在这个村子里，房子是用石头建的，路是用石头铺的，村边水渠是用石头筑的，村子围墙、菜园四周是用石头垒的，屋内的炉灶是用石头砌成的，还有石桥、石墩、石磨……进入这个村子，就仿佛一下子就进入了一个石头的世界。

在石头村，你可以发现，村子布局得当，错落有致，古韵犹存，令人心旷神怡、流连忘返。石头村历史悠久，在这里曾发现4500多年前人类所使用的生产工具的石器，也发现了1000多年前的唐代中期少数民族曾活动过的遗迹。那么，石头村有什么样的来历呢？

恩平石头村风光

相传，在明代洪武年间，由于战乱频频，有一个名叫黎思文的离家逃难。有一天，他和家眷经过长途跋涉，来到石头村附近的良皮河。黎思文独自一人行至河中时，脚下一滑就跌倒了，眼看就要被湍急的河水冲走。这时，他急中生智，用手紧紧抓住岸边凸出的一块巨石。那块巨石形状怪异，忽然黎思文觉得有人用力拉他，于是便乘势往岸上一跃，终于脱险了。他站在河边，望着河边无数的石头，突然想到可能是天意要留他在这里定居，于是便决定在这里定居立村。从此，黎思文和他的子孙们就在石头村繁衍生息。

据说，当地的石头因为吸取了天地日月的精华，所以可以让人忘却烦忧，把身心调节到最佳的状态，从而延年益寿。根据黎氏族谱记载，从黎思文开始，石头村人的寿命平均为77岁，最高的是黎思文，他一直活到95岁。更为神奇的是，村中有条溪水，上下游相距约150米，但上游水的比重却比下游的轻，不知道是否和石头有关，也没有人能解释，因此至今还是一个谜。

石头村的村民一般都用石头建屋修路，这是为什么呢？在明清时期，社会动荡，盗贼经常入村抢劫。为了对付盗贼，村民们就地取材，用石头盖房子。首先将一些大小差不多的石头运回来，然后稍加处理，再一块块交叉叠垒成墙，最后涂上黄泥。在村前石闸及家家户户的门口，村民们都把石头放在门楣上，用绳子制成活动的拉索，门槛下面设上机关，盗贼若推门而入，一踩中机关，石头就会砸下来。整个村子有两重围墙，只留下进出的小门，这是全村的门户，使石头村人在这里安全地度过了几百年。

此外，石头村的村民从不吃狗肉，这是缘于一个充满神话色彩的传说。当年，黎氏第十世祖黎源广死后葬于鹅山，他的家人没有按照风水先生的吩咐，还没等到黄茅草长过耳朵的时候就把他下葬了，结果墓穴周边

恩平石头村村头石刻

的黄茅草像箭一样射到了皇帝的琴台上。皇帝十分惊慌,认为是有人造反,经过调查得知事起石头村,于是就派兵南下镇压石头村。黎氏遭受了一场空前的大劫难,石头村的村民几乎被杀光了。黎源广的八个儿子中,只有小儿子黎振胜被从阳江来的马氏表姑用麻裙罩住幸免一死,后来是喝狗乳长大的,因此狗就成了母亲般的恩人。从那以后,石头村就不吃狗肉了。

风采楼有什么特点

韶关过去有“三风楼”,即风采楼、风度楼、风烈楼。其中,后面两座已毁于一旦,如今只有风采楼依旧伫立在韶关市,并称为当地的一个标志性建筑。

风采楼的形状与天安门相似,为重檐翠瓦,只不过它看起来是瘦瘦高高的。它高 20 多米,地面至拱顶高约 10 米,楼底呈圆拱形,楼下是街道。

韶关风采楼

风采楼位于韶关市区,西望武水,东临浈江,是明代弘治十年(1497 年)韶州知府钱镛为纪念北宋名臣余靖而建,屡经重修。因余靖有“更加丰采动朝端”之誉,故名丰采楼。明代学者陈白沙所书“风采楼”墨迹柔韧苍劲、潇洒俊逸,被镌刻成石匾高挂于门楼。风采楼整座建筑物雄伟独特,占地 100 多平方米,原是砖木结构,于 1934 年以水泥钢盘结构重建,保持原有建筑的一些特色。现为韶关市博物馆。

在韶关市区,风采楼是唯一的古建筑物,在现代大厦的映衬下,风采楼就更显得格外古雅。那是一种从历史中走出的玲珑美感,风采楼在过去已经完成了它的历史任务,而这种风采似乎又在预示着明天的经久不衰。它是古城的一个象征,至今仍有不少商家以“风采”作为字号、商标。

余靖故居有什么特色

余靖(1000—1064),本名希古,字安道,号武溪。北宋韶州曲江(今属广东韶关)人。生于宋真宗咸平三年(1000 年),卒于英宗治平元年(1064 年),享年 65 岁。余靖故居就在韶关市区建国路的余相巷内,不过原屋已不存,只剩原址了。

据余氏族谱记载,余靖祖居在余相巷拨萃坊。宋治平年间(1064—1067)开始就将余靖故居建为余忠襄公祠，当地人称“余丞相祠”，历代均有修葺。清嘉庆六年（1801 年），曲江知县余元焘重修，民国二十年（1931 年）改建。抗日战争时期，余祖祠大部分遭日寇轰炸毁坏，留下少部分屋宇。后来余氏子孙散居各地，无人管理，当地人见祠无主，将其改为平房居住，但“余相巷”这个古地名一直被沿用至今。1999 年，为纪念余靖诞辰 1000 周年，在韶关市政府、市侨办以及香港地区余氏宗亲会的大力支持和赞助下，在余相巷内修建了“余靖纪念馆”（余忠襄公祠）。

余靖

余靖纪念馆建设风格是具有岭南古民居特色的重楼复式建筑，总建筑面积 273 平方米，为一堂五室，二进三门，重楼高阁。风采堂庄重风雅，别具特色。它的西侧立有精刻的大理石碑记：左侧刻的是宋欧阳修赠的《余靖神碑铭记》；右侧刻的是《余忠襄公傅略》。风采堂内有富丽堂皇的“风采流芳阁”，阁内端坐着栩栩如生的余靖木雕塑像。据说，此雕像的设计是依据余氏族谱珍藏的名贤忠襄公真像而塑，原像的真品用宫廷黄绢精绣，曾藏于韶关市风采楼上，20 世纪 60 年代由省文物工作队收藏。这座新建的余忠襄公祠，恢复了余氏宗祠的古老牌坊，牌坊建筑古朴典雅。

孙中山故居是谁建的，有何特色

孙中山故居，位于广东省中山市翠亨村，在现在的孙中山故居纪念馆内。故居坐东北向西南，占地面积约 500 平方米，建筑面积约 340 平方米。

孙中山故居的出资人是孙中山的长兄孙眉，1892 年，他从檀香山汇款回来，让孙中山主持修建了这座房子。1892 年至 1895 年间，孙中山一直在这里居住。

孙中山故居是一座融合了中、西方建筑特点的两层砖木结构楼房。故居外表是仿照西式风格建筑的，楼房上层有赭红色装饰性的拱门，在屋檐的正中间装饰着有光环的灰雕，环下雕刻着一只口衔钱环的飞鹰。故居的内部设计则是采用了中国传统的建筑形式，其中间是正厅，左右分别是两个耳房；四面墙壁由砖砌成，呈砖灰色并且还勾出了白色间线；窗户在正梁下，采用的是对开窗。这座建筑最大的特点就是：门多、窗多、通道多。故居内的房间，前后左右都有门通到街外，不论朝哪个方向走，最后都可以回到原来的起点。

孙中山故居

故居的室内陈设至今仍然保持着1892年至1895年间孙中山先生返乡居住时的景貌。其正厅的摆设是孙中山亲自布置的，在厅内的条台上有两盏煤油灯，是1883年他从檀香山带回来的。房屋的后座是孙中山母亲卧室，正厅南侧是孙中山的大哥孙眉与夫人谭氏的卧室，北边的耳房是孙中山与元配夫人卢慕贞的卧室，他们当年所用的大木床、梳妆台和凳子等家具仍旧按原样摆放着。二楼南边，是孙中山的书房，墙上挂着孙中山17岁时的照片，书房里陈设有孙中山日常使用过的书桌、台椅、铁床等物品。1893年冬，孙中山在这里草拟了著名的《上李鸿章书》，提出了"人能尽其才、地能尽其利、物能尽其用、货能畅其流"的主张。

在庭院右边有一口水井，其周围就是孙中山诞生时的旧房所在地，1866年11月12日，孙中山诞生在这里。故居庭院的南边，种有一棵酸子树，是孙中山于1883年从檀香山带回种子亲手栽种的，现在这棵树长势仍茁壮茂盛。

在故居的庭院前面，有一株大榕树，在这棵树下，童年时代的孙中山常常听参加过太平天国运动的冯观爽老人讲述太平天国将领反清的故事。在故居周围还可以发现一些孙中山青少年时期在这里活动的遗迹。

故居建有一道围墙环绕庭院，正门南侧有宋庆龄先生亲手书写的"孙中山故居"木刻牌匾。正门上有一副对联："一椽得所，五桂安居。"这是在故居建成后，孙中山先生亲笔题写的。

中山纪念堂有何特色

中山纪念堂坐落在中山市石岐城区中心的孙文中路，占地面积8.4万平方米，建筑面积1.5万平方米，于1982年2月动工，1983年10月落成。它是由我国香港知名人士郭得胜捐赠港币1000万元兴建的。这里陈列介绍了孙中山先生的革命史迹和中山市各项建筑成就的概况。

纪念堂的设计富于新意。从高空鸟瞰成一"中"字，而从地面平视则又成一"山"字，整个建筑既有浓厚的民族风格，又充满了时代的特色。全国人大副委员长廖承志同志生前亲笔敬题了横匾"孙中山纪念堂"六个刚劲有力的大字。

在正中上层一座小殿建筑的墙上，悬挂着一块有孙中山笔迹“天下为公”的金字直匾。三座亭楼的顶尖装设三颗金黄色的大琉璃珠，象征孙中山先生创立的“新三民主义”。1985 年，取名“仁山玉宇”。“仁山”原是个小山岗，现既为纪念堂地址，且寓仰慕孙中山仁心济世之意；“玉宇”两字，既描绘了纪念堂的雄伟建筑，且寓孙中山的崇高品质和伟大的革命精神。

中山纪念堂

中山纪念堂分前、中、后三座，是组合的复式结构。

前座有三层楼房。一楼为大厅，用汉白玉雕刻而成的孙中山胸像，安放在大厅的正中位置。“中山建设成就展览馆”位于大厅两边。在二楼两侧，均是“孙中山革命史迹展览馆”。三楼为亭顶结构，呈“山”字形排列。中间大八角亭是贵宾室，可容 100 余人；两旁的小四角亭是供贵宾用的休息室。

中座是大型现代化影剧。里面设有中央空调系统，共有 1484 个座位。中间的舞台可以旋转，上面装有 39 路电动布置吊杆，场内还装有 40 路电容话筒和声控灯光设备，以及三级升降的音乐池等。

后座分为两层，是为演员准备的化妆室。

纪念堂两侧是幽廊曲径，园林小景。纪念堂前面为公园，并附设有商店、停车场等。

人境庐的名字有何来历

人境庐，坐落在广东省梅州市东郊周溪岸边，是清末著名的爱国诗人黄遵宪先生的故居。始建于 1884 年春，是由黄遵宪亲自设计并主持建造的，距今已经有 100 多年的历史了。

黄遵宪（1848—1905），字公度，别号人境庐主人，清代广东嘉应州（今梅州市）人。是中国近代卓越的外交家、启蒙思想家、改革家、著名爱国诗人，曾历任清政府驻日本、英国参赞，驻美国、新加坡总领事，并担任过湖南长宝盐法道和署理按察使。作为晚清著名的外交家和改革家，他积极推动戊戌变法。变法失败后，他被清政府列为“从严惩办”的维新乱党，但是幸亏有外国驻华公使等的干预，清政府才允许其辞职还乡。但此事对其打击十分沉重，也使他对清政府

黄遵宪

丧失了信心，故而他想以东晋大诗人陶渊明为榜样，远离尘世，隐居家乡，故而将在家乡新建的庭院命名为“人境庐”，取意于陶渊明的著名诗句——“结庐在人境，而无车马喧”。

人境庐是一座典型的砖木结构园林式的书斋建筑，占地面积约500平方米。其占地面积虽然不大，但建筑精巧，布局合理，园中筑有花圃、假山、鱼池、五步楼、十步阁、息亭、七字廊、无壁楼、卧虹榭和藏书阁等建筑。整个院落曲径回栏，花木掩映，景致清雅。黄遵宪晚年一直住在人境庐中，在这里创作了大量的诗歌作品，并自选和编订了《人境庐诗草》，在藏书阁里还保存有黄遵宪的各种著作和读过的书籍共8000多册，十分珍贵。

故居的门楣上题有“人境庐”三个字，这是日本著名的书法家大域成濑温亲笔题写的。庐中还保留着几幅黄遵宪亲自题写的对联，如会客厅有一副对联：“万丈函归方丈室，四围环列自家山”，另有一对联：“有三分水、四分竹、添七分明月；从五步楼、十步阁、望百步长江”，这些对联都十分形象地描绘了人境庐的环境。进入人境庐，你就会亲身感受到对联中所描写的景象，这也是庐中别开生面的文化景观的一个部分。

大旗头古村有何独特之处

大旗头古村，也称郑村，位于广东省佛山市三水区西南镇。古村最开始创建于明代嘉靖年间，清代重建，是广东粤中地区典型的、最具独特建筑风格的清代村落。

大旗头古村历史悠久。据村里的老人说，明朝初年，钟姓始祖钟福安从南海南浦村举家搬迁到这里，后来在明嘉靖五年时，郑姓始祖郑康泰（三水县蚺蛇郑氏十世祖）从蚺蛇村迁出，也在这里定居。明代是珠江三角洲地区的大开垦时期，也是珠江三角洲地区商品经济开始发展的时期。在这一时期，广东省新设置县治22

大旗头古村落民居

个，位于珠江三角洲地区的就有顺德、三水、新安（宝安）、新宁（台山）、高明、开平、恩平等县。正是在这样的时代背景下，钟、郑始祖迁居到这里，拓荒耕田，由此掀开了大旗头村的发展史。

那么，大旗头古村的名字是怎么来的呢？最初的时候，村子旁边的河上建有一座大桥，因为村子在大桥的一头，因此当地人就称之为大桥头。清代光绪年间，村里郑姓第六代世孙郑绍忠（曾任广东水师提督）死后，葬在村西南边的老虎岗上，从村里望去，郑墓如大旗飘展，于是后人就把村子的名字改为"大旗头"了，并一直沿用至今。

大旗头古村的建筑十分独特，其采用的是粤中地区典型的梳式布局，集民居、祠堂、家庙、第府、文塔、广场、池塘于一体，号称"文房四宝"齐聚。据说，之所以这样布局，是因为郑氏太公郑绍忠没有读过书，不识字，因为擅长武功才坐到广东水师提督的位置，他希望后代能够多读书、出文人，于是就在村口的木棉树旁建了一座文塔作"笔"，在村前挖了池塘作"墨"，大地是"纸"，晒坪是"砚"，象征人文昌盛、人才辈出。这样的建筑布局也符合南方湿热多雨的气候特点，古村坐西向东，以池塘为前景，前面开阔，背面封闭，前低后高，加上池塘调节，促进空气流通，可以使古村冬暖夏凉。

大旗头村砖雕艺术

大旗头古村，不仅布局合理，而且建筑巧妙，这里在100多年前就建起了在今天看来都非常先进的排水系统。大旗头村的地基较高，村里的房屋都是坐西向东，而且地基微斜，雨水、污水都可以从天井里的金钱眼（一种类似铜钱造型的漏泄设施），由高向低流入暗渠，从广场的出水口汇集到村前的水塘。这个水塘不仅能收集水，它还能够通过日照、发酵等自然过程，达到降解污染物、净化活水的目的，从而净化生态环境。水塘与河流相通，水在水塘净化后可直接流入河道。村中的小巷、广场等全部以条石铺砌，这样可以方便清理下水道。100多年来，村里的雨水污水排泄自如，即使是在暴雨季节，也从来没有淤塞过，足见其设计和建造的功力。

大旗头古村里的每座建筑都采用硬山顶锅耳式，风火山墙。锅耳屋顶两边设计成锅耳状，造型象征官帽两耳，不但表明屋主知书达理，而且较为富有，有"独占鳌头"的寓意，据说这种样式的房屋，在过去只有有功名的人才能建。

在大旗头古村，家家户户的结构布局都基本相同，采用的是广东民居典型的"三间两廊"式样。一般是院子坐东向西，东屋三间，中间用木板屏风分割成前堂和卧室，西面中间有一个小天井，南北两侧各有一间厨房和门廊。每间屋子的面积都不是很大，有的大屋还被分隔成两个小间。村中祠堂、家庙、民居里的各类石刻、木雕、砖雕、壁画都十分精美，虽年代久远，但保存下来的部分其面貌和工艺水平，都令人叹为观止，堪称民间艺术的精品。

大旗头古村中还布设了许多机关，防盗设施十分完善，如高高的石脚、高达2米的气窗、较低的窗口上镶嵌的铁条、防盗钢网等。村里所有的房屋都设有两层屋檐，即使盗贼想破顶而入都十分困难。整个村子被分为四条直巷，每个巷口都有铁闸，必要时可以同时落下，这样整个村庄就如同一座堡垒，而村内巷间却四通八达，很多院落间有天桥相通，如果对地形不熟悉就好像进入迷宫一样。村子的墙体很厚，有半米多，外层使用青砖，里面夹层是厚达30多厘米的麻石板。由于墙体厚而牢固，即使有房屋发生火灾，也不会波及邻舍，而且失火的主结构也安然无恙。

大旗头古村占地约52 000平方米，但古村最初并没有这么大的规模，只是随着郑家后人代代繁衍，随着人口增多，房子也就越建越多了，建了房屋之后又建祠堂、家庙，这样久而久之就形成了一片整齐密集的村落。当初，大旗头古村建好以后，郑绍忠曾立下规矩：住进大屋的人，不得随意改建房子，10年内出售也只能卖给本村郑姓的人。这也是大旗头古村至今仍完好保存的一个重要原因。

彭湃故居在哪里

彭湃(1896—1929)，原名彭汉育，广东省汕尾市海丰县城郊桥东社人。他出身于一个工商地主家庭。1921年加入中国社会主义青年团，1924年年初由团转入中国共产党。他是中国无产阶级革命家，中国共产党早期农民运动的主要领导人之一，海陆丰农民运动和革命根据地的创始人。毛泽东称其为"中国农民运动大王"。

彭湃夫妇

彭湃烈士故居坐落在海城桥东社龙津河畔。故居有主楼两层，为风火式山墙，前廊是仿西式建筑。它面宽12.9米，进深10.9米，总建筑面积为266平方米。彭湃同志的童年和青少年时代就是在这里度过的。

1925年3月,革命军第一次东征到海丰。当时,周恩来曾来到这里与彭湃同志共同研究过工作。此外,曾在这里住宿、工作过的名人,还有苏联军事顾问鲍罗廷将军以及加伦将军。同年6月,革命军回师广州。陈炯明率领残部攻破海丰城,彭湃故居遭到焚毁,当时只遗留下墙基。新中国成立后,政府拨款重建了围墙。1962年7月7日,彭湃故居被广东省人民政府于列为省级重点文物保护单位。1986年,故居按原貌修复后成为现在的样子。

在故居的东侧,有一间"得趣书室",过去曾是彭湃的书斋。它面宽三间,是风火山墙,总面积为96平方米。1922年夏,彭湃与妻子蔡素屏在此居住,并组织了六人农会小组。第一次东征时,在周恩来的帮助下,在此建立了中共海陆丰特别支部,就连中共海陆丰地委刚成立时,也是在这里办公的。

梅州的客家围龙屋有何特点

围龙屋始于唐宋,盛行于明清。客家人采用中原汉族建筑工艺中最先进的抬梁式与穿斗式相结合的技艺,选择丘陵地带或斜坡地段建造围龙屋,主体结构为"一进三厅两厢一围"。他们的居住地大多在偏远或边远的山区,为防止盗贼的骚扰和当地人的排挤,建造了营垒式住宅,形式有两种:一是砖瓦结构;一是特殊土坯结构。在土中掺石灰,用糯米饭、鸡蛋清作黏稠剂,以竹片、木条作筋骨,夯筑起墙厚1米,高15米以上的土楼。

普通的围龙屋占地8亩或10亩,大围龙屋的面积在30亩以上。建好一座完整的围龙屋往往需要五年、十年,有的甚至要更长时间。一间围龙屋就是一座客家人的巨大堡垒。屋内分别建有多间卧室、厨房、大小厅堂及水井、猪圈、鸡窝、厕所、仓库等生活设施,形成一个自给自足、自得其乐的社会小群体。围龙屋不论大小,大门前必有一块禾坪和一个半月形池塘,禾坪用于晒谷、乘凉和其他活动,池塘具有蓄水、养鱼、防火、防旱等作用。大门之内,分上中下三个大厅。

梅州是客家人聚居的地方,在两晋至唐宋时期,因战乱饥荒等原因,黄河流域的中原汉人被迫南迁,历经五次大迁移,先后流落南方。由于平坦地区已有人居住,只好迁于山区或丘陵地带,故有"逢山必有客、无客不住山"之说。当地官员为这些移民登记户籍时,立为"客籍",称为

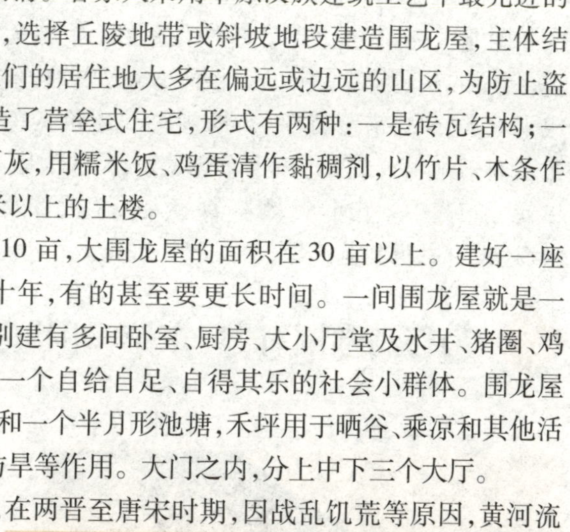

梅州客家围龙屋

"客户"、"客家",此为客家人称谓的由来。

客家民居,非常有特色,最知名的恐怕就是"围龙屋"了,此外,走马楼、五凤楼、土围楼、四角楼等也比较知名。围龙屋被中外建筑学界列入"中国五大特色民居建筑"之一,其他四个是北京的四合院、陕西的窑洞、广西的"橄榄屋"和云南的"一墩屋"。

梅州大多数围龙屋一般都是半圆形,它会与大门前的半圆形水塘组成一个整圆,因此不同于福建等地的围龙屋。半圆形水塘不但能解决居民的吃水问题,还能起到消防作用,有的也可以用来养鱼。不管气候如何干旱,水塘都不会干涸,因为居民在当初选地方建屋的时候就已经充分考虑到了用水的问题,所以水塘都是建在有泉眼的地方。

进了围龙屋的大门,就会看到里面有上、中、下三个大厅。左右两侧,分别是两厢或四厢,俗称"横屋",它一直延伸到了后面。在横屋的尽头,人们筑起了围墙形的房屋,从而把正屋包围了起来,小的有十几间,大的有二十几间。正中一间叫做"龙厅",故而被称为"围龙"屋。

一般情况下,小围龙屋只有一至二条围龙,而大型围龙屋则有四五条甚至六条围龙。例如,在兴宁花螺墩罗屋,就有一座六围的围龙屋。从建筑式样上讲,围屋的共同特点是:以南北子午线为中轴,东西对称,前低后高。这样,就形成了主次分明、错落有序、布局规整的建筑特色。屋前的池塘和正堂后的"围龙",自然地组合成一个整体,以厅堂、天井为中心设立的几十个或上百个生活单元分布其中。几十个人、一百多人甚至数百人都可同居一室。有些讲究的主人,还设有书房和练武厅,令人叹为观止。

为何满堂围有"广东第一围"之称

满堂围,又叫做满堂客家大围,位于广东省韶关市始兴县隘子镇满堂村。

韶关始兴满堂围

这座大围是当地富豪官乾荣所建,始建于清道光十六年(1836年),竣工于咸丰十年(1860年),历时 24 年完工,占地面积达13 544.96平方米。它是始兴县迄今为止保存良好的200多座客家围楼中最完整的一座,也是全广东省最大的一处客家围楼,因此被称为"广东第一围"。

围楼，是客家民居中最具特色的建筑形式之一，多为砖石结构建筑，所以非常坚固，其建筑布局是综合北方古代城堡和四合院住宅的布局而成的。

清道光十三年，也就是公元1833年，始兴县的乡绅官乾荣请来了风水先生，想为自己的家族找一块吉地修建住宅。经过精心勘察，他们看中了一块两河之间的小三角洲。这里临河面山，风景秀丽，有近三十亩，可以说是难得的风水宝地。于是，官乾荣就准备在这里盖一幢大宅。后来他在大宅大门的楣序中写道："余年来迫于小警，时有戒心。"这句话表明了他修建大宅的基本心理诉求，就是想建一座安全的大宅。

满堂围是由上、中、下三个小围楼连接构成的，中间围楼高约16.9米，另两座稍矮一点的围楼在其前后形成拱卫，气势非凡，蔚为壮观。围楼中建筑很多，其中，有栽植花木的大院4个，祠堂6个，议事厅17个，天井16个，水井四口，寝室、厨房、储粮间、杂务间、厕所、牲畜栏舍等大小房间共777间。由此，足见满堂围规模之大、气势之盛。

整个大围楼的用料十分考究，墙体的青砖是经过人工打磨的，显得十分光滑规整。门框、窗框、台阶、廊沿、井台等都是用花岗岩条石砌成的，显得坚实大方。走廊和庭院的地面则是用河石铺砌成花朵等各种图案，看上去十分典雅别致。门窗、家具上雕刻着花鸟虫鱼等图案并贴有金箔，非常雍容华贵。

官家原籍福建，辗转从梅县来到始兴。始兴历来就是一个富裕安定的地方，再加上官家人头脑灵活，在种田之外，还做着木材生意，经过几代人的积累，家底已经十分厚实了。但是从道光年间开始，在经历了上百年的安定之后，政局已经开始有点动荡不安了，而且始兴处于又在粤闽赣三省的交界处，所以乡间土匪不少，这让官乾荣最感忧心。

为了有效防御当时猖獗的盗贼兵匪，满堂围的围楼墙基砌得格外坚固，一般厚度超过半米。其中中围楼主墙基厚达2.4~8.2米，全部是用鹅卵石砌成，叠角上则用花岗岩条石，再往上则使用青砖砌墙，砖石之间的填料据说是用糯米浆、黄糖调和石灰粉而成，因此坚固异常。除此之外，墙体上面布满了各种瞭望孔、射击孔，围的四周还建有11座高3~4层的炮楼。各围楼仅向外开一扇大门，门板用铁皮包裹，并有铁杠横顶。

韶关始兴满堂围远景

如果有盗贼侵扰，只要关上大门，围楼就变成了一座固若金汤的城堡。大门两侧或顶部设有水池，如果遇到敌人放火烧门，只要打开机关，水池内盛满的水便会倾泻而下灭火。

无论是从外形还是内部构造上看，这座大型的乡间住宅，更像是一座守护财产的城堡。据说，这座大围不但曾经历过太平天国一支部队的攻击，在抗日战争期间还曾遭遇日本军队的火攻，但这些战火除了在外墙留下一些痕迹外，没有对围屋造成任何实质性的损害。

今天的满堂围基本还保留着当年的模样，整个围屋的设计处处显示出缜密的心思，无论是水攻还是火攻、无论是对付土匪还是盗贼，都有相当的防御作用，这是中国人防患于未然心态的具体体现。

满堂围在建筑风格上，既有古代雄浑朴实的气势，又有近代精致高雅的韵味，集古代、近代客家建筑风格于一身，具有很高的科学和艺术价值，为研究客家民俗风情以及近现代建筑的源流和发展变化提供了宝贵的实物资料。其不论是从规模上，还是从建筑艺术上，都不愧为“广东第一围”。

南风古灶有什么特色

南风古灶位于著名的南国陶都石湾，以 5000 年的制陶历史而闻名世界。

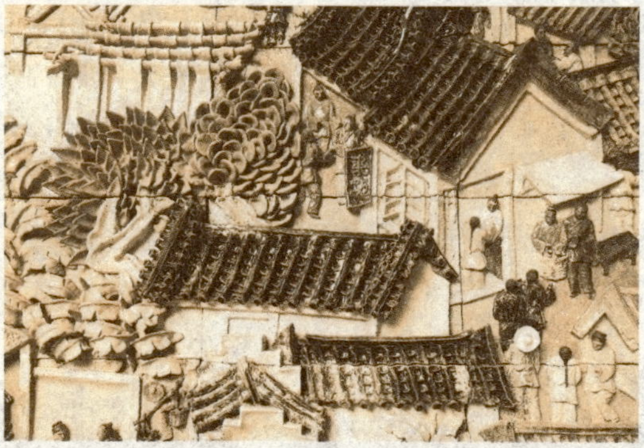

佛山石湾陶瓷博物馆

旅游区内下辖南风古灶、陶塑公园、绿舟孔雀园三个景区，集旅游、观光、生产、习艺、研讨、参与、购物于一身。南风古灶景区内有全国重点保护文物、被称为陶瓷活化石的南风古灶和高灶，是建于明代正德年间（1506—1521）的一座龙窑，500 年来窑火不绝、生产未断，已载入吉尼斯世界纪录大全。南风古灶是历代窑改革的定型产物，是陶瓷生产技术进步的里程碑，至今仍发挥着现代窑炉不可替代的独特功能。2001 年，它与隔邻的高灶一起被定为国家重点文物保护单位。景区内还有林家厅、高庙偏厅等两个省级文物保护单位，以及巨型陶瓷壁画——古镇陶源史画、瑞龙献宝、古灶榕风、仿古寮场等景点。

在南风古灶景区中的中国传统文化艺术区，汇集了舞狮、武术、粤剧、剪纸传统民间艺术，非物质文化遗产在这里逐一展现。在文化艺术区特别创办的国际文化创意学校，传授中国陶瓷艺术和其他富有国际声誉的传统知识和技艺，如中国武术、饮食、剪纸和传统医学等，吸引大批来自世界各地的留学生前来学习、创作、交流。

佛山南风古灶

过去石湾的制陶工场，多为简陋棚式，故称为“寮”。这里的三间寮场，包括有拉坯的作车表演，陶瓷微塑的山公制作演示和注浆的成型工艺，重现旧石湾的制陶场景。古作车最早使用时间为公元前6000—前2400年，是人类最早发明的机械工具之一，是制陶业的一次革命，制陶手工业从此得到大规模的发展。

林家厅附近一带的古民居群，为明清时代的建筑。它具有岭南民俗文化的建筑特色，是古代建筑文明的遗产，至今保存完好。2002年，它成为广东省重点文物保护单位。现在这里设立了国际艺术家村，现已有30多名国内外的知名艺术家进驻，将来会有几百名艺术家、创意者长期在此生活、创作。

3000平方米全世界最大的玩陶中心，可以同时容纳3000人欢乐玩陶，是岭南最具特色的陶艺互动培训基地，同时也是世界陶文化艺术交流中心。有中外陶艺师现场交流指导，现场拉坯制作各种形状的陶具，更可亲自创作一块梦想砖，作品由500年古龙窑烧制（也可以现场乐烧，立等可取）。

石湾陶瓷源远流长，在中国陶瓷史上有着独特而不可替代的地位。石湾河宕贝丘遗址出土的几何印纹图片，见证了5000多年前新石器时代的石湾陶瓷历史，显示了先人的聪明才智。而大雾岗唐宋窑址的发掘，证实了唐宋时期石湾已成为岭南陶器生产基地。发展至明代，更有“石湾瓦甲天下”的美誉。为展现陶业的历史演变，展馆内展览共分陶瓷拾隅、陶的形成、窑的演变、石湾二十四行、石湾陶艺、陶瓷发展六大部分。其中，以第四部分“石湾二十四行”为重点，介绍了明代至民国时期石湾陶业的历史源流。

南岗瑶寨为何又称“大哥排”、“首领排”

南岗瑶寨，位于广东省清远市连南县城西南。这座瑶寨建于宋代，至今已有1000多年的历史了，是我国目前规模最大、最古老、最具特色的瑶寨，因此被誉为“中国瑶族第一寨”。

南岗瑶寨敬酒风情

“岭南无山没有瑶”。说的是，在岭南地区，只要有山就会有瑶族人在那里生活。由此可见，在我国众多的少数民族中，瑶族的分支之多、分布之广、迁徙之频繁。在连南县城以南的大山深处，那里群山起落，散布着多个瑶族同胞的自然村落。南岗瑶寨就位于群山之中一座海拔 600 多米高的山顶上，周围山势险要、溪水奔流、群峰迭嶂。现在，居住在这个山寨的瑶族人，主要有邓、唐、盘、房四个氏族。他们在明代时就建立了民主选举的“瑶老制”，并形成了神圣而严厉的“习惯法”，用以管理山寨。现在在古寨中，只有 200 多人居住，还保留着 368 幢明清时期的古宅。

南岗瑶寨依山而建，房屋顺着山势错落有致地排列在半山坡上，这类聚居在半山上的瑶民被称为“排瑶”。瑶寨排前面房子的屋顶和后面房子的地面一样高，中间有一条走廊过道。横街直巷，纵横交错，主次分明，格局十分完美。这里的房子多数是竹水泥墙结构的吊脚楼，房屋建筑一律为外墙青砖，内为木质结构，里面还有火炉塘、石槽冲凉盆、宛如蛛网的竹水笕、密不通风的卧室等独特设备。

在山寨中，寨王的房屋最为独特，门前无比开阔，远处的青山云雾缭绕。在古寨的中间，有一片宽阔的石阶，这里是古寨的“中心广场”，每逢有大事或喜事的时候，瑶族百姓就在这片空地上开会讨论、喝酒庆贺。

南岗瑶寨历史悠久，早在隋唐时期，排瑶的祖先就迁移到了连南山区，他们为了躲避兵匪的侵扰，就在险峻的高山上建寨聚族而居。到了明代时，其规模就已经相当大了。南岗排的人口比较多，鼎盛时期有 600 户 5000 多人，再加上规模比其他排大，所以又被称为“大哥排”、“首领排”。

老广东的饮食

粤菜由哪三部分组成，各有何特色

粤菜即广东地方风味菜，是我国著名的八大菜系之一，在国内外享有盛誉。它有着悠久的历史，以其特有的菜式和韵味，独树一帜。粤菜是由三部分组成的，它们是广州菜（也称广府菜）、潮州菜（也称潮汕菜）和客家菜（也叫东江菜）。这三个地方菜的风味，既互相关联又各具特色，从而形成了粤菜广博、奇杂、精细的选料特色和偏重、清鲜镬气的调味特色，使粤菜得以扬名海内外。

粤菜：海参

广州菜：又称广府菜，历史悠久，源远流长。它起源于古代岭南地区的越人，形成于秦汉至隋唐时代的“汉越融合”，发展于明清时期，既受到中原饮食文化的影响，又融会了西方饮食文化的长处，可谓博采众长。它取料广泛，品种花样繁多，令人眼花缭乱。天上飞的，地上爬的，水中游的，几乎都能上席。广州菜的另一突出特点是，用量精而细，配料多而巧，装饰美而艳，而且善于在模仿中创新，品种繁多。它的第三个特点是，注重质和味，口味比较清淡，力求清中求鲜、淡中求美，而且随季节时令的变化而变化。岭南夏长冬短，天气偏于炎热，故广东菜夏秋偏重清淡，冬春偏重浓郁。广东菜比较有名的菜式有"白云猪手"、"龙虎斗"、"麻皮乳猪"、"八宝冬瓜盅"等，都是饶有地方风味的广州名菜。

潮州卤鸭

潮州菜：起源于潮汕平原地区，涵盖了潮州、汕头、潮阳、揭阳、饶平以及海陆丰等地，还包括其他讲潮汕话的地方。潮州菜得名，与潮州自古以来是历史名镇有关。清代以后，由于汕头的崛起，潮州菜又有了另一个名字——"潮汕菜"，简称潮菜。潮州菜的特点，是善于烹制以蔬果为原料的素菜。对蔬菜果品，粗料细做，清淡鲜美，营养丰富，如护国菜、马蹄泥、厚茹芥菜、糖烧地瓜等，皆为美食家所称道。潮州菜的另一特点是喜摆十二款，上菜次序又喜头、尾甜菜，下半席上咸点心。潮州菜之所以享有盛名，不仅在于用料丰富，还在于制作精妙，加工方式依原料特点而多样化，有煎、炒、烹、炸、焖、炖、烤、焗、卤、熏扣、泡、滚、拌等，而且刀工讲究。多样化的制作方式，形成了潮州菜的风味特色，其特色菜有"清炖乌耳鳗"、"金瓜芋泥"、"甜皱炒肉"、"生炊龙虾"等。

客家菜：又叫做东江菜，它是广东东江地区客家人的特色风味菜肴。客家菜以肉类为主用料，而海鲜品极少，因此东江厨坛有这样的说法："无鸡不清，无肉不鲜，无鸭不香，无鹅不浓。"它以惠州菜为代表，味道讲求酥软香浓、原汁原味；制法以炖、烧、煲著称，尤以砂锅菜见长，造型古朴，具有古色古香的乡土特色。其特色名菜有盐焗鸡、酿豆腐、爽口牛丸、三杯鸭等。

广东菜、潮州菜、客家菜各具特色又互相促进，共同发展，为广东的饮食文化做出了自己的贡献。所以，近百年来，"食在广州"一直享誉海内外。

在广州为何有“无鸡不成宴”之说

广州人有句老话是“无鸡不成宴”，但凡喜庆宴请，缺了一道鸡肴，即使摆满“鲍参翅肚”也难成体统。不管是在酒楼宴客，还是在家请客，一定少不了“鸡”的菜式，即使是家常便饭，几乎也餐餐有鸡。由此可见，鸡在粤菜中的重要性。

白切鸡

鸡在古代被冠以“五德之禽”。《韩诗外传》中有一段著名的话：“头戴冠者，文也；足傅距者，武也；敌在前敢斗者，勇也；见食相呼者，仁也；守时不失者，信也。”这就是鸡的五德。在古代祭祀中，多用马、牛、羊、豕(猪)、狗、鸡等六畜，也就是所谓的“牺牲”。在六畜中，以鸡最为特别，其他五畜，都是兽类，唯独鸡是禽类，足见鸡在人们心目中的地位。在祭祀中少不了六畜的鸡，宴会也就理所当然少不了鸡，广州人更是把鸡比作金凤，寓意吉祥富贵。除此之外，鸡肉肉质鲜美，更是人们补养身体的营养食物，因此，宴客怎么能少得了鸡呢。广东各地皆有好鸡，粤菜厨师所制著名鸡馔式样特别多。如大名鼎鼎的清远鸡、胡须鸡、白切鸡、文昌鸡、太爷鸡、盐焗鸡、脆皮鸡、豉油鸡、路边鸡、茶香鸡等，每个酒家都有自己的招牌鸡。鸡肉既没有猪牛羊的臊膻，也没有鱼肉的腥臭味，鸡味之鲜美，可想而知。它可煮、炸、炒、焖，烹饪方法很多，鸡的菜谱不下几百种，若为“鸡”专门写一本菜谱，真是洋洋大观。

《中国烹饪百科全书》上记载的广东名鸡馔，有原汁原味、鲜美甘香的“白切鸡”，还有唯美咸香而有安神益肾之功的“东江盐焗鸡”和酱香四溢的“潮州豆酱鸡”。对于外省人而言，白切鸡是他们到广东后最难接受的第一道菜。白切鸡，又叫白斩鸡，皮脆肉嫩，可以说色、香、味、形一应俱全，但是它最特别的地方在于，鸡

脆皮蒜香黄毛鸡

骨髓里还是血迹斑斑，让人不禁骇然止筷，不敢再吃。然而，作为广东人招待客人的传统菜肴，白切鸡是必备的。它制作方法简单，不需要经过大火、长时间的烹制，也不需要加任何作料，只要在煮沸的开水中侵泡一会儿后取出，然后在皮上抹上麻油，待其冷却后，斩成小件装盘即可。之后，用葱姜做蘸料，就可以尽享美味了。它的好吃之处在于，皮爽肉滑，保持了鸡的鲜味和营养。因此，广州人认为在鸡的多种烹制方法中，白切鸡最得鸡之真味，百吃不厌，它也被公认为是广东的一道名菜。而流传最广的就是东江盐焗鸡了，更是被中医认为对人体起“固肾、滋补、养颜”的作用。它用粗盐焗鸡，蒸汽通过盐层向鸡输送热能，让盐味慢慢渗透，这样烹出来的鸡，鲜嫩爽口，味道甘美，备受人们喜欢。

除了广东人爱吃“鸡”，中国其他地方人对吃鸡也有独特的研究。以鸡为主料的菜肴多达数百种，八大菜系均有自己的“鸡”系招牌菜，如川菜中的“宫保鸡丁”、苏州名菜“贵妃鸡”等。可见，中国的名厨都注重鸡馔的制作。清代著名美食家袁枚在《随园食单》中说：“鸡功最巨，诸菜赖之。”

烧乳猪有何由来

烧乳猪是广州有名的一道佳肴，它又叫“明炉烧乳猪”。“烧”跟“烤”意思相同，属于火烹法，是一种古老而富有特色的烹调技法。在北方，人们称为“烤”，广东地区则喜欢称为“烧”，也就是所谓的“南烧北烤”，同时，可并用为“烧烤”。

烧乳猪一般的制法是以重约五公斤的乳猪，宰杀后在腹部剖开，取出肋骨，放入特制烧烤叉撑开，然后放入烤炉烤成。如果烧烤时用慢火，烧出的乳猪猪皮光滑，称之为光皮。亦可以用猛火烧烤，其间给猪皮涂上油，令猪皮成充满气泡的金黄色，即为“麻皮乳猪”。乳猪的特点包括皮薄脆、肉松嫩、骨香酥。吃时把乳猪斩成小件，因肉少皮薄，称为片皮乳猪；有时点上少许“乳猪酱”，以增加风味。其实，早在西周时，便已经食用烧猪。当时八珍之一的“炮豚”便是指烧猪。南北朝时，贾思勰已把烤乳猪作为一项重要的烹饪技术成果而记载在《齐民要术》中。他写道：“色同琥珀，又类真金，入口则消，壮若凌雪，含浆膏润，特异凡常也。”1400 多年前，我国的烹饪技艺已有这样高

烧乳猪

深的造诣,实在令世人赞叹。到了清朝康熙年间,"烤乳猪"曾为宫廷名菜,成为"满汉全席"中的一道主要菜肴。直到民国初期,山东还经营此菜。后来在广州和上海盛行,成为最著名的广东名菜。

关于"烧乳猪"这道菜,还有一个传说。相传很久以前的一天,有一户人家的院子里突然起了大火。因为火势凶猛,所以顷刻之间就把院子里的东西都烧了个精光。这时,宅院的主人才匆匆赶回家中,只见一片狼藉,满目尽是废墟。他当时惊得目瞪口呆。忽然,院子里飘来了一阵扑鼻香味,主人于是就循着香味找去,结果发现原来香气是从一只被烧焦的小猪身上发出来的。他仔细看了看猪的另一面,只见皮已被烤得红红的。他于是就拿起来尝了又尝,觉得味道还蛮不错。虽然院子被大火烧掉了,令他很是伤心,不过他发明了吃猪肉的新方法后又感到一丝欣慰。真可谓是福祸相依。

白云猪手有何来历及特色

白云猪手是著名的广州传统菜,广州几乎每个酒楼都设有这道菜式。它的制作方法是将猪手(前脚)洗净斩件先煮熟,再放到流动的泉水漂洗一天,捞起再用白醋、白糖、盐一同煮沸,待冷却后浸泡数小时,即可食用。食之觉得皮爽脆;肉肥而不腻,带有酸甜味,醒胃可口,食而不厌,颇有特色。因泉水取自白云山,故名为"白云猪手"。

关于白云猪手这道历史名菜还有一个有趣的故事。南朝梁时,因为武帝虔诚信佛,他不但自己吃素,而且还号召全天下的和尚也要吃素。此后,和尚食素不食荤的习惯就渐渐形成了。清初时期,白云山后有一座寺庙。庙后流淌着一股清泉,泉水甘甜,且长流不息。寺庙有个小和尚,调皮又馋嘴,从小喜欢吃猪肉。出家后,他先打杂为和尚煮饭。有一天,他趁师父外出,偷偷到集市买了些最便宜的猪手,正准备下锅煮食。突然,师父回来了,小和尚慌忙将猪手扔到寺庙后的清泉坑里。过了几天,总算盼到师父又外出了,他赶紧将山泉里那些猪手捞上来,却发现一个奇怪的现象,这些猪手不但没有腐臭,而且更白净。小和尚将猪手放在锅里,再添些糖和白醋一起煲。熟后拿来一尝,这些猪手不肥不腻,又爽又甜,美味可口。小和尚又惊又喜,此后他不

白云猪手

但自己开了荤，引得其他和尚也破了戒斋。后来，这个小和尚挨不得清苦，终于还俗去了酒楼做工。他做了这道菜后，就请酒楼老板来品尝。老板吃后赞不绝口，于是便问他菜名，他回答说“白云猪手”，渐渐地，这道菜名便流传开来。

现在的白云猪手制作较精细，将原来烹制的土方法，改为烧刮、斩小、水煮、泡浸、腌渍等五道工序。最考究的白云猪手是用白云山九龙泉水浸泡的。据《番禺县志》记载：“九龙泉，相传安期生隐此无泉，有九童子见，须臾泉涌，始知童子盖龙也。又名安期井，泉极甘，烹之有金石气。”九龙泉含有丰富的矿物质，晶莹澄澈，泉甘水滑，用它泡浸肥腻猪手，能解油腻。据说，广州市郊沙河饭店出售的“白云猪手”，仍用白云泉水泡浸，色、香、味、形俱佳。

广式蒸鱼有什么特色

广东地处我国南端沿海，江河湖泊纵横交错，故海鲜品种极为丰富。除了珠江三角洲淡水养殖的青、草、鲢、鳙四大家鱼，还有珠江口所产的石斑鱼、潮汕海蟹、深圳鲜蚝等著名海鲜产品。海鲜鲜活生猛，而广东人又讲究吃，所以做法也多种多样，厨师们都极有经验。因此，粤菜的海鲜名扬海内外。

粤菜讲究的是“清、鲜、嫩、滑、爽”，制作方法十分讲究，有蒸、泡、炒、炖等方法。鱼类肴馔是广东主要的菜式，在众多的鱼菜中，尤以蒸鱼类菜肴闻名遐迩，颇具特色。广式蒸鱼是广东人每宴必点的著名菜式，深受美食家的赞赏。广式蒸鱼做法独特，可真是一绝。厨师们要卡着钟点、掐着秒表蒸鱼，最考厨师手艺。如果过一点，肉则木硬；欠一点的话，肉与骨又不能分离。当然，广东蒸鱼的步骤与北方是不同的。在北方，人们一般都是放好调味料一起蒸，蒸完就可以端上桌了。在广东，先白蒸，等水开之后 7 到 10 分钟再起锅。然后，把蒸鱼中出的水倒掉，这是个非常重要的步骤，否则就会发腥。接下来，再把葱丝撕成卷状，和一些姜丝一起铺在鱼身上。然后再用专门的蒸鱼豉油、料酒、调料等调好后浇在上面。最后，把油烧滚，浇在鱼身上即可。这样带着喷香四溢的鱼就成为一道上好的佳肴，一定要趁热享用。我们在享用美味之余，不得不佩服这些厨师的高超技艺。去广东的酒家吃饭，一般都是客人去琳琅满目的各式海鲜玻璃缸

广式蒸鱼

里亲自挑选海味，玻璃缸周围还堆满各种各样的大盆小筐，里面装满各种泥蜢、海虾、花蟹、鱿鱼跳螺、石头螺、青衣螺等，还有许多叫不上名字的贝、螺、蟹、蚌，让人看得眼花缭乱。第一道菜一般都是汤，海鲜里的名汤有石斑汤、海鳗汤、鱼翅汤、各式鱼丸汤等，第二道菜一般都是一大盘红艳艳的白灼基围虾，第三道菜通常是大菜，就是有名的广式蒸鱼类的清蒸鲈鱼，或者是姜葱焗蟹。又或者是鲍鱼、鱼翅、龙虾等，广东的厨师做这些菜都极为拿手。然后就是一些海鲜小菜，最后再要一两道蔬菜，如南乳抄通菜、双菇扒菜胆、清炒丝瓜等，又解腻又健康。

可以毫不夸张地说，任何一种材料经广东厨师的手，顿时都会变成异品奇珍、美味佳肴，令中外人士刮目相看，十分惊异。广东人真是以"会吃"天下闻名。

"龙虎斗"有何来历及特色

人们一般都怕蛇，而广州人却把蛇烹作席上珍。经过制作烹调后的蛇肉，肉色白，味道鲜美，而且营养价值极高。不少中外人士，特别是北方人，初闻食蛇都表示惊疑，但吃完蛇餐后，都众口一词，盛赞"食在广州"名不虚传。

广州的蛇馔，历史悠久。《山海经》中《海内南经》记载："南方人吃巴蛇。"汉朝人刘安的《淮南子》又载："越人(指广东)得蚺蛇以为上肴。"广东的蛇肴菜式五花八门，而且几乎无蛇不吃。一条蛇，从蛇肉到蛇皮、蛇肠，都可以炒、炖、烩、煎，烹饪方法多样。广东人喜食蛇，不仅追求其味道的鲜美，而且看重其有滋补食疗的作用。食蛇最好在秋季，广东有句谚语："秋风起，三蛇肥。"因为蛇在冬眠前要贮足养分过冬，长得又肥又壮，是滋补上品。常食可以驱风活血，除痰去湿，补中益气，对风湿性关节炎、气虚血弱等疾病有一定的疗效。

在众多的蛇肴中，不得不提一道名菜，那就是"龙虎斗"。它的原料以毒蛇为主，用眼镜蛇、金环蛇和眼镜王蛇，配以老猫和母鸡煨制而成，吃起来特别滋补，有益健康。"龙虎斗"不仅名字新鲜有趣，而且烹调技术到家，造型优美，味道独特。它以蛇为"龙"，以猫为"虎"，以鸡为"凤"，经过精心烹制，置于盘中，其形状如龙盘、虎跃、凤舞，好似一件珍贵的艺术佳

龙虎斗

品。食用时，如能配上蛇胆酒，边饮边尝，那简直就是一种美的享受。关于这道菜肴的来历还有一段故事。据说在清朝同治年间，有个名叫江孔殷的人，做了多年京官，晚年才辞官回归原籍广东韶关。他在京期间，曾出入皇宫，吃过各种名菜佳肴，对烹调技术极有兴趣。回到老家之后，他也不放弃这种爱好，吸取我国南方烹任技艺的长处，借鉴前人的经验，研制出几十种广东名菜，成为众所公认的烹饪专家。他七十大寿那年，本想为亲朋好友做道拿手好菜，可是做一般的蛇菜，在广东不足为奇。正当他对着蛇笼冥思苦想时，突然从旁边扑上来一只家猫，对着蛇笼张牙舞爪，笼里的蛇也不甘示弱，昂头吐舌，奋起应战。猫和蛇，一个在外，一个在里，互相对峙，隔着铁笼转来转去。江孔殷觉得很是有趣，心里豁然开朗，连声说："有了，有了！"等到他生日那天，江家宾朋满座。客人入席以后，江孔殷端出了自己新研制的拿手好菜，客人们一看，原来是蛇肉拼猫头，名叫"龙虎斗"。客人们食用后都赞不绝口。后来，江孔殷再经过仔细的研究，决定在原来的基础上再加上鸡肉，使三者相配，味道更胜从前。

据说广东人每年要吃掉几十万条蛇，广州的蛇餐馆更是数不胜数，然而大肆的捕蛇已经影响到生态平衡。所以，人们开始人工养殖蛇类，这样既避免了对野生蛇类的乱捕滥杀，也满足了食客的需求。

何谓"三叫宴"

广东人对吃很讲究，这是许多人的印象，这也的确不假，粤菜的博大精深和包罗万象在八大菜系中是非常有名的，甚至在以前，还有人这样说广东人的食谱——天上飞的除了飞机，地上跑的除了汽车，海里游的除了潜艇，广东人都敢吃！而近些年由于媒体的各种报导，广东菜的菜色也呈现出更诡异、更让人难以置信的部分，例如狸猫肉、活猫等这些都是让人毛骨悚然的"名菜"，而这当中也少不了据说是世界十大残忍菜之一的"三叫宴"。

所谓"三叫宴"，俗称"三吱儿"，是选刚出生的小老鼠，还是活的，同时配好一盘调料，端上就可以食用了。吃的时候用筷子夹住活老鼠，这时小老鼠就会"吱儿"叫一声；然后将鼠儿放到调料里，由于调料的辛辣刺激，鼠儿又会"吱儿"的叫一声；最后，使用者将鼠崽放入口中，就会听到最后一声"吱儿"。

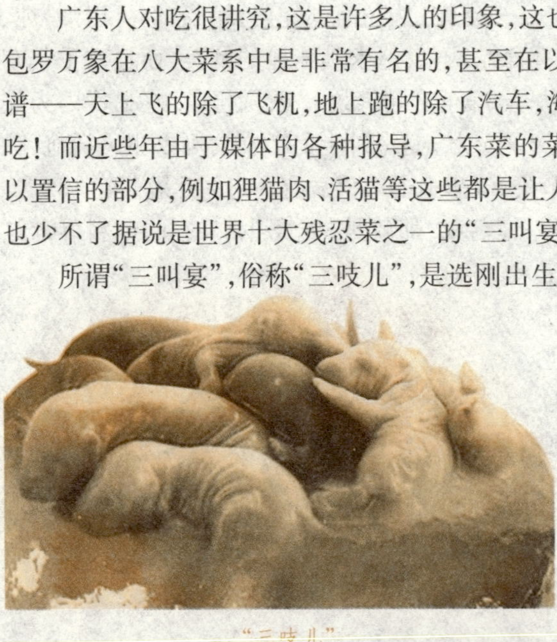

"三吱儿"

这总共三声“吱儿”便是这道菜的名字。菜十分简单，但不论是过程还是名字，都让人感到一种从骨子里透出的寒颤，让食用的人需要巨大的动力和勇气，才能将这道食用生灵的菜放入口中。

虽然这道菜被人们传说是出自广东的地方菜，但其实不管是在粤语或是它的分支以及客家话等广东地方方言中，是没有“吱儿”这个音的，只能说由于广东菜的原料来源不忌以及制作上“不走正道”的特性，让人们更容易相信这是出自广东。有一种说法是这道菜来自清末由于饥荒、战乱等原因逃荒的难民，但真正出处已经不可考。但在新中国成立后，来到南海群岛上开荒的守岛官兵，由于海岛上的老鼠太多而屡遭失败。后来为了改善伙食条件，伙房的师傅便想到了家乡用老鼠烧菜的办法增加战士们的蛋白摄入，这其中就包括了“三吱儿”。后来随着改革开放，很多人来到广东“淘金”，当年的海岛退伍老兵们也随着历史的大流来到广东创业，所以当时很多的广东老兵餐馆都有这道“三吱儿”，这道菜也逐渐在人群中扩散开来，这也就让很多人误以为“三吱儿”是广东菜。虽然这道菜被人诟病很多，但想想，当年逃荒饥饿的难民，以及孤独面对茫茫大海的海岛官兵，这道菜也就成了无奈的选择。

泮塘马蹄粉为何能养生

泮塘马蹄粉是岭南人生活中必不可少的食品，在民间广为流传。它色泽微黄带灰，形状如针状或小片状，带有马蹄特有的清香，入口微甜。泮塘马蹄粉是岭南“医食同源”饮食文化的重要组成部分，也是广州西关文化的主要内容。它针对岭南湿热气候而致的痰湿体质、湿热体质等特定体质，应用《内经》“因地制宜”、“人天相应”的理论，而形成适合岭南人食用，具有防病治病、卫生保健的地域性食品。它的形成得到了社会群体的一致认同。

据传，马蹄、莲藕、慈菇、茭笋、菱角，原产自南天竺，后来由菩提达摩航海带到广州，传入泮塘种植。唐贞观二十三年(649 年)，太宗逝世，高宗继位。岭南道节度使，素闻广州泮塘马蹄、莲藕、慈菇、茭笋、菱角之名，遂令画匠作“泮塘五秀”图，并且派人把这副图及五种物品献给高宗。高宗见到图物后十分喜爱，把它们作为自己登基祭祀用的物品。后来此图辗转到一

泮塘马蹄糕

个叫李隆坤的人手上,他寻得“泮塘五秀”后,迁到泮塘村居住。那时恰逢马蹄收获,李隆坤按当地习惯品尝了马蹄,觉得其清香甘甜,于是存了很多鲜马蹄以供今后慢慢地吃。没想到,过了几天鲜马蹄开始腐烂,李隆坤于是用焙面法,将马蹄去皮捣浆置于釜,用慢火焙干成粉。又将粉水煮成糊,然后分给乡民吃。人们吃完后,都感到此粉跟新鲜的马蹄口味一样甘甜。因为李隆坤是用“泮塘马蹄”制作的,所以称之为“泮塘马蹄粉”。随后,隆坤就地开办了“泮塘五秀”店。清朝嘉庆三年(1798 年),李隆坤的传承人李坤耀,将“泮塘五秀”店迁至龙津路。李坤耀传承制作的“泮塘马蹄粉”及“泮塘五秀”制品,已成为颇具岭南特色的饮食文化品牌,享誉我国港澳台地区。随后,李坤耀利用广州对外通商之便利,将“泮塘马蹄粉”及“泮塘五秀”制品,远销东南亚、中东、中非、欧美等地,令“泮塘马蹄粉”及“泮塘五秀”制品,得以传誉海外市场。

现在,泮塘马蹄粉仍保持传统风味、口感和功效。它洁白纯正,用它制作的马蹄糕,软滑爽口,透明且富有弹性。此外,泮塘马蹄粉加红糖,再用沸水冲成马蹄粉糖水,有去热解暑、清肝明目之功效,是人们养生保健的食品。

梅菜扣肉有何来历及特色

梅菜是惠州传统特产,其色泽金黄,香气扑鼻,清甜爽口,不寒不燥,不湿不热,被传为“正气”菜,据说它与盐焗鸡、酿豆腐被称为惠州三件宝,而用梅菜制作而成的“梅菜扣肉”更是久负盛名。据说“梅菜扣肉”还有一段美好的传说,北宋年间,苏东坡居惠州时,专门选派两位名厨远道至杭州西湖学厨艺,两位厨师学成返惠后,苏东坡又叫他们仿杭州西湖的“东坡扣肉”,用梅菜制成“梅菜扣肉”。没想到这道菜吃起来美味可口,爽口而不腻人,深受惠州人们的欢迎,后来成为惠州宴席上不可缺少的美味菜肴。

梅菜扣肉是一道地道的传统客家菜。它的做法好坏在于梅菜的取材上,必须精选横沥土桥梅菜芯。在清水中将梅菜浸泡至爽口、淡口,然后把梅菜切成若干段备用。而所选的猪肉,必须是带皮的五花肉。将五花肉皮刮干净,放入冷水锅中,上火煮至八成熟,然后捞出,用净布擦去肉皮上的水分,趁热在肉皮上抹上酱油。接着,就在锅内倒入油,烧至八分热,将肉皮

梅菜扣肉

朝下放入锅中炸至呈深红色，捞出晾凉，皮朝下放在砧板上，切成七厘米长，三至四毫米厚的大肉片。这时把锅重新洗干净，注入油，下葱、姜、蒜、八角末，炒出味后放五花肉再炒片刻，然后下汤、白酒、盐、生抽、白糖。待汤开后，挪到小火上去，一直到焖烂为止。最后，把烧好的五花肉拿出来，肉皮朝下整齐地码在碗里，上面铺上一层梅菜段，再倒入原汤，上笼蒸透。走菜时，滗出原汤，把肉反转扣在盘中。这时吃起来，肉化而不腻，菜软而含油，肉里渗入梅干菜的清香，而梅干菜又得肉香，故而相得益彰，分外诱人。吃完之后，让人唇齿留香，回味无穷。

客家娘酒有何特色

在客家地区有一句耳熟能详的谚语："蒸酒磨豆腐，矛（无）人敢称师傅。"可见酒和豆腐在客家人饮食中的地位。在客家地区，饮酒是很普遍的习俗。客家人饮的酒是用糯米酿制的水酒，很少喝"高粱"之类的烈性酒。客家人不论老少都会饮酒，而在节庆佳日、喜庆寿诞上，酒更是不可或缺。

苏家围客家娘酒坊

客家娘酒坊位于客家民族的聚居地梅县，迄今已有100多年的历史。娘酒的酿造工艺一直以民间流传的方式传承着。关于"娘酒"的起源，在梅州地区有许多民间传说。有一种传说，相传在"五胡乱华"年代，中原大地民不聊生，民众大举南迁。一群妇女徒步越过千山万水，进入宁化，累得再也走不动了，一个个昏睡在深山野岭之中。不知过了多久，一阵清风夹杂着一种特别的香味沁入心间，一位年长的妇女慢慢苏醒，看见一位满头银发、红光满面的长者，用竹制的杓子，从容器中舀出清澈透明的液体，然后递给老妇说："喝下去吧！"老妇轻轻呷了一口，刚闻醇香浓郁的气味，便顿觉心旷神怡，随即疲累全消。老妇按照长者的指点，给每个姐妹嘴里灌了一口，转眼姐妹们个个清醒，精神焕发。望着妇女们惊奇的目光，长者哈哈大笑说："这是用糯米酿成的娘酒。"接着向大家介绍了酿造方法，之后便扬长而去。妇女们又惊又喜，急忙跪拜："神仙保佑，神仙保佑。"从此，南迁者在这里安居乐业，繁衍后代，客家娘酒也世代相传，流传至今。另外，关于娘酒还有其他几种传说。但不管怎样，娘酒已经深入梅州人民的生活，形成一种酒文化。所以，才有“梅州无处不酿酒，无人不喝客家娘酒”的说法。

娘酒是用糯米特制的黄酒，在梅州地区也经常称之为“老酒”。它的主要原料是大米或玉米，以天然微生物纯酒曲发酵而成，不加酒精和任何添加剂，是纯天然绿色饮品，酒精浓度低，营养价值高，可以直接饮用，也可与鸡等一起煲。它有活气养血、活络通经、补血生血以及润肺之功效。酿制后口味香甜醇美，营养成分更易于人体吸收，能刺激消化腺的分泌，增进食欲，有助消化，是中老年人、孕产妇和身体虚弱者补气养血之佳品。《本草纲目》中记载，米酒具有止痛去积，暖胃健脾，多唾温心，常饮皮肤润滑有光泽等功能。米酒适宜范围很广，一年四季均可饮用。

客家娘酒为宁化特产。自古至今，宁化客家人盛情好客，远近闻名。客来必以娘酒相待，饮酒必到尽兴而散。

“紫金三朵花”各指什么，有何特色

都说广东人不爱吃辣椒，其实不然，河源市紫金县人就是一个例外。紫金的辣椒酱远近驰名，被称为紫金三朵金花之一。紫金辣椒酱始创于 1771 年，已有 200 多年的生产历史。采用优质辣椒、大蒜等 20 多种原料以独特工艺精制而成，风味独特、营养丰富。有调和气血、助长消化、增强食欲、杀菌防病等功能。

按理说，广东天气炎热，不宜多吃辣椒，为什么紫金却生产辣椒酱呢？原来，明朝时期，封建统治者为了平定南方叛乱及发展南方经济，将大批的中原士兵派到南方，并随后迁来了中原的百姓，客家人就是其中一部分。中原士兵和百姓流入南方后，因不适应南方的水土气候和生活习惯而经常患病，有的甚至死亡。后来，他们沿袭了北方人喜辣的生活习惯，用北方出产的辣椒佐餐，疾病虽然有所减少，但南方气候炎热，不能经常吃辣椒。为了降低辣椒的辣度，人们想了一个办法，将大蒜掺入辣椒内制成辣椒酱。这种办法不但降低了辣度，而且味道更佳，能极大地增强食欲，大蒜掺辣

紫金辣椒酱

椒也就成了当时人们饭桌上的一道食品。据说，当时有一户姓沈的人家，对辣椒酱的做法有其独到之处。清朝乾隆三十六年(1771 年)，沈家的后裔沈金庭，据其前辈制作经验，调制出了调味佳品——辣椒酱。随后，辣椒酱远销我国香港、澳门地区及东南亚各地。乾隆皇帝出巡江南各省时，品尝到这一特产，甚为赞誉。此后，其便成为贡品。

紫金竹壳茶

紫金竹壳茶又称葫芦茶，是紫金的另一朵金花。它以整片竹壳包扎成五个连珠葫芦状，底部贴上红纸标签，过去在广州市中药店悬挂出售，颇为引人注目，是广东民间凉茶之一。这些年因利润低微，且外观老土，故在广州已难觅踪迹。可它却是真材实料之品，竹壳茶内含鸭脚木叶、葫芦茶、鸡骨草、金银花、车前草、金不换、救必应等中草药，据说民间已有近 400 年的饮用历史。此茶具有清热消暑、利湿消滞等功效，用于治感冒、食滞、大肠湿热等病症。广东民间多用它腌制咸鱼和肉类，以防蝇蛆。据《岭南采药录》记载:“干置衣箱中，避蠹去蛀虱。”现在，竹壳茶已被制成袋泡剂和冲剂等新剂型，前者易名为“保健茶”，加入了现代广东民间凉茶的行列。竹壳茶更是被海外侨胞称为“仙茶”，是四季皆宜的纯天然野生的最佳健康饮品，男女老少均可饮用。

紫金的最后一朵金花就非紫金铁锅莫属了。它采用紫金县宝山优质生铁和特有的传统技术冶铸而成，具有韧性好、不生锈、光滑油润、美观耐用等特点。它至今已有 600 多年的历史，与紫金辣椒酱、竹壳茶并誉为“紫金三宝”。但随着近年来市场的变化，它在大形势的冲击下，也慢慢走向了衰败，令人感到遗憾。

东江“酿豆腐”有什么特点

东江酿豆腐属于东江菜系，具有豆腐嫩滑、汤汁香浓的特点。它是由猪肉、豆腐、草鱼、虾米等配以多种佐料制成，含有丰富的蛋白质和氨基酸，适于冬季养生，补身养虚。东江酿豆腐的做法十分讲究，先将肉切成黄豆粒大小，加入鱼肉茸，调味搅拌至起胶成肉馅；然后在每块豆腐中间挖出长 2.5 厘米，宽 1.5 厘米的小洞，把肉馅酿入小洞内；接着用猛火烧镬，把豆腐逐块排放入煎镬内，慢火煎至金黄色，放入二汤，调味后再放入鱼末焖熟，调入老抽，逐块排放在碟内，淋上芡汁，撒上葱花，然后原煲上席，汤汁香浓，豆腐嫩香可口。

东江酿豆腐

相传东江酿豆腐源于古代中原人包饺子的习惯。千百年来，饺子作为贺岁食品，深受人们喜爱，相沿成习，流传至今。新春佳节人们吃饺子，寓意吉利，以示辞旧迎新。客家先民原是中原汉人，由于战乱、饥荒等原因，辗转南迁。因岭南土地不宜种小麦，是以大米为主食，缺少面粉，要保持这一习俗就很困难。于是他们因地制宜，就地取材，用旱地种植较多的黄豆磨制成豆腐，以猪肉和蔬菜等混合制成馅料，以豆腐作面皮，把豆腐切成长方形对角形两块，用筷子在每块豆腐中间挖个小洞，再把肉馅嵌入洞中，即形成“酿豆腐”，然后再蒸熟，以这种食法来代替吃饺子。制成的酿豆腐外皮坚实金黄，内里嫩如凝脂，轻轻一咬，顿时香气四溢，下咽后仍然满齿留香，这便是东江酿豆腐的由来。

还有一种说法是，有位兴宁人和一位五华人是好朋友，秉性耿直执着，结成同伴。一天，他们相邀去饭馆吃饭。点菜时，兴宁人说吃豆腐，五华人说吃猪肉，两人互不相让，各执己见，争吵起来。店老板怕他们闹翻了脸，便想出了一条妙计，把猪肉剁碎，拌上佐料，酿进一块块豆腐里，先炸后煮，又香又鲜。俩人一吃，连声叫好，都觉得比单吃一种菜要好得多。

东江酿豆腐是岭南文化和中原文化交融的产物。它蕴含着更隽永的味道，那便是客家人对故乡的浓浓情意。所以，有这样一种说法，客家人行走天下，哪里有客家人，哪里就有酿豆腐。

什么是梅干菜

梅干菜是一种客家乡土菜，也是流传千年的传统风味菜肴。客家人几乎家家都会制作梅干菜，所以便有了“哪里有客家人，哪里便有梅干菜”的说法。每年秋末冬初，菜园里的芥菜抽了苔，如拇指粗细，它顶带花蕾，形如秋菊，脆嫩味甘。这时，客家人便摘下菜心（长约 5 寸左右），晾挂几天。待叶子变软时，放进盆里，撒上盐，用手揉搓，等渗出一些菜汁时，便装入陶瓮，每码放一层便撒一层盐，装满后用芥菜叶或竹笋壳把瓮口封严。过个十天半月，再将它取出来晒干，便制成色泽金黄、咸酸味甘的梅干菜。梅州的梅干菜菜心丰富，茎杆金黄，干叶浅灰，越蒸越软，有股奇特的异香，令人回味无穷。将它抓在手中，干软绵厚，鼻子稍一感觉，就能闻出咸香来。此外，梅干菜的用途很广，可以将它单独烹煮食用，也可作配菜烹煮，但要注意的是，食用前要先将它用温水浸泡25分钟左右。用梅干菜烹制的菜肴，其鲜香之味，皆令食者难以忘怀。最常用梅干菜做的菜肴有梅菜扣肉、梅菜煲猪汤、梅菜蒸鱼、梅菜焖全鸭、梅菜捣肉饼等。以梅菜扣肉为例，因肉里渗入梅干菜之清香，而梅干菜又得肉香，故而相得益彰，浓香扑鼻，肥而不腻，风味独特，让人百吃不厌。

梅干菜

很多人将梅干菜和霉干菜视为一物，其实这两者是不同的。霉干菜是宁波的一种家常菜，与梅干菜地处两地，相隔千里之遥。它跟梅干菜的制法大同小异，也是在冬季的时候，将洗净的芥菜井井有条地放入罐内，再一层层均匀地撒上粗盐。过几天后，将腌透的菜条取出，挂在宅院内支起的竹竿上，然后在太阳下反复晾晒，直至色泽金黄，香气扑鼻。最后将这些芥菜逐一切成寸把来长，放在通风的地方挂起，等晒干以后便成了宁波的霉干菜。其实，梅干菜与霉干菜的味道、吃法、做法几乎一样，所以难免会让人混淆。唯一不同的是，霉干菜中混入了笋子，别小看这些笋，它可以让烹煮的肉味更上一筹。宁波的霉干菜有股特别的咸香，经冬更显甘香。总之，梅干菜与霉干菜同属干菜，都是烹调美味佳肴的好材料。

梅州盐焗鸡有何来历及特色

盐焗鸡是久负盛名的客家菜肴，也是梅州的传统名菜。来到梅州不吃盐焗鸡，那可就算白来了。它皮软肉嫩，香浓美味，并有温补的功能，深受人们的喜爱。

盐焗鸡作为广东粤菜的代表菜式之一，其来历及版本甚多，其中以长乐商贩盐腌肥鸡为甚。相传从前梅州长乐有一个商人，为人谦恭诚实，游走于岭南各地，以贩卖日杂食品为生。长乐商人由于信誉好，所以结交了不少好朋友。有一年年关，他贩运完货物，还采购了一批当地特产准备回家。当地的朋友十分重情，特以一肥鸡相送，此鸡名曰“三黄嫩鸡”，此乃当地特产，十分难得。长乐商人十分高兴，本想把此鸡带回家给妻儿品尝，但无奈长乐路途遥远，活鸡不易携带。于是，他便将鸡宰杀制成白切鸡，用盐包封在包袱里。行走到半途，他已经饥肠辘辘，但此地前不着村后不着店，无奈只好决定就地露宿一夜。安顿好之后，眼看天色渐暗，他跟随从的肚子已经饿得前胸贴后背，吃干粮又不解馋，顿时他想起盐包里的白切鸡，便拿出来与随从烤着吃。没想到这样烤出来的鸡特别美味，长乐商人心细，留了几块，带回家给妻儿品尝。他的妻子厨艺高超，品尝后亲自依法炮制，这样“盐焗鸡”便诞生了。

梅州盐焗鸡

盐焗鸡之所以能成为当地著名的特色美食，主要是其主料的选择。盐焗鸡选用农家随地放养，养到10个月左右的鸡，这时的鸡肉质地不老也不嫩，便是制作成美味菜肴的最佳时期。它的制作方法也十分讲究，一般选用大约两斤重的嫩母鸡，宰杀后，掏去内脏，洗净，晾干，然后往鸡腔内放入两棵大葱和少许姜片，往鸡身上抹些生油，用整张干净的草纸将其包裹起来，并且要把纸喷湿，随后放入锅中，用炒的滚烫的精盐把鸡煨埋起来，再用文火焖焗一个小时左右，据说这样食后不致燥热上火，而且还有清心润肺的功效。最后，出锅，拆骨，撕下鸡肉，按鸡的原形，装盘上席。盘子旁边搁有小味碟，内有香油和姜末等调料，供食客蘸用。由于盐焗鸡制法独特，所以其味香浓郁，色泽微黄，皮脆肉嫩，骨肉鲜香，美味诱人。此外，盐焗鸡还含有大量钙、镁等微量元素，对人体大有好处。

观音菜是怎么得名的

观音菜又叫紫背天葵，属于半野生蔬菜。可食可药，生长健壮，无病虫害，不需喷施农药，是绿色无公害蔬菜的佼佼者，有很好的营养保健作用。

观音菜是南昆山当地的特色产品，是有“北回归线的绿洲”誉称的南昆山所独有的一种蔬菜。它的外形像兰花叶，无污染，入口时先有韭菜味，再嚼后依次会有青蒜、大葱、微苦甘甜的味道，特别爽口，同时具有清湿排淤的功效。因为品尝观音菜时要求吃者细嚼慢咽，所以对面部美容也非常有好处。观音菜只生长在南昆山海拔600米以上的地方，其他地方引种后，不但长得不好，吃起来也不好。观

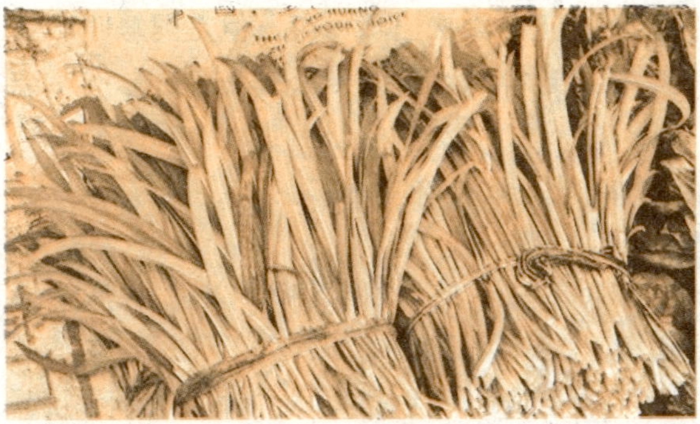

南昆山观音菜

音菜原名叫石蒜,因为长在南昆山的观音谭附近而得名。

观音菜食用方法多样。嫩稍和幼叶可与菇类素炒、与肉类荤炒或糖醋;亦可焯后凉拌,或做拼盘、火锅配料;也可放入姜末、蒜茸等调料清炒;还可做馅、做汤。叶片润滑,茎部爽口,风味别具一格。食时先用开水杀青,再加入蒜、酱油、香油等即可食用。凉拌时先用盐处理半小时,再倒去盐水,加入糖和醋即可;炒食拌加腐乳等佐料,风味更佳。它常温下可鲜储7天左右不变色,不腐烂,是当前较理想的营养保健蔬菜。它与韭菜相比,多了几分爽脆而无纤维的感觉,很受当地人的喜爱。

"阿嬷叫"的名字有何由来

在惠州老城区的大街小巷里,常常看到本地妇女在摆摊售卖一种叫"阿嬷叫"的当地特色小吃。它的做法很简单:用白萝卜丝、虾米、肉粒,放入已经调好味的面糊,裹上一层面衣弄成小碗状,然后下油锅慢火炸,有点像什锦炸,口味上外酥内软,清香不油腻,吃的时候蘸上香醋,更是美味无比。

关于阿嬷叫的来历,许多惠州人也不太了解,但根据惠州话的发音,"阿嬷"就是奶奶的意思,因此它的来历和奶奶也有些渊源。有一种说法是,阿嬷叫出现在清朝时期,由于香味过于诱人,连牙齿掉光的"阿嬷"也被吸引过来,所以就起名叫"阿嬷叫"。还有一种说法是当年惠州城一个小贩在街边卖"油炸油糍",浓郁的香气飘进街坊家里,馋嘴的小孩忍不住"诱惑",纷纷前来围观,小贩担心高温的油会烫伤小孩子,想让小孩走开,但却怎么也赶不走。后来没有办法,小贩骗小孩说:"阿嬷叫你回去!"祖母疼孙儿,一向亲近听话的。因此小孩一听信以为真便一溜烟跑回家。后来一旦有小孩围上来,小贩就会说:"阿嬷叫!阿嬷叫!"逐渐的人们也就把这种油炸小吃命名为"阿嬷叫"。

阿嬷叫

两种说法也不过是民间猜测，至于真正的说法已不可考。但是阿嬷叫的美味却是实实在在的，到了惠州一定要尝尝这个既实惠又美味的平民小吃。

“老火靓汤”究竟靓在何处

在广东，由于气候湿热，形成了独特的“汤”文化和“凉茶”文化，在广州还有“宁可食无菜，不可食无汤”一说，这里的人不仅爱喝汤，也善于煲汤，尤其是老火汤，更是粤菜一绝。老火汤也叫广府汤，是广府人家流传下来的千年药膳。由于广府汤最是讲究“靓”字，所以也叫“广府靓汤”，要想达到广府人“靓”的要求，就需要用慢火（即老火）煲煮，火候要足，时间要长，才能同时达到补体之效和兼顾口味之甘甜。

广东老火靓汤：木瓜鸡汤

要煲一盅上好的“靓汤”，首先要保证材料的“靓”，要丰富多样：中药在广府汤中承担着很重要的角色，除了人参、鹿茸等大补药材外，普通的药材也常常出现在材料单中，如葛根、淮山、枸杞、红枣等，对于调节人体内阴阳平衡、辅助恢复身体健康有很好的效果。其次煲的手艺要“靓”，不仅火候要掌握好，还有严格的程序。广东人有“煲二炖三”的说法，指的就是在煲老火汤的时候，至少要煲足两个小时。

广府汤之所以“靓”，还因为那浓郁满屋的香味。通常老火汤是没有什么漂亮的卖相的，毕竟经过长时间的熬煮，再怎么漂亮的原材料也只剩下“渣”了。广东人一般会直接把这些“渣”丢弃——即使它仍保留有大部分的营养——对于精心熬出的“汤”，就保持着独到的欣赏，虽然它貌不惊人，但揭开茶盅的那一霎那却能瞬间俘获人们的胃——飘香的香味勾人食欲。

老婆饼有何由来

潮州老婆饼是广州有名的点心，它是名店莲香茶楼的看家点心，其雅号称“冬茸酥”。它的雅号很少有人知道，但提起老婆饼这个俗称却声名远扬。

相传，元末明初期间，元朝的统治者不断向人民收取各种名目繁杂的赋税，人民被压迫被掠夺得很严重，全国各地的起义络绎不绝，其中最具代表的一支队伍是朱元璋统领的起义军。朱元璋的妻子马氏是个非常聪明的人，在起义初期，当时战火纷纷，粮食常常不够用，而军队还须东跑西走地打仗。为了方便军士携带干粮，于是，马氏想出了一个办法：用小麦、冬瓜等可以吃的东西和在一起，磨成粉，做成了饼，分发给军士。这样不但方便携带，而且还可以随时随地吃，对行军打仗起到了极大的帮助。后来聪明的人们就在这种饼的基础上更新方法，最后人们发现用糖冬瓜、小麦粉、糕粉、饴糖、芝麻等原料做馅做出来的饼非常好吃，甘香可口，这就是了老婆饼的始祖了。在经历了无数个年代后，直到20世纪初，老婆饼一直只有单一的品种。直到礼记饼家的创立，才将老婆饼进一步地扩大和发展。在经历了将近一个世纪的时间洗礼后，礼记饼家已经从小店铺变成了今天驰名中外的百年老字号，老婆饼也从单一的产品变成了现在的20多个品种，上百个制作方法，数十种不同口味的老婆饼，而礼记饼家生产的“澳门特色老婆饼”凭着传统的手工工艺，古法秘制，结合现代的先进生产工艺，已成为祖国大陆、我国港澳台、欧美等国家和地区久负盛名的特色产品。

潮州老婆饼

关于老婆饼的由来还有一个说法。广州莲香茶楼是一家百年老店，它的点心在广州家喻户晓。清朝末年，莲香茶楼雇用的点心师傅中有一个潮州人。有一年他回乡探亲时，带了很多广州著名点心，想让家人享享口福。谁知老婆吃了他千辛万苦带回来的点心，却说：“这些广州的名点还没有我做的冬瓜角好吃呢！”潮州师傅不相信，老婆便以冬瓜茸为馅、面粉为皮，做了些冬瓜角给他吃，他吃过之后，果然觉得好吃。在探亲结束后，他又让老婆做了一大包冬瓜角，带到广州给其他师傅品尝。没想到大家吃了之后，也连声道好。由于这点心为潮州师傅的老婆所做，大家便叫它“潮州老婆饼”。后来经过他们的一番改进，这老婆饼便成了广州有名的点心。

中山杏仁饼为何没有杏仁

中山的土特产“咀香园杏仁饼”是最出名的，来广东的游客都会到中山买上一盒杏仁饼带回家送给亲朋好友。杏仁饼其实并非用杏仁制成，它得名于状似杏仁，其实叫它绿豆饼更贴切。杏仁饼选用绿豆磨成粉制成饼，在饼中间夹一块薄薄的糖腌猪肉,经烘培后制成香香的绿豆饼。后来人们觉得此饼形似杏仁,且咀嚼后带有杏仁味,入口酥化,故取名"嘴香杏仁饼"("嘴"后来简化成"咀")。由于杏仁饼的杏仁形状容易缺角,影响美观,饼模被改成圆形,一直保持至今。好吃的杏仁饼不能用打饼机制作,会生硬难吃,一定要手工一敲一打做出来的饼才算正宗正货,口感才会松化。

中山咀香园杏仁饼

关于杏仁饼的创制还有一段故事。清朝光绪末年,中山市兴宁里有一书香世家,家道末落,经济越来越紧张。那日适逢家中主母生日,正为用什么来招待亲友而发愁,幸好家里有一个叫潘雁湘的婢女,用绿豆粉和糖研制过的肥肉片,精心制作成绿豆夹饼,敬奉给老夫人。饼入口甘香松化,肥而不腻,咀嚼有杏香,贺寿者吃了,都赞不绝口。从此绿豆夹肉饼成为节日招待亲友的佳品。由于饼形状似杏仁,所以称为杏仁饼。辛亥革命后,该大户人家为补家计,开始批量生产杏仁饼,并让家里的婢女到戏院叫卖,很受人们的欢迎。

中山杏仁饼以咀香园生产的最为正宗,规模最大,质量最佳,故又称咀香园饼。杏仁饼原属家庭自做自食,后来创制成产品。它每一道工序都需严格把关,先选取一级绿豆,经传统工艺精选制成绿豆粉,然后再配以上等菊花精制而成。饼身松脆,饼心香甜,入口松化,风味独特,产品远销欧美、东南亚及我国港澳地区。这种饼 1935 年在美国檀香山国际食品展览会上夺得金鸡奖,为祖国赢得了荣誉。1988 年在我国香港国际博览会上,咀香园杏仁饼参与了世界食品群雄的角逐,再获金奖殊荣。

白沙油鸭有何特点

油鸭即腊鸭,以虎门白沙的最出名,中国北方称为"板鸭"。相传在明清时期,虎门白沙设立盐埠,官兵多是江浙一带的人,他们都善于养鸭子。因为此地的河水纯净,所以官兵们退伍后,都不回自己的家乡,反而在白沙的溪边养起了鸭子,而江西南安的退役士兵又善于做腊鸭。白沙这个地方水足粮丰,正好为他们提供了养鸭和制作腊鸭的条件。因此,他们糅合江浙养鸭经验和南安制作腊鸭的技巧,创作出别具一格的"白沙油鸭"。

油鸭的制作方法十分讲究。在秋天时，先将鸭子灌养10天，然后再宰杀，刷上盐叠腌一夜。第二天早晨，再用冷暖水轮流清洗鸭子，盐度要适中，接着晒三天，再吊起来风干。制好的油鸭，皮特白，肉瘦味香，远销我国香港、东南亚等地。白沙油鸭的特点，肥白肉厚，甘饴香醇，肥而不腻，香而不俗。晚清时期已销往我国香港，誉满海内外。100多年来，白沙油鸭一直是外贸拳头产品。改革开放以来，白沙村油鸭工场遍起，秋冬时节，可谓全民加工。近年工厂改良工艺，使产品呈现出多样化、综合性的特点，发展成腊肠、腊肉等一系列产品，大量出口，供不应求。

白沙油鸭

白沙油鸭名传海内外，不仅是家庭的秋冬美食，而且走上宴席，佐以芋头、菜蔬，制作出"香芋油鸭煲"、"鸭脾糯米饭"、"鸭颈芥菜汤"、"金银鸭肝肠"、"鸭肾炖西洋菜"等各有风味。

为何说"食在广州，厨出风城"

"食在广州，厨出风城"，说的是广州美食名扬在外，而粤菜厨师多出自风城。风城指的就是顺德大良。广州和顺德这两个城市，可以说对粤菜的形成起着关键的作用。在广州，"吃"已经被升华为一种技巧，一种艺术；而顺德，更是被中国烹饪协会认定为"中国厨师之乡"。

众所周知，广东人无论飞禽走兽、鱼虾蟹螺、蛀虫鼠蚁都可作馔；举凡煎、炒、焖、蒸、滚、炸、泡、扒、扣、灼、煲、炖、烤等，都各擅其长，各具特色。广东羊城茶楼餐馆之多，酒店食档之众，在国内首屈一指，又素以品种之丰，茶式之盛，烹调之巧，风味之美而闻名遐迩。"食在广州"是广州旅游的一大特色，对中外游客均有极大吸引力。不少游客慕名而来，满意而归，都争相把品尝广州的名菜佳肴、美点小吃，领略广州的饮食文化、市井风情作为一件赏心悦目的人生乐事。所以，"食在广州"是名副其实，而且已被广大海内外人士所熟悉和认同。

相比较前半句而言，后一句"厨出风城"则只有少部分人知道。顺德自古以来就是广东的鱼米之乡，盛产淡水塘鱼、禽畜、蔬果。顺德几乎人人皆厨，个个都能够"炒几味"，不少人还有几手绝活。很多名菜都是从家庭中流传开去的，就连一些高官也精于此行，比如在顺德民间流传甚广的"市长鹅"就是出自于原

顺德美味：牛扒通心粉

佛山市常务副市长欧阳洪先生之手。据欧阳洪先生称，每逢外出开会回来，他都会亲自到厨房中做一两道菜。忙于政务的高官如此，一般专事厨房的家庭主妇或烹饪爱好者更是如此。顺德人对顺德厨师的构架作了如此描述：凤城厨师有如宝塔的塔尖，而宝塔的基座则是烹技不俗的家庭主妇，善于烹鱼的鱼塘公和普通烹饪爱好者；宝塔的第二层是乡村厨师和上门包办筵席的流动厨工以及食家。另外，顺德每个乡镇甚至每个村都有当地百姓极具"原创"特色的地方菜式，例如"大良污糟鸡"、"伦教霞石松皮鸡"、"羊额烧鹅"、"均安煎鱼饼"等。

从清代中期起，凤城厨师挟技出外闯世界，他们前往广州、香港、澳门乃至新加坡、马来西亚、法国、美国和非洲等地开设餐馆，把凤城菜式作为粤菜的代表推向全世界，以至于不少凤城菜式成了"唐菜"（指中国菜）的代表。到了20世纪初，部分顺德"自梳女"到穗、港、澳、东南亚等地的大户人家当女佣（称"妈姐"）。这些妈姐个个精于烹饪，把凤城名菜带到所在地，她们烹饪的菜也被称为"妈姐菜"，深受海内外人士的欢迎。著名的广州西关美食有不少是她们创制的。因此，"食在广州，厨出凤城"的说法，已经得到了外界的公认。

东莞米粉有何不同

米粉是东莞的一大特产。东莞是鱼米之乡，人们的主食中，米粉占到一个极大的消耗量。当地的米粉形态各一，有圆条的赖粉、扁扁的河粉、细细的线粉、卷成条的长粉。米粉的吃法也是花样极多，以河粉为例，就有炒河粉、汤河粉、蒸河粉等多种吃法，如果再加上配菜的话，就又有牛肉、烧鹅、叉烧等不同的变化，早晨光吃一个粉就可以让你一个月天天不重样。

东莞米粉以道滘米粉最为出名。米粉食用前，一般要用冷水将其泡30多分钟，如果泡得久一点也没关系，那样米粉更好煮或炒。但是，如果泡的米粉多，吃不完时则要注意换水，以免酸臭。炒米粉时，锅里放入适量的油，然后直接把泡好的米粉放在锅里炒，不要特意把水淋干。太干时要另外加点水，这样炒出来的米粉软软的，不会成团状。炒的过程中，一定要加酱油，这样才有味有色，并且要佐以细盐跟味精，然后放入青菜、豆芽、肉丝、鸡蛋等，快出锅的时候再撒少许葱花，以增加美味。制作汤米粉时，最好选用新鲜的排骨汤做汤料，再加点调料，而酱油是必不可少的。这样制作出来的米粉，色香味俱全。论起米粉的吃法那真是说也说不完，可见米粉在东莞人的日常生活中不可或缺。

东莞米粉

另外，还有干的排粉也是东莞的特产之一。最出名的是已有几十年历史的“孔雀牌”米粉，其洁白爽滑、久煮不烂。它一投放市场，就受到我国香港地区人们的欢迎，成为广东出口米粉五大王牌之冠。到了20世纪50年代末，澳大利亚一个大型食品公司的老板，在一个偶然的机会中尝到了东莞米粉，觉得它香滑、细腻、柔韧、不断，很有特色。于是他专程来到东莞寻找生产厂家，并选定了石龙、博厦两个厂为合作伙伴，将东莞米粉推销到澳大利亚。澳大利亚的悉尼、墨尔本等各大城市的宾馆、酒店和快餐厅，目前都已经能够吃到东莞的米粉。此外，东莞米粉还远销法国、俄罗斯、日本等国。

东莞的厚街腊肠有何特殊之处

东莞的厚街腊肠历史悠久，几百年来经久不衰。关于厚街腊肠还有一段动人的传说，据说北宋末，有一王姓人家在厚街立村。到了南宋末年，元兵大举南侵，村民们东躲西藏。为了方便随身携带食物，他们想到一个办法，就是把大米和肉碎拌匀，灌进猪肠内，用小绳束成一节节，蒸熟后，携入山中。这样不仅方便长期保存，而且还可以填饱肚子，他们在山中躲过了元兵的杀戮。后来经厚街村民逐代对腊肠进行改进，到了明代中叶，厚街腊肠基本定型。20世纪30年代，厚街腊肠远销东南亚、我国港澳等地，并且在港澳有信昌、兴发、灿记等几家作坊，它的制作工艺，代代相传，至今仍保持着较高的传统声誉。

厚街腊肠色、形、味独特，它的形状与别地有异，是比鸽蛋稍大的椭圆形，颜色呈紫酱色，味道芳香可口。它还有一个特点，就是一节节特别短小，几乎像一个大红枣一样，所以又叫枣肠。这有可能是因为当年逃亡的村民为了节约材料而又取食方便，所以做成这么小。不过这个特点，使它食用起来非常方便，而且还有个好处，当你剪取几节腊肠放在饭上蒸熟时，它的香味都会包含在肠里，不会散失，等到一口咬下去时顿觉满嘴香味，特别可口。

厚街腊肠可分为花肠、鸭肝肠、猪肝肠等几种。厚街腊肠用料严格，制作讲

东莞厚街腊肠

究，质鲜、香醇、爽脆。它选用新鲜肠衣和优质后臀肉，然后配以上等汾酒，再加上纯黄豆生抽、白砂糖及食盐（绝不含味精），肉经剔筋剁碎、配料、灌肠、插扎、分节、晾晒、烘干等工序，制成色、香、味、形独具特色的腊肠。现代的厚街腊肠，将传统的制作原理同现代的技术结合起来，从选料、混料、灌肠、打针眼、绑节、吊晾、烘干等整个生产过程实现无尘、无火烟及杀菌的要求，采用自动控温的远红外线烘干，实现高质量的标准化生产。如今厚街腊肠除畅销我国港澳地区及东南亚一带外，还远销欧美等地，每年出口1万多吨。

此外，后街腊肠也很方便贮藏，如放冰箱内，通常可保存鲜味3个月左右。用后街腊肠还可以制作成美味的菜式，如腊味煲仔饭、西兰花炒腊肠、腊肠蒸鸡、腊肠香菇蒸鱼、荷兰豆炒腊肠、腊肠炒饭等，都很受广大消费者的欢迎。

西樵大饼有何来历及特色

西樵大饼，原名叫“西山福大饼”，距今已有300多年的历史。其外型圆大，大者有2斤，一般也重半斤，也有一两左右的小饼。它颜色白中微黄，不起焦，入口松软，清香甜滑，食后不觉干燥。

西樵大饼的特点是白形圆，甜而不腻，入口即化，这与它独特的制作工艺是分不开的。它选用上等的白面粉，并配以西樵山清泉，混合鲜酵母和白糖，发酵成面种。发面种是为了使饼身更加松软，无苦味。发酵两天左右才可使用。然后在面种中再加入面粉、猪油、鸡蛋等一起搅匀，成为面团。接下来，再将面团搓成扁圆形，面团必须擦匀，这样成品才会比较洁白和有韧性，以达到其外形完整，色泽雪白，入口绵软香滑的质量标准。接着把做好的饼放入已洒上扑面粉的饼盘内，再在饼面上撒上扑粉。最后，将面饼放入炉里

西樵大饼

用中火烘烤。刚烘制出来的西樵大饼，表面都有一层薄粉，关于这点是有说道的。入炉时，它能使饼不易黏锅，使操作的人容易判断饼的生熟，并且使饼保持洁白的色泽；出炉后，人们根据薄粉断定饼的卫生，假如大饼外层的粉没有了，说明大饼已被人动过，内行的人就不会买，因为西樵大饼一般是不准多动的。

关于西樵大饼最初的由来，据说，是由明朝弘治年间礼部尚书方献夫于无意之中制出的。方尚书每日四更上早朝，一日，他已经起床洗漱完毕，却迟迟不见仆人送来早点。于是他走进厨房，看见有一块发好的面团放在案板上，便临时决定在面团中加入鸡蛋和糖揉匀，做成一个大饼，然后放在炉子上烘烤。还没等饼烤黄，就要上朝了，于是他用布包好饼，匆匆上朝去了。不料到朝房时，时间尚早，方献夫便拿出尚有余热的大饼，和着清茶津津有味地吃起来。同僚们闻到饼香四溢，都不禁咽起了口水。有个官员问起了饼名，方献夫想起自己的故乡，便顺口说："此饼乃西樵大饼。"散朝后，方献夫命厨子如法炮制，做了几十个大饼，翌日早朝带到朝房分给同僚们享用。同僚们边吃边啧啧称赞饼子可口，西樵大饼便在朝中扬名了。直至后来，方献夫称病还乡，在西樵山设石泉书院讲学，将制作西樵大饼的方法告诉了乡人。乡人们用西樵山泉做出的西樵大饼，味道更加清甜，而且刀切不掉渣，暑天放在桌上十天半月不变质。据说，其他地方对西樵大饼都有仿制，不过味道相差甚远。

莫少年巧对国老（方献夫）

西樵大饼因其颜色形状跟一轮圆月相近，寓意花好月圆，所以在西樵的婚嫁习俗里，扮演了重要的角色。从古到今，西樵人娶新妇，要把许多个约半斤重的西樵大饼挑到女家，再由女家派送至左邻右舍、亲朋好友。大饼派发得越多，说明女家挑的女婿家境越殷实。而西樵大饼的寓意，也代表了父母长辈对结婚新人的深深祝福。

佛山扎蹄有何来历及特色

佛山扎蹄是佛山市的地方传统风味名食。它具有造型美观、皮爽肉脆、鲜香可口的特点。佛山的一般烧腊店都有制售，但说到味道好、制法讲究，则当属"得心斋"的扎蹄。得心斋建于清朝乾隆年间（1736—1795），至今已有200多年的历史。它的祖铺原在佛山正埠，即现今永安路的路头，一向是以经营烧腊业为主，后来随着酝扎蹄风行一时，店主就另在铺内设专柜来售卖。这家店主人颇有心计，为了比同行业突出，他别出心裁创制出“酝扎蹄”这一品种来。

佛山老字号得心斋

佛山酝扎蹄是把猪脚开皮，抽去脚筋和骨，再用猪肥肉夹着猪精瘦肉包扎在猪脚皮内酝制，然后用慢火煮浸。由于是用水草扎着来酝制，所以名叫“扎蹄”。扎蹄的制作程序比较复杂，但不外乎这四方面，一是选料，二是酝制，三是调味，四是火候。选料时要选一些娇嫩的猪脚，肥肉要选猪脊头肉，瘦肉要选精肉，不要带筋膜。酝制的时候先将猪手脚刮洗干净、开皮，如果制扎蹄，还要抽去猪脚筋和骨，然后放入釜中用慢火酝至八九成熟，取出针刺（针刺是用针在猪皮外边扎孔，作用是使猪皮胶外溢，吃起来爽口）。针刺后，放入釜中再酝，跟着把猪脚取出放在清水中过冷。猪肥肉要用幼砂糖或盐来腌渍，瘦肉要用油来走油，还要用烧酒、糖来处理。各种原料配备后，把猪肉切成薄长条，肥瘦相间包在皮内，外用水草扎住，再放入卤水中配浸。卤水是用花椒、八角等多种调味而创成。过去，卤水中还加入“蛤拐”（青蛙的一种），以提高卤水的质量。这样，配制出来的产品“堪中带爽、肥而不腻、和味甘香”。在佛山，扎蹄还有一种形式，就是用整只猪脚酝制而成，它的制作工序比较简单。不管是哪种形式的扎蹄，在佛山都深受消费者的欢迎。

关于得心斋的扎蹄还有一段这样的故事。相传清朝时，有一位巡抚大人到佛山视察，时已深夜，他命差役弄些饭菜来作为宵夜。但当时各食店都已关门，差役无奈，只好拍开得心斋的门买酝扎蹄。巡抚吃了之后，大加赞赏，以后多次差人来佛山购买酝扎蹄，并广为介绍。从此，佛山得心斋酝扎蹄的名声，不胫而走，并且远销至广东全省及我国港澳地区。后来有些商人，企图鱼目混珠抢夺得心斋的生意，在附近另设

佛山扎蹄

一间烧腊店，亦以酝扎蹄来号召，取名“老德心斋”。直至新中国成立后，两店合并，改名为“新得心”。后来为了保存佛山著名土特产的声誉，恢复了该店的原始老招牌——得心斋。得心斋的酝扎蹄不仅深受当地人的喜爱，很多外来游客莫不以一尝为快，他们还购买回去馈送亲朋好友。

清远鸡为何有名

清远鸡也叫清远麻鸡，由于产自广东清远而得名。清远鸡体型小，皮下和肌间脂肪发达，皮薄骨软，是被列入《中国家禽品种志》的27个优良品种之一。清远鸡的饲养主要采用放养的方式，常年在竹林里走动，吃的是天然的虫子，喝的是大自然的露水，其纯天然的生长环境，也让清远鸡保持着良好的品质——皮色金黄、肉质鲜美嫩滑、骨头酥软，一直以来都是我国主要的出口肉鸡品种。

其实在过去，清远鸡不过是广东一个不知名的品种，它的出名是发生在20世纪70年代，主要是由于一位来自海外的贵客——美国前总统尼克松。

1972年尼克松总统访华，打开了中美之间交流的大门。对于应该拿什么来招待这位美国贵宾呢？这是令当时的招待人员十分头疼的，毕竟那时候的我们，连老百姓的基本温饱问题都还没解决，又怎能大肆铺张浪费呢？可是也不可以让客人小瞧了我们呀！为此，他们还专门组织了一个美食代表团到全国各地去走访查询，最终决定选用之前并不怎么有名的清远土麻鸡来作为主菜。

当时为了保持清远鸡独特的风味，在尼克松抵达上海的那天，美食团才从广州用军用飞机空运500只清远鸡到上海，而清远人处理鸡的方法十分简单——用热水浸熟后用凉水冰镇——白斩鸡，据说这是最能保持清远鸡清甜原始味道的方法。

当这道不起眼的菜端到尼克松的面前时，尼克松的眉头不禁皱了起来：“这就是你中国人接待客人的食物？怎么这么不起眼？”但当他吃到第一口的时候，感觉不但皮爽肉滑，连骨头都是清甜的！便不由得脱口而出：“very good ！”连忙问起这道白切清远鸡的由来，翻译官照着资料一路翻译，但讲着讲着，突然讲不出来话来了。于是几十双眼睛直勾勾地盯着翻译官，看是怎么回事。可以想象当时的气氛真的是凝结到了顶点。

清远鸡

原来，过去没有电脑，所有的资料都

美味清远鸡

是手写的，而这份清远鸡的资料来自广东。大家都知道粤语的发音与普通话有很大的区别，而广东人还会自创文字。这份资料上写的鸡“㼦”（广东话念 hóng，指的是从未下过蛋的小母鸡）、鸡“乸”（念 ná，指的是老母鸡）等字在字典上查都查不到，这个非广东人的翻译官当然是不认识的，而且就算知道是什么字，也不知道该如何翻译呀，毕竟在英语词汇中，这方面的词比汉语还少！

当时主要负责接待的是周总理，总理看到直冒冷汗的翻译官，赶紧上前看是怎么回事。哪知总理一看就笑了，当初他在广州的黄埔军校担任教官，对于广东的不少风土人情是相当了解的。于是他对尼克松说道：“总统先生，您把我们清远的一只公鸡的未婚妻给吃掉了！”尼克松一听，恍然大悟：怪不得我们美国的鸡没那么好吃，原来还要吃掉别人的未婚妻。一句话把大家逗得哈哈大笑，化解了刚才的紧张气氛，也把清远鸡的名声带到了大洋彼岸。

潮汕名菜“来不及”与“护国菜”有何由来及特色

“来不及”是潮州菜的代表之作，其由来与过去一位度量狭小的潮州府台大人有关。相传在府台大人 60 大寿的时候，大女婿带着丰厚的礼物专程从福建赶到潮州道贺，此外还带来一位福建厨子，让岳父大人尝尝地道的闽菜。

但这位府台听到后心里却有另一番琢磨：“你这不是说我潮州没有名厨吗！”于是找来当地一位名厨来同这个福建厨子较量一番。上方约定，比赛时间为寿宴的三天，就看谁做的菜花样多、技术过硬、罕见少有。

潮州名菜“来不及”

双方厨师在三天寿宴里，各展绝技——潮汕菜里的“玉彩燕窝”、“金钱蟹”、“八宝酥鸭”等名菜纷纷上桌，而闽菜这边应战的“飞燕迎春”、“佛跳墙”、“龙舟草鱼”等也毫不逊色。双方难分高下，而客人们也是吃得酣畅淋漓，大饱口福，连连赞叹厨艺高超。

到最后，两个厨师的技艺都已将尽展现，但比分仍未得出。潮厨苦苦思索制胜之法："我们的做菜技术和花样都差不多，要想获胜，只能做出一份从来没有过的菜才行！"正当他急得没办法的时候，他看到府台大人家的后花园尾墙根下几株葱绿的香蕉树，顿时两眼一亮，灵光闪过，立即让人摘来几个香蕉，去皮后加上配料煎制至焦黄即装盘上桌。当这份从未见过的，香气四溢的新奇菜式刚一出现就抓住大家的味蕾，人们不禁要问："这道菜叫什么？"厨师只好老实回答："这是来不及，我才……"但还没说完，客人便纷纷点头称赞："这道来不及最好吃了。"于是这道菜的名字就被定为"来不及"并沿用至今。

"护国菜"也是潮州名菜，是选用番薯叶、草菇、火腿等为原料制作的一道汤菜。制作时选用新鲜细嫩的地瓜叶，除去经络，用碱水浸后压干以去除青涩味，然后切过横刀，草菇、火腿焯水去腥。然后所有原料一起入油锅爆炒。最后上汤煨制即可。这道菜上桌时汤里仍然是滚烫的，但因表面一层厚厚的油脂封面，故不见热气升腾。所以，食用时要先将油层拨开，浅尝即止。若是操之过急，必然上当，成为席间的取笑对象。

护国菜的得名与宋代最后一位皇帝——宋少帝赵昺有关。据说当年丞相陆秀夫带着年仅八岁的少帝，一路从福建逃到广东潮州，在一间古庙里休息。庙里的和尚听说寄宿的是宋朝皇帝，因而对他十分恭敬。然而当时天下战乱，民不聊生，庙里也没有什么名贵菜肴可以招待的，只得到自己的田里摘些新鲜番薯叶，去掉苦味制成汤奉给皇帝。少帝正值饥渴交加，看到这菜清香碧绿，吃过后觉得爽滑鲜嫩，于是大加赞赏，便问起菜名。和尚答道："山野贫僧，不知此菜名称，但愿能解除皇上饥渴，重振军威，确保大宋江山安全无恙。"少帝听后十分感动，于是将这道菜赐名为"护国菜"，沿袭至今。

但其实我们知道，据《金薯传习录》记载，番薯是明朝万历年间由吕宋（今菲律宾）传入我国的，这在当时是一件十分新鲜的事情，仅在闽、粤一带有少数种植。这显然与宋少帝时期不符，既然南宋时期并没有番薯，那么粤东的和尚又怎能在田地里摘到番薯叶？不过，人们宁可相信这是真实的——"护国菜"的故事是悲壮的，那是汉文化读书精神的追求。当然不久之后的崖山战役更为这份悲壮添上了一层光环。虽然南宋也是腐败的封建王朝，但在过去汉人正统的观念里，相对于游牧社

潮州名菜"护国菜"

会的元蒙古统治者，它更能得到汉文人的认同。

潮州美食橄榄菜有何特色

橄榄菜是潮汕地区所特有的风味小菜，取橄榄甘醇之味，芥菜丰腴之叶煎制而成。因此，潮汕有“橄榄菜”的故乡之称。橄榄菜色泽乌艳，油香浓郁，美味诱人，经加工制作后具有“清、鲜、爽、嫩、滑”等特点，下箸品尝，舌肠芳洌，细细咀嚼，留香齿颊，别有一番“踏花归去马蹄香”的韵味，而且食之能帮助消化。所以，橄榄菜可以说是闻名遐迩的潮州菜系中的一朵奇葩。

据说每年夏天，肆虐的台风刮过之后，橄榄林子里总会落下一地的橄榄花。橄榄花就是尚未成熟的青橄榄，这时距离秋冬的采摘期尚远，橄榄果个小色青肉嫩核稚，吃起来黏稠味涩。有一位巧媳妇，舍不得让橄榄花在地里烂掉，就拾了一篮回家熬煮。因为旧时每家每户都有一个咸菜瓮，瓮头（上面）总堆放着一些咸菜尾（叶），巧媳妇便将这些咸菜下脚料也取出来洗净切碎，放进生铁鼎（锅）里与橄榄花同煮。她的本意，只是将废物利用起来，留着以后慢慢食用。不想奇迹真的出现了，乌橄榄菜就此诞生了。虽说这只是传说，但由橄榄制作而成的橄榄菜却深受人们的喜爱。

潮汕橄榄菜

橄榄是我国的一种优良水果，早在唐朝就被列为贡品。现在潮汕各地农村、山区均普遍栽种，其中以潮安县文祠、归湖所产橄榄树较为闻名。潮汕人嚼橄榄犹如喝功夫茶。初吃潮州橄榄时，只觉又苦又涩，而回味后却觉得清香、甘甜。橄榄有别称为“青果”。这是因为一般水果初生时是青色的，熟时会变颜色；而橄榄从生到熟，始终保持青翠的颜色。橄榄又称为“忠果”、“谏果”，这是因为它先苦后甜的特别韵味有同于古代忠臣苦谏的性格而得名的。

“桃三李四橄榄七”，橄榄需栽培 7 年才挂果，成熟期一般在每年 10 月左右。新橄榄树开始结果很少，每棵仅生产几公斤，25 年后才显著增加，而且橄榄树每结一次果，次年一般要减产。休息期为一至两年。橄榄嚼后回味甘醇，有清热解毒、利咽化痰、生津止渴的作用。故潮汕人除了把橄榄作为食用的生果外，还喜欢用来招待客人。

老广东的购物

粤绣有什么特色

粤绣与苏绣、湘绣、蜀绣号称中国“四大名绣”，是国家级非物质文化遗产。粤绣以布局满、图案繁茂、场面热烈、用色富丽、对比强烈、大红大绿而著称。其最大的特点就是布局满，往往少有空隙，即使有空隙，也要用山水、草地、树根等补充，显得热闹而紧凑。粤绣还有一个独特的现象，就是绣工多为男工，和其他地区绣工均为女子不同，在绣制大件时，绣工常手拿长针站着施绣。

粤绣：咏鹅

粤绣历史逾千年，有文字记载始于唐朝。唐代《杜阳杂编》记载，永贞元年（805 年），南海（今广州市）有一个 14 岁的奇女子卢眉娘，在一尺见方的绢上绣出了一卷佛经《法华经》七卷，“字之大小，不逾粟粒，点画分明，细如毫发，其品题、章句无不具矣”。她又绣制阔一丈的“飞仙盖”，上面绣有山水、神仙、玉女,“执幢、捧节童子亦不啻千数”。可见粤绣既有悠久的历史,又有卓越的技巧。明代正德年间(1506—1521),粤绣经由欧洲商舶出口到葡萄牙、英、法等国,成为宫廷和皇室、贵族们宠爱的服饰品。据《存绣堂丝绣录》记载,清代宫廷曾收藏有明代粤绣“博古围屏”等8幅,上面绣制古鼎、器、玉器等95件,“铺针细于毫发,下针不忘规矩”,有的“以马尾缠作勒线,从而勾勒(轮廓)之”,图案工整,“针眼掩藏,天衣无缝”,充分显示了明代粤绣的高超技艺。曾在雍正、乾隆时期,粤绣就大量远销欧洲各地。当时有专作外销品的作坊。清光绪二十六年(1900年),粤绣从广州海关出口,它价值高达近50万两白银。粤绣纹样有孔雀开屏、三阳开泰、百鸟朝凤、公鸡牡丹、杏林春燕、佛手瓜果、松鹤猿鹿等民间喜爱的题材,构图繁密,色彩浓重。它的主要作品为衣料、被面、枕套、挂屏、屏心及小件扇套、褡裢、团扇、鞋帽、荷包等。粤绣曾于1915年在巴拿马国际博览会上获奖。

粤绣分为“广绣”和“潮绣”两个流派。“广绣”是产于广东地区的手工刺绣品,据传创始于少数民族,明中后期形成特色。它的特色在于用线多样,用色明快,讲求华丽效果,而且多用金线作刺绣花纹的轮廓线。它的装饰花纹繁缛丰满,热闹欢快,多选用百鸟朝凤、海产鱼虾、佛手瓜果一类有地方特色的题材。它的绣工多为男工所任,绣品品种丰富,有被面、枕套、床楣、披巾、头巾、台帷、绣服、鞋帽、戏衣等,也有镜屏,挂幛、条幅等。潮绣则以金碧、粗犷、雄浑的垫凸浮雕效果的钉金绣为特色而标异于其他绣种。它的题材有人物、龙凤、博古、动物、花卉等,以饱满、匀称的构图和热烈喜庆的色彩,气氛鲜明、生动地表现题材,使潮绣产生了丰富瑰丽的艺术效果。潮绣有绒绣、钉金绣、金绒混合绣、线绣等品种,各具特色,《百鸟朝凤》是其代表作品。

粤绣:梅凤图

粤绣针法丰富多样,有基础针法、辅助针法、象形针法3大类,直针、续针、捆咬针、铺针、钉针、勒针、网绣针、打子针等45种。绣制时,根据设计意图及物像形状、质感和神态,巧妙地将各种针法互相配合和转换,以求达到良好的艺术效果。此外,它在创作设计方面还善于把寓意吉祥和美好的愿望融入绣品中。与此同时,还善于汲取绘画和民间剪纸等多种艺术形式的长处,使绣品的构图饱满,繁而不乱,针步均匀,光亮平整,纹理清晰分明,物像形神兼备,栩栩如生,惟妙惟肖,这都充分地体现了粤绣的地方风格和艺术特色。

目前所知保存完整幅面尺寸最大的清代粤绣为光绪三十一年(1905年)由广东十三省状元坊官绣的同泰店号所造的寿鸾刺绣,长4.2米,宽2.8米,该工艺品大量使用金箔线,制作工艺复杂,加之其中的描金祝寿语,含意深奥,字体工整。如此巨幅精美的刺绣巅峰之作,现存于世者极其稀少,是清末刺绣工艺与寿辰礼仪研究收藏极品。

广州牙雕有何特色

牙雕不仅是一门古老的传统艺术,还是一门民间工艺美术。牙为大象身上最坚固的部分,其光洁如玉、耐用、珍贵勘与宝玉石媲美,因此象牙又有“有机宝石”之美誉。用象牙雕刻艺术品,以坚实细密、色泽柔润光滑的质地,精美的雕刻艺术,备受收藏家珍爱,成为古玩中独具特色的品种之一。

广州牙雕工艺有着悠久的历史,富有装饰性,素以精细工整、玲珑剔透而闻名于世。清朝康熙年间实行海禁之后,广州成为对外贸易的唯一港口,这种得天独厚的地位,使得东南亚等地的象牙大量输入广州,为牙雕工艺提供了充足的原料。从此,广州牙雕工艺远远超过了其他地方,成为全国之冠,同时形成了自己的风格特点,有别于苏州、扬州、杭州、北京等地的艺术格调,并对其他地方的牙雕工艺产生了影响。广东牙雕,制作着重于雕工,并讲究牙料的漂白和色彩装饰。它的作品多以玉质莹润、精镂细刻见长,玲珑精巧、华丽美观。广州气候温暖湿润,象牙不易脆裂,宜于制作钻镂、透雕的作品,再加上原先的工艺水平,镂雕逐渐成为广州牙雕工艺最具特色的技艺。它的品种多样,其中以象牙球最有名。象牙雕刻与其他多种材料,如紫檀、犀角、玳瑁、翠羽等巧妙镶嵌于一器之上,使图案更富有立体化,增加了图案的层次,是广州牙雕工艺的显著特色。

广州牙雕观音

广州牙雕艺人首创的象牙球,可算是我国象牙雕刻中的一种特殊技艺。象牙球是用整块象牙雕刻而成。球内套球,逐层镂空,每层厚薄均匀,球面刻上精细图案花孔,层层都能转动。配上形式多样、内容丰富的牙雕球柱和底座,就成为了一件完美而别具风格的艺术品。清代,因商贸的需求,民间艺人仿自石雕,创造了镂空雕花、

广州象牙雕国际象棋

专门用作观赏的象牙球。这种象牙球交错重叠，玲珑精致，表面刻镂着各式浮雕花纹。球体从外到里，由大小数层空心球连续套成，外观看来只是一个球体，但层内有层。其中的每个球均能自由转动，且具同一圆心。并且象牙球里外每一套球均雕镂着精美繁复的纹饰，有百花、龙凤及山水人物等数种。球与球之间相互连接，雕刻外层球体表面较易，但刻镂内层许多球体时，因施工空间的限制，很难刻，所以象牙球工艺会让人感到技巧的奇特和玄妙。牙雕套球又称“同心球”，制作相当繁复，工艺要求极高。据《格古要论》载，早在宋代就已出现3层套球，时称“鬼工球”。到清乾隆时期，有了更大发展。起初广州牙雕艺人借鉴石狮口中含珠的镂雕形式，经过细心的设计与钻研，并加以大胆的想象和巧妙的手艺，用象牙材料创作了球内套球的新花色。象牙球从开始的1层，至清乾隆时期发展到14层，广州牙雕艺人在牙球制作上多有创获。乾隆时套球已达10多层，玲珑剔透，巧夺天工。再到清末已达到25或28层，目前最多能刻至60层，真是令人赞叹不已。

肇庆端砚为何能成为文房四宝之首

砚俗称砚台，与笔、墨、纸一起称作中国传统的文房四宝。它是汉族书写、绘画研磨色料的工具。最常见砚台的制作材料是石材，有来自广东端溪的端砚，还有安徽歙县的歙砚，甘肃南部的洮砚，河南洛阳的澄泥砚等，这四种砚台被称为“中国四大名砚”。端砚又称作端溪石砚，位列四大名砚之首，也是我国“文房四宝”之“宝中宝”。

端砚产于古端州（今广东肇庆）羚羊峡斧柯山和北岭山一带，故名端砚。据清代计楠《石隐砚谈》记载：“东坡云，端溪石

鹅形端砚

始于唐武德之世。”据说唐朝时，有一位梁秀才的儿子，他用先父给他留下的端砚每天练小楷字5000，写文章1篇，天天如此，从不间断。到了京城会试时，他带上先父留下的端砚，进京赴考。考试正逢腊月初八，常言道：“腊七腊八，冻掉下巴。”当时天寒地冻，滴水成冰。梁秀才的儿子手捧端砚，冒着严寒走进考场。考场上其他考生砚台里的墨全结成了冰，弄得这些考生心慌意乱，手足无措。唯独梁秀才儿子用的端砚仍然发墨迅速，书写流畅。他心里十分高兴，文思泉涌，一挥而就。会试完后，接着殿试，他场场顺利，终于金榜题名，中了进士。等他衣锦还乡之时，逢人就讲：“之所以能考上进士，多亏端砚。”从此，他把端砚珍藏起来，作为传家宝。端砚从那时起便名扬天下。后来，宋朝著名诗人张九成赋诗赞道：“端溪古砚天下奇，紫花夜半吐虹霓。”所以，在宋代，端砚与歙砚、洮河砚、红丝砚（另一说法为澄泥砚），并称“四大名砚”。

端砚闻名于世，它不仅石质坚实、润滑、细腻、娇嫩，而且用端砚研墨不滞，发墨也快，研出的墨汁十分细滑，因此书写起来比较流畅，不易损毫，且字迹久不变色。一般而言，上好的端砚无论哪种天气，即使是酷暑严寒，如果用手按其砚心，砚心总是呈湛蓝墨绿色，水汽会久久不干，因此古人有“哈气研墨”的说法。端砚石石品丰富，有石眼、鱼脑冻、冰纹冻、天青冻、蕉叶白、青花、翡翠、火捺等石品，具有很高的欣赏价值。端砚之所以名贵，除了前面所说的以外，还与它的开采和制作工艺有关。一方端砚的闻世，要经过从探测、开凿、运输、选料、整璞、设计、雕刻、打磨、洗涤、配装等10多道艰辛而精细的工序。采砚石无法用机械化操作，只能以手工为主，历代采石工人都是按石脉走向，顺其自然向深层采掘，从接缝处下凿。采出来的砚石如能有三四成可用，已属难得。坑道向下倾斜、曲折蜿蜒，工人进出要下蹲弯腰，有些地段仅能容一人裸体匍匐爬行。

宋朝宫廷端砚

端砚的造型式样多姿多彩，由初唐的实用型逐渐提高到明清时期的实用与欣赏相结合的高度，步入了民族工艺美术的行列。如今，端砚已成为中国工艺美术百花园中的一朵奇葩，闻名遐迩。前来肇庆观光的中外游客无不以拥有一方工艺精湛、多姿多彩的端砚为荣。现今，收藏于肇庆市端茗砚雕工艺厂内的《端溪九龙砚》，是世界上最大的端砚，它长4.6米，宽3.15米，厚0.45米，重达

13.8 吨，被誉为“中华之最”。

江南木屐有何特别的遗韵

木屐是木底鞋的通称，是我国一种民俗用品，适合在雨天泥上行走。北方人管它叫“趿拉板儿”，广东人则叫“木屐”。

早在 2000 多年前，木屐就流行于我国。相传春秋时，晋国贵族介子推曾随晋文公流亡国外，回国之后，介子推隐居绵上（今山西介休东南）山中，晋文公多次召请不至。后来奉命来召介子推的军士想用纵火焚山的办法逼他出山，介子推竟抱树而死。晋文公哀叹之余，便用该树为木料做成木屐，每当穿着它时就说：“悲夫，足下！”借以表达对介子推的眷念。

木屐的形式多样，用途也有所不同。它既可以作为军旅工具，又可作为游山玩水之用。据《晋书·宣帝纪》载：“关中多蒺藜，帝使军士 2000 人着软材平底木屐前行，蒺藜悉着屐，然后马步俱进。”说明当时那种平底无齿木屐，曾是行于蒺藜荆棘中的好工具。南朝诗人谢灵运常着木屐，上山时去其前齿，下山则去其后齿，使用起来轻便轻巧又很稳妥。所以，唐朝诗人李白在《梦游天姥吟留别》诗云：“脚着谢公屐，身登青云梯。”南宋时期，木屐成为文人、士大夫喜欢穿着的风尚。叶绍翁在《游园不值》诗云：“应怜屐齿印苍苔，小扣柴扉久不开。春色满园关不住，一枝红杏出墙来。”这首诗不但透露出文人喜爱木屐，更成为后人吟诵的千古绝句。

木屐在我国广东潮汕地区最为闻名。随着客家人南迁广东，也带来了穿木屐的习俗。潮汕人在办理婚丧事宜上也与木屐联系起来。例如，女儿出嫁时除送嫁妆盒外，还有伴嫁木屐的习俗。但伴嫁木屐必定要涂上鲜艳的颜色，绘上鸳鸯戏水、并蒂莲花等画面，以祈夫妻恩爱、早得贵子之心愿。在办理丧事时，等到七七、三旬、百日，以及女儿、女婿、孙女、孙婿脱孝之日，当事人必定要办妥每份两对有头有尾的甘蔗、两对红花、四袋种子、两双木屐（木屐头尾涂上红色）和两块材料，作为对儿女们的拜祭回礼，以表示富贵长青、兴旺发达、子孙满堂之意。再者，木屐也与环境有关。我国南方地区天气多雨潮湿，木屐透气干爽，鞋底高低随心所欲，并适应本地的水土，推陈出新形

江南旧习：试木屐

江南木屐

成了岭南独有的特色。即大多只有前帮而无后帮，结构简洁，以求最大限度地散热和穿着方便，因此在广东广为流行。

木屐多用泡木、黄桑木等制成，并且以原块木为宜。制作中，先开刨木块，依屐画线，用宽口錾木成型，锯跟底起蹭，用布或胶、塑料片或牛皮等钉在木屐前方之上呈船篷状或蜂腰状，即可穿用。岭南木屐虽然结构简单，但是人们爱美的心情跃然其中。木屐分儿童的、男式的、女式的，按用料不同又分为光身木屐、油花屐、局漆屐、棕屐等花式。男人多穿白坯屐，女人多穿油漆红皮屐。

石湾公仔为何享誉世界

中国的陶瓷在世界上享有盛名，蜚声国际，其中著名的有青花瓷、唐三彩。而以石湾公仔为代表的石湾陶艺品则是中国民间艺术的一朵奇葩，它的艺术创作植根于民间，曾被称赞道："妙手匠心巧出神，泥沙水火见奇珍。艺精品美石湾瓦，名甲四方天下闻。"

石湾公仔就是石湾艺术陶瓷，它的产地是广东省佛山市的石湾镇。石湾制陶历史悠久，陶瓷产业十分发达。据石湾"河宕贝丘遗址"的考古证明，5000多年前就有当地居民开始制陶。它是在日用陶高度发展，商业流通活跃繁荣的基础上产生的，每件作品充满着浑厚、粗犷、质朴、率真的审美情趣。石湾公仔上釉别具一格，釉色浑厚斑斓，造型生动传神。它在技法上，塑造人物以不施釉的陶泥"胎骨"表现人体肌肤，取得了"比瓷雕更有温情和人性"的艺术效果。明代以后，石湾公仔的生产进入鼎盛期，产品种类繁多，逐步分为人物、动物陶塑、器皿造型、园林陶艺及微塑五大类，成为独具岭南特色的工艺品。《明诗综》有载："石湾瓦，甲天下。"概括反映了当时石湾陶瓷生产的地位。清代，石湾出产大量各式日用陶瓷

石湾陶瓷：松鹤图

石湾陶瓷：吕洞宾

品和风格独特的陶塑瓦脊、园林用品、艺术人物以及花鸟虫鱼等美术陶瓷，其陶瓷产品不仅畅销岭南，而且还经“海上丝绸之路”远销至东南亚各国。历经千百年的传承和锤炼，石湾陶艺形成了独具特色的艺术风格，深受国内外人士喜爱和赞赏。2006年“石湾公仔”更被列入首批国家级“非物质文化遗产”。

石湾公仔历来都是由民窑生产，创作方式不受拘束，自成一格，而且题材广泛，贴近民众生活，具有浓厚的乡土气息。一向以来，石湾公仔都被视为平民的艺术品，直到现在，石湾人的生活依然跟陶瓷有着密切的关系。从日常所用的器皿，到一般家居摆设，都离不开陶瓷。为了开创新路，有一些陶艺家会创作一些新的题材，另外还会在传统石湾公仔的精髓中，加入一些新元素，希望让陶艺发展有新的空间。这种传统民间艺术已经受到广泛的重视，而且在艺术舞台上的地位越来越高。

石湾公仔多以人物形象为主，人物雕塑是石湾陶艺中最常见、产量最大的品种。除了各种历史、神话传说和小说戏剧人物，还有渔樵耕读等生活的题材，这使得石湾陶瓷成为人们乐于收藏的艺术品种。此外，鸟兽鱼虫也是石湾公仔中较常见的品种，题材分现实和传说两大类，比如说现实生活存在的马、牛、羊等，传说里的龙、凤、饕餮、麒麟等，这些都极富传统文化气息。

湛江为什么是采购海产的天堂

广东湛江市海产品闻名遐迩，其新鲜、质优、价廉，是人们品尝海鲜、购买海产品的理想之地。因而，近年来有“要吃海鲜到湛江”之说。

湛江东连南海，西枕北部湾，岸线漫长，海域广阔，滩涂众多，是蟹的良好栖身之地，自古以来盛产优质名蟹。湛江的海蟹与江南的淡水大闸蟹 ，平分秋色，各领风骚。湛江吴川的芷寮米蟹，在宋代已被视为蟹中上品，以腿粗肉厚、膏满脂丰而著称，是中国四大名蟹之一。传说当年苏东坡路过吴阳，品尝了芷寮蟹，赞不绝口，写下“未看黄山徒双目，不吃螃蟹辜负腹”诗句。可见芷寮蟹是何等的风味迷人。湛江人称蟹洞为灶，这类蟹均在洞中捕捉，故称“灶蟹”。太平、民安的灶蟹，肥、香、鲜、脆，多为“双衣”和“重壳”，味道别具一格，特别是具有“长命”的特点，可活生生运到京城，故历来被列为朝廷贡品。

湛江对虾

湛江历代各地方志的物产篇都有盛产虾的记载，虾被誉为湛江的海特产，久负盛名。烹熟后的虾，体弯色红，被拟人为“鞠躬如也着红袍”，也称长须公，寓意长寿。湛江人喜欢称婴儿为苏虾，起乳名，男的叫虾仔，女的叫虾女，甚至排列称二虾、三虾、细虾。虾被誉为海八珍之一，古人赞它“玉鬣冰肌风格擅”。湛江海域宽广，港湾众多，沿海各地都产虾，不存在“物以稀为贵”。虾是湛江人常用的菜料，早晚菜市都有出售，也是饭桌上常见的菜式。湛江人素来认为虾能活络、通乳、入肾、脾经，常把虾作药膳，肾虚畏寒用虾炒韭菜壮阳，妇女哺婴以虾煲黄豆催乳等，湛江人与虾有着深厚的渊源。

湛江虾的品种，主要是对虾，以往北方或江南地区，常成对出售较大的虾故叫对虾。它身体晶莹通透，也叫明虾，湛江人多称大虾。今日的湛江已是全国最大的对虾种苗繁育、养殖、饲料生产和加工出口的基地，年销售量占全国三分之二，其中大部分出口。有人测算中国市场每三条虾就有一条湛江虾，而美国人的餐桌每5条虾，就有一条来自湛江。虾业成了湛江的支柱产业，起着龙头的作用。社会上流传一句话：“全国对虾看广东，广东对虾看湛江。”说到虾，不得不提虾中的真龙天子——龙虾，它是海中最大型的爬行虾类，美味珍奇稀罕。龙虾生活在深海，捕捉困难，生长期漫长，幼虾到成虾，需要5~7年，产量低，价格高，成了“阳春白雪”，使人可望而不可即。湛江的龙虾，远近驰名，主产于硇洲岛东南海域，该岛谭井村家家捉龙虾，有“虾之乡”之称。硇洲岛制的龙虾标本是很有特色工艺的，产品远销国外。

湛江生蚝

此外，生蚝也是湛江有名的海产。湛江地理位置优越，位于中国大陆最南端的天然深水港口城市，生蚝吊养在无污染、无公害的原生态海域中，养殖出来的生蚝肉质鲜嫩肥美，口感清甜无渣、爽滑，可制作多种多样的生蚝食品，是目前原生态海鲜产品种类中唯一无人工投料养殖的生态生蚝。蚝有“海洋牛奶”之美誉，是传统的滋补药用食品，因其味道鲜美营养丰富而备受人们的青睐。蚝肉含有优质蛋白、氨基酸、肌醇、牛磺酸及等多种微量元素，因此具有极高的医疗及食用价值。

肇庆裹蒸有何来历及特色

裹蒸是肇庆特产，人称“茶点王”，也叫裹蒸粽。肇庆裹蒸是用本地特有的冬叶包裹、水草包扎，呈枕头状或埃及金字塔形。它的馅料很特别，由糯米、绿豆等素料制成，内藏的肥肉更肥美适中，调和味道，深受大众喜爱。肇庆裹蒸香气横溢，入口松化，爽滑甘香，肥而不腻，甘香可口，风味独特，是当地居民欢度春节的传统食品。

肇庆裹蒸粽

据说肇庆人制裹蒸始于秦代。秦始皇当政时，苛捐特重，劳役繁多，农民悲苦难言。当时农民为方便田间劳作，便用竹叶或者芒叶裹以大米，煮熟后随身携带以作干粮，就是最早的裹蒸。至汉代，肇庆的城乡居民已有在春节、端午节包裹蒸和粽子的习俗。乡间传闻，北宋包拯在古端州（今肇庆）因政绩突出被调往京城，赴任之际，端州百姓用家中的糯米、绿豆，加上猪肉，制作成一种形状像铁拳的食物，让包拯带着路上吃。因此，肇庆裹蒸更像包公铁拳的形状。裹蒸还曾奉为贡品，《南齐书》记载，在皇帝御食中，有“裹蒸”这一道菜。皇帝十分喜爱：“食此不尽，可四片破之，剩余权当晚食。”清代诗人王士祯有诗赞肇庆城乡除夕熬煮裹蒸的盛况：“除夕浓烟笼紫陌，家家尘甑裹蒸香。”如今，肇庆裹蒸已经成为家喻户晓的传统产品，它作为春节探亲拜年的必备礼品，寓意着丰衣足食和来年好运。

近代以来，除了传统的糯米、绿豆、猪肉馅裹蒸外，还发展出更具营养的黑糯米等新品种，而内馅方面更是五花八门，名目繁多，填入冬菇、白果、栗子、腊肠、腊鸭、蛋黄、腊肉，则被誉为“七星裹蒸王”。有食客认为肇庆裹蒸个头太大，馅料历来都没有过多的变化，略嫌肥腻。殊不知，传统裹蒸个头大是因为用很多大块的冬叶来包裹的，从而尽量吸收到冬叶的清香以及达到保鲜效果，由于肥瘦花肉是必须要一大块的，这样蒸出来的肉气才更厚，与具有一定分量的糯米和绿豆去互相融合，才能蒸出由冬叶、糯米、绿豆、肥瘦花肉四种基本材料融合而成的裹蒸特有风味，所以体积较大。

肇庆裹蒸粽摊位

肇庆裹蒸的吃法也颇具特色。当地人通常是将热气腾腾的裹蒸从锅里取出之后，拆开冬叶，加入切细碎的香菜、葱和炒香的芝麻粉，再加上几滴土榨花生油和酱油，随吃随蘸，颇有风味。而另一种吃法是将冬叶打开后，裹蒸蘸上蛋浆后用猪油煎至金黄，表皮香脆，再加上述配料食用，同样味道不俗。民间最喜欢吃的还是新鲜出炉的"开炉裹蒸"，不加任何调料，直接食用。新鲜出炉的裹蒸，久经煲煮的冬叶已变为深绿色，糯米表层吸收了冬叶的叶绿素，呈现一层通透的浅绿，冬叶与糯米、绿豆混合的清香令人垂涎欲滴，其味甘香，口感软滑，吃后齿颊留香。据说颇具补中益气，以及止夜尿和增加热能的作用，在春天这乍暖还寒的时节，裹蒸成为人们欢度春节的传统食品确实有其效用目的。

居住在肇庆的回民也有包裹蒸的习俗，他们则以牛肉作馅，称作"清真裹蒸"。佛教信徒则以花生、白果、冬菇为馅料，称作"上素裹蒸"。

揭阳番薯石牌红有何特色

番薯也叫红薯、地瓜等，不同地区人们对它的称呼也不同。它生食脆甜，可代替水果；熟食甘软，吃在嘴里，甜在心头。它既可作主食，又可当蔬菜，蒸、煮、煎、炸，吃法众多，一经巧手烹饪，便能成为席上佳肴。

揭东县炮台镇石牌村一带，生产出一种肉质金黄略带红色的番薯，这就是石牌红。用它制成佳肴（去皮、切条、浸水、拌糖、煮熟），颜色金黄鲜艳，十分悦目，并且味道甜中含甘，异常适口。近年来，除了潮汕，广州等地的酒楼也有此菜肴面市，甚至在我国港澳地区及东南亚也是声名大噪。

"石牌红"番薯因薯体呈橙红色或粉红色，故得名。它已经有130多年的历史。自清代开始，炮台镇发展为港口商埠，时有"红头船"停泊，带来了形似萝卜、皮薄肉厚的"沙拉越"甘薯，在当地种植，因其属外洋传入，俗称"番薯"。经过世代的择优汰劣，加之这里属桑浦山麓，沙质土壤，清醇的山泉水和适宜的气温阳光，为番薯的栽培提供了优越的环境条件，石牌村人终于培植出这种皮薄

揭阳番薯石牌红

肉厚,橙红醇香、营养价值较高的“红肉番薯”。它被列入“第二五谷”而当粮食充饥,受到人们喜爱。到了20世纪30年代,从潮安县后陇村引进移植一种优质的红肉番薯,与石牌村的红肉番薯相结合,杂交培植出适合当地种植的“石牌红”番薯。

随着人们生活的改善,“石牌红”番薯从原来的“第二五谷”升格为宴席名菜。“石牌红”番薯的烹调独特,先将薯体洗洁去皮,切成块状,泡浸水中10分钟。捞起后,配以白砂糖搅拌,慢火煮之,保持薯块不散,其表面又能裹着一层薄薄的糖纱,色泽鲜艳橙红,嚼之香甜爽口。有的还雕刻为莲花状,取花开富贵之意,以敬宾客,达到形、色、味俱佳。近几年来,许多到过炮台镇的国内外嘉宾,都喜欢寻觅品尝,一饱口福。

为满足人们对“石牌红”番薯的需求,石牌村不断扩大其种植面积,并注重搞好贮藏。贮藏的时间越长,其肉质越柔美,气味越香甜。在当地,人们家里贮藏一定数量的红肉番薯,被作为财富的标志。串亲访友时,以“石牌红”番薯馈赠,也是炮台人特有的习俗。

增城挂绿为何被称为“荔枝之王”

荔枝是中国岭南佳果,号称“果王”,而挂绿则是荔枝中的佳品。挂绿主产于广东增城,其外壳红中带绿,四分微绿六分红,果肉洁白晶莹,清甜爽口,挂齿留香,风味独特,因果身中间有一道绿痕而得名。

增城挂绿是荔枝中的珍稀品种,清代为宫廷贡品供皇帝品尝。明末清初屈大均《荔枝诗》咏到:“端阳是处子离离,火齐如山入市时。一树增城名挂绿,冰融雪沃少人知。”清诗人李凤修咏到:“南州荔枝无处无,增城挂绿贵如珠。兼金欲购不易得,五月尚未登盘盂。”清代文学家朱彝尊慕名入粤观赏,赞之:“南粤荔枝,向无定论,以予论之,粤中所产挂绿,斯其最矣。”足见其珍贵程度,被称为“荔枝之王”。

增城挂绿至今已有400多年的历史。据乾隆年间县志记载,挂绿原产于增城新塘四望岗,后至嘉庆年间因官吏勒扰,百姓不堪重负而砍光挂绿荔枝。万幸只存县城西郊西园寺(现荔城挂绿广场)一棵至今,“西园挂绿”弥为珍贵。

增城挂绿

挂绿荔枝果实扁圆，不太大。果蒂带有一绿豆般的小果粒，蒂两侧果肩隆起，带小果粒的那侧稍高，谓之龙头，另一边谓之凤尾。果实成熟时红紫相间，一绿线直贯到底，“挂绿”一名因此而得。挂绿的果肉细嫩、爽脆、清甜、幽香，特别之处是凝脂而不溢浆，用纱包裹，隔夜纸张仍干爽如故。屈大均在《广东新语》所说：“挂绿爽脆如梨，浆液不见，去壳怀之，三日不变。”

关于挂绿，很久以来民间流传着这样一个动人传说。相传八仙中的何仙姑是增城小楼桂村人，她15岁时得仙人点化，食凤凰山云母片学会飞身法术。18岁时父母将何仙姑许婚别人，她不同意，在婚礼前夕乘人不觉，飞身至罗浮山得道成仙。后来何仙姑因不忘家乡令人陶醉的荔枝佳果，常常回乡漫步荔枝园中。一天，何仙姑留恋西园荔枝美景，坐在树枝上编织腰带，离开时把一条绿色丝线遗留树上，绿丝线飘绕在荔枝果上，于是荔枝果上都有一道绿线，人们就给它取名“挂绿”。可见“挂绿”之神奇和名贵，带有不凡的“仙气”。

21世纪初，挂绿曾出现单颗天价拍卖的情形，打破吉尼斯世界纪录，成为全球最昂贵的水果。足见其品质极优，珍贵非凡。

中国米中之王是指什么米

丝苗米是广东省增城市的特产，因其米粒细长，米泛丝光，故称为丝苗米。它素有“米中之碧玉”、“饭中之佳品”等美誉，与增城挂绿荔枝齐名。

丝苗米的原产地是增城市朱村街，该品种属于优质籼稻品种，因稻谷细长、米泛丝光而得名，素有米中碧玉、中国米王之称，与增城挂绿荔枝齐名，在清朝末年已驰名海内外。2004年9月20日，国家质检总局批准对增城丝苗米实施原产地域产品保护。

增城丝苗米已有200年以上的历史了。清朝庚辰年(1820年)版的《增城县志》对增城丝苗已有记载：“近来，早熟有栋赤，有上造丝苗，有白谷仔颇佳，晚熟有泉水占，丝苗最佳。”由此可见，“丝苗”在当时已是最佳的稻米品种了。丝苗的正宗品种是晚造的。普称丝苗或高脚丝苗，对外称增城丝苗。相传清朝嘉庆年间，有一天，两位仙人云游至白水礤上空，顿时一股紫气升起。仙人见到这

增城丝苗米

里山清水秀，觉得祥云紫气下面必是一块风水宝地，于是驾住云头，落脚白水磜，建立寺院，在这些梯田里播种稻谷。这种水稻谷壳金黄色，因其米粒细长苗条，晶莹洁白，米泛丝光，煮饭爽滑可口，而被当地农民引种扩种。清朝时，此米还被当做贡品送给皇帝享用。

增城丝苗米晶莹洁白，因油质丰富而略泛丝光，自然清香。用它做成的米饭软硬适中，爽滑芳香，口感类似泰国茉莉香米。米饭加入上汤水搅动后，饭团散开，汤仍清澈见底。一般人对丝苗米的认识可能还停留在它的色、香、味上，其实它还大有学问。在丝苗米的多个品种中，它们都有自己的特色，分别富含一种或者几种营养元素，具有营养保健之功能。如黑野丝苗21号，它所含的蛋白质相当于一般稻米的2倍；江野丝苗6号，它的氨基酸含量高出普通大米的1倍以上；巴野丝苗2号，不仅米质柔软，而且还含有抗癌物质和人体必需的营养元素“硒”。

增城丝苗米因其优良的特质，多年获奖无数。泰稷牌丝苗米在1992年中国香港国际食品博览会上荣获金奖，穗珍牌香丝苗米获第三届中国农业博览会金奖……

五指毛桃有何特色

五指毛桃并不是桃，属于桑科植物。它广泛分布在广东龙门至万绿湖区的山上，自然生长于深山幽谷中，因其叶子长得像五指，而且叶片长有细毛，果实成熟时像毛桃而得名。

五指毛桃煲乌骨鸡汤

五指毛桃别名佛掌榕、粗叶榕。《广州植物志》中，广东人把它通称为“五爪龙”，又名五爪毛桃、五爪牛奶、土黄芪、南芪等。它的植物形态是灌木或小乔木，高1~2米，全株茎、果、皮、叶均含乳液，根皮有香气。它含有氨基酸、三萜、生物碱、香豆精等成分。据《中华药典》记载，五指毛桃味辛甘、性平、微温，具有益气补虚、行气解郁、壮筋活络、健脾化湿、止咳化痰等功效。

五指毛桃被称为"广东人参"，历来是民间流传甚广的"煲汤料"。购买五指毛桃时，应注意三点，一是要看色泽，一般以棕黄色为佳；二是挑质地，粗黑的有效成分反而较少，根须细的比较好；三是闻味道，没有硫黄味，好的五指毛桃有一股淡淡的椰香味。不要被市面上的"三指毛桃"、"四指毛桃"所混淆，此外，在广东的一些市场上，经常冒出来大量假冒五指毛桃的树根，还有些五指毛桃甚至是使用硫黄熏制而成。

客家人自古以来，有采挖五指毛桃根用来煲鸡，煲猪骨、猪脚汤作为保健汤饮用的习惯。用五指毛桃煲鸡、煲猪骨汤，其味道鲜美、气味芳香、营养丰富，具有很好的保健作用。特别是对支气管炎、气虚、食欲不振、贫血、胃痛、慢性胃炎及产后少乳等病症都有一定的作用。食用时先取小部分用清水洗净，用冷水再浸 15 分钟，即可以与猪排骨或猪骨头，以及其他肉类等一齐煲汤，使用明火，效果更佳，宜浓宜淡，不论春夏秋冬，男女老少皆可食用，其独特风味深受各界人士喜爱。

东莞荔枝有何特色

东莞素有"荔枝之乡"的美誉，人说"中国荔枝属广东，广东荔枝属东莞"。东莞荔枝色、香、味俱全，"食之令人畅然意满"，被誉为"岭南第一品"。东莞荔枝种植历史悠久，根据东莞市志记载，《元一统志》和大德《南海志》均有关于东莞荔枝的记载，而明代的东莞茶山、石龙等地出现了"千树荔"的大规模荔枝园。一直以来东莞是珠江三角洲主要的荔枝产区，而荔枝则被誉为东莞的农业名片。荔枝主要分布在东莞市的东部丘陵、埔田、山区的常平、茶山、大岭山等镇区，那里荔枝如海，佳果飘香。在我国，荔枝的产地只有广东、福建、广西、四川等数省，其中以广东省产量最高。而在广东，荔枝产量最高者为东莞市。

东莞荔枝

东莞荔枝的品种多样，有糯米滋、桂味、妃子笑、三月红、黑叶、槐枝等传统优良品种，后来又培育出红绣球、无核荔枝等新品种。值得一赞的是大岭山镇的糯米糍荔枝，以其个大、皮薄、肉多、果甜、味浓的特点而享誉中外，曾获全国首届农业博览会金质奖和北京国际农业博览会金奖。而桂味的特点是有桂花味，肉爽而清甜。它的果皮为浅红色，皮上的裂片峰尖刺手，皮薄而脆，并且核有正常发育的大核，亦有退化的焦核。桂味中有一种叫“鸭头绿”，有墨绿色的斑片，是特佳的品种。三月红因在农历三月下旬成熟，故名三月红，属于最早熟种。它的果实呈心脏形，上广下尖；龟裂片大小不等，排列不规则，缝合线不太明显；它的皮厚，为淡红色；肉黄白，微韧，组织粗糙，核大，味酸带甜，食后有余渣。由于三月红上市早，所以很受消费者的欢迎。“一骑红尘妃子笑，无人知是荔枝来。”因杨贵妃而得名的妃子笑，也是东莞荔枝中的佳品，它的别名为落塘蒲、玉荷包。妃子笑是精选的荔枝，荔枝看上去个大、饱满、颜色对比特别明显，经常是一颗荔枝上红一块绿一块的，别看整体颜色发绿，其实很甜。它具有果大、肉厚、色美、核小、味甜等特点，品质风味优良。

东莞荔枝由于风味独特，品种优良，不但畅销全国各地，还大量出口我国港澳地区、东南亚、欧美等地。此外，荔枝还可以加工成荔枝干、荔枝酒，每到荔枝收获的季节，一些宾馆酒楼还推出荔枝宴等美味佳肴，茂密的荔枝林也成为东莞生态绿城的主要特色。

如何挑选麻涌香蕉

东莞的香蕉历史悠久，久负盛名。早在元代东莞已有香蕉生产，《元一统志》载：“蕉子，番禺、南海、东莞、清远并有，美香而甘。”明末清初时，屈大均记载东莞中堂蕉利村“芭蕉满海天”，清嘉庆年间“蕉多出麻涌蕉利一带”。东莞最好的香蕉要数麻涌香蕉，它产于广州市与东莞市的交界处，珠江三角洲黄金腹地的麻涌镇。

麻涌香蕉是岭南四大名果之一，有一种叫“过山香”的品种，很受人们欢迎。如何挑选它，这里面是有学问的。你要专门挑那种个头不大，表皮上有一点黑色麻点的，当地人形象地称其为“芝麻点”或“梅花点”。别看现在有些外国进口的香蕉个头大极了，有一尺多长，表面黄灿灿的看起来很漂亮，但你把它跟过山香放一起一尝便能分出上下来了。麻涌的过山香皮薄，肉又粉又甜，还香得不得了，而那

麻涌香蕉

种外国进口的大个香蕉，皮厚，肉质又韧，半甜不甜，香味也似有若无，简直是金玉其外。

东莞的香蕉产量是全广东省第一，主要有大种高把和大种矮把等优良品种。大种高把在东莞种植面积最多，一般单株产量就高达 30 公斤左右，个别高达 50 公斤，为香蕉类中的著名优良品种。而大种矮把，植株较短，抗风力强、蕉肉香甜、嫩滑、蕉皮光亮薄身、不易起黑斑点，是适合东莞气候的传统优良品种之一。其他还有油蕉、齐尾、矮（高）脚顿地雷、越南香蕉、天宝蕉、萝岗矮把、广西高型香蕉、泰国香蕉、潮安香蕉、台湾高把、广西矮、威廉斯、海南蕉等品种。而麻涌镇所产的香蕉以高芭龙牙蕉、黄皮油蕉、大种矮芭蕉等品种为多，镇内设有十几个香蕉交易市场，形成了香蕉贸易产、运、销一条龙服务体系。优良的香蕉品质，科学的种植技术和现代化的经营方式，使麻涌香蕉远销全国各地。

东莞市传统的香蕉产区有麻涌、中堂，另外还有沙田、洪梅、望牛墩、道滘、虎门、长安等镇区。东莞之所以被称为“蕉乡”，是因为其土地肥沃、温度高、阳光足、雨水多等优势，这些条件都有利于发展东莞的香蕉业，特别是近年来大力推广试管大苗、果实套袋和保鲜等一系列新技术，生产出果大饱满、色泽鲜丽、含糖量高、品质优良的香蕉，深受国内外市场的欢迎。除此之外，香蕉还可以制成香甜爽脆的香蕉干片，大大地提高了其商品率和经济效益。

东莞麦芽糖柚皮知多少

麦芽糖柚皮是东莞大名鼎鼎的民间传统食品，尤以石龙镇出产的最为有名。麦芽糖柚皮以新鲜优质的广西沙田柚子皮和麦芽糖为原料加工而成。其制作过程相当复杂烦琐：将新鲜的柚子去掉果肉取皮、晒干，用清水长时间浸泡以去除柚皮中的苦味。然后再去掉表面的青柚，最后把剩下的部分切成片捏干以备用。麦芽糖的制作是用优质的糯米浸泡发胀，捞起沥干后与切碎的小麦芽共同发酵 8 小时，然后压榨出的汁液便是麦芽糖了。石龙人采用自己独特的秘方将麦芽糖与柚皮一起用猛火熬煮——时间至少一个小时。然后把熬煮好的糖浆倒在糯米纸上冷却，剪成三角形小块包装好，风味独特的麦芽糖柚皮便做好了。

东莞麦芽糖柚皮

根据石龙镇当地的说法，麦

芽糖柚皮最早是由百年老字号“李全和”做出来的。“李全和”创于咸丰六年(1856年),由于当时物资短缺,不少老百姓经常饭都吃不饱,更别提零嘴了。由惠州搬迁过来的李全和的父亲便想出一个变废为宝的办法,他将别人不要的柚子皮经过反复尝试后,终于做出糖柚皮。后来李全和将这种小食发扬光大,成为东莞的名产。

麦芽糖柚皮软滑细润,甜而不腻,齿颊留香。根据现代药理学的研究,柚皮富含胡萝卜素、维生素、矿物质、挥发油等。其作用与黄酮类相似,对消炎具有很好的功效。而中医则认为,柚皮味辛苦甘、性温,有化痰、止咳、理气、止痛、健胃消滞之效,是极好的保健食品。

沙井鲜蚝有何特点

蚝学名牡蛎,其肉白净,并且含有丰富的蛋白质,味道鲜美可口,因此它被誉为“海底牛奶”。在诸多的海洋珍品中,许多人唯独钟情于蚝。广东的蚝以深圳沙井的蚝最称著于世,来当地旅游的人,都喜爱购买蚝。

深圳市沙井公社地处珠江口的大海湾,因沙井的蚝田处于咸淡水交汇之地,蚝吸食海水里的浮生物特别多,所以这里的蚝长得比其他地方的肥大,味道也更鲜美。关于沙井蚝还有一个传说。据说200多年以前,有一艘满载缸瓦的木船,航经珠江口的大海湾,遇上大风,沉没在沙井附近海底,船上的缸瓦器皿全都落入海内。几年后,沙井渔民偶然从海底捞起缸瓦片,发现上面都长着又肥又大的蚝,比起通常所见的蚝要大得多。于是,渔民们就利用石头、瓦片等,在这一带海内养起蚝来。用这种吊养方法育肥的沙井蚝,既保持了它的体大、味鲜美的特点,又不含沙土,人们称这种沙井鲜蚝为沙井吊蚝。

沙井蚝的特点是,体大肉细,蚝肚极薄,有“沙井蚝,玻璃肚”之称。它的食用方法很多,鲜蚝通常可以用来清蒸、鲜炸、生炒、炒蛋、煎蚝饼、串鲜蚝肉和煮汤等。清蒸时可配以适当调料,保持原汁原味;若食软炸鲜蚝,可将蚝肉加入少许黄酒略腌,然后将蚝肉蘸上面糊,用油锅煎至金黄色,以蘸油、醋佐食;吃火锅时,可用竹签将牡蛎肉串起来,放入沸汤滚一分钟左右取出便可食用;若用鲜蚝配以肉块姜丝煮汤,煮出的汤白似牛奶,鲜美可口。

沙井鲜蚝

除此之外，鲜蚝肉亦可加工成干品，称为蚝豉。若把鲜蚝肉及汁液一起煮熟晒干或烘干后便成为熟晒蚝豉。若要保持全味则不煮，将牡蛎肉直接晒干，便成为有名的生晒蚝豉。经过炮制的沙井蚝，味道也十分鲜美，深受人们欢迎。同时，沙井蚝及其制品蚝干（豉）和蚝油大量畅销于我国香港地区、南洋以及欧美等地，一直供不应求。

沙井蚝富含蛋白质和多种维生素，其含碘量是牛奶盒蛋黄的200倍，营养价值极高，有"海底牛奶"的称号。据《本草纲目》记载，牡蛎"多食之，能细洁皮肤，补肾壮阳，并能治虚，解丹毒。"难怪古今中外不少名人雅士都对它情有独钟。有关资料记载，拿破仑在征战中喜食牡蛎以保持旺盛的战斗能力。中国名人宋美龄也经常食用牡蛎以保持其容颜美。西文称牡蛎为"神赐魔食"，日本人则认为其为"根之源"，还有"天上地下牡蛎独尊"的赞美诗句。

近年来，沙井地区又提高养蚝技术，在深水海区采用筏式吊养方法，使蚝又肥又大，味道更加美味。来此地的游客，一定要去品尝生蚝的美味，尤其是烤生蚝，其肉质鲜嫩夹着蒜茸的香味，萦绕舌齿之间，让人念念不忘。

虾蛄为何能成为汕尾特产

虾蛄又名濑尿虾，是汕尾的海鲜特产。汕尾近海，不仅旅游发达，而且海产品十分丰富。多年来，汕尾的虾蛄已经成为人们餐桌上的佳肴，其风味独特，深受人们喜爱。来汕尾旅游的人，都要去一尝虾蛄的美味。

虾蛄状如蜈蚣，虾目蟹足，触角两对，第一对较长，呈镰刀状，体苍灰色，尾节红色。大者长及尺，小者两三寸，产于浅海沙底，一年四季都可捕捞，春季是盛产期，这时的虾蛄，肥大鲜嫩，肉中含有一条蛋黄，称为"红心虾蛄"，最好吃。虾蛄含高蛋白和多种维生素，营养价值极高，具有壮阳补肾、活血生津等功能。虾蛄的做法有很多种，或油炸、或清蒸、或生煮，吃法多样，各具风味。唯有一种吃法，内陆人望而生畏，不敢问津，汕尾人却无论男女老少，都吃得津津有味。那就是把刚从海中捕到的活生生的虾蛄，用盐腌一两天，取来便吃。汕尾人喜欢用这种咸虾蛄来送番薯粥，其味无穷，恰到好处。没吃过虾蛄的人不知如何吃法，手指还可能被刺出血。汕尾人还有一个吃法，叫

汕尾虾蛄

做“先按摩，后脱衣，双手要并举”。虾蛄拿起来后，先用手指周身揉捏，然后双手并用，按住两边，剥去硬壳，便可吃了。

据汕尾人传说，虾蛄的祖先，在历史上还有很大的功劳。相传南宋末年，元兵大举南侵，宋端宗在大将陆秀夫的护卫下，逃至海陆丰的甲子港，元兵大队人马追杀而来。眼前是汹涌澎湃的太平洋，又无渡船过海。宋端宗仰天长叹：“天绝我也！何人能救驾，将皇位让之。”话音刚落，大洋登时风平浪静。只见海面上，一只虾蛄王，带领数百小虾蛄，游至岸边，望宋端宗便拜。不一会儿，它们变成百只大小渔船，载着南宋群臣将士，安然过海。待元兵追到，宋端宗与群臣已登上彼岸。南宋群臣拜谢欲去，虾蛄王突然开口道：“启奏万岁，还未赐封呢！”宋端宗方想起许下之愿，便随手脱下头上帽子，抛入海中。从此，虾姑的头就像戴着皇帝帽一样，非常好看。至今，甲子港的大胆山上还留有纪念墓碑。

其实，在过去虾蛄被称为穷人虾，只有穷苦人家才吃，用虾蛄制成的咸虾蛄不能登大雅之堂。改革开放以来，随着人民生活水平的提高，对饮食也有了新的追求。咸虾蛄、咸虾、咸蟹、咸鱼、咸菜等，纷纷跻身于滨海酒楼的雅座。为此，汕尾市的酒楼宾馆都有咸虾出售。即使是盛大宴会，宾客在酒醉菜腻之后，也还是要来一碟咸虾蛄、一两碗番薯粥。不然就会大失所望，深感美中不足。

清远同冠梨有何特点

同冠梨是广东省清远市阳山县稀有的珍贵果品，其特点有：一是果实硕大，单果一般有0.75 ~ 1.5千克，重者可达2.5 ~ 3千克，果实直径10 ~ 16厘米，高10 ~ 12厘米；二是果皮薄、光滑，肉嫩多汁，味道蜜甜，甘香袭人；三是果芯细，肉质洁白，剖开后存放数天不会变色。据《阳山县志》记载：“同冠梨大于常梨数倍，邑中佳果也。”1986年同冠梨被评为广东省优质水果品种。

同冠梨稀有珍贵，历史上就是名贵贡品。汉朝时，赵佗曾将此梨送给樊哙将军，故亦称“将军梨”。后来樊哙将军又将同冠梨送给皇帝。清朝铁笔御史郑土超，每年也购同冠梨进贡皇帝，故又称为“皇帝梨”。清末著名学者简朝亮品尝后诗兴大发，作诗《同冠梨》赞到：“韩公昔来游，虽因诗不少，当有梨花树，坐吟听春鸟，至今得遗实，遥想意可晓，重逾七百铢，其大斯矫矫，幸以归君子，钉座清气饶，苟为热中人，何以济

清远同冠梨

时了。”近年来，中央及省市有关果树专家、园艺教授以及植物学家纷纷前来考察，并把同冠梨称为“我国第一宝”。

中山特产石岐乳鸽有何特点

石岐乳鸽是广东省中山市著名特产之一，每个到中山旅游的人都会品尝一下当地的乳鸽。石岐的乳鸽，因体形大、胸肉厚、肌肉饱满、肉质嫩滑爽口而饮誉广东和我国港澳地区市场，不少当地的酒家饭馆所泡制的乳鸽，极为食客所喜爱。

中山石岐乳鸽

石岐乳鸽本是中山籍华侨从国外引进的优良鸽种，经同中山石岐的优良鸽杂交后孵育出来的一种乳鸽。用乳鸽制作的茶肴，在我国已经有几千年的历史。乳鸽系指从孵化脱壳到羽毛丰满的雏鸽，长至一个月便可使用。自古有“鸡肥，鸭粗，乳鸽嫩”的说法，在老食客中吃鸽者多于吃鸡者。乳鸽的吃法多种多样，其中脆皮炸双鸽是最有名的菜式。它的做法是，在锅中放卤水，烧至微沸，放乳鸽，立刻端离火口，浸泡至九分熟取出；用铁钩钩着，先淋上沸水一次，再淋上糖浆两三次，待鸽身均匀挂满糖浆后，吊于通风处晾干，然后等到油热，放入乳鸽，端回炉上，用网勺托着，边炸边翻动，炸至皮脆、呈大红色时，取出网勺沥去油。每只乳鸽竖切成两片，每片再切成 6 块，共 12 块，在碟上砌成双鸽原形。此外，石岐的红烧乳鸽也很出名，皮脆肉滑，甘香鲜美，幼嫩可口，油而不腻，色香味俱佳，被推为上品佳肴。它始于何时已无从考证，估计已有百年的历史。抗日战争时期，澳门佛笑楼因经营红烧石岐乳鸽而出了名，亦逾 50 多年，为筵席珍品。当地不少酒家饭店泡制的各种乳鸽都很有特色，如淮杞炖鸽，除汤味鲜美可口外，鸽肉亦极为嫩滑。另外还有吊烧鸽、生炸鸽、卤水鸽等，都有不同风味，同样受食客的欢迎。

乳鸽作为中山的名菜，除色、香、味俱全外，还在于可兼作药用食疗。因乳鸽肉性温平，体质热、寒的人都可以吃；它补肝、肾，益精气，处于发育期的大男孩吃更好；它有治肺肾伤损、久患虚亏功效，还可治疗皮肤恶疮，等等。乳鸽有这么多药用功能，它的营养价值不可估量，所以极受人们的欢迎，是每个来中山的游客必尝的美味。

新会为何被称为“葵扇之乡”

新会盛产葵扇，出产葵扇，被称为“葵扇之乡”。新会产的蒲葵叶大而不开裂，心蒂园正，骨格细匀，色泽光洁，体质轻盈，加上工人在扇面绘图描画，使葵扇显得特别高雅实用。它是新会的特产，来到此地的游客，都会买几把新会葵扇，带回去给亲朋好友做个纪念。

葵扇在古代称为梭扇，约始于晋代，《广东新语》和《新会县志》有关葵扇的记载：“始于魏晋，盛兴明代。”可见，葵扇的历史比新会建郡、建县还要早，迄今约有1600多年的历史。《晋书·谢安传》载：“乡人有罢中宿县者，还诣安。安问其归资，答曰：‘有蒲葵扇五万。’安乃取其中者捉之，京师士庶竞市，价增数倍。”谢安是东晋的大臣、政治家，有很高的地位和名气，所以，他手摇葵扇穿街过市，人们自然效其风雅。因而，葵扇的价格也随着谢安的名气而骤增，此后新会开始大规模地种植蒲葵和加工葵扇。到唐代，新会的贸易要算葵扇业为最大宗。明朝时，葵扇则是进贡给皇朝的贡品。清乾隆年间，新会就有了葵扇行业组织。到了道光年间，新会大面积种植蒲葵，从而扩大为“通邑所产”，并培植出“心蒂圆正，骨骼细匀”的葵叶，用以提高葵扇的质量。新会流传这样的说法，凡能望得见新会凌云塔的地方，长出的葵扇，葵柄的尖顶正对葵扇正中，否则是歪的。

新会葵扇有普通扇、玻璃扇和织扇三大类，几十个款式。普通扇是普通百姓扇风纳凉的工具。玻璃扇中的火画扇，轻巧、美观，至今已有140年以上的历史。1914年左右又创造了双面火画扇，这种扇更为雅致、大方，质地坚实，式样新颖，耐用而美观。梁启超曾以此种扇送给前清某遗老，大受赞赏。1913年，又创造出名贵的“竹篺画扇”，此扇在1915年巴拿马国际博览会上荣获金奖。新中国成立后，“三脊火画扇”曾三度获国家轻工部“百花奖”和“优质产品奖”。郭沫若1959年1月视察新会葵艺厂曾赞曰：“清凉世界，出自手中，精愈鬼斧，巧夺天工。”

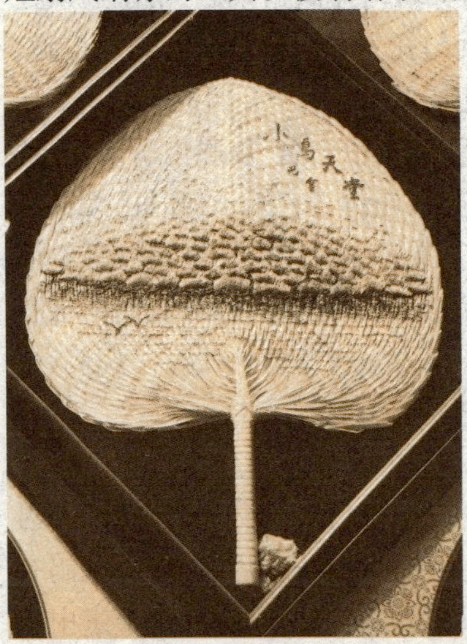
新会葵扇

现在的各种玻璃火画扇、竹篺画扇、绣花织扇的制作工艺更加精湛，质地更洁白晶莹，各种画面栩栩如生。新会葵艺制品除葵扇外，还有葵花篮、葵挂包、葵花瓶、太阳帽等，新会葵艺精湛，堪称“岭南一绝”，在中外享有盛誉，被人们作为艺术精品收藏和观赏。2006 年，在首届“中国非物质文化遗产保护成果展”中，新会葵扇亮相于国家博物馆，受到世人的瞩目。此前，新会传统葵艺，已申报“中国非物质文化遗产保护”项目。

东水“古纸”有何特色

东水位于广东阳江县，这里的人至今仍沿用蔡伦造纸的古法造纸技术，100 多年来代代相传。竹影婆娑、水草丰美的东水山，也因此成为游客骚人探究古法造纸的旅游景点。

东水山、东水河，漫山遍野的翠竹，形状各异的奇形怪石，独具一格的流水瀑布，绿树掩映的村庄，这一切都是这里保留古法造纸的原因。造纸需要两个条件，一个是竹子，在东水遍山都是竹子；第二个条件就是水多，东水这里的植被保存得比较好。走进东水，村前屋后到处堆放着砍成段的竹子，大小不一的石灰池里，浸泡着成捆的竹子。屋棚的顶梁之上，整齐地晾挂着黄色的草纸。东水造纸从原料水竹到成品纸，要经过切竹、淹竹、捣刷、制浆、捞纸、切纸岸或纸墙、晒干、打包等多道工序。首先把竹子砍下来，锯成一段一段的，然后再砍成一条一条的，这都是女人做的。而男人要做的就是把竹子绑在一起，扔到缸里用石灰泡两三个月，然后再捞起来，过净水，堆起来，再拿到水碓里把它打成浆。最后把这个浆糊放在一个水池里让它漂一下，用竹子做成的筛子把它捞起来晒干就成一张纸了。不过要做好一张纸，还是很讲究技艺的，要是做得一边厚一边薄可不行。纸张要晒干，然后还要一张一张地撕开。一张纸要八个月的时间才能完成，而售价只有几分钱一张。

来到这里，那一间间造纸小作坊和几千年保留下来的古法造纸术，竹寮、水车、水碓声声，仿佛再现了几千年前东汉蔡伦造纸的情形。在飞转的水车动力带动下，千斤重的原木冲击着竹条，让你亲眼目睹一条条的竹条变成了一张张草纸，真是令人大开眼界，不得不佩服先人的智慧。相比较现代造纸业，古法造纸有它的优胜之处，那就是对环境没有污染，对保护环境极为有利。作为传统古老的手工业，这里造出来的纸品呈黄色，民间多称

东水古法造纸工厂

“草纸”或“纸煤”，纸质较粗糙，易燃烧，目前多用于制造炮竹，以及祭祀中的祭品和生活用品。

古法造纸在广东阳西东水山虽传承百年，但当地村民大多认为这样的造纸手工艺前景黯淡。村民虽能“靠山吃山”，但目前的年轻人很少有人愿意学这么繁杂又辛苦的活，这样下去，随着这一代的造纸人渐渐老去，在不久的将来，古法造纸将成为东水山一种遥远的回忆。来当地的游客也可以买一些回去作为纪念品。

阳江三宝各指什么

阳江是广东西南沿海的一座滨海城市，由于地理位置特殊，自古以来都是我国南疆的重镇之一。这里是古时候高凉人的主要生活聚居地，他们在这里生息繁衍，流传下的生活习惯与优良传统至今仍在影响着阳江。后来随着客家汉人南迁来到这里，与当地高凉文化融合、延续与发展，沉淀出与其他地域不一样的特色，体现在物质上就是大名鼎鼎的“阳江三宝”——小刀、漆器、豆豉。

阳江漆器

阳江被誉为我国的“刀剪之都”，生产的刀剪占我国刀剪产品近五成份额。阳江小刀以其锋利、美观、耐用而享誉海内外。其他具体详情见下文“阳江刀具为何被称为‘十八子’”。

阳江漆器是阳江的传统手工艺品，因具有浓郁的东方风情一直深受海内外客商的喜爱。据说在道光年间，有一位欧洲商人在阳江购买了一批漆皮箱，并用它装了一些贵重物品，乘船回国。然而不幸船只在海上沉没。几天后死里逃生的商人在海边拾到一只自己的皮箱，他将海水擦干后，表面光滑如故，打开一看，箱子里面的东西竟然一点水渍都没有！保存得十分完好。商人于是逢人便夸赞这件事，还在当地的报纸上刊登出来，由此阳江漆器在海外扬名。据史料记载，阳江的漆器早在宋代的时候就已经制作得相当精美了，到清朝时阳江漆器的技艺已经发展得非常成熟——平磨彩绘、描金、推漆、镶嵌、印花、印棉、暗花、图变等技艺的使用已经十分娴熟，尤其是花鸟山水图画，这些手法的运用令阳江漆器图画用笔简练流畅，色调明快可爱，刻工精细，形成浓厚的地方色彩。

阳江的豆豉是阳江人厨房最不可缺少的调味品，几乎所有的阳江菜都会添加一小把豆豉，演变出独特的阳江美味，一粒阳江豆豉入口，齿颊留香，回味悠长，营养丰富。即使在今天有大量味精、鸡精、酱料等调味品出现，阳江人仍然都对吃保持着自己独特的坚持。豆豉是我国一种发酵豆制品，古时候称为“幽菽”或“嗜”。汉刘熙《释名·释饮食》将其誉为“五味调和，需之而成”。同时由于其特殊的功效，古人也将它用于入药，这在《汉书》《史记》《本草纲目》中都有记载。其实豆豉在我国许多地方都有生产，但阳江的豆豉之所以能够得到海内外客商的青睐，主要是由于原料和产品风味的独到之处。阳江所产的黑豆皮薄肉多，颗粒适中，在高温浓缩下，仍能保持颗粒玲珑。所以用它为原料做出的豆豉鲜美可口，豉味香醇，豉肉松化，富有营养。另外，阳江豆豉成品后是干的，这与其他地方产的豆豉含有水份不太一样，因而更易保存与运输。

阳江豆豉

阳江刀具为何被称为“十八子”

中国刀剪之都阳江，它的传统手工业产品久负盛名，小刀、漆器、豆豉合称阳江三宝。其中，阳江的刀排第一，它以其锋利、美观、耐用等特点而行销全国各地，远销到亚、非、拉、欧等60多个国家和地区，是阳江传统名牌产品中最具代表性的产品。

阳江刀具

阳江的刀具一直很有名，但到近代真正使它誉满全球的是一位姓李的师傅，这位被誉为“中国第一刀”的创始人李良辉有“中国刀王”之称。李良辉生于广东阳江，10岁到打铁铺学艺，12岁时在私塾书板上写下令老师大为恼火的理想：“我是刀王，我要看遍全世界！”新中国成立后，他进入阳江国营小刀厂做技术员。1983 年，他在阳江的一片荒地上建起了一间不足 100 平方米的制刀作坊，因为他姓李，所以这间作坊名字就定为十八子，这就是“十八子”刀具最初的雏形。当时作坊里只有刀机 2 台、淬火机 1 台，不足 2 万元的家当和 8 名工人。李良辉踉踉跄跄地踏上了他的创业路，不过他一直没有忘记自己的“刀王”梦。没过多久，他就开发出比一般菜刀更锋利、使用起来更得心应手的木柄勾尾菜刀。此刀物美价廉、款式新颖，很快在市场上便走俏。1986 年，李良辉继老字号“张小泉”之后，开发出了不锈钢菜刀，使十八子作坊成为阳江第一家生产不锈钢菜刀的企业。各地的经销商闻讯而来，产品一装箱，马上就被拉走。

1988 年，李良辉注册成立“江城向阳家用刀具厂”，他从作坊主变成了厂长。至 1997 年成立“阳江十八子厨业有限公司”，员工增加到了上百人，年产销值达到 200 多万元。2002 年，随着企业的飞速发展，他成立了“阳江十八子集团有限公司”，属下拥有 6 家子公司，拥有国内、国外、自制机械设备 500 多台(套)，员工超过 1000 人，成为阳江刀具的大型企业，奠定了阳江十八子集团有限公司这“中国菜刀中心”的龙头地位。他们企业的产品畅销至全国各地(包括港澳台地区)及日、美、加、韩、东南亚等 60 多个国家和地区。

在人们眼里，“十八子”已成为阳江刀的代名词，甚至很多游客是通过了解“十八子”了解阳江，知道“十八子”才知道阳江，“十八子”有时亦变成阳江的代名词了。外地游客来到阳江，第一要购买的当地产品和旅游纪念品就是十八子刀具。

英德红茶为何享誉世界

英德红茶产于广东省清远的英德市，是清远特产之一，它与“祁红”、“滇红”并列为中国三大红茶。红茶分红条茶和红碎茶，英德红茶属于红碎茶。它外形颗粒紧结重实，色泽油润，细嫩匀整，香气鲜纯浓郁，滋味浓厚甜润，汤色红艳明亮，叶底柔软红亮。特别是加奶后，茶汤棕红瑰丽，味浓厚清爽，色香味俱佳，较之滇红、祁红别具风格。

清远英德红茶

英德红茶创建于 1959 年，这是中国直接用鲜叶原料制造红碎茶的开端。它自创制以来，以其极佳的形、色、香、味博得世界人民的喜爱，至目前为止，远销世界 70 多个国家和地区。英国是世界红茶销售中心，也是红茶消费量最多的国家，世界各国著名红茶纷纷涌入，英德红茶进入英国市场后，很快受到英国人的青睐。尤其是英国皇室非常钟爱英德红茶，1963 年，英国女王在盛大宴会上就用英德红茶招待贵宾，受到高度的称赞和推崇。其实“英红”出名归根到底是因为英德茶叶的质地好。据 1996 年 9 月 19 日，香港《东方日报》以“英德红茶香滑不苦提神醒脑”为题，称赞道：“英国皇室所享用的靓红茶都是中国货，如福建的正山小种和英德红茶。英德红茶原汁香味足而苦涩味薄。懂冲泡之法香味足又滑而不苦涩。有时泡英德红茶便知其是红茶极品，又香又特别提神醒脑。”其实，英德红茶品质优异，除了具有优越的自然环境外，主要是选用了适合制成红茶的云南大叶种，还有搭配凤凰水仙和推广成功优质大叶红茶新品种有关，从而实现了茶园良种化，为“英红”香高味浓的品质奠定优良基础。英德红茶产品分为叶、碎、片、末 4 个花色，其质量水平已达到国际高级红茶质量水平。

英德市的英红华侨茶场是比较大的茶叶生产基地。茶园占地 10 万亩（约 6667 公顷），年产干茶 1800 多吨。现在还有给游客参观的茶趣园，位于英德市区西郊，原是英德茶树良种繁育场，近千亩碧绿低翠的茶林遍布山岗坡地。场中用竹木、树皮搭建了凉亭、茶寮、品茶轩、知茶厅、制茶坊以及相互连接的风雨长廊。游人在此可以一边欣赏茶园风光，一边听农艺师介绍茶叶的种植、采摘、加工、品尝知识，增加对英德茶文化的认识。之后还可以亲自参与采茶、制茶、泡茶的全过程，慢慢品尝自己的劳动成果。院内还有现场擂制的当地驰名的“擂茶粥”。

潮汕功夫茶如何泡制

潮汕功夫茶也叫潮州工夫茶，是茶道、茶艺的活化石。广义上来说，功夫茶是指以乌龙茶类为冲泡茶种；狭义上则指讲究水、火、茶叶、茶具、冲法和品尝的茶艺。功夫茶在全国可谓最精致、最考究、最著名的茶道，是茶文化的高峰。潮汕人远走四方，因此只要有华人的地方，就有潮州功夫茶。

品潮汕功夫茶雕塑

功夫茶是潮汕一带品茶的一种风尚，以其独特、精细而闻名。它泡茶的方式极为讲究，操作起来需要一定的功夫，而且操作时必须很“功夫”，也就是要精细用心。功夫茶的基本特征，可用一句话加以概括，那就是用小壶、小杯冲沏乌龙茶。喝功夫茶往往不是为了解渴，所以壶和茶杯小，不但可以使茶香不涣散，而且也可作为消遣、享受和迎宾敬客的重要手段。这一点外地人不知深意，总怪异喝水为什么不用大一点的杯子。功夫茶很讲究选茶、用水、茶具、冲法和品味。茶叶要形、味、色俱佳；烹茶用水要求洁净、甘醇，以山泉为上，江水为中，井水为下；盛茶器皿以江苏宜兴的朱砂泥制品为佳；瓷杯要选用细白透亮的精美小杯；泡茶讲究“高冲低洒、刮沫淋盖、关公巡城、韩信点兵”的手艺；品茶除讲究色、香、味外，还讲究“喉底韵味”。而饮茶程式、礼仪更是繁复。比如茶冲出来后，一般是冲茶者自己不先喝，请客人或在座的其他人喝，而且一般是顺手先拿旁边的一盅，最后的人才拿中间一盅。如果喝茶的过程中，来了尊贵的客人，就得撤换茶叶，重新冲茶。潮汕功夫茶在中国茶艺之林中一枝独秀，还在于它的用器精细，冲饮程式讲究，能够将乌龙茶酽香的特色，淋漓尽致地显示出来。功夫茶是潮汕人最喜好的饮品。在潮汕，几乎家家户户都备有一副白瓷釉下彩功夫茶具。茶鼓上，四只晶莹的小瓷杯，一个白瓷盖瓯或者一柄紫砂陶壶。或家人闲聚，或宾客登门，沏上一壶雪片，细细地品味，一种亲切融洽的感觉，便漫上心头。

凤凰单丛茶为何叫“单丛”

凤凰单丛茶属乌龙茶类，产自潮安县凤凰镇乌崇山，已有700多年的生产历史。它外形条粗壮，匀整挺直，色泽黄褐，并有朱砂红点；冲泡清香持久，有独特的天然兰花香，滋味浓醇鲜爽，润喉回甘；汤色清澈黄亮，叶底边缘朱红，叶腹黄亮，素有“绿叶红镶边”之称。

关于凤凰单丛茶还有一个传说故事。凤凰山海拔1400米，在历史上是畲族聚居之所。凤凰山雄伟秀丽，土质多属红花土、黄花土和灰黑土，很适合种茶树。相传宋帝南下潮州时，从凤凰山经过，口渴难忍。侍从便从山上采得新鲜茶叶，让宋帝嚼食，嚼后生津止渴，精神倍爽，宋帝便将这种茶赐名为“宋茶”。当地人慕帝王赐名“宋茶”名声，争相传种，因而称为有名的“凤凰茶”。这山上的

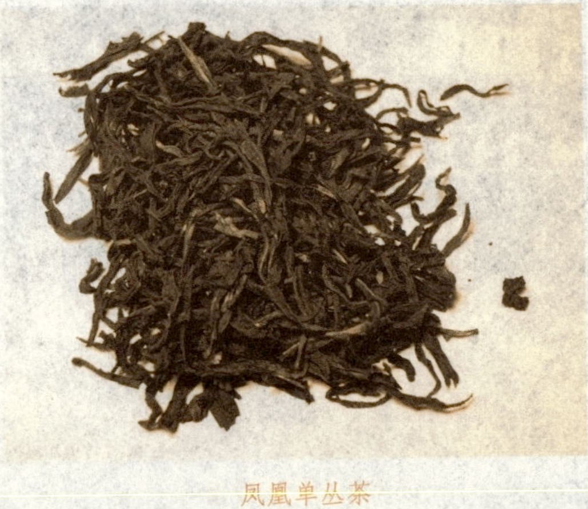

凤凰单丛茶

茶怪就怪在每一棵茶树上的茶叶茶香都不一样，如果混在一起冲泡出来就失去了那独特的芬芳。所以，后来人们在这座山上采茶都是一棵树一棵树地采，然后再分别制作加工，所以才叫“单丛”。

凤凰茶是上好的茶叶，色浓味郁，耐冲耐泡，冲泡多次，依然香味四溢。那是因为茶叶中含有“茶香精”，又名茶素，不同的茶叶所含的香精分量或气味都不同，以此来区别不同茶的名称和茶的质量。好茶叶，茶素含量高，气味浓郁，有特别诱人的香味，凤凰茶含茶素高，所以“耐冲”的秘密就在这里，也是它比铁观音更胜一筹之处。凤凰茶为历代贡品，清代已入全国名茶之列。凤凰茶的品质档次依次为单丛、浪菜、水仙，每个档次又分为若干级次。凤凰单丛、凤凰浪菜在全国历届名茶评比中屡获殊荣。

凤凰单丛茶是凤凰茶中的极品，具有独特的山韵品格。这种特殊的“山韵”是凤凰单丛茶品质特有的关键，也是区别于其他产地单丛茶所在。究其原因，离不开三个必备条件：一是优越的生态条件；二是良好的茶树品种资源；三是精湛的采制工艺。它是我国茶树品种中自然花香最清高、花香类型最多样、滋味醇厚甘爽、韵味特殊的珍稀的高香型名茶品种资源。此外，凤凰单丛茶还有提神益思、生津止渴等功效，饭后饮一杯，还可以预防蛀牙。

阳春孔雀石有何来历及特色

孔雀石古代叫做“绿石”，由于它颜色酷似孔雀羽毛上斑点的绿色，所以人们俗称它为孔雀石。在中国，孔雀石与大理石、太湖石、雨花石和英石被列为五大名石。

孔雀石是广东省阳春市特产，距今已有2000多年的采冶历史。阳春市是中国华南地区地质最丰富的地方，这里的地质构造为孔雀石的形成创造了天然的条件。石录铜矿就处在阳春矿床最密集的地方，由于孔雀石是在亿万年中滴化形成的，石录的地下水资源又非常丰富，因此特别适合孔雀石生成。在阳春流传着一个动人的传说，美丽的孔雀姑娘爱上了阳春的小伙子亚文，私自下凡与亚文结为夫妻。因为触犯天规，被玉皇大帝压在大山之下，化作美丽的孔雀石，石录成为阳春孔雀石贮藏量最多的地方。虽说是传说，但石录铜矿的孔雀石储藏量居中国之首，质量也是中国第一。20世纪60年代中期，阳春石录铜

阳春孔雀石

矿开始出产大量孔雀石，在国内外的矿冶、宝玉石和赏石界引起轰动，它除了可炼铜、雕制工艺品、做医药、做永不褪色的颜料、做矿物标本外，还是令人百看不厌的最珍贵的观赏石。此后，阳春孔雀石开始远销国内外，特别是欧美地区，中国各地的赏石藏石界人士不惜重金购进阳春孔雀石，并为能获得一件好的阳春孔雀石感到荣耀。孔雀石因此被阳春市政府评定为阳春市“市石”，而阳春市也被中国收藏家协会授予“中国孔雀石之乡”的称号。

阳春孔雀石瑰丽艳绿，花纹酷似绿孔雀的羽毛，非常漂亮。孔雀石形状很多，有似苍松翠柏、奇峰异洞、飞禽走兽、奇葩佳果、珠宝等。它的颜色有翠绿、草绿、墨绿、粉绿、天蓝、粉白等。孔雀石共分为三大类，一类是内为同心层的葡萄样块样的，质地细腻且坚硬，是理想的宝石材料。它常常被加工成挂件、胸针、绒面等，也有加工成手链和项链，是现代女士们的上佳首饰选择。第二类是内为针状放射花纹，表面有绒毛，放射着银绿光泽的石块，让人一看就爱不释手，是藏石爱好者的首选。还有一种兼有翠绿、粉绿、天蓝等多种颜色于一石，美丽异常，更是稀有之物，古书上说“唐宋俱采取入贡”，就是说是进贡给皇帝的。

在阳春的一些景点会看到孔雀石的各种制品，它们有的被雕刻成鸡心吊坠、蛋形绒面、项链等，还有的被制成印章材料。不过孔雀石硬度低，做成的首饰不耐磨，所以要小心保存。孔雀石是游客欣赏把玩的艺术品，也是女士们首选的装饰品，更是难得的纪念品。

白糖罂荔枝有何美丽传说

白糖罂荔枝，也叫蜂糖罂、中华红，是广东最优良的早熟荔枝品种，同时也是著名的贡品荔枝，主要产于茂名、高州一带。白糖罂外形浑圆，色泽红艳，皮薄，龟裂片平滑，缝合线不明显，核细，由于它的味道特别的甜，就像盛放糖的罂（一种经常拿来盛放白糖的陶瓷容器），所以得名白糖罂。

白糖罂荔枝

白糖罂还有一个别名，称为“妃子笑”。这其中的缘由与杨贵妃还有点关系。

杨贵妃爱吃荔枝是许多人都知道的，当时唐玄宗为了讨得佳人欢心，常常命人快马加鞭将这种岭南佳果送至长安让杨贵妃品尝。大诗人杜牧对此事留下了《过华清宫》的绝句：“长安回望绣成堆，山顶千门次第开。一骑红尘妃子笑，无人知是荔枝来。”让人们印象深刻。

有人认为当时让杨贵妃展颜欢笑的荔枝是采自高州一带，这主要是因为当时唐玄宗的心腹内侍高力士乃是高凉（今茂名高州）人。据说有一天夜里，杨贵妃梦见自己来到岭南的一座村庄内，发现整座村子到处都有荔枝树，果香飘溢，令人垂涎三尺。醒来后，杨贵妃对此念念不忘。高力士听说后，便对玄宗和贵妃推荐自己家乡的荔枝。玄宗于是命他回家乡摘最好的荔枝进贡给杨贵妃。

杨贵妃

高力士返乡后，在浮山岭下发现品质上佳的荔枝，心下欢喜。请来人摘满荔枝放到马车上运回长安，但一路漫长颠簸，还没到京城，荔枝已经变味了。杨贵妃看到后大为烦恼，竟积郁成疾，茶饭不思。为抚慰杨贵妃，玄宗命高力士再回岭南采回新鲜的荔枝。

荔枝难保鲜的特点让高力士大为苦恼，他苦苦思索该如何延长荔枝的保鲜时间却怎么也想不出来。这天，他摘荔枝有些累了，便倒在一旁熟睡休息。迷迷糊糊似乎梦到一位白发苍苍的老翁翩翩而至，对他道：“竹能装，有水便能到长安……”高力士一个机灵，马上醒了过来。回到驿馆准备好上百个竹筒，并用水把竹筒浸泡两天，接着把一颗颗红艳的荔枝放进竹筒里，用蜂蜡封住口，同时还把浮山岭酒泉酿的荔枝酒也一并装上马车。到达长安后，高力士打开竹筒，看到荔枝保存得完好无损，犹如刚摘下的一般新鲜，终于放下心来。杨贵妃尝过后大为开心，又打开一旁的酒埕，一股浓香的酒味沁人心脾，一口入肚，令人精神百倍。看到爱妃如此开心，玄宗皇帝也不禁喜上眉梢，唤来高力士，当着众大臣的面赐这种荔枝名为“妃子笑”。

高州角雕为什么能成为收藏精品

广东省高州市是一座历史悠久的文化古城，古称高凉郡。高州角雕以其传统的工艺，精湛的技巧，闻名于中外，实为高雅之士观赏收藏之精品。

高州角雕是采用各种水牛角、山羊角，利用其形状、纹理、色泽，经过精心设计，运用钢锯造坯，钢刀精雕细刻，再涂以蜡油，最后抛光等工艺，而制作成的工艺美术品。它滋润有光，富有表现力。如以牛角为底材，可以雕制成一只船，打磨得非常光滑，再把角质切成细丝和薄片，作风帆和墙绳，表现“一帆风顺”的主题，很受欢迎。另以角材刻制的草虾、神仙鱼、蜻蜓、青蛙、秋蝉、荷叶、笔筒等，纤巧精细，生动传神，具有较高的陈设艺术价值。

高州角雕

高州角雕是从1960年发展起来的，雕刻家张文梓对高州角雕的发展贡献最突出。其中鱼、虾造型，质地坚实，形态逼真，光润明亮，颇有生趣。1963年，随着《小虾》等角雕作品畅销我国香港、英国等地，高州角雕也就开始名扬中外。高州角雕作品《草虾》，在1973年广东省旅游工艺评比中夺得一等奖。1974年，该作品又被选送维也纳世界年度博览会展出。1978年，该作品和另外一组作品《神仙鱼》，参加全国工艺美术展览，受到了邓小平同志所给予的高度评价。1983年，北京博物馆收藏了《草虾》这一作品。

高州的角雕艺人，运用精湛的技艺，雕刻出了大批优美动人、惹人喜爱的艺术作品。据不完全统计，从1960年至1983年，高州角雕已生产出口产品246个品种，约达40多万件，畅销我国香港、澳门地区以及日本、西欧、东南亚、美国、加拿大等29个国家和地区。

高州角雕艺术，较好地继承了我国传统雕刻艺术和国画的民族特色。艺人们用大头羊角、绵羊角和牦牛角制作的《神仙鱼》，由于羊角的彩色纹和热带鱼身上的花纹非常相像，人们看到作品的鱼在“柔软的水草”中穿游，仿佛置身于水族馆一样。高州角雕不仅可以作为个人的收藏品，也可以送给亲朋好友作为纪念。

云浮云石有何特色

云浮被称为石城，位于中国华南西江南岸，是连接广东和大西南的枢纽。它是著名的旅游风景名城，也是全国有名的“石材王国”，这里物产富饶，资源丰富，以盛产云石和硫铁矿而闻名天下。

云石顾其名是产于云浮之意，它是云浮特产之一，也是广东四大名石之一。云石是大自然馈赠人类的艺术精品，黛白相间乃云石特有的石色。它的石纹清晰可辨，纹彩如云海、飞瀑、群峰，千姿百态，宛如一幅天然山水图画。云石制品历史悠久。据云浮县志记载，肇庆水月宫内所立“水月宫建于明代嘉靖年间”的石碑，是当时云浮所产的大理石片。清咸丰七年（1857年），富林连塘岗咀村张源昌设厂盛产云石板材。清代末年,云城附近陆续兴起民间加工云石板材。云石传热快,光洁度高,色泽丰富,花纹优美,并且有耐酸碱、坚硬耐磨的特点。云浮境内蕴藏着十分丰富的可开采、利用的大理石、花岗石、石灰石。

云浮云石

云石系广东四大名石之一,它的石色缤纷,有黛、蓝、青、棕、红等多种颜色,最适用镶家具或装饰建筑上面。如果在家具上使用,能提高其华贵、光洁、清爽和耐用的效果;如果镶贴在建筑的墙面、柱面、地面,更增加庄严、高雅、舒适、清洁的感觉。石纹色彩如高山流云,意境深远,上等石纹俨如一副天然泼墨山水图,令人爱不释手。云石不但可界成石片作建材之用,也可做成台灯、茶具、烟缸、笔架、鸟兽等精致的云石工艺品供人赏用。其创新产品"云石拼花"更把云石工艺推上新台阶。每组四块镶嵌,组成花纹绚丽、千姿百态之图案,制作工艺精致细腻,接缝细密如丝,使人啧啧赞绝。目前,云石产品系列众多,足可以给旅游或者购物的游客一个惊喜。

潮州木雕有何特点

潮州木雕是广东潮州地区的一项民间雕刻艺术,主要用以建筑装饰、神器装饰、家具装饰、案头装饰等。其往往经精雕细琢后贴上纯金箔,显得金碧辉煌,所以又叫潮州金漆木雕,它与东阳木雕、黄杨木雕、龙眼木雕并誉于世。

潮州木雕始于何时不得而知。潮州开元寺天王殿梁架上有一"草尾"装饰的斗拱为唐代遗物,而悬挂铜钟的木龙则为宋代遗物。潮州许驸马府建于北宋治平年间,其建筑装饰木雕亦以"草尾"为主。由此可推断,潮州木雕在唐宋时期已经存在。1054年,潮州郡守郑仲重做计时器"漏"时已有"指工绳木,卯金涂漆"的记载。明清两代,潮州木雕技艺臻于完美。明末,石窟艺术基本停顿,各大寺院多制木雕佛像及佛器、案几的木雕装饰,出现多层镂雕技术。特别是清末民初年间,海内华侨回乡建造祠堂、豪宅成风,大量采用潮州木雕,使之达到登峰造极发展阶段,现存大量的潮州木雕多数为这个时期的作品。

潮州木雕风格独特,自成一体,具有"工艺精湛、玲珑剔透、金碧生辉、富丽堂皇"等特点,其精美的艺术魅力名扬世界,因此深受海内外各界人士的喜爱。

潮州木雕工艺雕塑

潮州金漆木雕远销德国、加拿大、美国、法国、日本等国家和香港地区。如泰国的普门报恩寺有潮州出产的"金漆木雕"千手观音，新加坡半港天后宫有潮州设计制作的潮州木雕，法国巴黎中国城有潮州设计制作的"龙光拐子"门罩木雕，还有陈列于中国驻朝鲜大使馆的"清明上河图"木雕作品，等等。在东南亚的潮籍华侨，几乎家家都摆放着几件潮州木雕，既作祈寿祝福膜拜之用，又作工艺美术品欣赏，可见潮州人民对它无比热爱。

潮州木雕之所以能历久不衰，流传至今，离不开默默耕耘在这片园地里的世世代代的民间艺人。他们更以其呕心沥血之作为潮州增光、为雕刻艺术史添誉。潮州木雕作为潮州文化的一个重要组成部分，在长期的发展过程中，吸取了石刻、绘画、泥塑以及潮剧等各种不同的民间艺术的某些长处，形成自己独特的风格。而且它还不断地推陈出新，使品种多样化，这充分体现出潮州文化精致机灵的风格。潮州木雕就是潮州民间工艺美术这片沃土孕育出来的一朵奇葩，吸引着众多游客来此观赏，而且还可以将它作为收藏品，具有一定的价值。

韶关猕猴桃有何特色

猕猴桃又称阳桃，形为椭圆状，质地柔软，味道有时被描述为草莓、香蕉、凤梨三者的混合。早在公元前的《诗经》中就有了猕猴桃的记载，李时珍在《本草纲目》中描绘猕猴桃的形、色时说："其形如梨，其色如桃，而猕猴喜食，故有诸名。"唐慎微在《证类本草》上说："味甘酸，生山谷，藤生著树，叶圆有毛，其果形似鸭鹅卵大，其皮褐色，经霜始甘美可食。"这种酸中泛甜、芳香怡人、营养丰富的果实，竟沉睡了几千年，人类真正了解和利用它也不过百余年的历史，长期以来一直是猴子的"仙果"美食。

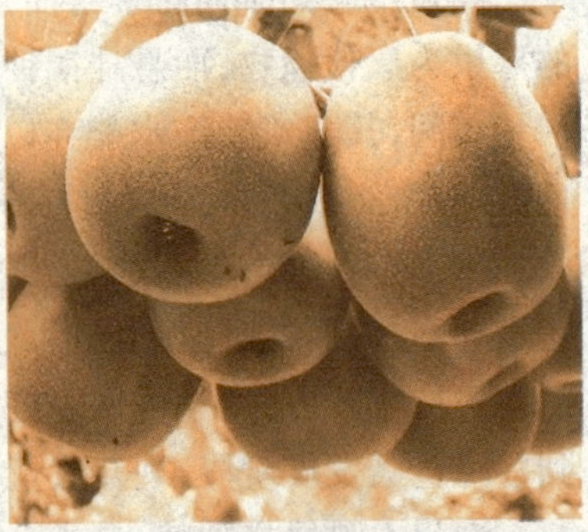
韶关猕猴桃

韶关是猕猴桃的主要产地之一，猕猴桃因其维生素 C 含量在水果中名列前茅，一颗猕猴桃能提供一个人一日维生素 C 需求量的两倍多，被誉为“水果之王”。猕猴桃性味甘酸而寒，有解热、止渴、通淋、健胃的功效。可以治疗烦热、消渴、黄疸、呕吐、腹泻、石淋、关节痛等疾病，而且还有抗衰老的作用。食用猕猴桃对于降低胆固醇、保护心肌都有作用，还被认为具有增强食欲、软化血管、预防高血压、冠心病、防癌、治癌等功效。除鲜吃外，还可以加工成罐头、果酱、果酒、保健饮料等。唐代医药学家陈藏器介绍猕猴桃的功效为“调中下气、主骨节风、瘫缓不随、长年白发”。现代医学研究分析，猕猴桃果实含有糖类，蛋白质中氨基酸丰富，蛋白酶12种，维生素C、胡萝卜素以及钙、磷、铁、钠、钾、镁、氯、色素等多种成分。其维生素C含量是等量柑橘中的五至六倍。

猕猴桃果实肉肥汁多，清香鲜美，酸中带甜，而且还耐贮藏。适时采收下的鲜果，在常温下可放一个月都不坏；在低温条件下甚至可保鲜五六个月以上。除鲜食外，还可加工成果汁、果酱、水果罐头、果酒、果干、果脯等，这些产品色泽诱人，风味可口，营养价值很高，不亚于鲜果所含的营养，因此它们成为航海、航空、高原和高温工作人员的保健食品。但值得注意的是，猕猴桃与牛奶不能同食，否则会引起消化不良，还会使人出现腹胀、腹痛、腹泻等情况。另外，儿童食用猕猴桃也得注意，会引起过敏反应。

南山荔枝有何特色

荔枝位列岭南四大名果之首，深圳的南头、西乡、公明等地均盛产荔枝，但以南山所种为最佳。南山荔枝历史悠久，品种优良，具有皮薄、肉厚、核小，肉质香甜爽脆、汁多味醇等特点。

南山荔枝

南山荔枝产于广东省深圳市南山区，早在唐宋时期，便是进献的“贡品”。南山，古称南头，在秦时即属南海郡番禺地。东晋咸和六年(331年)，南头是东官郡的郡府，管辖澳门、珠海、香港、东莞、中山、汕头。据典籍三辅黄图记载，早在公元前3世纪，岭南已广种荔枝。1700多年前，南头作为岭南地区政治经济文化中心之一，当时可能有较大规模的荔枝栽培。但现存史籍可考者，仅见于200多年前编著的《新安县志卷三·特产类》，其中记载：“荔枝树高丈余或三、四丈，绿叶蓬蓬，青花朱实，实大如卵，肉白如脂，甘而多汁，乃果中之最珍者。故苏东坡诗云:'日啖荔枝三百颗,不辞长作岭南人。'其种不一,曰'大荔'、曰'黑叶'、曰'小华山'、曰'状元红',俱于盛夏成熟。"可见,南山的荔枝早已闻名遐迩。

南山荔枝的主要种植品种有糯米糍、桂味、妃子笑等,糯米糍的果皮鲜红色,肉软滑细嫩,多汁,味浓甜,微香;桂味的果皮鲜红或带墨绿色斑块,肉乳白色,质厚实,爽脆清甜,有桂花香味;而妃子笑的果皮淡红稍带绿色,肉厚,白腊色,汁多,甜酸适中。这些品种都备受人们的喜爱。后来又由西丽果场引种了三月红、状元红等早熟品种,使南山荔枝更加丰富多样,特别是糯米滋和桂味因其风味最正宗而名声显赫,享誉全球。南山荔枝除了甜美多汁外,同时富含多种维生素、有机酸、果胶等。《本草纲目》中载:"常食荔枝,能补脑健身,治疗瘴疠疗肿,开胃益脾,干制品能补元气,为产妇及老弱补品。"南山荔枝以其品质优良、风味独特而饮誉海内外,成为南山区农业支柱产业和农产品知名品牌,雄踞"南山农产品三宝"之首。

坪山金龟橘有何特色

橘子是深圳最著名的水果之一,以产于坪山金龟岭地区的为最佳。龙岗区坪山镇金龟橘已有 100 多年历史,相传是湘、赣交界山地的客家人移植于此。金龟橘顾名思义,因金龟村而得名,而且果实表面,纹路纵横,酷肖龟背。金龟橘之所以味道甘美,跟它得天独厚的地理环境是分不开的。金龟村自然条件相当优越、水土条件特别适合果树生长,而且这里的人们积累了丰富的培护果树的经验,因此,金龟橘不仅产量大而且品质也很高。金龟橘果实个大色鲜,橘皮易剥,肉清香可口,汁丰富且味道极甜,是解渴和助消化的佳品,在国际市场相当畅销。

坪山金龟橘

而如今在坪山金龟岭地区已经难觅金龟橘的踪影,曾经蜚声海内外的金龟橘就这样濒临绝迹。当地的年轻人都说没有吃过金龟橘,只是听老人讲过金龟橘早些年很有名气。这到底是怎么回事呢?其实橘用什么肥料非常重要,以前村里种柑橘用的是农家肥,结出来的橘子非常好吃,果树寿命也长。20 世纪 80 年代以后，村民纷纷采用化肥种柑橘，结果导致土质退化，金龟橘品种也随之退化，果实逐渐变小、变酸。这样的金龟橘已经不受消费者的欢迎，所以它的销路便成了问题，果农也就慢慢不再种植，金龟橘面积也逐步减少。随着农村城市化开始转地工作，土地转给了国家所有，政府对土地附着物给予了赔偿，柑橘也就不属于村民的了，金龟橘全部被遗弃。还有一个原因是，当时深圳开始大种龙眼、荔枝，而荔枝价格高昂，是金龟橘所不能及的。相比之下，村民们纷纷改种荔枝和龙眼。据说当时金龟橘树根受到病虫侵害，请了很多专家，但最终还是无法医治。现在，在金龟橘的原产地金龟村，看到的也只是枯枝残树，一片荒凉，它们被淹没在杂草和树丛中，大多是枯树残桩，有的还有命，但也已是“奄奄一息”。金龟橘的消失原因是多方面的，但作为本地特产之一，还是应该采取措施对其加以保护。

小榄的菊花为何出名

小榄镇是广东省中山市的重镇，它有“菊城”的美誉。小榄人种菊历史悠久，相传在南宋咸淳年间(1265—1274 年)，有一名姓苏的妃子为了追求自己的婚姻幸福，冒死逃出皇宫南下，藏匿于广东南雄珠玑巷。宋度宗派出官兵搜捕，沿途滥杀无辜。当时珠玑巷居住着大批因战乱而南逃的士族商贾，他们闻讯又继续南迁，来到香山县(现中山市)小榄。这里黄菊遍野，土地肥沃，气候温和，于是他们便在此定居垦殖，建立家园。从此，菊花在小榄得到广泛的种植。

明朝时期，小榄艺菊之风已盛，菊花的栽培也已经很普遍。据明朝李孙宸所撰的《两榄风景地势图说》文，其中有这样的赞美之句“五松六路三丫水，洞梅花十二桥，岁岁菊花看不尽，诗坛酌酒赏花村”，足以说明当时的小榄人已好艺菊。清康熙年间，小榄艺菊水平有了进一步提高，对菊花的栽培管理都有了系统的经验。据史料记载，此时已开始从上海等地引入新种，使品种花色增多，而乡中的一些绅商官吏之家，多借菊寄怀，艺菊之风业盛于昔。清嘉庆十九年(1814年)，小榄人为纪念祖先开村，举办了首届菊花会，自此，每甲戌年(即每隔 60 年)就举办一次菊花盛会。每到菊花盛会之时，人海

中山小榄菊花

中山小榄菊花展一角

花潮，夜间灯火如昼，文人墨客把酒赏菊，吟诗作对，很是热闹。如今，小榄每年都举办一次盛大的菊展，在这里不仅可以欣赏到千姿百态的名菊，还可以吃到当地特产菊花宴的菊花名菜和菊花鱼球、菊花糕、菊花肉以及菊花酿成的菊花酒，让人大饱口福。

1959 年小榄举办了首届菊展，展期虽七日，观众却近 30 万人次。这次菊会，让小榄获得了“菊城”的称号。而让“菊城”誉满海内外的则是 1994 年传统的第四届甲戌菊花大会。当时菊会布展范围达 10 公里，展出各种菊花 82 万多盆，菊花品种 1568 个，其中单株着花千朵以上的大立菊就有 113 盆，吸引了国内和来自 23 个国家、地区的游客达 600 多万人次。从此，“菊城”这个称呼誉满天下，妇孺皆知。

老广东的娱乐

粤曲有什么特色

粤曲是广东最大的地方曲种。它流行于广东、广西的粤语地区、港澳及海外粤籍华侨聚居的地方。粤曲源自粤剧清唱。约于清道光年间(1821—1850),有以清唱粤剧为业的八音班,他们用粤剧的剧本、粤剧的曲调、粤剧的"戏棚官话"分角色演唱。以后又出现了穿街过巷卖唱的女盲艺人,被人们称作"瞽姬"、"师娘"。她们每人都要掌握不同角色的唱腔,一人演唱多个角色,较之"八音班"在歌唱技艺方面有了新的发展。这种演唱盛行了60多年,在粤曲史上称为"师娘时期"。

广东粤剧博物馆

粤曲脱胎于粤剧,它和粤剧在唱腔音乐方面长期存在着互相吸收、互相融化、互相促进、共同发展的极为密切的关系。它们的曲调、板式基本相同,大致包括梆子、二黄、牌子、民间说唱、小曲杂曲等。该曲种的唱法多样：师娘时期以行当划分，有小生、花旦、武生等十大行当；女伶时期分大喉、平喉、子喉三种。

粤曲紧跟时代而发展，它善于吸收，能够兼容并蓄，不断丰富，不断创新。这无疑拓宽了唱腔音乐，如将粤剧的“梆”、“簧”，广东的曲艺龙舟、南音、粤讴、木鱼歌，乃至广东音乐（包括杂曲小调或器乐曲）均拿来填词演唱。伴奏除以高胡、扬琴为主奏乐器外，还加入了萨克管、小提琴、电子琴等。

广东曲艺有广义与狭义两种。广义的广东曲艺是指广东省内各个曲艺品种，如粤曲、木鱼歌、龙舟歌、南音、潮州歌、客家竹板歌、咸水歌等，实际指的是广州和岭南地区的说唱文学。狭义的广东曲艺单指粤曲演唱。

粤曲是由粤剧分支出来的，是广州方言区流行最广的一种大曲种，用广州方言演唱。粤曲盛行于广州、香港、澳门等地，并传播到东南亚、美洲华人聚居的地方。它的音乐性强，曲调优美动听，注重声腔艺术，有独特的风格和地方特色。其唱腔属于皮黄系统的板腔体，梆子、二黄、牌子曲、小曲、歌谣构成其整体，同时亦吸收诸如龙舟、南音、木鱼、粤讴、板眼等民间说唱。粤曲的唱腔也由原沿用戏曲的小生、武生、小武、花旦、公脚、花脸、正旦、正生、老旦、丑生十大行当，归为大喉（男角高腔）、平喉（男角平腔）、子喉（女角专用腔）等三大主要喉腔。

为何粤剧被称为“南国红豆”

粤剧是汉族地方戏曲，原称大戏或者广东大戏。它源自南戏，明朝嘉靖年间（1522—1566）开始在广东、广西出现。这是揉合了唱做念打、乐师配乐、戏台服饰、抽象形体等的表演艺术。粤剧每一个行当都有各自独特的服饰打扮。最初演出的语言是中原音韵，又称为戏棚官话。到了清朝末期，知识分子为了方便宣扬革命而把演唱语言改为粤语广州话，使广东人更容易明白。

粤剧演员造型

新中国成立后，在“百花齐放、百家争鸣”的文艺方针指引下，粤曲出现了一个欣欣向荣的局面。建立导演制度，净化舞台艺术形象，注意整体艺术的创造，发展多种风格的舞台美术设计，成为当时的发展趋势。1956年，周总理在北京观看了广东粤剧团的演出，称赞说：“粤剧如同南国红豆一样，如今它发出了更美丽的光彩。”此后，人们便赋予粤曲另一个美丽的名字——南国红豆。

粤剧唱腔音乐采用板腔体和曲牌体的混合。它的行当原为末、生、旦、净、丑、外、小、夫、贴、杂10大行当，后来被精简为“六柱制”，即文武生、小生、正印花旦、二帮花旦、丑生、武生。粤剧流派纷呈，人才辈出。其五大流派即“万能老倌”薛觉先开创的“薛腔”、名丑马师曾开创的“马腔”、“小生王”白驹荣开创的“白腔”、丑生廖侠怀开创的“廖腔”以及“金牌小武”桂名扬开创的“桂腔”。四大名旦则是当时誉满广东省和我国港澳地区的上海妹、谭兰卿、谭玉兰和卫少芳。另外还有一个红遍半边天的红线女。红线女原名邝健廉，广东开平人，10余岁就随舅母何芙莲学习粤剧。从艺60多年，演过近百个戏，拍过90多部电影，成功地塑造了古今中外各类妇女的艺术形象。她在艺术上勇于革新，在继承粤剧传统的基础上，吸收、借鉴京剧、昆剧、话剧、歌剧、电影以及西洋歌唱技巧，加以融合创造，开创了独树一帜的红腔。其代表作《荔枝颂》《珠江礼赞》《昭君出塞》更被视为粤剧唱腔的经典。她所扮演的妇女形象如《关汉卿》中的朱帘秀等影响很大。

2006年5月20日，国务院公布了第一批518项国家级非物质文化遗产名录，粤剧名列其中。2009年9月30日，粤剧获联合国教科文组织肯定，被列入人类非物质文化遗产名录。

广州的私伙局有何来历及特色

私伙局，原是一种在广东佛山民间非常流行的曲艺形式，它是从广府大戏（即粤剧）发展而来的，主要以演唱粤曲为主。现在，私伙局虽然不像以前那样流行，但仍是广东、香港和澳门三地十分重要的民间娱乐活动形式。

“八音班”时期的锣鼓柜

私伙局的前身是广府大戏，虽然今天它的存在范围很广，而且在广州地区仍然很普遍，但它的出现和发展却与佛山民间曲艺有着密不可分的关系。

在明末清初时期，广府大戏在今广东佛山一带十分流行，深受当地老百姓的喜爱，但是其本身有很多的局限，因此并不能满足当地群众的文化娱乐需求。当时，有种乐队形式叫做八音班，专门为红白喜事提供伴奏，在广东民间十分普遍。这种乐队只是单纯演奏乐器，并没有演员演唱。有很多粤剧戏班的演员在随团演出之余，经常自己带着戏曲唱本，到八音班乐队演唱粤曲，虽然他们是为了自己的生计，但是客观上却起到了丰富群众文化娱乐生活的作用。这种做法也开启了佛山民间曲艺的发展历史，因此被认为是佛山民间曲艺的第一个发展时期，叫做“八音时期”。

广东的“私伙局”

到了清末民初，很多曲艺团体的戏曲演员都是以眼睛失明的年轻女子为主，她们在街头巷尾演唱粤曲，靠卖艺来维持生活。因此，这个时期被看做是佛山民间曲艺的第二时期，被称为是“师娘时期”。

抗日战争前后，是佛山民间曲艺的大发展时期。在这一时期，粤剧界产生了一位红透岭南地区的女戏曲演员，人称“小明星”。这是佛山民间曲艺发展的第三个时期，被称作“女伶时期”。

在新中国成立前后的一段时间里，佛山民间曲艺演唱的演员男女都有，他们的演唱地点不再像以前那样不固定，而是经常在茶座里卖唱。因此，这一时期被称作“茶座时期”。

私伙局，正是植根于佛山民间曲艺发展的这四个时期而成长起来的。和佛山民间曲艺演出一样，私伙局大部分是不穿戏装的，只要有乐器伴奏就可以演唱。虽然佛山民间曲艺与私伙局是源流关系，但是两者也有不同之处，那就在于前者是演员谋生的手段，而后者是一种民间娱乐形式。

私伙局与专业曲艺团体不同，它是一种由群众自发组织的民间团体，没有专门的活动地点和规范的组织形式。一些粤剧发烧友由于共同的兴趣爱好走到了一起，组织起这样的一个小团体。一般情况下，队员们都是抽空闲时间在自家庭院里进行表演，大家奏乐演唱，自得其乐。虽然是票友性质的小乐队，但是其中也不乏演奏和演唱水平高的人。有些私伙局因为水平比较高，使得一些名伶老倌和海外的粤曲票友专门到他们的私伙局中一同联欢、共同娱乐。在粤曲发展的历史上，有很多的名家名角也都是来自这些私伙局。

现在在广州众多的私伙局中，比较知名的有广州孖宝曲艺乐社、广州和声乐社和礼乐苑等，这些团体都各具特色，相互之间也经常进行切磋，而且会举行一些交流演出。

麒麟舞是什么舞

麒麟是我国民间传说中的神兽，早在周代就与龙、凤、龟并称“四灵”。而且麒麟位列“四灵”之首，是太平、吉祥的象征。麒麟文化发展到近几百年，更突出地表现为麒麟舞，也就是进入了表演艺术领域。麒麟舞融音乐、舞蹈、工艺美术、杂技于一体，既具有美学的欣赏价值，又有文艺的、宗教的、民俗的、历史的研究价值，这是祖先留给华夏子孙的一份宝贵财产。广东是麒麟舞流传较广的地区，全省各地麒麟舞在历史上就各具特色，如以惠州小金口为代表的东江麒麟舞、以东莞樟木头为代表的客家麒麟舞、以广州番禺为代表的黄阁麒麟舞等。

麒麟舞已有500多年的历史，是客家人从北方带到南方来的一种民间艺术表演形式。它集歌、舞、乐于一体，以锣鼓加唢呐为伴奏；所舞麒麟的骨架用竹篾扎成，皮用各色彩布做成，分成头、尾两截，中间穿孔；舞者站在穿孔处将麒麟系在身上。它具有长江北部地区花会的风格，与广东岭南音乐不同，是客家人世代相传的艺术文化。在春节期间，人们会舞着麒麟挨家挨户去恭贺新年。

惠州小金口麒麟舞

惠州小金口被称为“麒麟舞之乡，大约出现在清朝乾隆年间。黄阁麒麟舞来自民间，有浓厚的地方特色。经民间艺人重新改编的黄阁麒麟舞，从麒麟的造型到舞蹈技艺都有了提高，并加入了脍炙人口的广东音乐《得胜令》；同时将锣、排鼓与广东大笛演奏、单打等八音锣鼓有机地融为一体作伴奏，充满了热烈的喜庆气氛和浓厚的广东特色。

海陆丰的麒麟舞，是汕尾海陆丰民间传统体育活动样式之一。主要活动于春节期间和喜庆节会。原为古代原始体育活动，与民众反抗强暴、异族入侵有关，后衍变成盛会节日、共庆瑞祥的文娱活动。

樟木头镇是东莞市的纯客家镇，麒麟舞已有450多年的历史。近年来，樟木头镇对客家麒麟舞这门古老的民间艺术进行了许多有益的改革。除了保留客家传统麒麟的风采外，还融入了新的艺术内涵。目前由镇文化站、镇武术协会、坭坡村队的骨干在樟木头镇职业中学建立了麒麟艺术培训基地，为麒麟舞艺术的继承、发展和创新创造有利条件。

什么是游神赛会

游神赛会是潮汕一项隆重的传统民俗活动，一般在农历正月、二月进行。这段时期，城镇商店刚好送走旧岁，喜逢新春开业；在农村，则是秋收冬种与春耕之间的间隙，属农闲季节。此中又夹有元宵节，有些地方把游神与游花灯融为一体，更为热闹壮观。游神潮汕俗称“营老爷”（即抬着神像巡游夸胜），它遍及县城、埠镇至每个乡村，只是规模大小、时日长短、形式不同而已。

旧时，潮州“营老爷”规模最大、影响最广、最隆重和最出名的是潮州府城“营安济圣王”。相传安济圣王是三国时王伉的神像。王伉是蜀汉人，曾随诸葛亮征滇，后任云南永昌郡的太守。他在位时关心民生疾苦，廉明治政，保土卫边。后来逝于任上，当地人为之立祠祀奉。清初，有一在云南任官职的谢姓潮州人，遭受陷害。王伉显圣救他，谢氏感其恩，塑王伉神像带回，在潮州城南堤畔建造神庙供奉。安济圣王食一方香火，保一方百姓，颇显灵异。据传，曾有一次汛期到来后，韩江暴涨，洪水滔滔，南堤告急。这时，在其庙前有一群青蛇开始聚集，韩江于是平缓退潮，堤防转危为安。城里耆老认为此乃安济王显圣，化身退水，保境安民。于是，人们扩建庙宇，重塑了一座更大的神身，隆重祭拜。

潮汕游神赛会

安济圣王神游日期为正月二十四、二十五、二十六3天。第一天晚上称为“头夜灯”，全城七个地方的大屏灯、杂灯、活景灯，在喧天的大锣鼓和嘹亮的丝竹管弦乐声的伴随下，浩浩荡荡地从各方开赴城南青龙庙参拜安济王神。花灯参拜神像后，按规定路线分头游行。第二天晚上即“二夜灯”，花灯先在北门集中后，接新的路线游行。第二晚亥时交子时时，算是进入第三天的“正日”，夜十一时多青龙庙响了“起马”炮，神轿起驾。队伍的最前面是一面标明神游路线的引路牌，两旁是两面马头锣，随后是一班潮州大锣鼓，即“头班锣鼓”。跟着是握着斧、钺、刀、戟、矛、剑、叉、槌等器物开道的仪仗队，然后是香炉队和几对大红灯笼，至此才出现了每轿由8人或16人抬着的安济圣王与大夫人、二夫人的三驾神轿。断后的是12班潮州大锣鼓。南门青龙庙附近的居民半夜就起来迎神，大放鞭炮。由于街巷随游和焚香祷拜的人十分拥挤，游神队伍行进缓慢，直至黎明神轿才进入城内。神轿入城之后，要经过28个小时的巡游，至第四天黎明游遍全城之后回銮。潮城游神除了安济王之外，还有“关帝圣君”的一天游神、“玄天上帝”的两天游神。

潮汕人“营锣鼓”知多少

营锣鼓，是潮汕地区比较有代表性的传统民俗活动。“营”是指游行，营锣鼓就是锣鼓游行。逢年过节，在潮汕地区，当地百姓都会举办营锣鼓活动。

营锣鼓最早源于明代后期，它的产生与民间传统节庆、游神赛会及祭祀先祖等活动都有着十分密切的关系。营锣鼓发展的高峰是在民国时期，当时云王敖乐社和长庆乐社相互竞赛，将这项民俗活动推向了一个顶峰。后来，这项传统的民俗活动逐渐沉寂，直到改革开放以后，潮汕地区才又重新恢复了这项具有悠久历史的活动，而且使之获得发展。

营锣鼓，并不是单纯的锣鼓游行活动，它还融合了许多本土的其他民间民俗文化，涉及通俗文学、民间文学、民间音乐、民间舞蹈、戏曲、曲艺、宗教信仰、傩文化、图腾文化和民俗学等多门学科，集民间艺术之大成，可以称得上是一种综合性的民间文化艺术。

营锣鼓的队伍很庞大，其中单是标旗队就有五龙旗、五凤旗、大标旗、中标旗、小标旗等，标旗上绣着各式各样的图案和字符，比如百鸟朝凤、六国封相等图案以及国泰民安、普天同庆等一些吉祥话语。除了标旗队还有锣鼓班，锣鼓班以大锣、斗锣、深波等近10种打击乐器为主进行演奏，用扬琴、柳胡、洞箫等10多件管弦乐器进行伴奏。乐曲由少变多，由单调变丰富，而且可以根据不同的活动内容进行变化。除此之外，在游艺队伍中还有各种各样的表演，有挑花篮表演和涂戏表演，知名的曲目有《桃花姐过渡》《京城会》等；有扮景、舞狮、舞龙、舞英歌表演；有当地特有的民间艺术“十音小套音乐”（用古筝、舞琴、琵琶、月琴、秦琴、柳胡、三弦、头弦、洞箫、笛十种主要乐器，加上汉剧的打击乐器，来演奏潮乐弦诗）表演等。

潮汕人“营锣鼓”

营锣鼓在表演过程中，不仅体现出了古朴的民俗民风，还传播了传统的伦理道德观念，表达了人们对美好生活的追求和向往，沟通了人与人、家庭与家庭、地方与地方之间的关系，活跃了社会组织，为节日增添了喜气祥和的气氛。

随着时代的发展，人们不但保留和改造了营锣鼓中的一些传统项目，还在游艺队伍中增加舞狮、舞龙以及富有现代气息的街头短舞等艺术形式，这使得营锣鼓这项古老的民间艺术具有了新的生命力。

客家的龙灯表演知多少

龙灯，是客家人消灾祈福的一种重要方式。客家人认为能够进入住宅的龙灯具有某种神秘的法力，可以镇宅驱邪、兴利避害。在客家人中，一直流传着这样一句话："龙灯入屋，买田造屋。"由此可见，客家人对于龙灯是多么的崇敬。客家人还把住宅中的龙灯看做"龙脉"，因此，每年元宵节前后，客家人都要把龙灯迎入宅院厅堂，通过热闹的舞龙表演来养护住宅的"龙脉"。

龙灯的种类有很多。按照颜色分，有黄龙、赤龙、青龙等；按制作材料分，有用稻草扎的草龙，用竹片扎的篾龙，用布缝的布龙，还有用长板凳接起来的板凳龙等；按灯笼的个数分，有五节龙、九节龙，甚至还有长达几十米的"长龙"；从外形上分，既有传统的龙形龙灯，还有"鹅公龙"龙灯（这种灯的龙头比较小，形状有点像鹅头，龙的身子是由各自独立、互不连接的若干只鲤鱼状的灯笼组成）。

由于龙灯一般都比较大，需要许多人一起来舞，所以就产生了舞龙队。在农村地区，一支舞龙队一般是由同属于一个家族的人组成。一支队伍通常要分为三个部分：负责舞龙的舞龙队；负责敲锣打鼓的鼓乐队；负责放鞭炮、收红包的队伍，当地人称之为"理事"。一般情况下，舞龙队要在同属于一个家族的人家中巡回演出，在路上要间断性地敲锣打鼓、燃放爆竹。如果谁家想请舞龙队过来表演、祈福，就燃放爆竹作为信号，舞龙队听见爆竹声就去那家舞龙。表演结束后，那家人为了表示谢意要包个红包，有的人家还会摆桌酒席请大家吃饭。

龙灯

舞龙队的难度非常高，如同武术一样，有自己比较固定的技巧。舞龙者用手举着木柄来舞动灯笼，通常需要几人协作来完成相关的动作，而且整套动作基本上是围绕一个圆圈进行。先是绕着圈走，走的时候要不停地小幅度地摆动灯笼；然后龙头要带头发力，带动整条龙波浪般

潮汕过大年舞龙灯的习俗

地滚动，而且要边滚动边围绕中心点转动。这是舞龙灯最为经典的动作之一，远看龙灯就像蛟龙过江，追波逐浪，很有气势。还有模仿龙打滚的动作：中间那个舞龙的要在其他队员的配合下将手中的灯笼倒放但不可触地，然后从上面跳过去，接着再重复前面的动作，一次最多做四遍。除了这些基本的动作套路外，还有许多具体的变化。舞龙灯要在露天的空地上进行，结束之后要进入主人家的厨房敬“灶神”，还要从龙头上拔下几根龙须放到锅台上，预示着风调雨顺、吉祥如意。

客家人舞龙灯的时间一般是在农历正月十五的前三五天。之所以选择这个时间，是兼顾到农村生活生产需要，因为过了年之后的头 10 天，大家都要忙着走亲访友，过了元宵节就要张罗春耕，所以这个时间段正合适。当地没有人会制作龙灯，通常要去购买，这叫“请龙”，到正月十五下午或晚上舞龙结束时，还要“送龙”，就是把龙灯点燃烧掉。“请龙”和“送龙”的仪式都很庄重，一般都是在老祠堂举行，还要在神台上摆放贡品，燃烛上香，敲锣打鼓放鞭炮等，整个过程都是按照祖宗传下来的规矩操作的，一丝不苟。

潮剧乐舞供奉什么神

戏曲行都供奉神仙，称之为戏神，但是不同戏曲种类所供奉的神灵是不一样的，潮剧乐舞戏班供奉的戏神是田元帅。

关于田元帅的传说有很多，下面就简要介绍几种：

揭阳潮剧表演

传说一：据说田元帅也叫田师爷，原先是个戏曲老师，后来在戏曲方面有所成就后就化为青蛙归隐起来了。青蛙是我国古代南方农业社会的普遍图腾，青蛙神也一直被闽粤地区的百姓看做是丰收的象征。岭南一带是较早种植水稻的地区，经过长期的生产实践，当地百姓发现青蛙是有益于水稻的动物，而且青蛙的叫声还是一些天气变化的预兆，于是他们就以为青蛙能呼风唤雨，影响农业收成，就把青蛙当成神明来崇拜。有学者认为，田元帅能成为戏神，与岭南地区的这种农耕文化有着非常紧密的联系。

田元帅

传说二：相传在古时候，有一位姓苏的女子在郊游时因偶然含了稻穗而怀孕。那时女子未婚先孕是有违贞节的丑事，因而婴儿出生后就被丢在田野里。稻田里的田蟹在其嘴角分泌唾液让其吮吸才使他活下来，所以孩子就姓田了。后来，这个孩子成了唐明皇梨园里的乐师，掌管翰林院的梨园子弟。有一次他伏案午睡，恰巧被唐明皇看到。皇帝就把他的头扶正，并揩去他嘴角的涎迹，因此，后世在供奉田元帅神像时，将他帽子上的帽翅做成一对御手，在其嘴角留下涎迹。

传说三：田元帅原名叫雷逢春，是唐玄宗时宫廷里的乐师，掌管翰林院梨园子弟。他文武双全，曾挂帅出征西番，但兵败而归。皇帝免他一死，只是把他的姓中的“雨”部砍去，于是他就姓田了，仍旧在梨园教曲。

当然，以上几种说法只是民间传说而已，不足为信，至于田元帅到底是何来历，恐怕也没有人能说得清。以前分布在潮汕乡村的闲间、弦间，是当地人休闲、娱乐的场所。据老人们回忆，在这些闲间、弦间里，有不少都供有田元帅神位。在潮汕戏班中，这种情况也同样存在。

戏神是戏班的祖师爷和守护神，自然深受梨园子弟的尊奉。凡是潮剧戏班，都有供奉田元帅的神龛，外面是用木笼罗帐搭起来的，龛额上题有“翰林院”三个字，中间是用红纸书写的“玉封九天风火院都元帅神位”，神龛两侧有一副对联：“月殿风光传乐府，梨园景色快人心。”旧时的戏班规矩相当严格，有专门安放戏神牌位和供具的箱子，任何人都不可以在这只箱上面靠坐，扮演旦角的男女演员更不许接触，否则就会受罚，因而装有戏神的箱子就显得十分神圣、尊贵。

麻车夜色舞火狗有何特色

麻车火狗，又称“麻车夜色”或“舞火狗”，是一种在广东省增城市石滩镇麻车村流行的大型夜间民间艺术活动。麻车火狗最早开始于明代，到清雍正年间初步成为一套独特的大型民间艺术活动，从出现至今已有600多年的历史了。

关于麻车火狗的起源有一个传说。相传在明嘉靖年间，麻车村中瘟疫流行，而且一直无法消灭。村里人心惶惶，纷纷迁往别处，人口逐渐减少，原本好好的一个村子眼看就要消亡了。就在这时，村里来了一位风水先生。他在村子里仔细察看了一番后，就让村民用稻草扎成草狗（即扎得紧紧的小草捆），在草狗身上插满粗香，晚饭后一起点亮香火，用竹竿撑着在村里四处游走。他说这样就可以消除瘟疫了。于是，全村男女老幼齐上阵，按照他的要求扎制草狗。晚饭过后，村民们把草狗上的香点燃，然后在村里游行，顿时全村每个角落都充满了浓烈的烟火气，火光通红。就这样反复几次之后，村里的瘟疫果然逐渐消失了。“舞火狗”的习俗也就代代相传下来。每到人寿年丰的年景，麻车村就要舞火狗。

广州增城麻车火狗

最初的火狗都是用稻草扎成的，但是这种火狗颜色、造型都太单调，而且容易着火燃烧，于是就改用火杆（当地一种杆状、分节、有刺的植物）来扎制，后来又逐渐换成竹篾，而且要扎制成各种禽畜造型。

那么，为什么叫做“火狗”呢？当地人把扎得紧紧的小草捆叫做“草狗”。最初的“火狗”就是把香插到草狗上制成的，因此叫做“火狗”。除此之外，还有一个原因。据当地村民介绍，麻车村过去是由9个自然村组成的大村落。每到舞火狗时，每个自然村都要出一只火兽。这样就有9种火兽造型了，通常有龙、狮、麒麟、象、狗、貔貅、鳌鱼、鸭和凤。于是，“火狗”就逐渐演变为“火九”。而在粤语中“狗”和“九”是同音字，因此“舞火狗”的名称就沿用下来了。

麻车火狗的规模很庞大，场面很壮观。“舞火狗”的数量单位被叫做“景”，做一景可以舞两个晚上，每舞一次都需要一套道具，每套道具的数量从20到30件不等，但也不固定。

一到晚上，所有照明灯光一起熄灭，“火狗”游行队伍从广场起步，先是一群年轻人举着喷射着的烟火奔跑开路；然后，一个火龙球从暗处向外滚跃；接着，在“民间传统，发扬光大”的香火牌匾的引领下，一头闪烁的庞然大物探头而出，这是长达50米的星光火龙；在火龙的带领下，60多个形象生动的“火兽”依次出现。

在麻车村有这样一首民谣:"麻车舞火狗,瑞年庆丰收。火狗到门来,消灾又添财。"从民谣中我们可以看出,"舞火狗"作为一项民俗活动,它不仅有庆贺丰收的作用,还是当地人祈福消灾的一种仪式。

"水上吉普赛人"的咸水歌有何特色

咸水歌,又称"白话渔歌"、"咸水叹"、"叹哥兄"、"叹姑妹",是渔歌的一种,其演唱者多为说广州方言的渔民。这种渔歌主要流行于广东省中山市坦洲镇附近以及民众镇一带,在珠海、番禺、顺德、东莞、阳江、湛江、新会等地也有传唱,很有地方特色。

咸水歌是疍家人的歌曲,因此又被称作疍歌。疍家人是秦朝后不断南迁的居民与南越本土居民交流融合而形成的一个汉族群体,主要分布在福建、广东、广西、海南四省区。疍家人居无定所,一般都居住在船上,四处漂泊,因此被称作是"水上吉普赛人"。疍家文化是以汉文化为主体、南越本土文化为基础,又吸收海外文化而逐渐形成的一种多元性文化,而咸水歌则是疍家文化的代表与精华。疍家人常年生活在海边,而海水是咸的,因此他们所唱的歌谣,就被称作"咸水歌"。

咸水歌一般是由疍家人口耳传唱。清人屈翁山在《广东新语·诗语》中记载:"疍人亦喜唱歌,婚夕两舟相合,男歌胜则牵女衣过舟也。"由此可见,咸水歌早在明末清初时就已经很流行了。坦洲是咸、淡水交汇的中心地带,在这一地区安家落户的疍家人很多,因此,中山咸水歌在坦洲的历史最为悠久,流传十分广泛,而且至今仍然保留着很多传统唱法。

身着旗袍的东莞市沙田镇疍家老人

咸水歌的种类有很多。在珠江三角洲地区,当地人为了调剂生活、增加相邻村落之间的情感,一般会在农忙之前或收获之后搭台唱歌、进行比试。到了每年的中秋节,当地人还会把船摇到江心,连成赛歌的擂台。由于分布范围较广,所以咸水歌在各地的歌腔不同,因而可以分为"中山咸水歌"、"大缯歌(流行于中山大缯一带)"、"姑妹歌(加衬词"姑娌妹"的咸水歌)"、"高堂歌(流行于高堂地区)"等形式。除

水中小船上唱咸水歌的情景

此之外，在广东的沿海其他地区如阳江、电白及香港、澳门等地也都有与咸水歌曲调相近的渔歌。

咸水歌的形式很多样。从句式上分，主要有长句、短句两种，两者的音调和拉腔各不相同；从演唱形式上分，有独唱、对唱等形式；从结构上分，有由上句和下句组成的、多用于独唱或是问答式对唱的单乐段体，有由四个乐句组成的复乐段体，还有因歌头、衬词或者叙事的需要把乐段扩充或延长而构成的不拘一格的自由体等。在众多的形式中，叙事形式的咸水歌最长，但是从结构上看，大体上还是保持了四句为一乐段的复乐段体。

咸水歌的节奏与水上居民的日常生活有非常紧密的联系，这种联系也可以称作是"节奏上的共鸣"。水上居民的生活是摇摆的，因为他们生活在船上，要不断地划船，而且船总是会随着水流晃动，所以，咸水歌是在摇摆或划桨的基本节奏上组成的。通常情况下，歌曲以正规节奏为主，八分音符、十六分音符交替使用，有时会因为语言和感情的需要出现附点音符和切分音，从而使不正规节奏在位置上起着变化，从而给人以优美、流畅的感受。

佛山秋色有何来历及特色

秋色，又名"秋宵"、"秋景"，是指丰收的景色。"佛山秋色"，是佛山一带独有的古代大型民间文化艺术娱乐活动的统称。

佛山秋色的发展历史非常悠久。西晋时，佛山属于南海郡管辖，当时叫做季华乡，农业、手工业、商业都很发达。每到丰收时节，当地人就用茭笋壳扎成小龙，撑上竹竿，由孩子们成群结队、喊着"咚咚"的节奏在田间舞动，人们称这种娱乐活动为"孩童耍乐"。这是佛山秋色最早期、最原始的形式。到了明代，佛山一带商贾云集、手工业发达，当地能工巧匠很多。

佛山秋色巡游舞龙表演

人们在秋季丰收之后，用手工业生产的边角废料和小商贩剩余的下料为材料，制作各种手工艺品参加游行，以此来酬谢神明，报答大自然带来的好年景。随着不断的发展，游行逐渐演变成佛山著名的秋色赛会，佛山秋色工艺品也由此得名。据说，最早的秋色活动是丰收之后的秋夜，小孩们用茭笋壳扎成小“龙”，龙身上插满香火，穿街过巷游舞。后来，人们用各种材料制成各种祭供品参加游行。随着不断的发展，游行队伍中又增加了举旗、提灯、耍狮、文艺表演、杂技、武术等项目，佛山秋色由此产生。

佛山秋色巡游中的古装美女

佛山秋色没有固定行业，一般是由民间自发举办。农民和小商贩利用本身所从事的行业，自觉、自发、自愿地进行艺术创作，以铺为单位发起。在收成好的年景，人民安居乐业，秋色游行举办得就会多一些，规模也会大一些。明代后期，战乱频繁、民不聊生，秋色赛会举办得就很少。到了民国初期，社会稍有安定，人民生活平稳，秋色游行又逐渐得到恢复。后来，战争再次爆发，佛山工商业又衰落下去，秋色活动日渐消退，不少传统的手工艺相继失传。新中国成立后，佛山的秋色艺术才又得到了恢复和发展。

佛山秋色作为一种综合性的艺术表演活动，以民间生活、群众喜好、民俗风情为依据，将表演艺术与工艺美术巧妙结合在一起，其主要的表演内容有车色、马色、飘色、水色、地色和灯色，手工艺品有扎作工艺品、仿古工艺品、花卉工艺品、果品工艺品、鳞蚧工艺品五个门类。

秋色巡游通常有两种形式：一是表演艺术，即故事表演、车心、乐队演奏、舞龙舞狮等；二是艺术品陈列观赏评比，如灯色、台面、担头、头牌、罗伞、龙、狮等手工艺品评比。出秋色时，各单项的先后次序都有严格的规定，大致可以分为19 项：一起马（游行的前导讯号），二是灯笼队开路，三是大灯笼（表示游行正式开始），四是唢呐队，五是飞报马，六是头牌（帅旗）幡旗，七是罗伞，八是舞龙，九是灯色，十是台面（放在台面上展览各种艺术品），十一是担头（担挑着各种艺术品游行），十二是车心（有一定内容的表演节目），十三是陆地行舟（即陆地上划龙船），十四是十番（即民乐队），十五是锣鼓柜，十六是表演节目、戏曲或历史故事，十七是大头佛，十八是踩高跷，十九是狮子队。

秋色艺术主要是由手工业从业者、农民、小商贩创作的，主要表现了普通老百姓的理想和情趣。比如秋色中的担头，就是由扮演小商贩的人将手工制作的“水产鱼虾，水果花卉”等肩挑车拉，沿街“叫卖”。

佛山秋色的最大特点就是以假乱真，出奇制胜。秋色作为民间艺术，有其独特的地方特色，使用的材料大多是纸、碎布、丝绸、香胶、蜡、陶泥、竹木等手工业的边角料以及蚕茧、谷豆、鱼鳞、瓜果、萝卜等农副产品，以扎作、纸扑、雕刻、剪贴、雕塑、灌注等技法，仿制成各种器物、古玩、花鸟虫鱼、瓜果等，达到以假乱真、奇巧斗胜的艺术效果。佛山秋色还具有浓厚的乡土气息、显著的行业特征，很多秋色制作人都以自己的行业产品为创作对象，如经营水产的多制作鳞蚧类作品，经营玉器古玩的多制作仿古工艺品等。

唱龙舟是怎么回事

龙舟歌在民间又称“唱龙舟”或简称“龙舟”，是流行于广东珠江三角洲地区的一种曲艺形式。一般认为该曲艺形成于清代乾隆年间(1735—1795)，相传为一名原籍顺德龙江的破落子弟所创。其表演形式为一人或二人自击小锣或小鼓作间歇伴奏吟唱，声腔短促，高昂跌宕，诙谐有趣，富有宣泄效果。唱词以七言韵文为基本句式，四句为一组。腔调简朴流畅，富有乡土气息，宜于叙事抒情。节目内容丰富，从神话故事、民间故事到时事新闻几乎无所不包。但由于民间艺人识字不多，且多为口耳相承，流传下来的并不多。

历史上的龙舟歌多由艺人走街串巷演出，在重大的民族节日或各种喜庆场合很容易觅见他们的身影。龙舟歌中蕴含着大量的民俗信息，影响所及，连粤剧也吸收其唱腔为演唱的重要曲牌，曲牌的名字就叫“龙舟歌”或“龙舟”。

唱龙舟

2009 年 7 月，《唱龙舟》代表顺德区文体局参加“广东省第二届岭南舞蹈大赛”，获“非专业组编导”、“表演”、及“原创音乐”三项金奖。同年 9 月，《唱龙舟》代表佛山教育局参加“广东省第三届中小学生文艺展演”，再捧金杯。2010 年，在上海世博会上演出，《唱龙舟》节目荣获“欢聚世博”魅力校园精品节目大联欢活动金奖，赵根孝校长荣获“先进工作者”称号。

作为顺德的镇级职业技术学校，几年来，“胡锦超职校艺术团”节目创作从立足校园文化逐步发展到立足本土文化，从本土文化中发掘艺术素材，提升艺术品位。顺德自古就是一处富庶之地，文化底蕴深厚，特别是顺德龙舟文化内涵丰富。当地人不仅喜欢龙舟竞渡，也喜欢听古老的龙舟说唱。围绕着龙舟，顺德人有讲不完的故事。艺术团节目编导柳杨、江业群老师多次深入顺德水乡、探访民间老艺人，发掘出了“唱龙舟”这种已经被列为“国家非物质文化遗产”的古老的民间艺术。舞蹈以独特的视角，丰富而有力地再现了顺德水乡“唱龙舟”的神韵，表现这种古老民间艺术的传承。作品既具有浓厚的地方文化特色，又传达了传承传统文化精神主题意义。该节目从排演以来一直得到了顺德区文体局的大力支持，领导多次询问排练进展、聘请专家进行指导、联系媒体进行宣传，并帮助学校解决了经费困难的问题。

沙湾飘色有何来历及特色

沙湾飘色，是一种流传于广州民间的传统艺术活动，距今已有100多年历史。据说在清朝咸丰年间（1851—1861），广东各地流浪艺人每逢庙会，就打扮成戏曲人物，进行表演，被称为“赛声”或“彩色”。后来发展成为马匹上装扮的“马色”、水上装扮的“水色”，而装扮在托上、由多人抬着游行的则被称为“飘色”。沙湾飘色以“板”为单位，每板由2到3个小孩扮演，一板一个故事，多以神话、历史故事为题材。

在沙湾当地，关于飘色的起源一直流传着两种说法。一种说法认为，清代粤剧艺人李文茂率众响应太平天国起义，清廷震怒，起义被镇压之后，朝廷明令禁止粤剧演出。当地群众想看戏但是又没人敢顶风而上，于是就想出了一个办法，就是让小孩扮成戏曲中的人物，抬着在各村游行，既像演戏但又不唱戏，这就是今天的飘色。

另一种说法是，在明代，沙湾人李路远在云南做边关大将，当时在云南有两族人为争夺朱元璋建造的北帝塑像产生了极深的矛盾，结果在李路远的调解下重归于好。两族人为了赞颂他的清廉正直、办事有方，就把北帝塑像送给了他。后来，李氏将塑像带回了沙湾，此后每年三月初三北帝诞辰的时候，当地人都要抬着北帝塑像出游，同时还会举办书会、舞龙、飘色等

番禺沙湾飘色表演

民间艺术活动，久而久之就产生了现在的飘色。

番禺沙湾飘色演员

在当地，还有一些老人说沙湾飘色是学自番禺员岗，后来才形成了自己的特色。员岗的飘色艺人崔湛说，员岗的崔氏家族是从江西迁来的，也就说飘色是从江西传入的。在沙湾的何氏族谱上记载着在康熙年间当地举办飘色活动的情况，从时间上看，明显早于李文茂起义，所以，现在多认为沙湾飘色起源于明末清初。但是，每一种说法都缺乏足够的证据和史料支持，因此，关于沙湾飘色的来历还无法确切得知。

沙湾飘色，在结构上可分为三个部分：一是色柜，也就是活动的小舞台；二是色梗，就是支撑舞台用的钢枝；三是扮演"色"的演员，坐在下面的叫"屏"，一般是由10~12岁的小演员扮演，上面的叫"飘"，一般由3岁上下的小孩扮演。进行飘色表演的演员所穿的衣服，都是按照所饰演人物的朝代、身份来定制的，通常是用绫罗绸缎制成的，十分华丽。

飘色的设计既艺术又含蓄，每板飘色的"飘"和"屏"相互陪衬，组成一个造型精巧奇特、仪态优美、艳丽而又天衣无缝的画面。飘色之所以能飘起来，全靠一条经过精心锻造的钢枝，也就是"色梗"，这个装置就像主心骨一样支撑着屏面和飘色上两个小孩的重量，使他们能坚固而又巧妙地竖立在飘色板上。在历时两三个小时的表演游行中，即使那些表演的小孩睡着了，也不会掉下来，非常讲求力学原理。

从整体上来说，沙湾飘色的结构特点是以"屏"带"飘"、"屏"、"飘"相连，设计精巧、讲求力学。传统的沙湾飘色是由板车或由4人抬着进行巡游展演，一般会在节日、庆典、神诞、庙会时举行。在飘色流行时，每两板之间还配有一台八音锣鼓架，这样就形成了一套完整的集色、声、艺于一体的流动艺术舞台。

韶关有什么特色风俗

韶关是广东的北大门，古称韶州，被誉为"岭南名郡"。其文化底蕴深厚，有丰富多彩的民间艺术，包括民间歌舞和民间工艺两类。其中民间歌舞有：采茶戏、花鼓戏、花灯戏、山歌剧、山歌、说书、快板、粤曲、舞龙、舞狮等；民间工艺有：木雕、编织、刺绣、剪纸等。

采茶戏：是流行于江西、湖北、湖南、安徽、福建、广东、广西等省区的一种戏

韶关采茶戏

曲形式。粤北采茶戏，以前叫唱花灯、唱花鼓、采茶戏、大茶或三脚班。它是源于广东北部山区节庆灯彩歌舞的地方民间小戏。以韶关为中心，主要流行于南雄、始兴、曲江、仁化、乐昌、乳源、新丰、连平、和平、龙川等县。原有南雄灯子、韶南大茶、连阳调子等三种流派。1950 年后逐渐交融汇合，并于 1959 年统称为“粤北采茶戏”。

新中国成立的 30 多年来，粤北采茶戏加工整理 、改编、演出了《补皮鞋》《装画眉》《阿三戏公爷》等 20 多个传统戏。新编的古装戏和现代戏有 300 多个，其中的《牛郎织女》《刘三姐》《玛瑙山》《血榜根》《晒茶》《女儿上大学》《称心花》等，得到好评。一些剧目的演出，对传统表演艺术进行了认真的继承革新，广泛借鉴学习兄弟剧种和话剧、电影的艺术长处，使采茶戏艺术获得全面的提高。

花鼓戏：中国地方戏曲剧种之一，由湘南民歌发展而成。早期花鼓戏只有半职业性班社在农村作季节性演出，农忙务农，农闲从艺。过去由于花鼓戏经常遭受歧视和禁演，各地花鼓戏班都曾兼演当地流行的大戏剧目以作掩护，这种戏班称“半台班”、“半戏半调”或“阴阳班子”。新中国成立后，各地分别成立专业剧团，进入城市剧场公演。

韶关的乐昌花鼓戏，俗名“唱花鼓”、“调子戏”。起源于清朝康熙年间。唱腔分正调、小调、杂调三大类。剧目分别取材于当地的民间传说、神话故事及生活中的故事。早期多为小型剧目，有《小花鼓》《小探妹》《扯油菜》等；后期出现了《三看亲》《柴姑记》《云南寻夫》《朱买臣卖柴》等大、中型剧目。

花灯戏：花灯戏，俗称灯火戏、花戏等，源于民间花灯歌舞，故而得名。是清末民初形成的一种地方戏曲种类。广泛流行于江西、广西、浙江、湖南、湖北、广东等一带。花灯戏的剧目

韶关长鼓舞

多取材于旧小说、民间故事和民间小调等。

长鼓舞：是中国少数民族舞蹈，以击打长鼓、边击边舞而得名。长鼓舞以朝鲜族的和瑶族的最具代表性。在粤北韶关山区，逢年过节时，排瑶同胞都喜欢跳长鼓舞。表演时，舞者身穿节日盛装，腰扎红绸，脚裹白色绑腿，挂着1米多长的花鼓。他们整套动作刚劲有力，粗犷洒脱，惟妙惟肖地表现出了瑶族人民勤劳勇敢的精神和雄劲刚强的性格。其中，"斗鸡"、"射箭"、"虎跳龙门"等动作，舞姿优美奇特，但难度也大，需要高超的表演技巧。

为何说"一年过了两个年"

年例是粤西岭南这一带独特的节日，与春节、中秋等全国性的节日有相似之处，都是传统的习俗。在当地农村，素有"年例大过春节"的说法，可以说，他们是"一年过了两个年"。按《太平寰宇记》记载，年例最迟起源于宋代，明朝时期开始盛行。

年例一般有三天，头天叫"起年例"，第二天叫"正年例"，最后一天叫"年例尾"。从"起年例"到"年例尾"，贯穿始终的是大吃大喝和一连串的农村传统活动。家家户户用鸡、猪肉、鱼等供品摆在一起供"菩萨"享用。接着放鞭炮，鞭炮声伴着锣鼓声，不绝于耳，场面壮观。特别是菩萨出游巡门，长长的队伍，彩旗飘飘，锣鼓喧天，鞭炮声声，浩浩荡荡，蔚为壮观。年例期间还有花灯展赏，有木偶戏看，有电影公映，有飘色表演，有烟花燃放，醒狮献艺或雷剧演出。可以说每条村的年例都是各显神通，节目丰富得让人目不暇接，也正因此，春节过后，"食年例"便成了粤西最流行的一句话。

在"年例"期间，家家张灯结彩，村镇街道布置彩楼、彩廊、画廊等，路旁插满彩旗，鞭炮声及锣鼓声此起彼伏，各种民间艺术表演力竭所能，尽献于众。粤剧、歌舞、木偶戏、雷剧以及各种各样的文娱活动纷纷亮相，其中尤以雷剧最为受欢迎。一般在年例日前后连演数天，观者络绎不绝。此外，醒狮班前来舞狮助兴，也是年例日的必备项目。年例之日，亲友不请亦来，俗称"睇（看）年例"（元宵期间的称为"闹元宵"），主人家盛情接待，宴饮尽欢。有些大户人家，朋友和小孩子进门皆派大红包。所以，可以说年

湛江"年例"期间活动

湛江雷剧

例是粤西特有的民俗节日，现已逐渐形成了粤西特色年例文化。现在，粤西农村做“年例”，除保留一部分传统节目外，又赋予新时代的内容。适逢年例节，每村每巷搭起牌楼，沿路彩旗飘扬，家家户户张灯结彩，大摆筵席招待亲朋好友。邻近村庄百姓都来看热闹助兴，甚至素不相识，登门也是客，主人会热情款待招呼茶饭。而放电影、演戏剧、音乐会等健康向上的节目，也日渐成为人们的新选择。

现在，粤西的“年例”独具地方特色和传统的“奇”，一些游艺项目已成了品牌，吸引了越来越多的海内外人士，一些民俗专家和学者对此也产生了浓厚的兴趣。如湛江傩舞、东海人龙舞、吴川飘色、遂溪醒狮、雷州井尾坡“阴阳圩”、麻章麒麟村“上刀山”、旧县村山后村等地的“翻刺床”等特色品牌，使年例更具魅力。湛江旅游资源丰富，再加上特有的“年例”风俗节日，其融入文化内涵的特色旅游将有广阔的前景。

广东人是如何告别童年“出花园”的

关于“出花园”的来源有个故事，与明代状元潮安金石人林大钦（1512—1542）有关。据《潮州府志·林大钦传》载：“林大钦年少时聪慧过人，十五岁即与指腹为婚的表妹完婚，但却一直未出天花。其母孙氏担忧其未能成人，整日以泪洗面。林大钦是个孝顺的人，为了让其母放心，便邀刚过门的妻子将从山上‘劈枝折花，席地铺就’（据清代陈壆《中书问学》记载），然后躺在上面翻滚，高喊‘出花啦出花啦’。其母见状，破涕为笑，自此不再愁眉不展。后来，林大钦高中状元后，有人便把这件事情跟中魁联系起来，认为这是‘梦笔生花’，是好兆头。久而久之，谁家有小孩到了 15 岁，就折来鲜花插在身上，再往后就演变成了到山间花草丛中闲逛（详见明末淳于鋆《明鉴·卷二》、清代薛大周《薛忠公文集》及南京国民政府编制的《汕头方志》）。林大钦英年早逝，留下的著作不多，但由他所引发的一个影响深远的习俗却流传了下来，虽然其后又经过了无数次的‘增删’，但最终成为了现在我们生活中的‘出花园’。”此外，也有南朝人贾黥于《百蛮异录》中提到：“……番禺设潮阳驿，驿丞嫁女，使之出花，所谓成人……”由此可知，“出花园”始于南朝，宋代兴盛起来，直到清代中期正式定型，形成一定的套路。此后不断地演变,成为了一种集体参与的习俗。

“出花园”是潮汕地区特有的一种成人礼习俗,凡年满15周岁的孩子(有的地方不给女孩子办这种仪式)都要“出花园”。“出”指走出去,表示孩子从此长大成人,不再是终日在花园里玩闹的孩童了。出花园之日,成年的少男少女有许多拘束和讲究要遵守,现在,一些仪式内容有所简化。

广东成人礼“出花园”风俗

“出花园”当天,小孩子要穿舅舅送来的新衣、木屐,一般为红色。现在很多烦琐礼节已经被简化,舅舅可以直接送红包给外甥(女),让孩子自己置办。并且这天早晨,父母会让小孩子把一枝带有吉祥意义的“石榴”花别在耳朵上。吃早餐时,一般要凑齐八个人,早餐有公鸡一只,甜品,青菜等各种拼凑而成的八道或十二道菜。就餐座位也是有讲究的,“出花园”者坐在正位,鸡头朝着他(她),由“出花园”者自吃。其意义是长大后能出人头地,兴旺发达。而当出花园者属鸡时,应该以鹅代鸡。席间,家人会向孩子祝愿,赠寄美好的愿望。“出花园”前几天或当天,亲戚们都会前来送礼,或是红包或是礼物,礼物是给“出花园”主角的,但一般是由父母操办,进行回礼。另外在揭阳,有另一种说法,人们认为出花园这天,孩子不能跑太远的地方,甚至不能过桥。这一天,孩子只管玩、吃,不用做任何家务活。为图个好兆头,孩子说的话,提出的要求,不到万不得已的情况下,一般都不会被拒绝。

“耍歌堂”是什么节日

“耍歌”的意思是唱歌、对歌、斗歌。“耍歌堂”节,又叫“耍望”节,是广东省连南瑶族自治县、连山瑶族自治县瑶族人民的隆重节日。“耍歌堂”是瑶语译音,意为“庆丰收”,也是青年男女对歌觅友的节日。三五年举行一次,一般在金秋季节,农历十月十六日左右。

耍歌堂是连南排瑶祭祀祖先、庆祝丰收的大型娱乐活动,多在农历十月十六日以后进行,时间的长短各地不一,约为3~9天。届时家家备有水酒、糯米粑粑招待客人,瑶族祭神,一般用猪、鸡、鸭、蛋、鱼等食品,忌用狗、蛇、猫、蛙肉。瑶族办丧事,必须杀牛祭祀。杀牛的头数视家庭情况而定,有的杀七八头之多。

连南瑶族"耍歌堂"

办丧事酒席，有些地方以猪肉、豆腐为主。

届时，各村寨的人们抬着祖先的画像，带着新收获的包谷、红薯和糍粑、米酒、山果等物品，成群结队，翻山越岭，会集于事先选好的耍歌堂（地势平坦的村寨）。以炮响为号，吹响牛角曲。蓄发盘髻、头包红布、插着美丽羽毛的英俊瑶族小伙子，在锣鼓声中跳起刚健欢乐的长鼓舞。身着绣有绚丽花朵、纷飞彩蝶、秀丽山河、漂浮彩云的瑶族姑娘翩翩起舞，选择意中人。情投意合者则双双对对离堂而去，在山坡上、树荫下，通过对歌互诉爱慕之情。其他人或是开怀畅饮、高谈阔论，或是高唱瑶歌、极目远眺，场面十分热闹。"耍歌堂"场上，放置众人提供的米酒，任人饮用。

耍歌堂分大歌堂和小歌堂。大歌堂历时三天，每三年或五年举行一次，规模以各排为单位；小歌堂历时一天，每二年或三年举行一次，规模以姓氏为单位。现在，连南瑶族耍歌堂已成为了国家非物质文化遗产。

阳江的风筝节为何驰名海内外

阳江是南国风筝之乡，为南派风筝的代表之一，已有 1400 余年的历史。1993 年，中国风筝协会命名阳江为"中国风筝之乡"。

现阳江已建成 14 万平方米、可容纳 30 万名观众的"南国风筝竞赛场"（由原广东省省长叶选平题）。1990 年，在第七届国际风筝会上，阳江市取材于民间传说《白蛇传》扎制而成的"灵芝"风筝，被评为"世界十绝风筝"之一。从 1992 年开始，每年农历九月初九重阳节，阳江都在南国风筝竞技场举办群众性风筝比赛。

阳江板子风筝

早在宋代，阳江已有重阳放风筝的习俗。据说那时有一位州官叫王亘，他在北山一块"仙掌石"上凿了一个"流杯池"，每到重阳佳节，就邀请各界名流，集于石上，一面"曲水流觞"，一面放风筝观赏，周围百姓也在山间支起帐篷观看。《阳江县志》载："重九日，结伴携酒选胜登高，士人赋诗，儿童放纸鸢较高下。"到了清代，场面更为壮观。清人林葆莹诗云："浮屠七级北山坳，纸鹞参差万影交。"可见当时之盛况。

阳江的风筝，品种繁多，构思精巧，格调古雅。传统风筝又叫"生气风筝"，有"百足"（蜈蚣）、"灵芝"、"崖鹰"等10多种，放起来随风飘舞，栩栩如生。其中有一种能鼓风而上，在高空定位，任人观赏的，叫"排蓬风筝"，常见的造型有花鸟虫鱼、飞禽走兽等10多种。还有一种"风蛾风筝"，能在空中自动点燃鞭炮，犹如飞机发射火箭似的，更有趣味。大型的风筝高达10米，直径3米多，重20多斤，要十几个人拉着跑，乘五六级风才能上天。最长的"龙利风筝"，长达30米，由100~200个糊着彩纸的小竹圈串成，圈两旁插上扫帚枝，状似蜈蚣，放上天后能伸能缩，左右晃动，形神毕肖。

潮州鲤鱼舞有何特色

鲤鱼舞流传在惠州和潮州一带，至今已有100多年的历史。每逢喜庆节日，当地各乡村、城镇常常都可以见到。民间传说盘古开天辟地是由鲤鱼带领才寻到水源的，所以人们为了不忘鲤鱼的功劳，每逢农历正月初四祭神时，就舞起鲤鱼，以示纪念。以后又逐步变为每逢喜庆节日，都舞鲤鱼庆祝丰收，寓意"年年有余"，祈愿天下太平。惠东平海人以前大多是渔民，所以当地的群众跳鲤鱼舞也有祈求"出海平安、满载而归"之意，也即为"年年有余"。

鲤鱼舞是潮州民间喜闻乐见的一种舞蹈形式。编创者通过对鲤鱼生活情境细致入微的观察，提炼出鲤鱼"出滩"、"觅食"、"比目"、"啃泥"、"产卵"、"跃龙门"等动作，组合成不同的表演套数。鲤鱼舞刚劲有力，粗犷奔放，充分表现了男子舞蹈的阳刚之气，具有南派武功的特点。鲤鱼舞的道具制作精湛，极具潮州工艺特色，加上舞蹈用潮州大锣鼓打击乐伴奏，具有浓郁的乡土气息和地方色彩。作为中国优秀民间舞蹈艺术，潮州市鲤鱼舞队曾赴京参加"全国民间音乐舞蹈汇演"，获"优秀节目"奖，也多次应邀赴国外演出，名扬海内外。潮州鲤鱼

潮州鲤鱼舞

舞已被收编进《中国民族民间舞蹈集成·广东卷》中。

每逢喜庆节日,潮州各城镇乡村随处可见鲤鱼舞。精心制作的鲤鱼灯栩栩如生,众鲤鱼在头鱼的带领下,时而在水面悠然游动,时而潜入水底寻觅食物,时而相互嬉戏。高潮时鲤鱼急速翻腾,全力拼搏,最后高跃龙门,此时鼓声雷动,观者情绪激昂,全场欢呼喝彩,气氛十分热烈。100 多年来,鲤鱼舞一直深受群众喜爱,在潮州民间盛演不衰,成为迄今保留下来的一个民间舞蹈传统节目。

汕尾渔歌是怎样的歌谣

汕尾渔歌是汕尾各地沿海的民间歌谣,它产生于宋元时期。渔歌又称“疍歌”,屈大均在《广东新语》中提到:“疍人亦喜唱歌。婚夕两舟相合,男歌胜则牵女衣过舟也。”汕尾渔歌主要反映的是渔民的海上生活,是瓯船渔民用闽南方言(福佬话)歌唱的疍歌,具有极鲜明的艺术风格而自成一体。

汕尾渔歌的词、韵、旋律、村字、主干音、落尾音都具有固有的特点,有非常浓郁的海洋气息。瓯船渔民是一个喜欢用歌声抒发和表达内心情感的社会群体。他们在日常劳作中会伴随劳动的节奏情不自禁地哼起渔歌,内容有捕鱼歌、恋情歌、婚嫁歌、斗歌、生活情趣歌、后勤服务歌等。歌曲的曲式都很简短,多为七言四句体,歌词结构工整。它的节奏和缓,音韵和谐,旋律优美细腻,语言不但简朴通俗,而且生动活泼、饶有风趣,充满江海生活的韵味。著名歌曲《军港之夜》《在希望的田野上》等其中的开头旋律是来自渔歌的,它广泛而深刻地反映了渔民生活,运用海陆丰方言歌词以对歌的形式,表达复杂的思想感情。渔民们平时也惯用唱歌来代替平日的交际语言、问候、祝贺、拉家常、谈恋爱。

汕尾渔歌源远流长、内涵丰富、形式多样,是先民们众口相传的一份宝贵文化遗产。“汕尾渔歌王”黄琛发掘汕尾渔歌,并对其进行了搜集整理,著作有《汕尾渔歌》《粤东渔歌》等作品,并创作了《妇女捕鱼组曲》《渔民娶新娘》等歌曲。还有很多音乐家到汕尾渔港采风后,都创作了不少脍炙人口的歌曲。如今由于瓯船渔民上陆地定居和生活方式的改变,他们在日常生活中已经很少唱渔歌。老一辈的渔歌手都已上了年纪,有

汕尾渔歌

的已去世，汕尾渔歌后继乏人。为了使汕尾渔歌更好地传承下去，许多爱好音乐人士都在尽自己的一份绵薄之力挽救渔歌。汕尾渔歌是一座丰富的音乐矿藏，等着更多的人开发和利用。

舞九鳄的传统是怎么形成的

舞九鳄也称“九鳄舞”，是惠来民间文化艺术的精粹，流传久远。它始于韩愈刺潮迁袁之后，那时有鳄灯而无鳄舞。唐元和十四年(819 年)，刑部侍郎韩愈因上奏章《论佛骨表》谏迎佛骨，措辞激烈，触怒唐宪宗皇帝，险些几次被定为死罪，幸得经一些大臣大力说情，才改罪被贬任潮州刺史。当他路过昌乐陇时，从陇吏口中获悉潮汕地区鳄鱼害民。韩愈一到任就立即采取治鳄措施，驰除恶鳄，并在潮汕大地兴学育才，大搞水利生产，敢于抑制豪强，功绩卓著。潮人为表达对韩愈的无限敬仰之情，后来，建韩文公祠，筑建文塔，每年祭拜必焚化纸钱和篾扎纸糊的“鳄鱼”等冥品，有些未焚化的“鳄鱼”被儿童拿起来挥舞玩耍。加之后来海岸线长，当时港、圳滩、池塘、溪涧甚多，人们对驱鳄以及水中恶物之事特感兴趣，因之“烧鳄”演成“玩鳄”，渐渐地形成“舞鳄”活动。

惠来舞九鳄

只是当时的形式比较简单，舞者手擎一只“鳄鱼灯”，便可以在新年期间的晚上自由舞起来，或活动于街头巷尾、广场屋角之处，或穿梭于富绅商贾、平民百姓之庭院，以此点缀一下节日的气氛，如此而已。其时，因鳄鱼灯的制作比较简单，有点似鲤鱼状，故有人也戏称为“舞鲤鱼”。直至清道光年间，才有了舞蹈形式的舞鳄鱼。由五对即十个骁勇的壮男组成，他们各擎一只鳄鱼灯，由擎头灯的人摆弄鱼尾作指挥，后边的人便跟着狂舞。后来，人们似乎意识到整数

“十”这个数字的意义不大,遂减去“一”变成奇数“九”,“九”乃阳数之极,个中又富含玄机,且意蕴众多之意。因此,舞鳄也谓之为“舞九鳄”。

发展迄今,“舞九鳄”已成为当地人们所喜见乐闻的民间风俗。它的主要道具鳄灯,也与旧时不同,虽然离不开纸、竹,但在制作工艺上却独具匠心。制作时,先用竹篾扎成鳄头、鱼身、龙尾,使其身长约三尺、腹高约二尺,并蒙上丝纸、绸布,外面再黏金贴银,描红挂彩,腹内灯烛点燃,更是巧夺天工。起舞时,九位头扎英雄巾、身着武士服、脚穿稻草鞋的勇将,便在那雄壮有力的潮州大锣鼓的配合下,以矫健威武的步伐、整齐善变的舞姿,表演打四角、对破、穿花、四翻、八滚、跳鲤、跃龙门等高难动作,以及其对队形的交替变幻,演化成一幅动人的场景,时而巨龙翻滚、电闪雷鸣,时而和风送爽、海阔浪平,从而再现了众鳄嬉戏、作恶、骄恣、被逐、忏悔、从善、跃龙门终成正果等情节,表达了人们劝恶从善的心理和追求美好生活的愿望。这一自始至终的民间习俗,迄今不仅没有间断,反而得以发扬光大,成为今天潮汕地区独有的民间艺术。

老广东的交通

千年梅关古商道知多少

梅关古道，位于广东省南雄市与江西省大余县的交界处。梅关好像是一道城门，虎踞梅岭，被两峰夹峙，将广东和江西隔了开来。相传，梅岭得名于南迁越人首领梅绢的姓氏。在岭南经济文化发展史上，梅岭起了至关重要的作用，自越人开发后，它就成了中原汉人南迁的落脚点。另一说法是，由于此地多梅树，故称“梅岭”。

梅关古商道

南雄市“居五岭之首，为江(西)、广(东)之冲”，被誉为“南北咽喉，京华屏障”。因此，它历来是交通要道和兵家必争之地。南雄即“南粤雄关”，它的得名与梅关有关，雄关指的就是梅关。现存关楼建于宋嘉祐年间(1056—1063)，为砖石结构，风格古朴，气势雄伟。明万历年间

(1573—1619),南雄知府蒋杰在关楼上立匾题刻,北面门额刻着“南粤雄关”四字,南面门额刻着“岭南第一关”五字。清康熙年间(1662—1722),南雄知州张凤翔在梅关北侧,立了一块石碑。碑高2.4米、宽1.4米;上刻“梅岭”两个大字,每字约6平方尺,为楷书字体,刚劲有力。关楼两侧,是一副对联:“梅止行人渴,关防暴客来。”

梅关古道始设于秦朝。公元前221年,秦始皇统一中国。公元前213年,为了积极开发岭南,在南岭开山道筑三关,即横浦关、阳山关、湟鸡谷关,它们打开了沟通五岭南北的三条大道。从汉至唐,梅岭只有岭之称,而无关之名。自宋嘉祐年间(1056—1063)建关楼以来,南雄历代州、县均对关楼进行过修葺,才使梅岭关楼得以保存至今。

梅关古道如同一条纽带,北接江西章水,南连广东浈水,把长江和珠江连接了起来。它是全国保存得最完整的古驿道。古道宽约6尺,路面整齐,铺着鹅卵石。关道两侧是山崖,有繁茂的灌木丛,树木葱茏,层峦叠翠。古道旁建有一座半山亭,又名“来雁亭”。过去,关道沿途共有136块诗碑,刻写着古代名人志士的名言诗句,遗憾的是,现存的已不多。

唐开元四年(716年),宰相张九龄过梅岭,有感于山路险峻难以通行,于是向唐玄宗谏言开凿梅岭。当时,为了发展经济的需要,唐皇接受了张九龄的建议,让张九龄负责扩展梅岭古道。这项工程十分浩大,动用了大量的人力、财力和物力,在经过艰辛努力后,大庚岭古道终于开通了。现在,人们能够看到,在大庾岭古道上有座“夫人庙”,它是后人建造的,以此来纪念张九龄“为官一任,造福一方”的功德以及感恩张夫人戚宜芬支持丈夫事业的义举。

北京路为何被称为双门底

北京路地处广州市中心,是一条特别繁华的马路,也是商业集散地。在古代,北京路旧称双门底。至今还有一些老人会称北京路为双门底。为什么起名双门底呢?在今西湖路与北京路交界处,原来有一座叫“拱北楼”的高楼,楼有双门拱,因而称为双门底。在这座高楼上,原先有一个铜漏壶,为广州镇城之宝之一。据清人笔记记载,此漏壶“百年不爽”,意思是

北京路步行街

百年时间不差分秒。后来，这座高楼被拆除，铜漏壶最后转存于中国历史博物馆。说起北京路的历史，不得不提陈李济药厂。这个厂子原先是陈李济杏和堂，创建于明代万历年间。至今将近500年。可谓是北京路上的活化石，是北京路历史现存的最老见证。有句俗语叫“食在广州”。北京路上的酒家、茶楼、茶室、西菜馆、小食店等不可计数，真可谓是“五步一楼，十步一阁”。

一德路上两个著名的招牌是什么

一德路原先是清代时广州南城墙，民国时期被拆建成马路，至今有近百年历史。因路旁有明清时期的一德学社而得名。一德路上的繁华在于两个声名显著的招牌，一个是玩具精品和海鲜干果。另一个是圣心大教堂。早在唐宋时期，广州城内已经有了同行业的店铺聚集经营的模式，比如雨帽街、扁担巷、竹蒿巷、白米巷、海味街和麻行街等，新建的一德路后来居上。在一德路上的玩具店一般分布在东西两端，中间的是海味批发市场和文具批发市场。在一德路的西段，是玩具精华所在，这里分布着国际玩具城、中港玩具城等密密麻麻的商铺。其中，国际玩具城规模最大，环境还可以。在一德路东段有万菱广场，购物环境很舒适。其中经营的玩具主要是精品，种类和数量不是很多。喜欢玩具的朋友可以来逛一逛。

一德路年货

横沙书香街知多少

在广州市黄浦区横沙村南部有一条260米的街道。这条街道上藏着清朝时期遗留下来的50多家私塾、祠堂。因而，这条街道被人们称为书香街。这条街充满了书香，走在街道上，私塾一家家地出现，“日新家塾”、“锦江家塾”、“广仁家塾”、“文清家塾”、“敬德家塾”、“留香家塾”和“斐士家塾”等。除这些私塾外，还有一些古老的祠堂。比如“罗氏大宗祠”、“银石罗公祠”等。除此之外，还有古时风貌的巷和里，如“长春巷”、“仁寿里”等。横沙书香街历史悠久，相传宋代大学者朱熹曾在此讲学，清代大文人罗雪谷曾在此成才。近代还有中共地下党员罗绮园在此秘密组织农民参加广州起义。在悠久的岁月中，260米的书香街曾经坐落了 85 间古屋组成的私塾、祠堂以及其他古建筑。可见当时的读书之风。现如今，书香街上的私塾仅剩 16 间。破坏十分严重。如今，政府已决定对此进行重新修缮和保护。希望有一天，这条古色古香的街道能恢复当初的容貌。喜欢怀古和对古书有兴趣的朋友，可以到此游览一番。

西关玉器古玩街为什么是玉器买卖的天堂

西关华林玉器街

西关玉器古玩街包括“华林玉器街”、“源胜陶瓷玉石工艺街”和“西关带河路古玩街”三大部分，是广州市十大特色商业街之一。在这里以缅甸玉和马来玉为主要玉器，另外还出售一些广东佛山的石湾陶瓷工艺品、江苏宜兴的紫砂壶具、广西的珍珠项链等，还有木雕、石雕、竹雕等工艺品，寿山石、鸡血石等。西关玉器古玩街是全国四大古玩市场之一。相传在清朝同治年间（1862—1874），这里就有经营玉器的店铺了。现如今，这条 500 多米的内街，开设玉器店的已逾千家，聚集了广州八成以上的玉器商人，囊括了全市玉器交易量的 90% 以上，是蜚声海内外的玉器交易市场，也是游客“淘金”、“寻宝”的胜地。

上下九步行街有何特色

上下九步行街地处西关的上九路、下九路、第十甫路，是广州市著名的商业中心之一。这条步行街全长 1200 多米，全路程商铺林立，车水马龙，日客流量达 60 万次。它荟萃了岭南建筑文化、饮食文化和民俗风情。早在 6 世纪的时候，这一带就成了商业聚集地。在明清时期，一些对外贸易口岸的开放，使之成为了广州最大的商贸集散地。随着时间的推移，上下九步行街形成了一副独特的、绚丽的西关民俗风情画。在购物之余，还可以欣赏步行街上独特的西关建筑，领略西关特色风情，品尝西关小食名吃。步行街旁的西关建筑既吸取了南欧建筑特色和中国北方装饰，又保留西关传统建筑特色，既适应南方多雨的气候，又成为一条建筑长廊，可供观赏。西关自古就有“百步之内必有小食”的说法。许多独特的街头小食，一直流传至今。如广州酒家的灌汤饺、欧成记上汤鲜虾云吞面、陶陶居的姜葱鸡等美食，让人大饱口福。在上下九步行街，最能体现民俗风情的就数骑楼了。从第十甫到上九路，连绵千米的骑楼就在眼前展开，颇有气势。另外，在上下九步行街几乎全程都有无线网的覆盖，可以令你在游览时拍摄的照片随时传到空间，分享博客。

上下九步行街

建设六马路为什么是广州最浪漫的马路

喜欢浪漫的人可以去建设六马路逛街。这条街充满了广州风格，是广州最浪漫的一条马路。在这条马路上，你会感受到与其他繁华马路的不同，就是这里的氛围特别轻松。你也会发现这样的一个现象，马路旁的店铺都是有趣的，或许你找不到大牌，或许你找不到最新潮，但是这有趣的店铺总是让人驻足不前。在这条街道上有个特别温馨的地方——九号花园。在冬日的午后，阳光懒洋洋地普照大地。广州人都喜欢这样的天气，在阳光下晒晒，不需要太长时间，一个小时或两个小时。于是一对对亲密的恋人纷纷走进了九号花园。看阳光从百叶窗缝隙里穿过，照射在桌面上的水杯里，熠熠闪闪，特别温馨。晒完太阳，可以去 Benshop 逛逛。这家店的主人是广州本地的著名广告人、设计师 Ben。在这里，你会发现各个角落都有无尽的创意。在这里，你可以充分享受创意带给你的惊喜。喜欢读书的朋友可以去唐宁书店，喜欢美食的朋友可以去越茗苑，喜欢喝咖啡的可以去别致咖啡或者 6th Ave Cafe……

天河南一路为什么能成为购物的天堂

爱美、逛街、购物是女人的天性，在这种天性的驱使下，来到天河南一路是很正常不过的事情。在天河南一路，女人的一个个简单的欲望都可以得到满足。在这里有被称为“欧式小镇”的六运小区。在六运小区里，以休闲购物为主。一派欧式风情，使人感受别样的有趣。享受着慵懒的阳光，悠闲地喝着咖啡，一两只流浪猫咪在你裤脚蹭蹭示好，仿佛这就是欧式生活。在六运小区，这

天河南一路上的街道商铺

样的景象，几乎在每个咖啡店都能看到。变化最大的要数新宏城广场了。在寸土寸金的城市里，有一处绿园是多么奢侈的事情。拆建后的新宏城广场成为一个2.5万平方米的绿色园林。满眼春色，一片清新。喜欢潮流和“淘”的朋友，可以去BLUR或古巴这两家商铺。里面的货物不仅潮流味十足，而且每种货物几乎都只有一两件，很有“淘”的感觉。逛累了，就去咖啡店休憩。品着咖啡，翻翻书，听听歌，悠闲而又安静。夜晚的时候，可以去善居酒屋，享受长夜漫漫，感慨人生匆匆。用一杯酒醉了一生……

情侣路是什么路

珠海情侣路是珠海市的标志性建筑之一。到珠海旅游的人，尤其是情侣一般都不会错过这个去处。这条马路长达28公里，市政府计划扩建成55公里。这条数十公里的马路全部是由方方正正的砾岩铺成的，表达了始终如一的爱情。珠海情侣路右边是高楼大厦，左边是大海无边。隔海远眺，可窥视澳门，浮想联翩。珠海渔女塑像是这里的标志性建筑。它手捧宝珠，向珠海人民祈福。由于情侣路很长，路上设置了专用的自行车可供使用。骑车压马路，方便快捷，也能走走停停，随意欣赏沿途风光。这些自然景观固然美丽，更美的是路上一对对的情侣。双双牵着手，缠缠绵绵慢慢走，脸上洋溢着幸福、甜蜜的微笑。情侣路下就是茫茫大海。近岸的海中有岛屿，近岸的山上有亭台楼阁，索道上有缆车往返，人们的欢声笑语漫天。情侣路如一条丝带，把沿海围了起来。夕阳西下，阳光铺满海面。华灯初上，灯光在海面上摇曳。凭栏听海，窃窃私语，相拥不动。涛声滚滚，却让人感受到一种奇妙的静谧。相拥的情侣彼此感受内心的平静和安详，幸福在夜色中也不能

珠海情侣路风光

隐藏身影。情侣路虽然有长度，但是在情侣眼中却没有尽头，长路漫漫伴你闯，一生有你足矣。

清朝古街有何特点

在珠海市斗门镇有一条清朝古街。这条街道保留了原貌，其建筑是典型的“西洋”式古老建筑，每年都吸引了很多游客前来观赏。在望街兴叹之余，人们不由得想要对这条古街的起源探究一番。第一次鸦片战争后，中国国门大开。斗门镇原本就是商业集散地，交易很频繁，商贾来往甚多。一些外国人看到了商机，也纷纷来此投资经商。于是，这条街道上的洋货开始多了起来。东西方商业文化的交流在这里展开。后来，一些传教士也经常到斗门镇进行讲道传教，加深了中外宗教文化的交流。商业贸易的发达，使当地商人和外国商人走到了一起，开始谈论新建街道的问题。经过商谈，最后由加拿大建筑工程师嘉理慰等人统筹规划和设计，吸取当时欧美建筑的精华，建设成为一条充满“西洋”风格的街道。这条街道建设于 19 世纪末到 20 世纪初，至今已有百年历史。建筑道青石板长了青苔，诉说着古街的沧桑。斗门镇依山傍水，既有美丽的自然景观，也有深厚的文化底蕴，已成为一座著名的旅游城镇。这条清朝古街为斗门镇增色不少。

珠海斗门镇清朝古街

孙文西路步行街有什么特色

孙文西路步行街原本是石岐老街，古称迎恩街，为纪念孙中山先生而改名。目前的步行街既保留了昔日的风格，又增添了现代风采。民族建筑风格与南洋建筑特色相结合，独特的骑楼贯穿整条步行街两旁的建筑。这些骑楼依然保留着昔日的装饰。经过粉饰后，能够与周围的环境和谐地交融在一起。在骑楼柱子上镶嵌的怀旧照片向人们诉说着这条街的过往。那段沧桑，平添了一份幽思。这条马路很短，从东面悦来路口中山百货大楼，到西面凤鸣路口，大约有 530 米。这条街虽然很短，却在历史、建筑、饮食、习俗、商贸等多方面体现出中

孙文西路步行街

山城市文化。步行街上的人力车铜雕，反映了二三十年代中山街头的小景；小城故事浮雕展现了当今社会各阶层的生活百态；中山商业文化博物馆展示了中山的商业历史和传统文化；思豪大酒店是当时最豪华的酒店……经过多年的发展建设，现今的步行街已有数百家商铺。每逢节日的时候，在青年文化广场还会举办丰富多彩的文艺活动。

为什么叫中英街

中英街号称“特区中的特区”，原因是到中英街之前，必须在深圳公安局办理一张“前往边防禁区特许通行证”。这条街原本是河流淤积形成的，故原名叫“鹭鹚径”。19 世纪末，中英签订不平等条约《展拓香港界址专条》。条约签订后，沙头角一分为二，变成了“新界沙头角”和“华界沙头角”。分开之后，有人就在河床两侧搭建房屋，后来陆续出现了摆摊做生意的农民。在这里逐渐形成了一条小街的雏形。这就是现今中英街的前身。1951 年，广东省政府实行边界管理。中英街成了边防禁区。1983 年，中港双方签订开放中英街协议。之后，双方开始投资，整饬街道，修建店铺。中英街开始兴盛起来。现如今，中英街边商店林立，商品来自于五大洲，品种齐全，使得游客眼花缭乱。香港回归后，中英街作为“一国两制”分界线的标志，吸引了大量游客前来亲眼看看历史的见证。在中英街历史博物馆广场还有一座“警世钟”，钟身刻着“勿忘历史，警钟长鸣”，提醒人们牢记中英街历史的耻辱，告诫后人：落后就要挨打。另外还有一口古井，已有 300 多年的历史；一棵古榕树，也历经百年。“根在祖国，叶覆香港”，成为文人墨客笔下的题材。

深圳中英街

老广东的乡俗

老广东人“拍拖”有何来历

广东人管谈恋爱叫拍拖，但是问其真正的意思，绝大多数人都只知其然而不知其所以然。“拍拖”一词源于粤语方言，起初主要是流行于广东一带。20世纪80年代，由于港台歌曲在大陆的盛行，而歌曲中将男女之间缠绵悱恻的感情用“拍拖”一词表现出来，所以内地的人们一夜之间便知道了这个词语。

其实“拍拖”一词是有来历的。清末民初，广东水路有一种内河运输工具，船体硕大，楼高三层，它就是花尾渡。上层为餐楼（一等客舱），中层名公舱（二等客舱），下层及船首均为货舱。花尾渡以其不设动力机舱为特点，由小火轮（俗称“温底”）拖带。装修漂亮的花尾渡行驶于水上，状如天鹅流弋。晚间船身霓虹放亮，远远看去有若灯山。因其容量大、噪音小而

荷花池边拍拖的情侣

深受旅客欢迎。“拍拖”是花尾渡运行时的一种操作方法。以广州为例，旧时内河船码头设在长堤一带，河面复杂，船艇很多。而花尾渡与小火轮之间的拖缆长达10丈，迂回靠泊无法操作。因此，在出港启行时采取“拍拖”的办法，就是两船并拢，中间用粗缆扣牢，两船一长一短，互相依偎，追波逐浪，有如情侣逛街。船离广州，然后拍拖至南石头，便要停船报关。此处河面已变宽，于是便开始“放拖”，小火轮用拖缆拖带着花尾渡，径直驶向目的港。到码头靠岸后便实行“甩拖”，小火轮自去下锚碇泊，宣告本次航行结束。

也有人说，当时珠江上通常是大船载货并拖小船一艘，在主航道时是大拖小；近岸时，大船吃水深，难以靠岸，此时小船便卸货上岸，两船来回相依。粤语中将靠在一起称之为“拍”，于是便将大小两船相靠并行称为“拍拖”。后来男女在街上相伴而行，人们便称他们为“拍拖”。

随着拍拖一词的演化，“甩拖”也被用于形容情侣分手，这个带俏皮意味而又颇为形象的广府俗语，新中国成立前很长一段时间是相当流行的。拍拖一词本发源于西江流域与珠江三角航线，但在香港，到目前仍很时兴，各种报刊关于娱乐圈中人的报道，此词使用频率很高。

老广东的木屐文化有何特别之处

木屐是中国古代的一种服饰，在隋朝以前非常流行。因为制作屐的材料，主要是木料，故称“木屐”。

广东的木屐由来已久，这与当地的历史和环境有关。魏晋南北朝时期，中原就开始盛行穿木屐，后来客家人南迁，也把木屐风俗带到了广东一带。大概在唐宋以后，潮汕地区在办理婚、丧事宜时，渐渐与木屐发生了关联。例如，嫁女儿时会把木屐当做嫁妆之一；办丧事时，会把木屐作为回礼送给前来拜祭的亲戚。其次，广东地区潮湿多雨，而木屐透气干爽，适应当地水土。

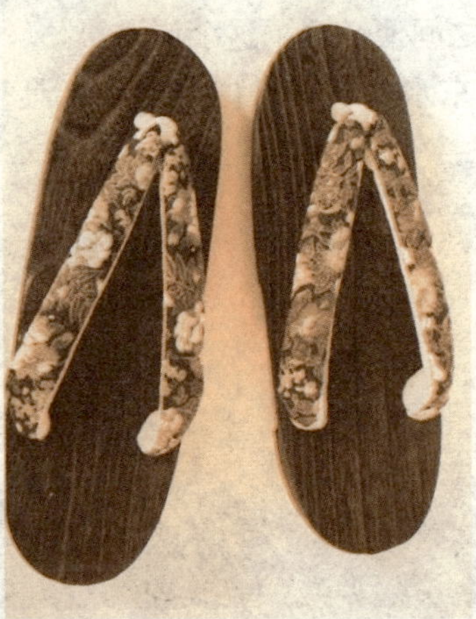

潮汕木屐

在广东潮州，木屐样式似高足拖鞋。前圆后方，上平，前后突出，突出部分名叫“齿”，俗叫“屐脚”。木屐用料基本是橄榄木，具有轻而韧的特点。在湿材加工成形后，木质干燥不开裂。在雨中或烈日下行走，不易滑倒，并且耐干湿天气的变换，穿着也方便舒适。

潮汕木屐，又名“散屐”，做工精细，屐皮用料也非常考究。自清代以来，已有美誉。潮州木屐与广州木屐大致相同，但制作工艺更为讲究，相对精巧些。形状为椭圆形，前宽后窄。种类繁多，名称不一，有“龙船屐”、“认脚屐”、“白胚屐”、“油彩屐”、“高脚屐”、“漆屐”等。

在广东潮汕等地，木屐现已被各种塑料鞋类所取代。只是在农村，还有少数人还喜欢使用它。作为一种传统日用品，木屐也已被日本人所仿照和袭用。现在，在鞋类超市里可以看到的各种木底女式高档凉鞋，就是受潮汕木屐的启发而开发出来的新产品。

过去，在古老小城镇或在广州西关老街，早晚人静时分，人们总会听到一阵清脆的“踢踏、踢踏”声，那些麻石小巷西关小姐们叩响的木屐声，如今是再也聆听不到了。

太公分猪肉有何说法

“太公分猪肉”是广州的旧习俗。每到逢年过节时，人们会按族谱中的男丁来分配钱粮和猪肉，女人是没有份的。

一般是在清明节时拜山，拜的是开山祖大太公——“众村太公”。拜山的人们会抬着柴米油盐到山上煮饭吃。条件好的人家一般都有四五个菜，如猪肉炒咸萝卜粒、蚬肉炒韭菜、猪肉焖粉葛、大白菜等。这一天，人们聚在大宗祠里，将做好的烧猪肉装在钵头(大碗)里。分时一钵为一份，具体规定是：60岁以上每人1份；70岁2份；80岁3份；90岁以上者可任意拿。如果拜山拜的是私伙太公，也就是二世祖以下自己各房的小太公，情况就有所不同。富裕的人家，50岁可领取1份，60岁可得2份，依此类推……

广州“太公分猪肉”习俗

拜山结束后，开始在祠堂吃“祠堂饭”。分猪肉时，如果是男丁，不论长幼，每人都有1份。而老人和有功名者，会享受格外优待。对于老人而言，70岁以上得2份，80岁以上得4份，90岁以上得8份；而考取功名的秀才和贡生，可得2份。

在广州民俗中，烧猪肉的地位很高。例如，即使家里有生子挂灯这样的大事，也只能用白肉煮慈姑，而不能用烧猪肉。再如，“扒龙船”比赛时，只有第一名才能拿到一只烧猪。此外，凡有举办家族大事的，都会收到亲朋好友送来的贺礼——烧猪肉。正因为如此，“太公分猪肉”受到人们很高的重视。

广东人为何喜欢敬财神

在广东，敬财神的习俗由来已久。人们敬的财神有关公、比干、赵公明、姜子牙、利市仙官、五路神、七总管等。

肇庆财神派红包习俗

广东人认为"财神"就是顾客，顾客送来的财富代表着财神。因此，生意人要善待顾客。例如，有顾客在餐馆或酒店用餐时，可以先吃后埋单。

新年开市迎财神，是广东人特别重视的一项活动。在店铺新年开市的当天，按照旧例，老板要早早起来。

首先，准备好三牲，虔诚祭拜家里供奉的财神像，以求财神爷保佑自己在新的一年里万事如意，财源滚滚来。

接下来打开店门，这一道程序也由老板亲自执行。他会站在收银台前，拨一通算盘珠子，意思是"开门大吉"。

与此同时，要准备一些零钱迎财神。令人奇怪的是，"财神"并不是体面人物，而是像讨米要饭的乞丐一样的小人物。他们手上通常拿着用红纸片写的"财神"两字，这样一来，就会收到老板的礼包。

开门后的第一位顾客才是真正的"财神"。这时，老板会非常殷勤地接待他，也会慷慨大方地让利。因为这是第一笔生意，一定要做成功。如果做成了，这一年将会财运亨通。反之，老板会觉得晦气，认为是自己把财神赶跑了，这可绝对不是好兆头。

在新年开市的这一天，作为"财神"的顾客会感到无比的惬意，因为他们享受到的也是"财神"的待遇。

老广东的"自梳女"有何特别

自梳女是指凡是"看破红尘"的女子，只要通过一种特定的仪式，由父母将其辫子挽成高高的发髻，即表示终生不嫁。自梳后的女人被称为自梳女，也可以称为马姐或姑婆，死后也被称为净女。其实，这是中国古代女性文化之一。过去时代，礼法较为苛严，不少女性不甘受虐待，矢志不嫁，或与女伴相互扶持

顺德冰玉堂

以终老，大约自明代中后期起，相继产生了自梳女和不落家的特殊习俗。蚕丝业的兴起为女性提供了独立谋生的机会，在封建礼法压迫下，这些习俗得以相沿300余年，在晚清至民国前期达于高潮，20世纪30年代以后，随着女性社会地位的提高和战乱的影响而渐趋消歇。2012年12月25日，在广东顺德成立了冰玉堂“自梳女”博物馆。

过去某些广东女子不嫁人的有一些特点：第一，对婚姻的恐惧感；第二，不管是以任何方式，家道殷实还是自食其力，她们能够不靠男人，能够自己独立生活；第三，社会风气和亲友对她们这种生活方式的容忍；第四，能在她们的特殊群体中，以大带小、以小学大的方式将这种观念代代传承。所以直到今天，广东还有自挽发髻永不嫁人的“自梳女”。

旧时广东女子喜欢结闺阁之盟，常常是10个人，便可以号称十姐妹。不管丰啬，不论妍媸，簪珥相通，衣饰互用。不管嫁没嫁人，姐妹们遇到问题总是能够患难与共，相互扶持。而这种契姐妹是否和福建的契兄弟一样有同性之爱，则没有确定的答案。据《萤窗异草》记载：清代广东某县一个宦绅的女儿将要嫁为人妇，却突然出现吞酸腹动的怀胎迹象，最后竟然生子了。事情传出去后，她订亲的婿家要退婚，此女羞愧欲死。她的姐妹们，为她出头，鸣冤于官府。官府让稳婆去查她的身体，却还是处子。而她生下的那个小孩，被证实为假胎，四肢百体空空然，没有骨肉，如蝉蜕、如革囊。最后查证的原因是：该女子真的没有私通男人，只是她把一个贫无所依的同盟姐妹留在家中一起生活。两个女子情窦已开，于是偷偷效法男女之事，虽然两雌无异，但真气流动，居然也假胎暗结。这个女子自然是清白的。

老广东自梳女

在现在看来，这个故事实在是很荒谬，但同时也能说明了一些东西：第一，结拜姐妹，互通有无，互相扶持，这是广东妹子的一种喜好，或者说是一种习惯；第二，在契姐妹中，多少是存在同性性行为的;第三,在古代中国人眼里,女子之间发生同性性行为并不代表她们就失贞,在人们看来,或许那只是游戏而已,无伤大雅。对男子同性性行为也存在类似看法,当然可能问题稍微严重一些。我们不能绝对地说自梳女就会有同性爱的倾向,但她们姐妹互帮、排拒男人、自力更生、代代传承的特点却真的是由来已久。

自梳女其实是封建制度下的产物,是清朝后期兴起、唯珠江三角洲独有的一种畸形风俗。这种仪式一经举行便不得反悔,父母也不得勉强其嫁人。不与男性交往,与世隔绝是自梳女的基本生存方式。自梳女生活的写照是:自己的头发自己梳,自己的生活自己养,自己的饭自己煮。她们以终生不嫁,清心寡欲,吃斋拜佛为宗旨。有着极强的排他心理,与现代人似乎是不同时代、不同社会里的两种人。

这些中国最后的自梳女现在只剩下 10 多人。对于这群几乎与世隔绝的特殊群体,我们可能带着巨大的好奇心,很想接近她们,倾听她们的故事,但是她们是封建传统文化的产物,每一个自梳女都有一段辛酸的历史,她们有自己的世界,有自己的想法和价值观,她们最需要的是社会对她们的尊重和理解。

老广东的"逗利市"习俗知多少

"逗利市"是广东新春风俗。说一句"恭喜发财,利市逗来",对方即会掏出一封红彤彤的利市,于是皆大欢喜。在孩子们的眼里,逗利市只是每年只有一次的轻松游戏,没有人成为输家。而对于成年人来说,互要利市的过程,是对自己平时人际关系状况的一次盛大的"检阅",这次"检阅"不但考验人际交往能力,而且在某种程度上,会折射出双方的心理秘密。

春节后的第一个上班日,是讨利市的好日子、好机会。每个单位都会诞生一位"利市大户"。依照本地习俗,没结婚的人有权向已婚者讨利市。有的人一个上午几乎就能讨到四五十封利市,赢得别人羡慕的眼神。一般来说,讨利市的顺利程度和自己平时人际关系好坏是成正比的。平时人脉广、人缘好的人,春节当然会财源广进。

老广东"利市"

当然,也总会有些人在讨要利市中屡战屡败。有人说:"不是我讨不来利市而是我不愿意。"每次自己开口要利市之前，自己心里既期待又紧张，非常担心在众目睽睽之下被拒绝，说完之后眼睛就不敢正视对方的脸，等待对方答复的感觉特别折磨人。如果对方告诉她利市已经发完了就会觉得特别丢脸，感觉是在自寻其辱。

讨利市难，发利市也不容易。还有人说他特别害怕同事"围攻"式的讨利市，有些逗利市的人简直是不可理喻，跟打劫一样，预先准备的30多封利市片刻之内散尽，没拿到利市的同事有的便知趣地散去。

讨利市其实也算是一种人缘战和心理战。攻防双方心理素质谁更过硬，谁就能掌握"逗利市大战"的最后结局。所以我们在做好心理铺垫后，还需要掌握人际传播的技巧，要善于控制自己的体态语言，善于察言观色，从而提高成功率。在人际交往中，眼神、微笑、手势、身体站立的姿势都能表情达意。当然，如果对方显得为难，并且出声拒绝，就应该适可而止。

讨利市也要学会感恩。孩子们得到的是快乐和满足感，成年人获得的东西可能不一样。好面子的北方人，一般会根据关系远近来封钱。广州人只要有"发"，大家互相说几句诚心祝福的吉利话，要的就是喜庆劲，给的人得意，讨的人开心，但是不能对讨利市这种事情钻牛角尖，对钱斤斤计较，更不能把互赠利市当成一项任务，而要维持利市本来的"喜庆、祝福"的意义。

"利市"派出去的时候，一定要见到笑脸，就像是捡回了一个欢乐，双方都兴高采烈。主要是图个好彩头，相信利市带给人们的是新的一年的好运。

老广东的"手信"知多少

老广州手信通常是指出远门的人回来时捎给亲友的小礼物，并非按计划买来的大件或贵重商品，而是信手捎来，故称"手信"。古往今来，潮人世代相沿，迎春佳节登门拜年或探亲访友、赠别饯行，常特意携带礼品致送，以深表情意。这些随带礼物人们常惯称为手信。悠长岁月，手信便成为潮人常用的一句"口头禅"。

广东人的"手信"之一：梅州旅游工艺品

手信一词是有历史缘由的，是很古老的一种词汇。古代称使者为"信"或"使"，合称"信使"。《现代汉语词典》释：信使，奉派传达消息或担任使命的人。司马相如在《巴蜀檄》中写道："故遣信使，晓喻百姓。”杜甫也有这样的诗句：“黔阳信使应稀少，莫怪频频劝酒杯。”唐朝时，“信”已引申指“礼物”及“人情”了。据《东观余论》记载：“今之流俗以赠书送物为信。”皮日休有诗云：“明朝有物充君信，美酒三瓶寄远航。”民间也有一句“送信的腊八粥”的俗话。

广东人的“手信”之一：梅州竹编工艺手袋

广州是岭南三朝古都和首批国家级历史文化名城，也是一座水光山色、风景如画的山水城市，是古代海上丝绸之路的发祥地、近现代革命的策源地、改革开放的前沿地。它有漫长的历史，悠远的古风，逐渐形成了淳厚多元的岭南文化。

广州是誉满中华乃至世界的美食之都，广式糕点更以用料考究、做工精良驰名海内外。因其具有浓郁的南粤特色和怀旧情调，更成为广大港澳同胞及海外华侨同胞回乡、赠友、员工福利的首选礼品，同时众多来广州创业拼搏的外地人在过年过节回家乡时，更喜欢随手带上一盒老广州特产，让亲人可以一边品着美食，一边领略岭南文化的粤韵风华。

广州有著名的“十大手信”，分别是指：第一，广式腊味：腊肠、腊肉、腊鸭、腊鱼等；第二，广式饼食：鸡仔饼、老婆饼、合桃酥、嫁女饼炒米饼等；第三，广州工艺品：牙雕、玉雕、木雕、广彩和广绣等；第四，广州土特产品：鲮鱼罐头、马蹄制品、蜂产品、茶叶、姜撞奶、龟苓膏、岭南佳果干制品等；第五，广式月饼：莲蓉、五仁、冰皮、蛋黄等月饼；第六，广式调味品：酱油、柱侯酱、醋、面豉酱、蚝油、腐乳等；第七，广式汤料：特色汤料配方等；第八，岭南药品：枇杷膏、药油等；第九，广州凉茶：凉茶、植物饮料、凉茶冲剂等；第十，广式糖果：凉果、润喉糖等。

何谓“西关小姐”，有何来历及形象

在广州当地，有句俗语叫“东山少爷，西关小姐”。东山自古是广州权贵人士的居住地，出入这里的多是官家子弟；而西关自古是广州繁华的商业区，富商之家的千金小姐们多数居住在那里。整个 20 世纪 30 年代，东山和西关是当时广州商业社会的两个缩影。

清末民初时期，西关是老广州城最富庶最繁荣的商业区。那时，西关大屋是豪门富商的集中地，例如广州的潘、卢、伍、叶四大富商家族。由于富贵人家

民国初期的西关小姐

多聚于西关，加上开明的新思想、新风气猛烈冲击着“女子无才便是德”的古训，所以文化教育事业也相应发展了起来。到清代晚期，广州已有300多家私塾。其中，女子私塾就有近100家，专收女学生，大多设在西关。所以，住在西关的是知书达理的女性典范，被人们亲切地称为“西关小姐”。

西关小姐都比较有文化，她们或者是在自家的私塾读书，或者是上公立的小学、中学和大学。当地人说，过去的真光中学、坤维中学都是专门的女子学校，有不少西关小姐就是在那里读的书，还有一些西关小姐在岭南大学（现中山大学）上过学。

作为一种群体形象，西关小姐集中体现和代表了时代前进的潮流，他们唱响了广州女性解放的先声。当时，这些新女性活跃在社会各个阶层，她们的服饰、生活方式、社会交往、学识等，都被看做是时尚、进步的标志。一部分女医生、女学生、女运动员、女革命家等职业女性和社会活动家，如雨后春笋脱颖而出，真正意义上使中国女性第一次站在了历史的舞台，同时也让“西关小姐”这一名称成为一个历史和文化的综合符号。

此外，民俗学专家叶春生持另一种观点，他认为：西关小姐并没有一个明确的具体的界定；当时因为东山一带权贵者多，而西关一带所居住的多是富商，所以就有了“东山少爷，西关小姐”的说法。

关于东山少爷的起源，人们说法不一。有人说，这是一种戏称，因为东山是军区所在地，住着很多南下干部和高干子弟。也有人说，东山本来地广人稀，由于20世纪初美国基督教选定东山为传教基地，从而开辟出了幽雅的居住环境，吸引了一大批归国华侨结庐定居于此。于是，荒凉的东山从此变得热闹起来，日渐成为一个高档建筑成群的住宅区，“东山少爷”这一称呼也就自然地出现了。

在广州的一些老人家看来，西关小姐是指住在西关大屋这种豪宅里的富贵人家的

广州陈家祠的西关小姐雕塑

千金小姐。随着时间的流逝，坊间就把所有住在西关的女子都叫做西关小姐。人们说，住在这儿的女子有家教，守妇道，体现出了大家闺秀的风范，因此是旧时广州男人心目中理想的太太标准。

老广东人如何“拜山”

“拜山”是两广地区的叫法，也就是我们一般说的“扫墓”。扫墓的时间一般是在清明、端午、重阳等传统节日。

老广东人“拜山”习俗

拜山为的是纪念先人，但不少祭祖的人还有一个念头，那就是希望得到先人的保佑。其实，这种习俗由来已久，秦以前就有了，但不一定是在清明时节。清明扫墓则是秦以后的事了，到唐朝才开始盛行。在明代的《帝京景物略》一书里，也有这样的记载：“三月清明日，男女扫墓，担提尊榼，轿马后挂楮锭，粲粲然满道也。拜者、酹者、哭者、为墓除草添土者，焚楮锭次，以纸钱置坟头。望中无纸钱，则孤坟矣。哭罢，不归也，趋芳树，择园圃，列坐尽醉。”

清朝时期，广东人拜山，一般都会准备这样一些物件：一只雄鸡、一方猪肉、一尾鲜鱼和茶酒冥镪等。前来扫墓的孝子贤孙，会清除掉墓道上的杂草，然后把坟墓打扫干净。

接下来，先给墓旁的后土神上一炷香，然后在坟前把鸡宰了，将鸡血滴在墓碑和冥镪上。等到把鸡烹熟后，要与其他生肉和生鱼放置盘中，并供于墓碑前。另外，要斟茶酒各五杯陈列在三牲前面。

最后，拜山的子孙们会行三跪九叩大礼，并由家长朗诵祭文。有一些财力殷实的人家，在拜山的整个过程中，还会请一名乐师在一旁吹笛。

祭祖的盛况要远胜于家祭。届时，合族男丁排成浩浩荡荡的队伍，前面赶几头肥猪，猪的数量按族人多少而定。拜祭仪式与家祭相同：当人们来到坟前，就把猪和鸡宰了，鸡仅限一只。接着，把猪血与鸡血调和后，洒到祖宗的墓碑上。

“太公分猪肉”是祭祖的压轴戏。以前，用的是活猪，现在可以用烧猪来代替。

什么是买单与埋单

在粤语中，“埋单”与“买单”中的“埋”与“买”两字，读音相近，意思却大不相同。“埋单”一词由来已久，源于广东话。在广州，以前有先食后结账的传统做法。粤语的“埋”字，有多个含义，其中之一，是聚合、结算之意，如“埋口”（伤口愈合）、“埋堆”（志趣相投者常相聚一起）等。从前做生意者年终结算，叫“埋年”；至茶楼酒肆，食毕开单结账，便是“埋单”。“买单”一词源起早年广州开埠穗港异地间的商业票据往来。本地付款，异地取货，当下的付钱“买”到的其实是一纸提单。可见，“埋单”“买单”两者是有根本区别的。

“吃饭埋单”漫画

“买单”是不懂广东话的人误听误解后形成的。在广东，餐馆的点菜单是一式几联的。顾客吃完后叫一声“埋单”，服务员就会把交给前台以及留在饭桌上的点菜单合在一块，谓之“埋”，粤语即“聚合、合并”之意。按常理，人们在餐馆吃完饭以后是不可能把点菜单“买”回去的。之所以出现这样的错，是人们思维误导的结果。“买”指“拿钱换东西”，跟“卖”相对。“单”是单据，收付款项或货物的凭据，如收据、发票、发货单、收支传票等。因此，“买单”就是付款换得购物的单据凭证。由此，又引申出了“承担责任、付出代价”的意思。“埋”的常用义有“盖住、藏、低下”，如“掩埋、埋伏、埋头”等。在餐馆吃饭，叫服务员“埋单”，难道是叫他把“单据”藏起来？可见，用“买单”表示“付账”，并引申出“承担责任、付出代价”的意思，是顺理成章的；而用“埋单”表示“付账”让人莫名其妙，用它表示“承担责任、付出代价”则更让人丈二和尚摸不着头脑。那么，是不是应当取“买单”而舍“埋单”了？这样想就错了，正是“埋单”而不是“买单”。

近年来，南风北渐，一些粤语词汇成了各地民众习语。作为外地人，辨音会意，“埋单”谐音而成“买单”，倒也直观简捷。这个问题算是地区间商业、文化交流中的一桩趣事。当然，有些不了解广州话字义和广州民俗文化的，把“埋单”误作“买单”，也是不足为奇的。

东莞“半夜娶新娘”知多少

在汉族传统文化里，婚丧嫁娶从来都是头等大事。以婚庆而言，全国大概只有东莞人是“半夜娶新娘”的。

在东莞，嫁娶有很多繁杂的规矩和程序。作为新娘，等办完一场婚礼，几乎都会筋疲力尽。结婚之前首先要选日子，当然要选“黄道吉日”。因为当地人在农历七月不兴结婚，所以赶在七月之前的六月二十八日结婚的人就会特别多。至于其他月份里，人们一般会按年历找适合嫁娶的好日子。

东莞龙凤山庄婚车

莞城地区一般都在半夜里迎娶新娘，通常是在半夜两三点钟。新娘要提前梳妆打扮，做好各种准备。然后男方迎新的人就来了。迎亲过程是非常有意思的：女方家人（伴娘或朋友）先不会开门，男方迎新的人要拿出一定的红包作为彩礼；双方先作一番讨价还价，如果意见达成一致，男方就能进门接出新娘。相反，如果不能达成一致，男方就只能“抢亲”了。更有意思的是，在把新娘子接出门时，还要给她打把伞，这样做是为了不让其见天光。

接着，新娘来到婆家，要先向公婆行礼。这时，公婆都会将准备好的金手镯等饰品给自己的儿媳妇。然后，新娘再向小叔小姑们行礼，同样会收到一些贺礼。如果还有其他亲属的话，新娘也要一一行礼。这样下来，有些新娘可能会跪一天，膝盖真的受不了，累得够呛。

第二天，新郎家开始摆结婚宴席。最少的一般有十几桌，多的上百桌。这天还是新娘最累，一大早就要梳妆打扮。然后就在办婚礼的酒店门口站着迎接宾客，大概能一直站到晚上 7 点半左右，被“折腾”得不轻。等回到酒店里，本来还想休息一下，吃上两口饭呢，可是又得换衣服，向各桌宾客履行敬酒的程序。待敬完酒后，再去换套衣服，又得去门口送客了。然而还没完呢，晚上还会来一些闹新房的朋友。什么时候他们闹到心满意足，才肯罢休。你看，这一天下来，新娘真是“活受罪”。

饮早茶一定要喝茶吗

广州早茶

广州人把饮早茶称为"叹茶"（即享受之意），至今仍流传着"叹一盅两件"（即享受一盅香茶、两件点心之意）的口头禅。清早起来，口带涩味，饮杯香早茶，清净口腔，提提精神，唤起食欲，再食点心，更能品尝到各款点心的美味，确实是一种享受。

谈及广东的传统文化，早茶是其中浓墨重彩的一笔。每逢周末或假日，广东人便扶老携幼，或约上三五知己，齐聚茶楼"叹早茶"。"叹"在广东话中是享受的意思，由此可见，喝早茶在广东人的心目中是一种愉快的消遣，在这个层面上来说与其他娱乐活动并无二致。

说起广东早茶的来源，要追溯到咸丰同治年间。当时广州有一种名为"一厘馆"的馆子，门口挂着写有"茶话"二字的木牌，供应茶水、糕点，设施简陋，仅以几张木桌几把木凳迎客，聊供路人歇脚谈话。后来出现了茶居，规模渐大，变成茶楼，此后广州人上茶楼喝早茶蔚然成风。直到今天，广东早茶中茶水已经成为配角，茶点却愈发精致多样，这种传统文化随着广东经济的迅速发展不但没有消失的迹象，反而越来越成为广州人休闲生活中一道亮丽的风景线。

既名为"早茶"，茶水便自然是广东早茶中不可缺少的一部分。早茶的茶水以红茶为主，取其暖胃去腻，利于消化。常见的还有乌龙茶、铁观音、普洱茶，有的人也喜欢喝菊普茶，即在普洱茶中加入菊花，取其清凉祛火。红茶色深红，汤浓稠，味苦涩，虽在视觉和味觉上都不如绿茶，却与广东早茶中味道浓郁的茶点恰是绝佳配搭。

早晨起来，买一份报纸，轻轻松松地走进茶楼，要一壶茶，买两样小点心，边吃边看。或者约一两个好友，叫几样点心，边吃边聊。特别是老人，不用着急上班，晨练过后，一壶早茶就可以喝到

广州饮早茶雕塑

九十点钟，然后顺路到街上转一转，买点儿鱼、肉、蔬菜什么的，再慢慢地走回家去。

茶楼是广东最有代表性、最传统的吃早餐的地方。茶楼里的点心有的几十种，有的上百种，比如虾饺、咸粽子、鱼片粥、米粉以及各种各样的小菜等，非常丰富。这些东西放在一个推车里，推到客人面前，由客人随意选择。外地人常常感到奇怪，每天那么忙碌的广东人，怎么舍得把早晨的大好时光消磨在茶楼上呢？其实，上茶楼也是一种社交活动，无论是会友聊天，还是去谈生意，这种场合都会让人感到非常从容、自在。

为何说“茶薄人情厚”

潮州人嗜好喝功夫茶，有客人来访时，必生火烧水泡茶待客。主人热情请客人喝茶之时，更常常会自谦一句：“茶薄人情厚。”“茶薄人情厚”的意思是茶虽淡而情意深，薄乃淡薄之意，厚是深厚之义。“茶薄人情厚”既体现了潮汕人的热情好客，也反映了他们喝功夫茶的风俗。

潮汕喝功夫茶的习俗，大约是唐代以后的事，而且形成了颇具特色的一套程式。英文的“Tea”字也还是从汕头、厦门话的“茶”字音译过去的。潮州功夫茶，有广义与狭义两种说法。广义上说，功夫茶指以乌龙茶类为冲泡茶种。狭义上说，指讲究水、火、茶叶、茶具、冲法和品尝的茶艺。如潮州的独特小巧功夫茶具，讲究“高冲低洒”、“刮沫淋盖”、“关公巡城”、“韩信点兵”等一套冲泡手艺和谦恭礼让的茶艺等。

传说清朝时有一富家子弟，一生嗜茶，常以重金购买名茶，曾以一千两银子购一两武夷岩茶。此纨绔子弟因茶而破家，最后只带着一套泡茶品茶的本领和一个积满茶垢的“苏罐”（江苏宜兴做的小茶壶）到处流浪。

潮州功夫茶

一日，流浪到一权贵人家门口，想进去要点饭吃，并讨一些开水泡茶喝。主人给了他点剩饭，便打发他走了。他想要开水泡茶，主人差点没把牙笑掉：“连饭都吃不饱，还想喝茶？”但一看他的茶壶，倒是真正的宜兴名产，便想给他点钱，买下他的茶壶。但这破落子弟视壶如命，哪里肯卖？他带着茶壶继续流浪。

有一天，他来到一个乡村的"闲间"，见有几位上了年纪的农民，一面冲泡着功夫茶，一边聊天谈笑，倒也悠闲自得。大家见有陌生人到来，连忙让座，并泡茶待客。这破落子弟自从破家流浪在外，还没受到这样的礼遇，十分感动。他一看那泡出来的茶色，便知道是劣等的"老爷茶"，但他还是喝了。主人连声说不好意思，茶已泡了多遍，但没钱再买茶了。破落子弟连忙说："不要紧，不要紧，茶薄人情厚嘛。"说完，他拿出自己的茶壶，只用刚烧开的水一泡，便冲出来请大家品尝。大家只闻异香扑鼻，从来也没喝过这么好的茶。大家知道此人必是特殊人物，便把他留下来了，然后，村民们又各自凑些零钱，把"闲间"改为茶店，请他当"冲茶师父"。这破落子弟感于乡民的热情，便真的留下来了，并在茶店的门口大书特书了一块"茶薄人情厚"的广告招牌！

潮州人为什么把冬至称作小年

每年的冬至日，潮汕人叫冬节，是当地的传统节日。在潮汕，特别在农村，冬节可算是"大节"。因为这时间，秋收刚过，柴米不用愁，池鱼肥，鸡鸭壮，过节的物品十分丰富。有俗语说："月怕廿八，年怕冬节。"冬节距离过年只有几十天，冬节一到，就意味着一年快要过去了，所以有了"冬节小过年"之称。

潮汕地区，过冬至不得不提的一定就是冬节圆了。冬节圆是用糯米磨粉和水搓成的，是潮州冬至日最具代表性的食品。在冬节前，农家主妇要纷纷舂糯米粉（今多为机械辗制），等到冬节这天一早，家中大人小孩往往围坐在竹葫或大盘子四周，各自提取事前用糯米粉和水搅搓成的粉团，以两只手搓成弹珠一样的丸子，俗称"冬节圆"。冬节圆象征着岁暮之际全家人圆圆满满，有的冬节圆还加以橙糕、瓜册糖、豆沙等作馅料，俗称"鸭母氽"。冬节圆还可任意搓得大小不一、参差不齐，取"公孙圆"的好兆头。

冬节甜圆一般在天亮前煮熟，家人起床后，都要吃一碗"冬节圆"。潮汕有"冬节圆，一食就过年"的民谚，俗称"添岁"，表示年虽还没有过，但大家已加了一岁。孩子们最盼吃这碗甜圆，往往夜里醒来都要问："天亮了吗？"然而天好像要与孩子们开玩

潮汕冬节圆

笑似的,老是不亮,故潮俗有"冬节夜,啰啰长,甜丸未煮天唔光"的童谣。其实,每年到了冬至这一天,夜的时间最长,冬至过后,才逐渐变短,各家的主妇们都要早早起床,在天亮前把冬节圆煮好,因此又有了"冬节圆未食天鎏光"的俗语。

潮汕是个侨乡,很多人在国外谋生,当地俗称"番客"。如果家中有"番客",冬节日就必须留下一些糯米粉,叫"番圆米志"。待某一天番客回来,合家一起"食圆"。要是一年快过去了,番客还没有来,那就只好把"番圆米志"吃了,下一个冬节再留下。

旧时还有个例俗,就是在冬节早上,把煮熟的冬节圆捞起,在米缸、门、窗、饭桶、灶头等地方放上一、二粒。这象征着吉祥圆满,这些圆要放到第三天才可以拿下来,叫"掰圆"。从前,潮汕还有一种迷信:女儿一出嫁,就不能看见娘家的冬节圆,说是看见了对娘家不利,所以,出嫁的女儿冬节日绝对不可回娘家,要等到"掰圆"之后才能回来。不过,这些习俗如今已经大体不存在了。

潮汕人的"红头船"有何来历

历史上,红头船曾是中国同世界各地经济和文化交流的纽带,也是各地华侨同祖国联系的纽带。关于红头船的起源,与这样一个典故有关:清雍正年间(1723—1735),中国东南沿海一带海盗横行,尤其是广东潮州、惠州等地尤为严重。当时,由于朝廷没有足够的水师对付海盗,只能通过对民船渔船编甲互保进行控制,以此来切断民船与海盗的联系。其实,就是用坚壁清野来达到防范海盗的目的。

当初规定:各省商船渔船在船体两端头、尾部位和大桅上半截用漆油涂上不同颜色;刊刻某省某州县,某字某号等字,以便于进行审批、登记、发牌,稽查等船政管理。按照规定,广东民船的船头要涂成朱红色,桅杆也是油红上半截,面上写黑色大字。因此,它被称为"红头船"。至于广东民船船头为什么要漆为红色,人们说基于以下理由:广东位于南方,南方属火,用色为赤。此外,另一种说法认为,当时的潮汕地区比较迷信,红色的船头能够趋吉避凶。

潮汕人"红头船"

清代初期,红头船大都是在暹罗(今泰国)建造的。广东人在暹罗造船,有较多方便条件。

樟林港遗址

因为当时朝廷对造船出海限制很严，手续非常麻烦，拖延时日，而且国内造船价格远比暹罗高。暹罗地区造船的骨架、船板等，用的是柚木，广东不出产这类木材，在我国也少有。

船主们最初营运红头船，是为了申请运入大米。但由于这项生意获利较少，因此他们就象征性地运载点大米以备查询，而改运其他有利可图的货物，例如从南洋运回来的象犀、珠宝、犀角、肉桂、暹绸、番藤、胡椒等。此外，南洋的高级木料如柚木、桑枝、铁梨木等，也被作为“压再物”而运进了中国。相反地，由潮州运往南洋的特产有陶瓷品、潮绣、雕刻、蒜头、麻皮、菜籽等，还有从北方转来的人参、鹿茸、兽皮、丝绸等。因为这些货物在南洋各地很受欢迎，所以获利丰厚，短时间内，潮汕船业就蓬勃发展起来了。

红头船的船主，有富商巨贾独资的，也有合资经营的。通常，红头船出航时是结伴而行的，这是为了防止当时闽粤沿海的海盗活动。20 世纪 70 年代初，在樟林港遗址附近的南洲、和洲河床，先后出土了两艘双桅红头船。其中一艘长 39 米，5 层；另一艘残长为 28 米，船舷旁刻有“广东省潮洲府领口双桅一百四十五号蔡万利商船”字样。据专家考证，这两艘船是清代樟林古港的远航船只。

“紫泥春色”和“市桥水色”分别指什么

紫泥春色：是指盛行于番禺紫泥、三善一带的民间娱乐活动，一般在正月初十至十五之间举行。这种活动盛行于明清之际，活动一般在新春期间举行，故谓“紫泥春色”。

紫泥春色分为两类。一类以大茶仔树桩头插在方桌之上，枝干间站上两三个 10 岁左右的女孩，扮演各种故事人物，并且用各种纸花纸叶装饰一番，抬着游行，叫做“树头色”。还有一类叫“锣鼓柜色”，用 4 根木柱扎成一个装载八音锣鼓的支架，扮演故事人物的女孩亦站在里面，由 4 至 8 人抬着游行。

明清之际，紫泥共有 5 姓 13 坊，春色由各姓和坊共同主办。从正月初十起，每晚每坊出色一至两版，直至元宵节夜晚。出色时，每坊一至两版，每晚大约有 20 版，连续数晚，版色各不相同。紫泥春色还有醒狮带头，鱼灯火炬夹杂

番禺的紫泥春色

其中，箫管鼓乐一齐演奏，显得十分热闹。春色的制作非常讲究，版面的构思必须诗意盎然，人物扮相也要十分得体。所有的工艺品都以竹篾扎制，糊以透明宫纱或各色剪纸，内燃琉璃蜡盏，剔透玲珑，使人赞叹不已。出色时，每版春色前都有个头牌灯，标明某坊某姓，并有一副扎作奇巧、文采亦相当讲究的花灯式对联，它是根据每版春色的内容，请各坊名士撰写的。紫泥春色在各坊巡回之后，醒狮要一直舞过三善，从鳌山古庙处进村，而三善的醒狮队，也必从村内到此相迎，两狮互相礼拜后，共同进行拳术表演，并表演瑞狮采青等高难度节目，最后在一片喝彩声中结束。

市桥水色：水色是番禺市桥、沙湾一带流行的一种民间艺术，以市桥镇的最为著名，所以叫做“市桥水色”。

番禺市桥水色

所谓“水色”，就是在一排排长约两丈，宽约四至五尺的木筏上，由民间艺人穿着五彩缤纷的戏服，在木筏上进行戏曲艺术的表演。

水色的阵容相当庞大，往往是10多张木筏连结在一起。每张木筏都装饰得十分堂皇，前有头牌，四周插满彩旗，挂满鲜花。每张木筏上扮演一个节目，通常以神话、传说为主要题材，如《八仙贺寿》《牛郎织女》《天仙配》《水漫金山》《水淹七军》等。演出时水光掩映、妙趣横生。远远看去，一队队艺人宛如凌波仙子、别有风味。乐队伴奏的丝竹弦管和着艺人的歌唱，犹如天外仙音，悦耳动听。

表演水色的木筏均不设桨。筏底还得绑上几块大石头，使之微微下沉，河水淹至艺人膝下为宜。木筏顺水缓慢漂行，水域广阔，水色飘缈，与剧中神话境界十分相合。表演时，两岸人山人海，附近各乡镇的居民都赶来看热闹。这种风俗，从清中叶盛行至今，历时几百年而不衰。

广东礼仪上有何忌讳

中国人有去恶字呼美字的修辞习惯。广东人的“忌讳”与讲“意头”正是这样的习俗。这是人们对美好事物的追求。

忌讳翻着吃的粤菜：双色蒸多宝鱼

忌讳主要表现在语言和行为两个方面。

以数字为例，“8”就是当地人所忌讳的。如果你说某人“8”，他可能就会生气，因为“8”是“八卦”的意思。再如，“4”也是一个忌讳的数字。如果你要到高层写字楼找人，如果是在4楼，在电梯里可能会找不到“4”楼，因为广东人怕“4”（死）；不过你可以按“M”键，它代表的是“4”楼。

以一些平常事物为例，也有讲“意头”的具体体现。如草莓被大多广东人称作“士多啤梨”，一个怪怪的洋名字。之所以这样称呼，是因为他们认为“莓”等于“倒霉”。如果在办公室，若好心请女同事吃草莓，一定得不到美女的笑脸，得到的反而是：“衰归你把口！乜霉霉声啊（你真是乌鸦嘴，一说话就霉霉声啊）！”

忌讳送的礼物：钟表

（故宫钟表馆广州造）

如果进菜场买菜，就更要注意“忌讳”。比如，猪肝要说成“猪润”；猪舌头叫“猪利”。这样做的原因是：“肝”同“干”是谐音，而珠三角一带是水乡，所以忌讳干枯；而“舌”同“蚀”是谐音，做生意的当然不想蚀本。所以在买猪肉的时候，就要特别注意了。

如果参加宴席的话，也要注意“忌讳”。比如，你不能问别人“你吃完啦”，而是要问“您吃好啦”。因为广东人认为人的一生所食是有定数的。所以说“吃完了”就表示这一辈子结束了。再如，招呼服务员添饭的时候，不能叫“要饭”，而是叫“上饭”。此外，吃完饭后不能说“好饱啊”、“撑死啦”的，那样会受到老人们的斥责，

说你"呻饥莫呻饱"!

如果是请客吃饭的话,千万不能只上七道菜。因为上七道菜叫"食七",那是办丧事时才使用的规格。给客人盛饭的话,也不能把筷子直插在饭上。因为直插的叫"倒头饭",只有死了人才那样做的。上菜时也要讲"意头":鱼腹要对着主客,这样表示的是善意。之所以这样做,是因为与春秋时的一个典故有关:传说有人曾借献鱼行刺过吴王僚。但是,上菜时将鸡头对着长者,以及筷子不随便横放等,不属于"忌讳"的范围,那只是一种礼仪。吃鱼时也有讲究,其忌讳是不能翻动鱼身;如果要翻身,就得事先说"顺一下"。

还有,广东人特别忌讳吃饭时用筷子敲打碗盆。因为他们认为,敲打碗盆不是叫花子行为,就是整蛊的做法。即使用碟子吃饭,也是一种忌讳,因为这样一来,人会变得小气,容易流眼泪。

除此之外,还有一些其他的忌讳。例如,别人结婚时,不能送钟,忌的是"送终"。又如,有做生意的朋友,就不能给他送书,忌的是"输"。再如,别人有乔迁之喜,就不能送刀,忌的是"一刀两断"。

雷州人为何供奉石狗

雷州石狗雕刻艺术在全国绝无仅有,是一种独特的珍贵的民间文化艺术遗产。其历史悠久,数量众多,分布广泛,艺术特色鲜明,造型千姿百态,内涵丰富,形神各异,栩栩如生。雷州石狗艺术是雷州半岛上的一朵艺术奇葩,独具地方民俗文化特色。可惜的是,"文革"期间,石狗被视为"四旧"而遭到空前洗劫,当时许多石狗被砸毁后弃置在深山荒野,有的淹没于泥沙、河渠之中,今已难觅其踪影。

作为世界两大著名"雷区"之一,雷州半岛也是"天下雷王"的故里,"雷神"崇拜是雷州先民的民俗风尚。石狗是在雷州自然地理和社会历史条件下,多民族民俗文化融合的产物,因而带有浓厚的民间民俗信仰色彩。在以图腾崇拜、雷神、雷祖信仰为文化底蕴的同时,雷州石狗受楚汉文化、道教文化、佛教文化、风水堪舆术的影响也比较深刻,比如"呈祥报喜"、"守护神灵"、"司仪宠物"等艺术形象等。

雷州石狗

古时的雷州,是古越族俚、

獠、傜、僮、苗、黎人的聚居之地。百越部族都有各自的崇拜图腾：俚人以狸（野猫）为图腾；僮、苗人以猫为图腾；傜人先以盘瓠为图腾，后又以犬为图腾。随着时代和社会生活的不断变迁，百越人逐渐杂居相处，繁衍生息。由于雷州特殊的自然条件与多样的社会民族民俗文化的相互影响作用，各族人对各自原先的图腾崇拜经历了保留、演绎与融合的过程。古越人、俚人、獠人对雷神的崇拜与傜人、僮人对狗图腾的崇拜，逐渐成了雷州百越族先民们在生产生活中所认同共识的图腾，狗图腾崇拜自然成了雷州石狗文化的源流。

姿态各样的雷州石狗

在雷州当地，石狗作为一方的“守护神”，被人们安放在经常出入的必经之处。起初，石狗的面孔是狰狞、威严的，那样可能会让人产生不友善的感觉。随着时间的推移，崇尚礼教的雷州先民对石狗的形象进行了艺术重塑，将石狗雕刻出了昂首咧嘴、含笑露善的姿态，如司仪迎宾。此后，石狗又被人们称为“司仪神”。从“图腾”到“呈祥灵物”，到“守护神”再到“司仪神”，雷州石狗艺术形象的变化，反映了雷州先民认识自然、改造自然的进步。

雷州石狗地区分布不均匀，呈现出如下特点：沿海多、内陆少，西部多、东部少。它主要分布在徐闻、雷州、廉江、遂溪等地的乡村，一般是在村头、巷口、庙宇旁，以及房屋门前、水塘边。其中，石狗数量最多的地方是徐闻县的迈陈镇、角尾镇，雷州市的龙门镇、覃斗镇，廉江市的营仔、横山镇、良垌镇，以及遂溪县江洪镇、草潭镇等地。

此外，不同地域发现的石狗形态差异很大，区域间发展演变的序列特征也比较明显。一般来说，发现石狗的村庄的建村年代都比较早，最迟也是在清末、民国时期。目前为止，仅湛江、雷州等地的博物馆收集到的石狗已有近 500 只，而其余的大部分石狗或散落在荒郊野外、村头巷尾，或掩埋于地下不见天日，或由村民自行保管。

七月七日拜阿婆是怎么回事

农历七月初七，民间称为“七巧节（乞巧节）”、“牛郎织女相会日”。但在潮汕地区，人们为了怀念和祭拜阿婆，称此日为“阿婆生（日）”。

阿婆是传说中古代潮汕的一位妇女。她不仅爱惜四邻婴幼，而且乐意为街坊邻居们看管小孩。不但如此，在哺育儿女和调教孩子方面，她又有一套别人所不能掌握的独特本领。于是，在深受大家尊敬和爱戴的同时，阿婆开始远近闻名。据说，后来连皇帝也知道了，并且还很器重她。

潮汕阿婆祠

当时，皇宫里有一刚出世不久的皇子。因为小皇子日夜啼哭不止，就连御医们都束手无策，所以可是急坏了皇帝老子。万般无奈之下，皇帝下令张贴皇榜，以此招募民间贤妇进宫调教和医治皇子。当时应者寥寥，都没有凑效。

不久，阿婆就知道了这个消息。于是她便决定进京一试。她当时想，皇子也是人，和民间小孩没有多大差别，那也就不会有什么难调教之理；况且，幼儿疾病也经常见，并没有多么可怕。果然不出所料，在阿婆的悉心护理和调教下，皇子不但病好了，而且人也规矩多了，不再吵闹啼哭。皇帝当然是龙颜大悦，随即御驾亲临，打算赏赐阿婆。

这一天，阿婆正在给皇子哺乳。当她得知皇帝驾到时，吓得一时手忙脚乱，不知所措。说时迟，那时快，她急中生智，便一头躲进了皇子的眠床底下。等到大家把她找到时，她竟然已吓得昏死了。见此情景，皇帝深感痛惜，于是就特意嘉封她为儿童们的保护神，由她来掌管婴幼儿生命和健康的司职，并敬呼她为“阿婆”。

传说阿婆死的那一天是七月初七。按理，这一天是她的“忌日”，但为了忌讳起见，民间称此日为“阿婆生（日）”，意思是这天是她成为神的一天。

老广东的俚语

什么是粤语

粤语，又称广东话，是一种属汉藏语系汉语族的声调语言，它保留了很多古汉语的发音。比如《诗经·关雎》中前四句诗歌，在普通话汉语中，属于不完全押韵，而在粤语中，韵脚都是“eo”，则完全同韵。粤语也是除普通话外在外国大学有独立研究的中国汉语，且拥有完善文字系统，完全可以使用粤语汉字表达。它是由古代汉语和古越族地方的语言相融合而形成的一种语言。早期的粤语中心在广

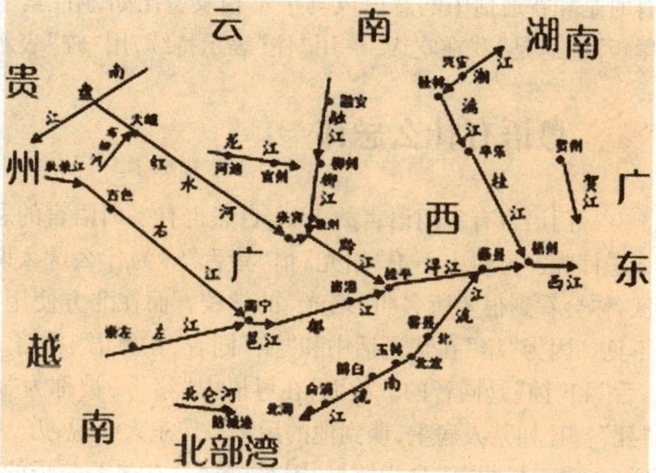

粤语在两广的沿江分布图

信，而不是现在的广州。有关专家学者考证，广信自公元前106年起，作为岭南政治、经济、文化中心达300年之久，被誉为“岭南古都”。在古代，“越”和“粤”是通假字，直到明清时期，两字才有所区别。民国时期，“粤”才作为广东省的简称。粤语起源于宋朝之前，也就是说，粤语是岭南语言，不等同于广东方言。其实，现代人们在狭义上把粤语当做了广东方言。

粤语和现代汉语的语法有何不同

係（wtxi、xi，9）= 是；例如：係乜嘢架？=是什么东西来的？

屌（nkmh、diao，9）= 操

唛（kgty、ma，10）= 张开；例如：唛大口得个窿=张大嘴巴剩下一个洞

啤（klh、che，10）= 语气助词，表示鄙夷 =切

哽（kgjq、geng，10）= 当然；例如：哽係=当然是

晏（jpvf、yan，10）= 晚；例如：咁晏起身嘅？=这么晚才起床的？

唔（kgkg、en，10）= 不；例如：唔係=不是

哩（kjf、li，10）= 语气助词，或见呢

㖞（kkmw、无，10）= 语气助词

粤语

粤语语法和现代汉语有不同之处，第一点就是实词重叠现象。比如，“黑乎乎”在粤语中是“黑纹纹”。再比如，“眼崛崛”是睁大眼睛，表示不满或者生气。第二点是动词后面带“下”等字重叠。比如“跳下跳下”，意思是跳了几下。第三点是动词不变、宾语改变的重叠现象。比如“顶心顶肺”，是有意做对的意思。第四点，修饰词后置。比如，人客、鸡公、菜干等。除此之外，还有挤拥、米碎等。粤语中的某些字或词，表达的汉语意思也和普通话有所区别。有时是和普通话中的意思风马牛不相及。比如，用“紧”表示“进行中”，“我食紧饭”意思是“我在吃饭”。用“住”表示持续，用“咗”表示“完成”等，有很多。

粤语有什么忌讳

一门语言有一门语言的美丽，自然也有一门语言的忌讳。那么粤语中有什么忌讳呢？粤语中不怕“培光”怕“猪舌”。为什么这么说呢？在使用粤语的地区，你会看到很多所名叫“培光”的学校。而在北方使用普通话的地区，几乎看不见。因为“培”在普通话中和“赔”同音，在粤语中“赔”不叫“赔”，叫“蚀”，而“舌”和“蚀”是同音的。故而，在粤语中“猪舌”被称为“猪利”。广东人忌讳说“死”。比如某人病重，谈到他的后事。广东人会说，万一有个三长两短，过身之后……“三长两短”是指棺材，因为棺材没有盖上盖子的时候，是由三块长木板

两块短木板做成的。“过身”是指去世。因为忌讳而改变的名词有很多。如“通胜”即通书，书与输同音；“胜瓜”即丝瓜，丝与输谐音；“吉屋”即空屋，空与凶同音；“猪润”即猪肝，肝与干同音，广东人以水为财，干就是穷。粤语中的忌讳很多，在此就不一一列举了。

粤語拼音表

http://yutyu.org

b 芭	p 琶	m 孖	f 花
d 打	t 他	n 娜	l 啦
g 家	k 卡	ng 芽	h 哈
z 楂	c 茶	s 紗	y 廿
gw 瓜	kw 誇	w 華	

	-	a	â	u	o	e	i	ü	ö	ë
-		a 加		u 估	o 歌	e 寫	i 義	ü 裕		ë 靴
i		ai 佳	âi 計	ui 貝	oi 該	ei 四			öi 銳	
u		au 教	âu 九		ou 高		iu 邀			
m	m 嘸	am 減	âm 今				im 嚴			
n		an 揀	ân 根	un 觀	on 幹		in 賢	ün 緣	ön 潤	
ng	ng 嗯	ang 更	âng 更	ung 工	ong 港	eng 聲	ing 盈			ëng 陽
p		ap 甲	âp 鴿				ip 業			
t		at 八	ât 吉	ut 撥	ot 葛		it 熱	üt 粵	öt 律	
k		ak 革	âk 北	uk 菊	ok 閣	ek 石	ik 億			ëk 約

粤语拼音表

粤语中的古僻字知多少

在普通话中保留的单音节词已经不多了，而在粤语中保留下来的单音节词却有很多。比如眼即眼睛，眉即眼眉，嘴即嘴巴，翼即翅膀，樽即杯子，钳即钳子，镜即镜子，台即桌子等。从这些实例可以看出，在普通话中这些字已经改变了意思，或者由单音节变成了双音节。在粤语中，经常使用阿和仔这两个字，一个用于词首，一个用于词尾。阿可以表示对熟悉的人的称呼或者表示尊重和恭维。比如阿兰、阿大等。仔几乎是万能的。用在名词后表示细小，如船仔，意思是小船。用在人名后面表示亲昵。比如刘德华的歌迷称呼他为华仔。若是加在一些职业之后就有轻蔑的意思，比如打工仔。粤语中还保留了一些古代书面语作为口语使用。比如抑或（选择的意思）、晏昼（即下午）、后生（年轻人的意思）等。在香港的粤语中还保留着古代的政治文化称谓。比如提堂，即开庭；差馆，即警察局。

粤语很斯文吗

广东属于古百越之地，距离中原很远，又常常作为政治犯的流放之所，被中原人士称为“蛮夷之地”、“南蛮之地”。按“蛮夷之地”的说法，广东等地的语言应当很粗俗，跟文绉绉应该是大相径庭的事情，然而事实上粤语很斯文。比如，粤语中“也”说成“亦”，“也是”说成“亦系”，“也就是”说成“亦即系”；“只是”说成“唯独系”；“因为”说成“皆因”；最典型的就是“于是”说成“于是乎”。对于肯定的时候会说成“势必”；对于最终结果会说成“终须”；还有一些“无谓”、“姑无论”、“且无论”等。“之”字在古代汉语中很常用，普通话中很少能看到“之”这个字了。而在粤语中，“之”字的使用依然很普遍。比如，粤语不说“然后”，而是说“然之后”；“不过”说成“之不过”；“称作、叫做”说成是“谓之”；“终于”说成“卒之”。

（普）你在干什么？（粤）你系度做乜啊？
（普）你吃饭了没？（粤）你食左饭未啊？
（普）你叫什么名字？（粤）你叫咩名啊？
（普）谢谢（粤）唔该
（普）对不起/不好意思（粤）对唔住/唔好意思
（普）不好意思打扰你一下（粤）唔好意思阻你一阵
问路：
（普）麻烦一下，我想问***路怎么走？（粤）唔该我想问***路点去啊？
（普）我可以乘车去吗？（粤）我可唔可以坐车去啊？
（普）如果我步行要多久呢？（粤）如果我行路去要几耐啊？
见到朋友：
（普）你好！好久没见！还好吗？（粤）你好！好耐无见！过得点啊？
（普）我挺好的。你呢？（粤）我几好啊！你又过得点啊？
（普）*年没见，你变漂亮了啊！（粤）*年无见，你靓女左啊！
（普）这么久没见，你长高了/长大了（粤）甘耐无见，你高大左啊/大个左啊！
（普）什么时候有空我们喝两杯吧（粤）几时得闲出来饮两杯啊！
（普）我什么时候都有空（粤）我几时都得闲
（普）我最近比较忙（粤）我尼排比较忙
（普）你家电话是多少（粤）我屋企电话系几多啊？
（普）我赶时间，得先走了。迟点再联络（粤）我赶时间，要走先了，迟D再联系。

常用粤语句子

“顶你个肺”有何来历

就像东北话“忽悠”一词一样，在《疯狂的石头》上映后，“顶你个肺”这个词也流行开来。“顶你个肺”是粤语，所以在讲粤语的地方，千万不要随便说这句话，因为它是一句地地道道的骂人的脏话。广州人解释这个词语的时候会联系到“顶心顶肺”。“顶”在粤语中有“撑”的意思，但是“撑”是一种状态，持续性的长期动作，而“顶”是瞬时动作。“顶心顶肺”意思是说有人常和你作对，就像心脏和肺被东西顶着一样难受。在香港人眼里，这是一句粗口，通过切音法转化来的。这句话的原意是极其粗俗的，就像北方人骂人时问候别人的母亲。网上流传这样一种说法:“顶你个肺”是从打架情形上转变来的。打架时,如是用肘击等方式击中对方肺部,力量够大就会使对方受到内伤,严重时会使内脏破裂出血。受击者往往会因疼痛倒地,但是却不能喊出声来。其实这个说法有点牵强附会的意思。“顶你个肺”真正来历应当是源于一句很粗俗的话。当你明白了这句话的来历的时候,就不要随意地说出口了。

粤语中的“鸡”文化知多少

酱油鸡

鸡在现代汉语中有很多意思,不止是原本只是作为一只家禽的本意。在粤语中,“鸡”的意思用得更是广泛,形成了一种“鸡文化”。在广东,有种失落叫“走鸡”,有种忙乱叫“腾鸡”,有种偷懒叫“偷鸡”,有种工具叫“辣鸡”,有种指挥叫“吹鸡”,有种车辆叫“野鸡”,有种饮食叫“糯米鸡”,有种货币叫“一蚊鸡”等。还有其他的一些“鸡”,如香鸡,香烧完后剩下的一截;二撇鸡,上嘴唇蓄八字胡;中瘟鸡,因打瞌睡而晕头转向;斗鸡眼,双眼相对而视;鸡甘眼,像鸡的眼睛一样,天黑就睡觉;鸡啄唔断,说话啰唆;霸王鸡乸,不讲理的野蛮女人;死鸡撑饭盖,死不认错的意思;鸡春,鸡蛋;起鸡皮,即通常说的起鸡皮疙瘩等,还有很多,不胜枚举。

粤语中的“水”文化知多少

水是生命之源。在每一个文化里面都有水文化的存在。从神话故事的水神、龙王的崇拜,到现实科学水利工程,从古代大禹治水到现代南水北调,人类与水共存,也与水一直作斗争。在粤语中,水往往是金钱的代名词,是财富的象征,即所谓的“以水为财”。在广东话中,“水”的使用很广泛,除了“财”之外还有其他的一些意思。因为地方色彩,对于刚接触粤语的人来说,真是“一头雾水”。下面列举一下比较常见的“水”词语。磅水:付款。插水:原意为头向下跳水,现引申为球赛中故意跌倒。吹水:吹牛皮和夸夸其谈。水货:走私货,冒牌货。走水:猪牛等牲畜错过发情期;也是现在流行的赌球用语,表示赌客没赢没

广州帽峰山天湖

输，庄家“白做”。反水：反叛，背叛。水过鸭背：比喻记忆力差。水静河飞：形容冷冷清清，没有动静。风水尾：指败家子、不成器的人，或时运走到了末路。以上列举的只是很少的一部分，翻译也是一般情况下的意思。因为有一部分是方言，随着场合的不同，意思也有所改变。粤语中的“水”文化源远流长，要想全部破解，还需要更多的时间和精力。

诙谐的粤语对联有哪些

广东话有九个音调，阴平、阴上、阴去、阳平、阳上、阳去、阴入、中入和阳入。音域宽广，所以表达语气和感情的时候，是其他方言不能比拟的。一些广东话对联就能很好地说明这个问题。“三个半毫毫半子，一心中意意中人。”这副对联在不懂粤语的人看来，几乎看不明白什么意思。你若是懂粤语，你会看出是一副很幽默诙谐的对联。在20世纪二三十年代，广东省所使用的货币是银币，一枚是二毫，相当于贰角。在当时的市场上，很多商品的价格只有半毫。三个半毫就是一毫半，毫半子也是一毫半，两者是相等的。上联“三个半毫毫半子”是用了一个逗人的算术，三个半毫＝毫半子。下联“一心中意意中人”则是书面语和口语相结合。“中意”是粤语口语，意思是喜欢；“意中人”则是书面语，两者相结合，在广东人看来诙谐幽默，很有趣味。“狗仔雯熟，巧笑倩兮穿绛服；虾公蒸热，鞠躬如也著红袍。”狗仔和虾公都是广州方言中的动物。对联中用方言和文言文相结合，造成了一种十分有趣又怪异的视觉现象，令人称奇。还有一副对联十分形象地描绘出一副岭南风俗画。“妒女求签，下下摇来妻逐妾；盲公

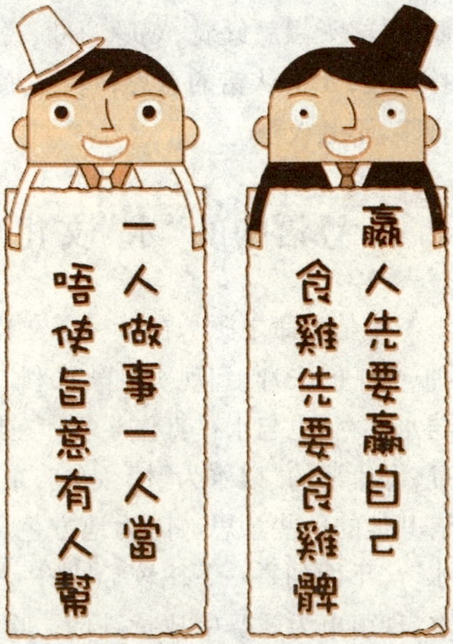

粤语对联

卖唱，声声吹出妇扶夫。”“妒女”在神佛面前求签，一下一下地摇出“妻逐妾”。“下下摇来妻逐妾”不仅描写了摇签声音，而且还写出了“妒女”的内心世界。盲公上街卖唱，需要妻子扶着他走路。“妇扶夫”即是他们上街卖唱的情形，也是盲公吹出来的声音。这幅对联表达的感情色彩十分丰富。

老豆是什么豆

老豆不是豆，是广东人称自己父亲的习惯口头用语，甚至当面也会这么称呼。古人称自己父亲是家父，称别人父亲是令尊，都是敬称。广东人称自己父亲为“老豆”在外地人看来似乎是不太尊敬。然而事实却不是这样。其实“老豆”应当为“老窦”。老窦就是指五代后晋时期的窦禹钧，相传他操守高洁，教子有方，培养的五个儿子，个个都名声远扬，是模范父亲。在《三字经》中有这样的一些话：“窦燕山，有义方。教五子，名俱扬。”窦禹钧家乡在燕山，因而称为窦燕山。《三字经》流传很广，在广东那里，更是家喻户晓。广东人把自己父亲比喻为“老窦”，则是对父亲的极端尊崇。在粤语中，豆与窦读音相同。流传久了，“老窦”就成了“老豆”。知道“老豆”的来历，就不会对广东人称呼自己的父亲为老豆感到奇怪了。可见老豆并不是什么豆。

粤语中的数字知多少

在粤语中有好多用数字组成的名词或者俗语。比如唔理三七二十一，在粤语中的意思是不管情况如何，都要去做。三七二十一，本是乘法口诀中的一句话。再比如二五仔。古人经常说二八芳华。二和八相乘等于十六，二八芳华就是指十六岁。而二五仔却不是相乘，而是相加。二五仔原本是中国清代秘密会社的切口，一般指告密者、叛徒、出卖组织的内奸和专门在人后说是非的人。为什么会用二五相加呢？这还有一个故事。在清初，民间有个秘密组织叫天地会，进行反清复明的活动。朝廷官员查知少林寺与天地会有关系，派人去剿灭少林寺。但是需要内奸从内部策应。于是就找了一个武功排名第七的马宁儿。马宁儿因触犯戒律被逐出山门，心怀怨恨，就引领清兵火

天地会起义图片

烧少林寺。天地会的人不耻马宁儿的为人，就称那些告密者、内奸为二五仔，即暗指武功排行第七的马宁儿。粤语中还有一个特别的数字：一千零一件。对外人来说“一千零一件”是很多件，而在广东人眼里却只有一件。“一千”是虚指。这是诙谐的说法，只是为了虚指“一”的少量。在多年前粤语片反映贫穷的社会，那时打工仔为了撑场面需要穿西装，有人问打工仔有多少件西装。打工仔回答：“十一件。”其实是“实一件”的意思。后来流传开了，人们觉得“十”太小，就更加夸张地说。至于为什么会选择“一千零一”，大约是因为阿拉伯民间故事集《一千零一夜》之故。

为何称马屁精为擦鞋仔

在粤语中“擦鞋仔”是“马屁精”的代名词。为什么会这样，要从影视剧《擦鞋先生》说起。在这部影视剧中，其主题曲叫《擦鞋仔》。歌中写的那个擦鞋仔卑躬屈膝，圆滑虚伪，对顾客拍各种马屁，只为“求名利，偿志愿”，完全丧失了自我的性情，沦为一个马屁精。这首歌的演唱者是许冠杰，是一首讽刺社会的粤语歌曲。歌中唱到：“系系系日夜猛吠，扮下矮子无乜计。望清楚擦的对象，落力擦靴讲手势。你斗气全无实际，盏得你气坏个胃。擦擦擦摇头拧髻，无谓计地位……”这部影视剧播放之后，在群众中引起了共鸣，于是在粤语中，“擦鞋仔”就成了“马屁精”的代名词。

粤语中的“鬼”文化知多少

鬼，在中国一直是阴森恐怖的象征，是晚上出来作恶的东西，而在粤语中，鬼却另有一层意思。广东人喜欢说“盏鬼”，例如：今日阳光咁好，可以泛舟湖上就盏鬼了。这句话的意思是今天阳光很好，如果能泛舟湖上该有多惬意啊。其实“盏鬼”应该为“女赞鬼”。女赞在《说文解字》中的意思是“白好也”。在《广韵 · 翰韵》中的意思是：“女赞，不谨也。一曰美好儿。”在现今发达的科学下，人们很少相信鬼怪的存在，而古人却坚信它们的存在。如果有人做了坏事，一般不会说出来，而且还会尽力隐藏。如果在和人聊天时，一不小心说出来了，就会被认为是“鬼拍后尾枕”了，即被鬼拍了后脑勺，在鬼的作怪下说出了事情的真相，不打自招。在粤曲中，有一个扮相

夜巡鬼

是把鼻子涂白，衣衫弄得凌乱，被称为“鬼马杂”。现今有一些老人看到某些衣着古怪的人也会称之为“鬼五马六”。另外，广东人还会用鬼甘丑形容人容貌丑陋，用鬼甘靓形容人容颜娇美。在这里，“鬼”没有好坏之分了。

粤语中的“埋”文化知多少

“埋”在粤语中是作为一个助词存在的，表示连同一起做某事。比如，等埋我啊，就是等等我的意思。在广东话里，“埋”这个字已经被用到炉火纯青的地步。结账叫“埋单”，过来叫“埋嚟”，多年情侣最后走进婚姻的殿堂，修成正果，叫“拉埋天窗”，结婚叫“埋窦”。还有形容志同道合，叫“埋堆”；形容做完工作了，叫“做埋啲嘢”；形容做白日梦，叫“食埋晒啲大头冲菜”。“埋”字在粤语中很常见，也很常用，形成了一种独特的“埋”文化。比较常见的有“埋”字的词语及意思如下：埋堆，扎堆的意思；扻头埋墙，把头往墙上撞；企埋一边，靠边站；船埋头，船靠码头。在普通话里，“埋”是作为一个动词，有确切的意思。在粤语中，“埋”几乎没有实际的意思。这大概就是“埋”在粤语中用得很广泛的原因吧。

东莞同沙·态公园内的婚姻文化园雕塑

粤语中的“佬”文化知多少

在粤语里，民间使用“佬”这个字很普遍，涉及“佬”这个字的词语也很多，含义很丰富，也是较为复杂的一个字。“佬”本意是说成年男子。在粤语中，佬有褒义和贬义之分，换句话说佬既可以用在褒义词里，也可以用在贬义词里。在粤语中，“佬”的用法，大概归为以下几种类型。第一种，在各地地名之后，加一个“佬”，表示某某地方人。比如，东莞佬、香山佬、台山佬、肇庆佬……还比如客家佬等。有时，广州人也会称自己为广州佬。对于外省人，则是称呼为省名加一个“佬”，比如湖南佬、上海佬等。第二种是称呼乡间人，比如土佬、乡下佬、山佬等。第三种，在描述人的词语后面加一个“佬”，如肥佬、高佬、大只佬等。还有其他的一些，如失明的人，称之为盲佬；没有头发的称之为光头佬；大肆挥霍，不知节俭的称之为“阔佬”。第四种是在行业后面加一个“佬”字。如生意佬、补锅佬、军佬、泥水佬、阉猪佬、收买佬、卖鱼佬、粤剧佬等。

粤语中有哪些口头禅

口头禅现在指经常挂在嘴边的一句话。在粤语中，也有一些词语或句子经常被人挂在口边使用。俗话说，人要脸，树要皮。在广东人眼里，做人最怕没“菲士”。菲士是英语 face 的音译，翻译成汉语的意思是“脸”。因为是舶来品，沾染了洋气，显得很娇贵。在出席朋友婚宴的时候，菲士显得特别重要。为了菲士，你的贺金不得不高于“市场价”。唔该，是粤语口头禅中比较难理解的一个。比如，你的东西掉在地上了，别人帮你捡起来，你说“唔该”。唔该，字面意思是不应该。别人帮你，你应该感谢才是，为什么要说“不应该”呢？难道广东人不讲礼貌吗？当然不是，唔该是不应该的意思。用在口头禅中，表示这件事本来不应该由你来做，你却去做了，我非常感谢。说“唔该”是强调不应该由你来做，更深切地表达感谢之情。貌似，广东人说话有点婉转了。但无论怎么样，社会中多一些感谢，多一些谦虚，多一些友爱，社会将会更加和谐。在粤语中，唔该用得多了，大家自然就懂是什么意思，人与人的关系也更加和谐。

懂得粤语的优势

老广东的名人

为什么冼夫人能成为巾帼第一人

冼夫人(512—602),原名冼英,出生于今广东高州,后嫁给当时的高凉太守冯宝。冼夫人喜欢结交英雄豪杰。公元550年,冼夫人因功被封为“保护侯夫人”。公元558年,冯宝死去,岭南大乱,冼夫人平定乱局,被册封为石龙郡太夫人。隋朝建立,冼夫人率领岭南民众归附。隋朝加封其为“谯国夫人”,去世后追谥“诚敬夫人”。

冼夫人出生于梁武帝天监十一年(512年),南越俚人冼氏首领家庭中。南越首领,辖地千里,统率部落民众数十万。冼夫人,幼名冼百合,聪明勇敢,经常跟随父兄参与部落之间的战斗。后来蒙受异人传授武艺韬略,冼夫人不仅能弯弓射箭,而且善于行军布阵,熟知兵法。史书记载冼夫

冼夫人领军英姿

人“幼贤明，多筹略”，且“抚循部众，能行军用师，压服诸越”。梁大同元年（535年），北燕王裔罗州（今化州境内）刺史“闻其志行”，聘为其子高凉太守冯宝妻子。婚后，冼夫人帮助丈夫治理政事，协助断案，秉公执法，达到“政令有序，人莫敢违”。

梁武帝太清二年（548年）八月，河南王侯景叛梁。大宝元年（550年），高州（今广东茂名高州市）刺史李迁仕出兵据大皋口（今江西吉安市南），并派使者召见冯宝。冼夫人劝冯宝不要去，因为这可能是一个陷阱，“刺史私下铸造兵器，集合人马。现在无缘无故召你去，肯定是要把你扣作人质，以调动你的兵马，逼迫你造反”。过了几天，李迁仕果然造反，派大将杜平虏领兵北上，与梁都督陈霸先的部队交战。冼夫人献计：李迁仕在高州已经没有多少实力了，不如派自己携带礼物去参见李迁仕。冼夫人为妇道人家，李迁仕自然不加防范。冼夫人率领一千士兵随行，把兵器暗藏在礼物之中。冼夫人到了城中，立即发动攻击，轻而易举地拿下了高州。李迁仕败逃。冼夫人会合陈霸先的部队击杀了杜平虏。冼夫人看出陈霸先非池中之物，劝告丈夫与之交好。大宝二年（551年），陈霸先击杀了李迁仕，又与王僧辩合力击溃侯景。至此，侯景之乱平定。太平二年（557年），陈霸先乘萧绎皇朝被西魏政权所灭的机会代梁称帝，改年号为永定元年，称为陈朝。

陈永定二年（558年），冯宝逝世，岭南大乱，冼夫人凭借自己的威望，使岭南平静下来。太建二年（570年），广州刺史欧阳纥反，以冼夫人儿子为人质，逼迫冼夫人造反。冼夫人大义凛然，不以儿子安危为念，排兵布阵，与陈朝遣讨军队全力击溃叛军。陈主封她为“石龙郡（今化州境内）太夫人”。公元589年，隋灭陈。岭南人民以冼夫人为主，尊为“圣母”。隋大军压境，却因畏惧冼夫人，逡巡不前。隋军派使者前去出示陈后主降书和她所赠陈后主信物“扶南犀杖”。冼夫人确信陈朝灭亡，召集首领数千人“尽日恸哭”。之后，冼夫人为了大局，归顺隋朝。隋朝感念其功德，封其为“宋康郡夫人”。

冼夫人

隋开皇十年（590年），番禺王仲宣反，冼夫人出兵平叛，“所到之处，闻风归顺”。此时，冼夫人年近70岁。隋文帝为表其功，封其为“谯国夫人”，授予她六州兵马权，并敕免因平叛中违反军纪而被她下令逮捕下狱的孙子。到80岁高龄时，冼夫人还亲持诏旨巡历州郡，抚慰当地人民。仁寿二年(602 年)，冼太夫人辞世，隋朝追谥她为“诚敬夫人”。

冼夫人历经梁、陈、隋三朝约 80 年，在军事上，她立下了很多汗马功劳，在政治上，她为国家的统一做出了突出的贡献。她一生不遗余力地协助朝廷剪除地方割据势力，惩治贪官污吏，革除社会陋习，以促进民族融合和推动社会文明进程。她为岭南地区的安定和发展做出了不可磨灭的贡献，不愧为巾帼英雄第一人！

岭南第一人——张九龄

张九龄，是著名的政治家、诗人，韶州曲江(今广东韶关市)人。他是开元年间的丞相，为“开元之治”做出了积极的贡献。为官清正，秉公守则，直言敢谏，任贤唯能，敢于跟恶势力作斗争。他同时也是一位著名的诗人，诗风清淡，语言质朴简练，寄托了深远的人生理想与感慨，扫除了唐初沿袭的六朝绮靡诗风，为岭南诗派的开创起了启迪作用。

张九龄生于官宦之家，是西汉留侯张良之后，西晋开国功勋壮武郡公张华十四世孙，小时候就很聪明，七岁即能写诗作文，弱冠时就参加科举考中进士，被授予秘书省校书郎、右拾遗。玄宗时，他曾上书，主张重视地方官员选拔，纠正重内轻外之风；选官应重贤能，不循资历。后来因与当政者不合，曾辞官归乡。在此期间，他曾主持开凿了大庾岭新路，并在路旁种植梅树，保证了南北交通要塞的通畅。

唐玄宗开元十一年(723 年)，被任命为中书舍人，后因权力斗争风波的牵连而远离京城长安。八年后，唐玄宗任命其为秘书少监、集贤院学士，再迁中书侍郎。张九龄才学超群，风度翩翩，深得唐玄宗的喜爱。开元二十一年(733 年)，被任命为中书侍郎、同中书门下平章事(即丞相)，主理朝政。因建议河南屯田，种植水稻，又兼职河南稻田使。开元年间，是唐朝的全盛时期，也是社会危机蛰伏待机的时期。针对社会弊端，张九龄提出以“王道”代替“霸道”，保民育人，休养生息，反对穷兵黩武；主张刑罚严明，减少赋税徭役，扶持农桑养殖；实行吏治改革，任贤唯能，选取德才兼备的人士为地方官员。

韶关张九龄雕塑

他的一系列措施为开元盛世做出了积极的贡献,被后世誉为“开元之世清贞任宰相”的三杰之一。

在处理政事时,张九龄敢于直谏。因直谏而获罪的次数有很多。比如反对牛仙客为尚书,而获罪迁为右丞相。后来,因他举荐的人弹劾牛仙客,再次获罪,被贬为荆州长史。早前,安禄山进京的时候,拜见过张九龄。张九龄善于相人,曾言安禄山必反。安禄山任平卢将军时,在讨伐契丹时失利。张九龄进谏:“穰苴出军,必斩庄贾;孙武行令,亦斩宫嫔。守珪军令若行,禄山不宜免死。”唐玄宗却为了显示皇恩浩荡,免除了对安禄山的处罚。张九龄死后,安禄山果然反叛,唐玄宗悔之不及,遣使去祭奠张九龄。

张九龄

张九龄的诗歌成就很高,有“雅正冲淡”的神韵,写了很多流传后世的名篇,比如《感遇》《望月怀远》。尤其是《望月怀远》中的“海上生明月,天涯共此时”成为千古佳句。早前,张九龄的诗歌词采清丽,情致深婉,为人赏识。后来,他的风格开始趋向于朴素遒劲,对岭南诗派的开创起了重大的作用。

开元二十八年(740 年),张九龄因病去世。张九龄是开元盛世最后一位名相,也是唐朝唯一一个由岭南书生出身的宰相。张九龄被罢相后,有人向唐玄宗举荐人才,唐玄宗必问:“风度能若九龄乎?”张九龄死后,唐玄宗赐其谥号“文献公”。现今有张九龄墓地,位于韶关市北郊罗源洞山麓。另外还有张九龄纪念馆。

广东的第一个状元是谁

莫宣卿是广东封开人,幼年时,生父病逝,于是和母亲一起跟随继父生活。由于继父家境殷实,莫宣卿才能进入学堂读书。幼年时期,莫宣卿就会吟诗写对联,12 岁时参加科举中了秀才,被乡人誉为“神童”。唐大中五年(851 年),莫宣卿考中状元,年仅 17 岁,从而成为广东历史上科举考试的第一个状元,也是自隋唐以科举取士以来年龄最小的状元。

“我本南山凤,岂同凡鸟群。英俊天下有,谁能佑圣君。”幼年时期的莫宣卿就与众不同,有崇高的理想与自信心。他在《答问读书居》中写道:“书屋倚麒麟,不同牛马路。床头万卷书,溪上五龙渡。井汲冽寒泉,桂花香玉露。茅檐无外物,只见青云护。”他搭书室自学,排除世俗干扰,博览群书,同时深深感觉到,读书人只有以笔抒志,文治天下,立勋朝廷,才是男儿本色,也是男儿应尽的责任。于是,他决心赴长安参加考试。淫雨纷纷,洗涤心灵。莫宣卿冒雨踏上了征途。看着家乡的山山水水都逐渐远去,莫宣卿感慨万千,“不雨山常润,无云水自荫”。路途遥远,也挡不住莫宣卿前进的脚步。一日,莫宣卿在一处人家借宿。夜晚,莫宣卿做了一个梦,梦中有一个神仙告诉他:“你金榜题名的时候到了,一定要努力啊。你一定要去参加‘曲江会’……”莫宣卿说:“路途遥远,恐怕还要再等一些时日。”神仙说:“我助你一臂之力。”第二日天亮,在门外居然有一匹骏马。莫宣卿骑上骏马,绝尘而去。

在曲江会上,主考官要求每人即兴写一篇文章。莫宣卿一挥而就,呈给主考官看。其文中写道:“长川含媚色,波底孕灵珠。素魄生草末,圆规照水隅。沦涟冰彩动,荡漾瑞光铺。迥夜星同贯,清秋岸不枯。江妃思在掌,海客亦忘躯。合浦当还日,恩威信已敷。”主考官看完,拍案叫绝,喜形于色。

莫宣卿状元祠

在参加完所有考试后,莫宣卿一举夺魁,成为广东第一名状元。皇帝写诗赞美:“南方远地产奇才,突破天荒出草莱。神鲤跳翻三尺浪,皇都惊震一声雷。”莫宣卿也写了一首及第诗歌:“羽翼高飞到碧霄,鹏程万里岂知遥。才吞王母千年药,便夺龙头第一标。脚下云霞随地起,眼前尘土霎时消。万金书寄南归雁,三级天门已一跳。”莫宣卿状元及第,思念生母,希望返乡祭祖。后来,又上表,希望能在南方做地方官。皇恩浩荡,封莫宣卿为台州别驾。但不久去世。

莫宣卿一生很短暂,但其成就尤其是对岭南文化的影响却很深远。大大地推动了岭南文化的发展,打破了“南蛮之地”文化落后的偏见,大大鼓舞了当地士子的求学之心。莫宣卿去世后,被追谥为“孝肃”。

广东籍的第一个宰相是谁

唐朝在中国历史上是最为强盛的朝代之一,然而到了晚唐,国家常年处于战乱之中，再加上连年的天灾，人民处于水深火热之中。郑愚正是在这样的社会背景下出生的。郑愚是见诸诗史的第一位香山籍诗人。他的《泛石岐海》诗歌，是历史上的第一首用白描手法吟咏香山风物的诗歌。881 年，郑愚临危受命，官拜尚书左仆射（即左丞相），成为广东籍的第一个宰相。

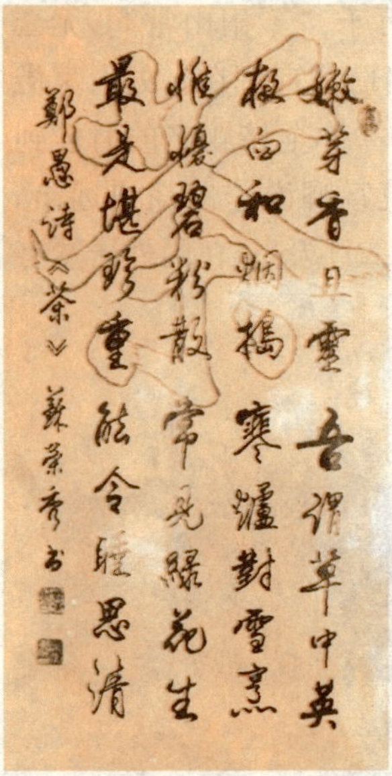

郑愚茶诗《茶》

郑愚是唐开成二年（837 年）的进士，做过朝廷里的秘书省校书郎，后被授桂营观察史。后来黄巢起义爆发，郑愚被任命为左丞相，卒于任上。在任桂营观察史的时候，郑愚带着自己的诗稿去拜访在海内负有重名的魏国公崔铉，请他指教。崔铉见他衣饰华丽，以为只是一个不学无术的花花公子，便把他的诗稿放在桌子上，看都不看，只是留他在家中吃饭。当郑愚离席更衣时，很多宾客都认为他羞愧难当而离开了，没想到的是，过了一会儿，郑愚却换了一身华美的衣服回来了。崔铉在郑愚离开的时候，随手翻了一下郑愚的诗稿，不由得拍案叫绝，不由自主地赞叹道：“也只有他这样的才子，才配得起穿这样华美的衣服。”这些出自于古籍《唐诗纪事》。

《全唐诗》收录了郑愚一篇名为《泛石岐海》的诗歌，全文如下：“此日携琴剑，飘然事远游。台山初罢雾，岐海正分流。渔浦扬来笛，鸿逵翼去舟。鬓愁蒲柳早，夜怯芰荷秋。未卜虞翻宅，休登王粲楼。怆然怀伴侣，徒尔赋离忧。”诗中的台山，即石岐以南的南台山，后来是香山八景之一的“南台秋月”的所在地；“岐海”指石岐海，后来也成了八景中的“石岐晚渡”。这首诗表达了作者郑愚虽然年少才高，此番离开家乡，是想闯一番事业的，但想到了国家的多灾多难，对此行的未来，忧虑颇深。

此外，郑愚还写了一首《醉题广州使院》：“昔年百姓受饥荒，太守贪残似虎狼。今日海隅鱼米贱，大须惭愧石榴黄。”前两句是对民生疾苦的体恤，后两句是对丰年的由衷喜悦。由此可见他的心与民众的贴近。

郑愚一生为国为民，鞠躬尽瘁，死而后已，公而忘私，是广东籍难得的一位宰相。

“第一边臣”、“岭南第一名臣”翁万达有何传说

翁万达是揭阳人，官至兵部尚书，总督宣大，以军事家、政治家著称于世。其博学敏思，才气纵横，“学闻至道，文率性成，笔引千钧，心雄万变”。清人称

翁万达

他："经世之文，非小儒所能及。"翁万达深受后人敬仰，被誉为嘉靖中叶"第一边臣"、"岭南第一名臣"，或誉之为"国之干城"。在泰国，他被誉为"英勇大帝"，立庙祭祀竟多达100余处。

传说，翁万达是揭阳江都举登村人，他的父亲翁玉以打渔为生。翁万达四岁的时候，经常缠着父亲，想跟着一起去打渔。有一次，翁玉被缠不过，便答应了。到了海上，翁万达高兴得乱蹦乱跳。这样，海中的鱼就被吓跑了。原来，海中的鱼虾看着翁万达就像一只白毛老虎，吓得赶紧跑开了。翁玉下网，自然是网网落空。连续十几网，网网都是这样。翁玉只好原路返回。自此之后，只要翁万达跟着一起去打渔，都是毫无所获；凡是不带着翁万达的时候，都是满载而归。翁玉得出一个结论，晦气全部来自于儿子身上。之后，就再也不带他出海打渔了。

一日，风和日丽，翁玉料定今天必有收获，所以一大早就出海打渔了。到了海上，翁玉正要撒网，忽然翁万达从船舱里钻出来了。翁玉顿时火冒三丈，一个箭步过去，抓起翁万达，顺势推到了大海中。翁万达一下子就沉入了海底。等翁玉冷静过来的时候，已经看不到翁万达的身影了。翁玉万分后悔，直接就回家了。到了门外，他看见了妻子许氏，就把自己一时冲动扼杀了儿子的事情告诉了她。许氏笑骂着说："你今天是不是出去喝醉酒了？儿子分明在床上躺着呢。你却白日说梦话。"翁玉进屋去看，果然如此，心道："我分明把儿子推进了海里，他怎么会躺在床上？"原来，翁万达掉进海中的时候，被南海龙王看见，知道他是天上的"白虎星"降世，日后要在世上做一番事业，急忙命几名虾兵把翁万达送回了家。翁玉虽然不知道这其中的经过，但是他知道自己的儿子大难不死，日后肯定会成大器。从此，翁玉视之如掌上明珠。

翁万达墓碑

翁万达少年时在龙泉岩读书。在龙泉岩旁有一条小河沟，每天上学都要涉水而过。一日，翁万达见河沟里有一块"土地之神"字样的石碑。他想肯定是别人过河时用来垫脚用的，便一脚踩上去，却被碰得头破血流。翁万达大怒，骂道："土地神，你这个老东西，我要贬你到边疆去充军喝西北风！"用脚踢了一下石碑。石碑被踢得无影无踪。

后来，翁万达为国建功立业，当上了兵部侍郎，被派去镇守边境。一晚，翁万达正在军帐中查阅公文。只见一个白发苍苍的老兵走进帐中，向着翁万达就跪。翁万达急忙把这名老兵扶起来，问他是何缘故下跪。老兵回答，"大人真是贵人多忘事，老朽本是龙泉岩的土地。当年您一怒之下，把老朽贬到边疆充军，至今已 30 多年。大人还记得否？"翁万达一听，方才回忆起少年读书时的事情来，"原来是你啊，现在你所为何求呢？"老兵请求返回龙泉岩继续当土地神。翁万达想了想，说："你给我找一只老虎当做坐骑，为国杀敌，我就放你走。"老兵答应了一声是，就召唤来一只猛虎，命令它听从翁万达的话，甘心做翁万达的坐骑。至此之后，翁万达出兵打仗都骑着老虎，敌人看见被吓得心惊胆战，自然不敢交锋。

明代思想家陈白沙知多少

陈献章是明代著名的思想家、教育家、书法家、诗人，因曾在白沙村居住，人称陈白沙。陈白沙，字公甫，号石斋，别号碧玉老人、江门渔父等。今广东省江门市新会区人，生于明宣宗宣德三年十月廿一日，即 1428 年 11 月 27 日。他的一生坎坷不平，充满曲折，数次科举不中，虽学富五车，然仕途无望。在屡试不第之后，陈白沙决定在白沙里筑春阳台，研究学问。他在思想界打破了宋朝以来程朱理学的理论格局，开创了明代学术新的时代。

陈白沙

陈白沙出生于小康之家。然而家门不幸，其父亲在 27 岁时去世，留下孤儿寡母一双。陈白沙年幼多病，曾言"无岁不病，至于九岁，以乳代哺"。特殊的家庭生活环境，致使陈白沙对母亲特别孝顺。在他给皇帝的《乞终养疏》中写道："非母之仁，臣委沟壑久矣。臣生五十六年，臣母七十有九，视臣之衰如在襁褓。天下母子之爱虽一，未有如臣母忧臣之至、念臣之深也……臣母之忧臣日甚，愈忧愈病，愈病愈忧，忧病相仍，理难长久。臣又以病躯忧老母，年未暮而气已衰，心有为而力不逮，虽欲效分寸于旦夕，岂复有所措哉！”

陈白沙年少好学，读书一览成诵。弱冠之年，参加乡试，考中举人，后参加礼部会试，考中副榜进士，进入国子监读书。其后两次赴京参加会试，均名落孙山。虽然如此，但是陈白沙对学问的追求却一直没有停止。之后，他拜访名师，寻求知识。27 岁那年，陈白沙拜吴与弼为师，精心研究学问。一年后，陈白沙返回江门白沙村，在小庐山南麓建造了春阳台。从此闭门读书，不问世事。

茂林修竹，花香鸟语。寒来暑往，春去秋来。“野鸟飞窗静，春归蝶未知；蝉鸣风入夏，冬日月影斜。”十年时间如白驹过隙，一晃而过。在这十年里，陈白沙取得了很大的进步，不仅是学识，还有修养。1465 年春天，陈白沙决定开设学堂，教书育人。消息一经传开，四邻八方的年轻人慕名而来，拜师学习。一时间，门庭若市。陈白沙教学方法与众不同：第一，先静坐养神，其后读书修心。第二，鼓励自学，不主张“填鸭式”教育。第三，要求学生勤于思考，了解书中的要义。第四，注重学生对书本产生的疑问，解决以寻找真知。第五，陈白沙运用诗歌的形式教学。他写了很多劝诫学习的诗歌。比如，有些学生沾染酒色的陋习，陈白沙写诗歌《戒色歌》：“世间花酒总为先，花酒原来枉费钱。酒醉猖狂还要醒，花迷撩乱不知天。鱼因吞饵投江岸，蝶为寻花到野川。寄语江门诸弟子，莫贪花酒误青年。”

1466 年，陈白沙受人规谏，决定再次上京考取功名。现任国子监祭酒邢让与陈白沙一起参加过戊辰（1448 年）科考，两人算是旧相识。邢让有意考察陈白沙的学问，出了《和杨龟山 < 此日不再得 > 韵》的题目，要求他写一首诗。陈白沙凝神静思，不多时，一挥而就。其才思敏捷，学识修养，深深折服了朝中一班有志学问的文臣。邢让就推荐陈白沙到吏部任职。此后，陈白沙果然到了吏部，然而只是一名日捧案牍、抄缮校核、封发递送的低级小吏。陈白沙为人忠正耿直，不懂巴结权贵。他得罪了当时的礼部侍郎尹旻，因而受到权贵的陷害。在一些正直官员的同情和保护下，陈白沙才幸免于难。数年后，陈白沙再次参加考试，因奸臣弄权，失败而归。回到家乡之后，陈白沙致力于教学工作，四方学者，再次奔走，执弟子礼求教。到此时，“岭南学派”（史称“江门学派”）形成了。

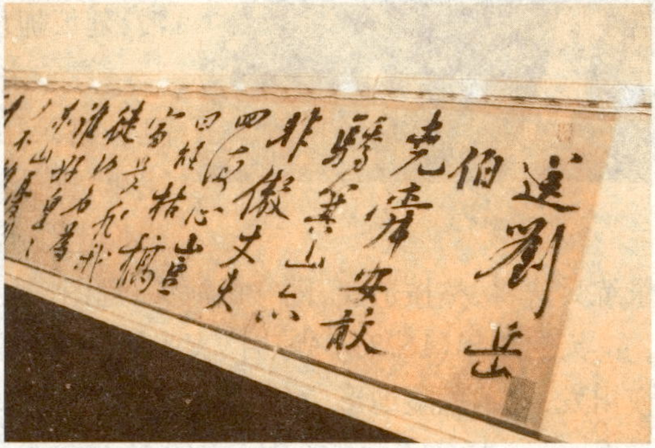

陈白沙书法

1483 年，陈白沙受到两广总

督等人的推荐，再次上京应诏，为社稷做贡献。因受已升任吏部尚书尹旻的阻挠，陈白沙只好称病，写了《乞修养疏》，请求皇帝批准自己归乡侍奉母亲。皇帝被其文章感动，准许其归乡，并封赠为"翰林院检讨"官衔。

陈白沙一生廉洁自爱，有人每月送他一石米，他以"有田二顷，耕之足矣"为由坚决不肯接受，还有人送他豪宅，他亦婉言拒绝。陈白沙晚年过着类似隐居式的生活，一边侍奉母亲，一边教书育人。他的好多学生成为了栋梁之材。比如身兼礼、吏、兵三部尚书职务的重臣湛若水，官拜文华阁大学士卒赠太师的名臣梁储等。陈白沙还致力于学术的研究，以及诗词的创作，其书法造诣也很高。

1500 年，陈白沙卒于故乡，谥号"文恭"。朝廷下诏建立家祠，并送匾额"崇正堂"，还有一副对联："道传孔孟三千载，学绍程朱第一支。"可见其在思想界上做出的极大贡献。

威震辽东的袁崇焕知多少

袁崇焕出生于今广东东莞市，是明末著名的军事将领。他一生驰骋沙场，战功彪炳，威震辽东。最后却落得个不得好死，人人争食其肉的悲惨下场。如此英雄人物，是如何威震辽东，最后却身败名裂的呢？

袁崇焕

明万历四十七年（1619 年），袁崇焕中进士，被任命为福建邵武知县。天启二年（1622 年），根据明朝朝廷规定，袁崇焕进京接受朝廷对其政绩的考察。在此时，辽东形势已经十分危急。在此关头，袁崇焕挺身而出，独自前往边境视察形势。《明史·袁崇焕传》记载："天启二年正月，朝觐在都。御史侯恂请破格用之，遂擢兵部职方主事。无何，广宁师溃，廷议扼山海关，崇焕即单骑出阅关内外。"

广宁失陷，在御史侯恂等人的举荐下，朝廷破格录用袁崇焕，授袁崇焕为兵部职方司主事，旋升为山东按察司佥事、山海监军。袁崇焕走马上任，到达任所后，给皇帝上疏，请求练兵选将，整械造船，固守山海关，远图恢复。

天启二年（1622 年）三月，袁崇焕受命移往中前所，经理前屯卫事务。他当夜出发，穿越危险地形，军中战士无不对其勇敢表示钦佩。六月，孙承宗听从袁崇焕之议，主守宁远。八月，袁崇焕调永平道。十二月，因私斩小校，袁崇焕请罪。

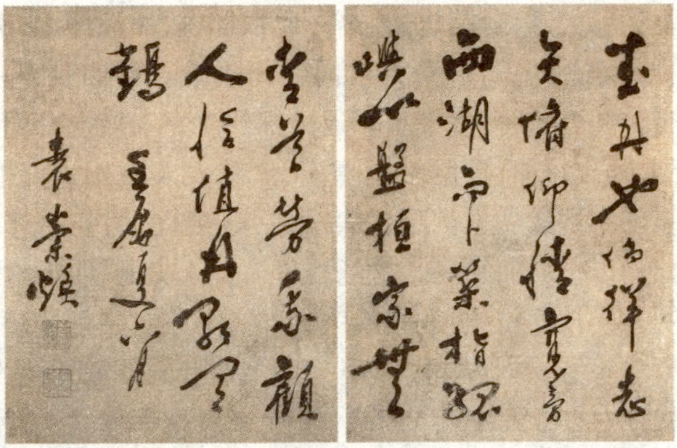

袁崇焕书法

天启三年(1623 年),抚哈剌慎各部移出八里铺至宁远,明朝收复失地二百七十里。天启四年(1624 年),皇帝重用袁崇焕,令其携兵一万两千巡边广宁。其后,袁崇焕升任右参政。天启五年(1625 年),孙承宗辞职,兵部尚书高第经略辽东。

高第上任后,认为关外不可守,决定退守山海关。袁崇焕据理力争:“兵法有进无退。三城已复,安可轻撤?锦右动摇,则宁前震惊,关门亦失保障。今但择良将守之,必无他虑。”高第不听。袁崇焕以死相逼,说:“我为宁前道也,官此当死此。必不去。”高第无奈,只能尽撤锦州右屯松山杏山大小凌河等处兵马。十二月,袁崇焕升任按察使,仍然主事宁前。

天启六年(1626 年),宁远大捷之后,朝廷任命袁崇焕为辽东巡抚,兵部右侍郎,荫千户。袁崇焕再三推辞,不被准许。

天聪元年(1627 年)五月六日,皇太极率兵进攻宁远和锦州。十一日,皇太极大军压境,在距离锦州城一里之处安营扎寨。之后开始攻城,数日未果。十六日,皇太极截获辽东巡抚袁崇焕派人送给纪用、赵率教的书信。信中说:“调集水师援兵六七万,将至山海关,蓟州、宣府兵亦至前屯,沙河、中后所兵俱至宁远。各处蒙古兵,已至台楼山……”皇太极信以为真,立即收缩兵力,凝聚在城西,用来防止明朝援军来袭。二十六日,皇太极大军已经围困锦州半个月,毫无结果,人马疲惫不堪。二十七日,皇太极大军分为两路,一路继续围困锦州,另一路由自己带领进攻宁远。袁崇焕得知,提出“坚壁固垒,避锐击惰,相机堵剿”的方针。总督蓟辽、兵部尚书阎鸣泰上奏折。朝廷下旨,令满桂、尤世禄、祖大寿等率军一万,驰援锦州,而袁崇焕则原地待命。二十八日,皇太极率军猛攻宁远城。是日大战,双方互有损伤。明总兵满桂身中数箭,坐骑被创,尤世威的坐骑也被射伤;后金贝勒济尔哈朗、大贝勒代善第三子萨哈廉、第四子瓦克达俱受重伤,游击觉罗拜山、备御巴希、蒙古正白旗牛录额真博博图等战死沙场。据明太监监军刘应坤奏报称:“打死贼夷,约有数千,尸横满地。”二十九日,皇太极知事不可为,率军撤离宁远,退向锦州。袁崇焕大喜,上奏皇帝:“十年来,尽天下之兵,未尝敢与奴战,合马交锋。今始一刀一枪拚命,不知有夷之凶狠骠悍。职复凭堞大呼，分路进追，诸军忿恨此贼，一战挫之，满镇之力居多……”

六月初三日，皇太极向锦州进攻。初四日，皇太极攻城不下，士卒伤亡数千。初五日，皇太极率军退出锦州。袁崇焕上奏朝廷：“……孰知皇上中兴之伟烈，师出以律，厂臣帷幄嘉谟，诸臣人人敢死。大小数十战，解围而去。诚数十年未有之武功也！”宁锦大战，后金主攻，明朝主守。战争持续达25日，宁远和锦州以全城而结局。这场战争被记入史册，明人称为“宁远大捷”。

崇祯即位，封袁崇焕为兵部尚书兼右副都御史，督师蓟、辽，兼督登、莱、天津军务，并赐尚方宝剑，可便宜行事。至此，袁崇焕掌辽东大权，坐镇辽东。崇祯二年（1629年）十月，皇太极再次率军攻打明朝，因知袁崇焕坐镇宁锦防线，牢不可破，而绕过宁锦防线，进攻北京。“己巳之变”发生，袁崇焕率军回援北京，和皇太极大战。清军大败而回。之后，袁崇焕被逮捕入狱。罪名是“袁崇焕咐托不效，专恃欺隐，以市米则资盗，以谋款则斩帅，纵敌长驱，顿兵不战。及至城下，援兵四集，尽行遣散。又潜携喇嘛，坚请入城”。崇祯三年（1630年）八月，袁崇焕被处以极刑。在临死之前，袁崇焕写下了绝笔诗：“一生事业总成空，半世功名在梦中。死后不愁无勇将，忠魂依旧守辽东。

袁崇焕戎马一生，为国建功立业，最后却被处以极刑，可谓是悲惨至极。后来，袁崇焕被平反，历史上很多人称赞其功业。梁启超赞曰：“若夫以一身之言动、进退、生死，关系国家之安危、民族之隆替者，于古未始有之。有之，则袁督师其人也。”

武状元林德镛有何传奇

林德镛，字白庵，生于揭阳县榕城，1721年中武状元。授二等侍卫，乾清门行走，并加哈哈珠子扈。在民间传说中，有这样的一则传奇故事。

林德镛

清朝康熙年间，揭阳县有个年轻力壮、臂力惊人的男子，姓林名德镛，自幼父母双亡，家贫如洗。因力大无穷，就跟着一个船主帮忙撑船走榕城。虽然从此有了饭碗，不会忍饥挨饿，但是三年下来，林德镛没有得到一分工钱。于是，林德镛离开了船主，另谋出路。

无巧不成书，榕城武举人许登庸要上京考试，想找个家僮。有人推荐了林德镛。许登庸看他身材魁梧，十分健壮，便收下他做了家僮，随着自己进京考试。每到一个客栈，许举人就要在休息的时候练习武艺。他知道林德镛力大无穷，在高兴之余也会指点林德镛一些武艺。在不知不觉中，林德镛习得了一些武艺。到了京城，许举人报名考试。眼看着考期已近，许举人却生病了。在当时，凡是报名之后不考试的都会受到惩罚。许举人无奈，想了一个办法，林德镛跟随自己也有一段时间了，武艺学得也差不多。不如让他代替自己，只要参加考试就行。至于名次也不重要了。就这样，林德镛代替许举人参加了考试。

康熙

当时，康熙已过花甲之年，特别信奉佛教，派人到天竺国求寿。使臣为他求来一节背竹。砍开来一看，只见里面写着："寿至林德镛。"从此之后，康熙一心寻找林德镛。他问主考官："今年考试，有否一个叫林德镛的人？"主考官回答只有一个叫许登庸的人。康熙误听成林德镛，特旨召他上殿面试。林德镛心怀忐忑地上殿面试。康熙见他是一个20来岁的年轻后生，心想："我的寿命如果与他一样，岂不是还要再活几十年。"心中高兴，就让林德镛当场演示武艺。林德镛心中却想，"莫不是识破了我的身份。"一时走神，大刀脱手，林德镛也确实学了一些武艺，灵机一动用脚一踢，把刀接住。康熙问："爱卿，这是什么招式？"林德镛回答："这叫魁星踢斗。"康熙接着问他叫什么名字。林德镛回答："许登庸。"康熙喝道，"不，你叫林德镛。"林德镛大惊，道出了原委。康熙听了自然欢喜，免他无罪，并钦点他为武状元。

康熙得到林德镛，龙心大悦，留他在皇宫，同吃同睡，一连月余。林德镛每次外出游玩，都有太监引路。在夜晚的时候，还有康熙御用的灯笼照明，王公大臣看见了都要当街长跪，三呼万岁。林德镛却不理睬他们，扬长而去，自然得罪了这些人。这些王公大臣就想办法惩治林德镛。林德镛得知后告诉了康熙。康熙当殿训斥了那些王公大臣，并且想了一个办法，让这些王公大臣轮流侍奉林德镛，凡是瘦了半斤八两，或者是有什么差错，就要满门抄斩。大臣们为了使林德镛不会瘦下去，就在饭菜里加了蜂腊，把他养得比弥勒佛还胖。

有一年冬天，康熙在宫中倍感无聊，就让林德镛随自己出去狩猎。康熙射到了一只兔子，兔子带箭跌落到了深潭。林德镛认为自己水性好，便自告奋勇下潭去打捞兔子。寒冬腊月，天气严寒，深潭的水虽未结冰，但是异常寒冷。林德镛下水之后，肚子里的蜂蜡凝结在起来，顿时丧命。林德镛死后，康熙闷闷不乐，不久也一命呜呼。

雍正本《揭阳县志》卷之六《人物》载："林德镛（1675—1722），字白庵，在城人。天资豪宕，臂力过人。能挽六钧之弓。康熙丁酉（1717 年）武乡榜第二人，辛丑（1721 年）会试第九人，殿试鼎甲第一名及第，授二等侍卫、乾清门行走，加哈哈珠子，随圣祖驾幸热河，隆宠遇。未竟其用，卒，论者惜之。"

你了解宋湘吗

宋湘，生于 1757 年，是嘉应州（今广东梅县）人，是清中叶著名的诗人、书法家，也是一个政绩斐然的清官。出身于贫寒之家，受家庭影响，发奋读书，年轻时在诗歌以及楹联中就崭露头角，被誉为"岭南第一才子"。

从乾隆四十三年（1778 年）考中秀才，到道光六年（1826 年）卒于武汉湖北观察署任上，一生匆匆，71 年岁月，历任翰林院庶吉士、翰林院编修、丁卯科四川乡试正考官、文渊阁校理、咸安宫总裁、国史馆总纂、文颖馆总纂、教习庶吉士，出任云南省曲靖府、广南府、永昌府、大理府、莫南府等诸府太守，湖北督粮道等职位。可谓是官场生涯丰富。为官期间，关心民生，积极用世，为百姓称赞。至今在各地还流传宋湘治水、种棉、植树、开矿、办学、除暴的各种传说。关于植树造林的事情，在宋湘手撰"种松诗碑"中有记载："前摄迤西道篆日，买松子三石，于点苍山三塔后寺鼓民种之，为其濯濯也。今有客报余松已寻丈，其势郁然成林者，予喜且感，系以三绝句。"其诗歌内容如下：其一，不见苍山已六年，旧游如梦事如烟。多情竹报平安在，流水桃花一惘然。其二，古雪神云看几回，十围柳大白头催。才知万里滇南走，天遣苍山种树来。其三，一粒丹砂一鼎封，一枚松子一株松。何时再买三千石，遍种云中十九峰。

宋湘

作为一名诗人，宋湘有自己的独特之处，"作诗不用法"，反对模拟。《清史列传》称："粤诗自黎简、冯敏昌后，推湘为巨擘。"宋湘文采风流，其诗雄直豪放，哀乐无端，飞行绝迹，磊磊落落，自成一家。"每有所作，落笔立就，时称'真才子'。"一日，宋湘经过一个茶馆，茶老板知道他是大名鼎鼎的宋湘，就希望他给茶馆写一副对联。

宋湘思索了一会儿，写下了一副长达百余字的对联，上联是：今日之东，明日之西，青山叠叠，绿水悠悠，走不尽楚峡秦关，填不满心潭欲壑，力兮项羽，智兮曹操，乌江赤壁空烦恼。忙什么？请君静坐片刻，把寸心想后思前，得安闲处且安闲，莫教春色佳日过。下联是：这条路来，那条路去，风尘仆仆，驿道迢迢，带不去白玉黄金，留不住朱颜皓齿，富若石崇，贵若杨素，绿珠红拂终成梦。悭怎的？劝你解下数文，沽一壶猜三度四，遇畅饮时须畅饮，最难风雨故人来。

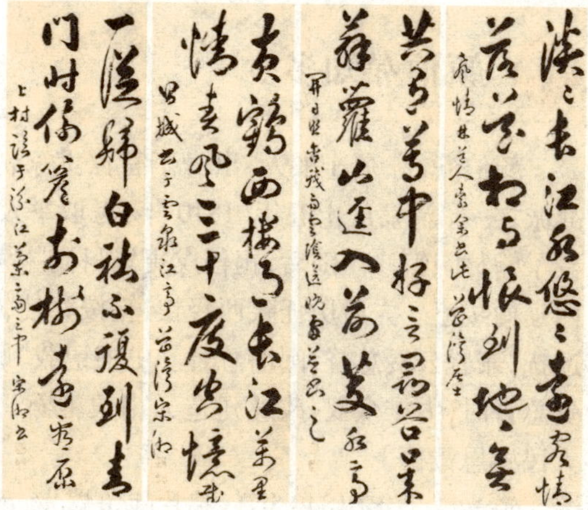

宋湘书法

在书法上，宋湘也有很深的造诣。北京故宫博物院的《龙藏宋墨题咏》评曰：“芷湾长草书，章法磊落，笔致潇洒，往往一纸书出辄为时贤所倾倒。”《清史文苑》记载：“宋湘除善用笔外，还能随手以竹叶蔗渣作书，而不失其妙，刚劲处似钢钩铁槊，柔韧处如烟云缭绕。”传说一日宋湘在游览一处名胜后，留下一幅草书：“高山万古，流水千年。”附近的一个酷好草书的和尚知道了，前来观看，越看越佩服宋湘。最后，决定在其旁搭建一个茅庐，日夜模仿这幅草书。两个月后，和尚感觉功夫差不多了，就仿照原句，写下了几可乱真的八个字，和原来的并列放在一起，观赏的人无不赞叹。宋湘听说，也来观看，大有得遇知音的感觉，大为叹服，也大为惋惜。旁人不解为何惋惜，问其缘故。宋湘说：“我写这么好的书法用了数十年，他两个月就写成了，肯定耗尽了心血，恐怕要不久人世。”过了不久，那个和尚果然死去。众人叹服。

关于宋湘的传说还有很多，莫不是说其才思敏捷，书法优美，为官清廉等。却有这样一个传说与众不同。话说宋湘进京赶考途中路过一个瓦窑，口渴难耐，向瓦窑主人讨水喝。瓦窑主人见他是一个书生模样，就说：“你若是能对出我的上联，我就给你沏一壶好茶，不然就只能喝凉水了。”瓦窑主人出了上联：绿水搅黄泥，红火黑烟，烧出青砖白瓦。宋湘，想了很久都想不出下联，只能怏怏地喝了凉水而去。若干年后，宋湘还是没有想出下联，羞于见瓦窑主人，只好绕道而行。百年之后，一位才子游览杭州西湖，想起百年前的那个上联，看到西湖亭中美景，忽然想出了下联：翠湖凌紫阁，丹梁碧栋，俨浮玉殿金宫。这是一个很难的色彩对联，若是没有美景启迪，恐怕还找不出下联来。

颜伯焘知多少

颜伯焘，广东连平人，出身于官僚世家，曾任闽浙总督，是鸦片战争中的主战派之一。清嘉庆十五年(1810 年)考取举人，嘉庆十九年(1814 年)中进士，被授予翰林院编修。随后，担任戊寅恩科副主考官。道光二年(1822 年)，出任陕西延榆绥道。先后历任陕西督粮道、按察使，甘肃、直隶布政使，陕西巡抚，云南巡抚，兼署云贵总督，闽浙总督。史书记载"娴习吏治，所至有声"。尤其是任云贵总督时，力排众议，改址建造云南滇池石碑，大片农田因而得以保全，使当地人民感恩戴德。

道光二十年(1840 年)，鸦片战争爆发，颜伯焘调任闽浙总督。其实在鸦片战争爆发之前，颜伯焘已经意识到鸦片问题的严重性。他曾上奏折，揭露当时的鸦片问题。"嘉庆九年，彼时连平州吸烟者不过数人，已为指摘所归"，嘉庆二十一年(1841 年)，"则连平州吸烟者，多至数十人，然犹掩藏甚密"，道光二十三年(1843 年)，"则连平州吸烟者，竟不可以数计。吸者固不避人，见者亦恬不为怪"。还有一件怪异的现象，一些贫困户，连吃饭都成问题，但是他们可以一天不吃饭，却不能一天不吸食鸦片。一些纨绔子弟沾染上吸食鸦片的恶习，更不用说了。刚开始的时候，地方官员还会严办，后来"究不胜究"，还不如听之任之，还能相安无事。连平不过是广东的一处小地方，地方偏僻，土地贫乏，人民饥困，吸食鸦片依然成风。连平如此，广东一省可想而知，进而其他省也可见一斑。

颜伯焘

关于禁烟问题，在当时的清朝统治阶级也经历过一番激烈的争论。主要分为两派，一是驰禁，二是严禁。所谓驰禁，就是把鸦片当做药材进口，任其泛滥。所谓严禁就是凡是吸食鸦片的人都判处死刑。颜伯焘比较倾向于清除社会积弊，整顿旧章，"毋执空言，毋使虚糜"，实行"善为禁制"。

颜伯焘刚到闽浙总督任上，就积极组织军民加固海防，练兵备战。在广州城大小官员弹冠相庆的时候，颜伯焘没有放松对英军的警惕，而是在厦门严阵以待。1841 年 2 月，颜伯焘到达福州，积极备战。3 月，到达厦门，立即着手改造防务。历时 5 个月，耗资 150 万两白银，把厦门建设成为大清帝国疆域内最为强大的海防之一。然而，这就像一只纸老虎，在英军侵略者面前，不堪一击。8 月 26 日下午，英军起锚开始进攻。颜伯焘亲自指挥军队对来犯之敌“三面兜击”。经过 1 个多小时的炮轰，号称大清帝国疆域内最为强大的海防之一的厦门海防的三处防务，大炮全部哑火。开战两个小时后，英军侵略者登上厦门。随后，厦门各处的防守阵地全部失陷。颜伯焘弃城而逃。

英国侵略者攻打厦门白石炮台的历史画面

此战之后，颜伯焘彻底失去了信心，私下里曾说：“畅论英夷船坚炮利，纪律禁严，断非我师所能抵御。”为人所耻笑。在开战之前，颜伯焘是“铁杆主剿派”，曾与浙江巡抚刘韵珂联名上奏，要求启用林则徐“会同伊里布筹办一应攻剿事宜”。在开战之前，这些人充满爱国之心。然而厦门之战后，颜伯焘开始低调行事。因为他知道“英夷，断非我师所能抵御”。朝廷以未能进剿之罪，将颜伯焘革职。随后，颜伯焘返回老家，闲置了 12 年之久。咸丰四年（1854 年），颜伯焘被起用，赴苏任职，管理江南军务。次年，卒于任上。朝廷按照惯例复其闽浙总督，官衔兵部尚书。灵柩运回连平老家，进行安葬。

颜伯焘一生颇有政绩，为官比较清廉。在对付“英夷”时，做了积极的准备，然而摇摇欲坠的大清国就如扶不起的阿斗，纸糊的海防也在英夷的炮火下灰飞烟灭。

太平天国第一人有何传奇

洪秀全，原名洪仁坤，原籍广东嘉应州，出生于广东花县（今广州花都区）福源水村。太平天国的缔造者，自称“天王”。吸取早期基督教义平等的思想，创立拜上帝会，宣扬《原道救世歌》，主张建立人人平等、天下为公的社会。

洪秀全出身于耕读世家，从七岁开始就在村中的私塾里读书，熟读四书五经及其他的一些古籍。村中人都很看好洪秀全，认为他能考取功名，光宗耀祖。可是三次乡试，洪秀全都是名落孙山。在第三次乡试失败后，那时他已近 25 岁，承受不住打击，回家之后大病一场。在昏睡之中，有一名老人在他耳边说：奉承上天的旨意，要求洪秀全来到人间去斩妖除魔。病愈之后，洪秀全变得沉

洪秀全

默寡言，举止怪异。即使如此，洪秀全对科举还抱有希望，六年苦读之后，他参加了第四次广州的乡试，结果仍是以失败告终。在此之后，洪秀全翻开基督教徒传教时给他的《劝世良言》一书，认为自己既然是被上帝选拔下凡除妖，那么何必再读什么圣贤书。于是他把孔子牌位换成了上帝的牌位。虽然，洪秀全没有读过《圣经》，但是他把自己理解的基督教义宣传给遇见的人，自称“拜上帝教”。他说：“人心太坏，政治腐败，天下将有大灾大难，唯信仰上帝入教者可以免难。入教之人，无论男女尊贵一律平等，男曰兄弟，女曰姊妹。”

刚开始，洪秀全在广州传教，只有很少人加入，取得的成果不大。于是洪秀全就到广西去传教。不久后，洪秀全回到广东，冯云山留在广西继续发展教徒。洪秀全回到家乡后，写了《原道醒世训》《原道觉世训》《百正歌》等书，宣扬教义。1847 年，洪秀全在广州的一所基督教堂里学习了几个月后，要求洗礼，被教士认为对基督教的认识不够全面而遭到拒绝。其后，洪秀全回到广西，和冯云山开始制定拜上帝教的教条和仪式。

之后，拜上帝教和清政府之间的矛盾越来越激烈。洪秀全等人决定反清，加速筹备反清的工作。教会会众在洪秀全等人的号召下，纷纷来到广西金田。1851 年 1 月，拜上帝教反清活动正式爆发，史称金田起义，这次轰轰烈烈的运动，被称为太平天国运动。1851 年初，洪秀全称天王，建太平天国。1853 年进军南京，改名天京并于此定都。1856 年，天京事变爆发。太平天国开始走向下坡路。

1864 年 3 月，天京被合围之后，城内粮草不足。6 月 1 日，洪秀全在天京死去。洪秀全后半生都在太平天国运动之中度过，自己却没有远虑，目光短浅，在优势的时候不会乘胜追击，在劣势的时候不懂改变方针。太平天国运动失败的原因很多，洪秀全本身的无能是最主要的原因之一。洪秀全，虽然贵为天王，太平天国第一人，但是他的所作所为，性格上的缺点，让人

太平天国大印

惋惜。

一代宗师黄飞鸿知多少

黄飞鸿

黄飞鸿出生于广东佛山，是岭南武术界的一代宗师，也是一位济世为怀、救死扶伤的名医。他的一生充满传奇色彩，曾追随著名爱国将领刘永福在抗日保台战争中立下功勋。1924 年 8 月，广州商团总长陈廉伯在英帝国主义支持下，趁孙中山北伐，在广州发动武装暴乱，纵火劫掠。黄飞鸿与其继室莫桂兰苦心经营数十年的宝芝林连同刘永福写给他的牌匾和他唯一的照片亦毁于战火。黄飞鸿经不起这一沉重打击，因而忧郁成疾，是年 12 月不治去世，终年 78 岁。

黄飞鸿的父亲黄麒英是晚清“广东十虎”之一。黄飞鸿 6 岁的时候就跟着父亲习武，13 岁时已经尽得家传功夫。其后又在别处学习了铁线拳、无影脚等绝技。因其尤精虎形诸势，故在武林中享有“虎痴”之雅号。除此之外，黄飞鸿还善于舞狮，有广州狮王之称。黄飞鸿一生以弘扬国粹，振兴岭南武术为己任，其拳法结构新颖，动作轻快，革除了以往南派拳法沉滞狭隘、动作重复之弊病。其中虎鹤双形拳刚柔并用，长短兼施，偏正配合进退中规，成为飞鸿一脉之代表拳法，为武术界独树一帜，远传至我国港澳、东南亚甚至北美等地，迄今历久不衰。

黄飞鸿身为一代宗师，讲究“习武德为先”，从不恃强凌弱，坚持以德服人，纵横江湖数十年，不仅靠的是国人的勇敢、智慧和绝技，还有崇高的武德。黄飞鸿没有重男轻女之见，是最先收授女弟子和组织女子狮队的武师之一。他生前弘扬国粹、匡扶正义、见义勇为、扶弱助贫、济世为怀的风范，在武术界留下了许多脍炙人口的逸事，被世人广为传诵。

佛山黄飞鸿纪念馆

黄飞鸿不仅是一代宗师，而且其医术亦相当精湛，驳骨疗伤之技，时称一绝。光绪年间(1875—1908)，黄飞鸿在广州仁安里设有“宝芝林”，悬壶济世，上至将军，下至百姓，没有等级之见，治疗功效显著。关于宝芝林的由来，还有一个小故事。黄飞鸿有个弟子叫伍铨萃，是文人出身，中了光绪十八年(1892 年)壬辰二甲十二名进士。他送给黄飞鸿两句诗："宝剑腾霄汉，芝花遍上林。"黄飞鸿就以每句开头的一个字和结尾的一个字合在一起，作为医馆的名字，即"宝芝林"。1888 年，著名的黑旗军统领刘永福受伤后多方医治不愈，听闻黄飞鸿医术精湛，请来医治，药到病除。黄飞鸿被刘永福聘请为军医官和技击总教练，两广总督张之洞赠"医艺精通"牌匾。黄飞鸿不仅武德高尚，医德也是如此，他从不藏私，向社会公开跌打涵浸泡方法和防暑凉茶验方，希望有助于劳苦大众。

黄飞鸿武德医德兼备，深受世人喜爱和尊崇。后人以黄飞鸿为主题拍摄的电影已经超过百部，形成黄飞鸿系列影视，广为人知。

中国思想启蒙的先驱者是谁

黄遵宪，字公度，别号人境庐主人，出生于广东梅州，光绪二年(1876 年)举人，历充师日参赞、旧金山总领事、驻英参赞、新加坡总领事，戊戌变法期间署湖南按察使等职位。之前人们评价黄遵宪，往往从文学或诗界革命的领域去理解他，而忽视了他作为一个思想家的本来面目。在文学界，他倡导新诗，有"诗界革新导师"之称。在思想界，他被称为"近代中国走向世界第一人"。

影响中国近代思想界的两本书——达尔文的《进化论》和卢梭的《民约论》，最早是由黄遵宪介绍到中国来的。中国士大夫最早是从黄遵宪撰写的《日本国志》了解到人权、民主、平等的概念。书中记载的日本维新变法思想，使当时的康有为、梁启超乃至光绪帝都受到很大启发，其"分官权于民"的思想明显地启发了一代伟人孙中山，从而形成后来的民权主义的思想。

黄遵宪

1877 年，黄遵宪受中国第一任驻日公使何如漳的邀请一同前往日本。在当时，中国屡战屡败，处在列强虎视眈眈之下，加上清政府对世界格局的无知，外交活动很困难，参与外交活动是很不利的，对个人来说甚至是危险的。黄遵宪没有胆怯畏缩，不顾家人和亲友的反对，毅然抛弃科举仕途，选择了到海外从事外交工作。黄遵宪到达日本后，漫游各地，参加各种集会，结交各方面的人士，与许多日本朋友结下了深厚的友情。在日本，黄遵宪详细考察了明治维新后的日本到底发生了什么变化，究竟它是怎样学习西方变法自强的。在日期间，黄遵宪写下了很多诗篇，这些诗篇后来被编成《日本杂事诗》刊行。他还开始接触从西方传播到日本的资产阶级民主自由学说。刚开始接触的时候，他感到惊讶，当他读完法国启蒙运动先驱卢梭、孟德斯鸠的著作后，思想有了明显的转变。有一次，他对何如璋说："中国必变从西法。"并且指出，如果中国不实行维新自强，必将遭受列强的瓜分。1879 年，日本侵占琉球时，黄遵宪写了《琉球歌》，表达了自己的满腔激愤之情。在何如璋给清政府的的文件里，指出："琉球如亡，不出数年，闽海先受其祸。"清政府对此不加理睬。而这些话，果然后来被证实。何如璋给清政府的文件的内容大多数是黄遵宪草拟的。在日期间，黄遵宪详细地搜集了日本政治、经济、社会、文化、教育等方面的资料，于 1887 年夏天，完成了《日本国志》这本著作。这本著作详细介绍了日本的历史和现状，特别着重介绍了明治维新以后采取的改革措施及成效。

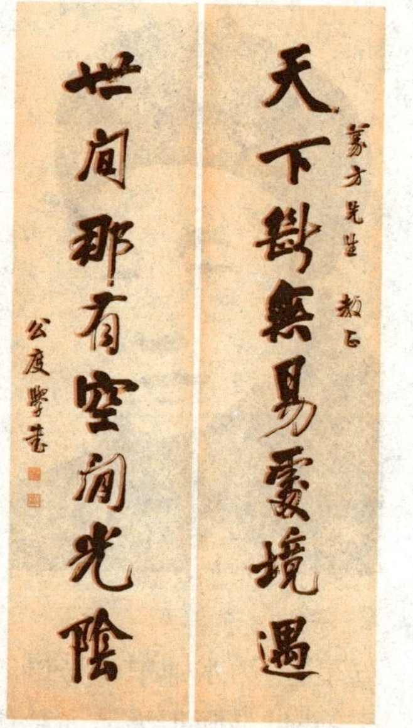

黄遵宪书法

黄遵宪在短短的 58 年岁月中，亲身感受到扑面而来的西方文化浪潮，他站在中华民族自强不息的高度，理性地把握世界的潮流和中国的国情，积极主张维新变法。他倡导的新思想影响了一代人，使中国开始走向世界。100 多年过去了，这位先贤的所作所为依然令人肃然起敬。

邓世昌有何传奇

邓世昌，原名永昌，字正卿，出生于今广州市海珠区，原籍广东东莞，是清末杰出的爱国海军将领，民族英雄。在中日甲午战争时，因公殉职，谥壮节公，追封太子少保衔。他有着怎样传奇的一生呢？

邓世昌之父邓焕庄经营茶叶生意，曾在广州、天津、上海、香港等地开设祥发源茶庄。因而，邓世昌家境富裕。少年时随父亲移居上海，学习西方算术、英语。从小目睹帝国主义瓜分中国的罪恶行径，逐渐萌生反侵略的爱国之心。在随父漂泊的日子里，又亲眼看到外国列强的军舰在黄浦江上横冲直撞，胡作非为，意识到国家只有建立强大的海军，才能不受列强欺凌。

1867 年，清政府派遣沈葆桢到福州马尾船政学堂任职，并开办制造学堂，专

邓世昌

门培养造船人才，以法文教学；开办驾驶管轮学堂，专门培养驾驶人才，以英文教学。这两所学堂与造船厂同时兴办，招收学生以福建本地人为主。另外，又从广东招收一些英语比较好的人才。邓世昌聪颖好学，英文也很好，符合条件，加上本身有志于轮船事业，所以他也成为了其中一名学员。1868 年，他以优异的成绩考入福州船政学堂，学习航海知识，成为该学堂驾驶班第一届学生。1871 年，邓世昌为练习驾驶技术，随“建威”号巡查南洋各岛。1874 年被任命为“琛海”兵船大副，后来又出任“海东云舰”、“振威舰”、“飞霆舰”等兵船管带。1879 年，李鸿章筹办北洋海军，开始搜集人才。因邓世昌“熟悉管驾事宜，为水师中不易得之才”，而被李鸿章于 1880 年调至北洋海军。同年冬天，邓世昌随丁汝昌远赴英国接订购的“扬威”、“超勇”两艘巡洋舰。这次航行是中国首次完成北大西洋——地中海——苏伊士运河——印度洋——西太平洋航线。邓世昌因功被授予“勃勇巴图鲁”荣誉称号，并被任命为“扬威”管带。1887 年，邓世昌亲自率队赶往英国接受订购英、德制造的“致远”、“靖远”、“经远”、“来远”四艘巡洋舰。在归途中，邓世昌安排舰队操演练习。因接舰之功，被授予总兵衔，并任“致远”管带。1888 年 10 月，北洋海军正式组建，邓世昌为中军中营副将。1891 年，李鸿章检阅北洋海军，邓世昌因训练有功，被授予“葛尔萨巴图鲁”荣誉称号。

1894 年，甲午中日战争爆发。邓世昌指挥“致远”舰进行战斗。9 月 17 日，日本舰队突然袭击中国舰队。在战斗中，旗舰的大旗被击落，旗舰被击伤。邓世昌立即让自己所在的“致远”舰升起大旗，吸引敌人的火力。“致远”舰在邓世昌的指挥下英勇作战。前后火炮齐开，连连击中日舰。邓世昌常常对舰上的士兵说：“人谁无死？但愿我们死得其所，死得值！”在战争中，“致远”舰上的所有官兵不畏生死，勇猛作战。即使在日军战舰包围“致远”舰的情况下，所有官军士兵依然舍生忘死，顽强战

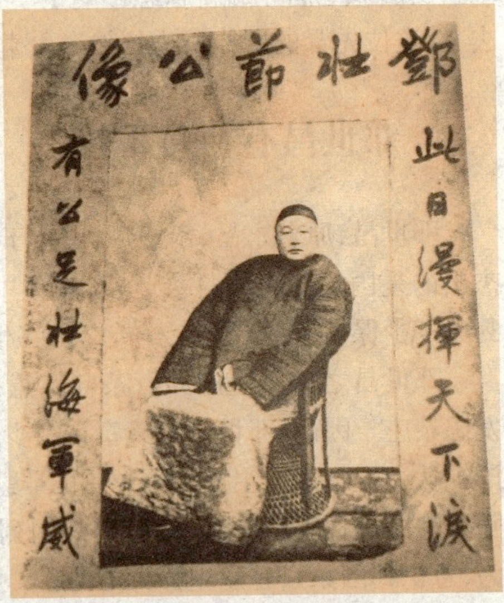

光绪皇帝赞邓世昌的御笔

斗。当时,“致远”舰身受重伤,弹尽粮绝,甚至已经开始倾斜。邓世昌果断地下命令,对部下们说:“我们就是死,也死得其所。在最后的时候,我们要展现出中国军人的风采,报效国家的时刻到了。开足马力,向日舰冲去,与之同归于尽。”然而不幸的是,一发炮弹击中了“致远”舰的鱼雷发射管,发生爆炸,致使“致远”舰沉没。200 余名官兵大部分牺牲。邓世昌也掉落大海,随从抛救生圈救他,他誓死不接,爱犬游过来咬住他的衣服,使之无法下沉。他毅然决然地将爱犬按入水中,一起沉入大海,为国捐躯,时年 45 岁。

邓世昌牺牲后,举国震动。光绪帝垂泪写下挽联“此日漫挥天下泪,有公足壮海军威”,赐其谥号“壮节公”,追封为“太子少保”。清廷赐其母“教子有方”大匾,拨款十万两白银以示抚恤。威海卫百姓感其忠烈,为之建祠塑像。邓世昌不愧为中华民族的英雄,表现出中国军人不畏牺牲,顽强战斗,报效祖国的光荣传统。

潮汕人为何爱说“富不过慈黉爷”

潮汕人爱说一句话,叫做“富不过慈黉爷”。其中的慈黉爷是指陈慈黉。陈慈黉又名陈步銮,广东省汕头市隆都镇前美村人。少年时期,就接管父亲的业务,在泰国曼谷做生意。花甲之年,陈慈黉回归故里,提倡建设新型村庄,并建立成德学校。潮汕人爱说“富不过慈黉爷”是与陈慈黉的富贵事业有关的。

人们常说“富不过三代”,这句话是说越是富裕的家庭越容易产生纨绔子弟。所谓“前人栽树后人乘凉”就是这个道理。有个富裕的家庭,子弟自然不愿努力,这也是“大树底下好乘凉”。但是陈慈黉家族却打破了这个定论,创造了 6 代经久不衰的富贵神话。潮汕人说“富不过慈黉爷”意思是不管你怎么富裕都比不过陈慈黉。当时,陈慈黉创建的陈生利行,即后来的陈元利行,是一个跨国行业,是集工商贸易、金融保险、船务航运和房地产于一体的跨国企业集团。在第二次世界大战前,被誉为“泰华大财团之首”、“富甲南洋”。

汕头澄海陈慈黉故居

在陈家,有一套特殊的教育方式。在这种教育方式下,陈家子弟不会产生懒惰的习惯。所有陈家子弟必须勤奋努力,从最底层做起,“始视其才而试之以事,验其成,然后再委之以重任”。陈家注重文化内涵的培养,这些无不体现在陈慈黉故居上。

陈慈黉花甲之年,建造故居,工程浩大,技艺高超,历时 10 余年方才建成。这样浩瀚的工程,非一般富贵人家可建造。历经沧桑,陈慈黉故居依然富丽堂皇,可见陈慈黉家族当时是多么的富有。

在潮汕还有一句俗语,叫做“梅座山下好乘凉”。梅是指陈慈黉的次子陈立梅。座山是大户、大富人的意思。这句话是说,有了陈家的关照,前美村的内外乡亲都能得到好处。陈家一贯乐善好施,救灾恤难。比如要到泰国曼谷谋生,人们可以免费乘坐陈家的轮船。

陈慈黉一生乐善好施,助人为乐,为家族、为故乡做出了极大的贡献,深得人们敬爱。其所创造的事业,为人们敬仰。潮汕人创作一些俗语如“富不过慈黉爷”以之表示崇敬和爱戴。凡是对别人好的人,自然会受到人们的尊崇。陈慈黉就是一个很好的榜样。

容闳为何被誉为“中国留学生之父”

容闳(1828—1912),出生于广东香山县南屏村,是中国近代史上首位留学美国的学生,是中国留学生事业的先驱,被誉为“中国留学生之父”。

中国海外留学生人才辈出,容闳在历史上占有很多“第一”。可以说,中国近代留学生史是从容闳开始的。

1835 年,容闳进入澳门马礼逊学堂念书。洋学堂在当时的富贵人眼里来看是不上台面的。对于容闳来说却是很好的,因为它是免收学费的。马礼逊学堂是西方传教士在中国开办的第一所洋学堂。在这所学堂里,容闳是第一批学生。在这所学校里,容闳上了六年,主要学习《圣经》、英语,以及西方的人文思想和科学知识。其校长布朗是美国人,毕业于耶鲁大学。1846 年,布朗要返回美国,决定带几个学生去美国完成学业。而且香港基督教会传教士会为每人提供两年的留学经费。所以容闳站了出来,想前往美国学习。和他同去的还有黄胜、黄宽两人。在布朗的帮助下,三人进入了马萨诸塞州的孟松学校。一年后,黄胜因病回国。两年后,黄宽听从教会安排,转赴英国

容闳

爱丁堡大学。容闳自主选择在耶鲁大学学习。容闳在孟松学校已经学习了两年，香港基督教会不再提供留学经费。容闳想在耶鲁大学学习，就必须面对留学经费的问题。容闳家庭困难，拿不出如此多的留学经费。其实，在上孟松学校的时候，容闳已经是半工半读。在布朗的帮助下，容闳成为了第一个自费留学的学生。在当时，有教会愿意资助容闳，条件是完成学业后，要答应成为传教士，遭到容闳的拒绝。在上耶鲁大学期间，容闳也是半工半读，在耶鲁大学兄弟会图书馆任管理员。他是中国第一个勤工俭学的留学生。1854 年，容闳获得耶鲁大学文学士学位，成为第一个受过完整的美国教育并取得学位的中国人，也是我国第一个完成学业的海外留学生。容闳学成后回归祖国，从事过洋人秘书、译员，海关职员等工作。他希望有更多的中国人去接受西方先进的教育，培养更多的国家栋梁。

容闳的美国妻子玛丽·凯罗克

1860 年，容闳向洪秀全提出了关于政治、军事、经济和教育的七条建议，但是洪秀全没有接受，只是授予他一枚四等爵位的官印。容闳坚辞不受。其后，容闳投入曾国藩的幕府，为曾国藩效力，继续倡导他的公派留学主张。1870 年，容闳再次向曾国藩提出留学主张，并打动了曾国藩。曾国藩领衔上书，奏请朝廷派遣子弟出洋学习，并获得批准。1872 年，容闳带领第一批留学幼童 30 人渡洋赴美，揭开了中国公派留学的大幕。

1876 年，耶鲁大学授予容闳法学博士学位。后来，耶鲁大学把其画像悬挂在耶鲁校园，与同样毕业于该校的布什、克林顿等政界名人肖像并排一起受学生瞻仰。容闳为国家做出的贡献不亚于任何一人，可以说是因为他倡导的留学主张，才使一批批著名的留学生得以为国家做出更大的贡献，比如著名铁路工程师詹天佑等。

容闳的一生是曲折的一生，也是波澜壮阔的一生，他开辟了中国留学生的道路，并在此路上做出的极大贡献，为历史所铭记，不愧为中国留学生之父。

中国铁路之父是谁

詹天佑（1861—1919），字眷诚，号达朝，英文名 Jeme Tien Yow，是我国近代

詹天佑

铁路工程专家,被尊称为"中国铁路之父"。詹天佑原籍今江西婺源,出生于广东南海县。12岁的时候留学美国,学习土木工程及铁路,毕业后归国,主持修建了中国人自建的铁路——京张铁路,震惊中外。

詹天佑自小就对机械有兴趣,在和孩童一起做游戏的时候,经常用泥土制作各种机械模型。有时,他还会把家里的机械钟拆开,研究里面的构造,提出一些大人都无法解答的问题。村里的人都很佩服这个孩子。

12岁那年,詹天佑到香港报考了清政府筹办的"幼童出洋预习班",留学美国。他带着奋发图强、为国争光的信念,发奋读书,刻苦学习,并于1877年以优异的成绩毕业于纽海文中学。同年的五月份,他考取了耶鲁大学土木工程系,专攻铁路工程。四年后,詹天佑以毕业考试名列第一的成绩毕业,并以毕业论文《码头起重机的研究》获得学士学位。同年回国。

1881年回国的120名留洋学子中只有两个人获得了学士学位,詹天佑就是其中一个。他抱着满腔热忱想要投入到中国的铁路事业中去。然而,清政府却把他派到福建水师学堂学驾驶海船。那个时候,根本没有中国人自己修建的铁路,清政府一直依靠外国人修建铁路。对拥有专业特长的詹天佑来说,要想自己去修建铁路真的很难,不仅是技术上的困难,更多的是来自清政府的不信任。七年之后,詹天佑才在朋友的帮助下,进入了中国铁路公司,担任工程师。这一年,标志着他铁路事业的开端。当时正在修建天津—唐山铁路,詹天佑利用所学,用了80天的时间就使全线竣工通车。但李鸿章却以洋人之功上奏。

1890年,清政府又修建关内铁路,即今京沈铁路。1892年,工程进行到滦河大桥时,遇见了一个难题:如何建造一座横跨滦河的铁路大桥。由于滦河河床内泥沙淤积很深,加上水流湍急,很多人都束手无策。詹天佑要求中国人去修建。由于工期已近,负责工程的人不得已才同意了。詹天佑详细考察了现场,采用中国传统方法,终于建成了一座铁路大桥。这一次胜利长了中国人的志气,也使詹天佑让人刮目相看。1894年英国工程研究会选举詹天佑为该会会员。之后,詹天佑负责修建了京津路、萍醴路(萍乡至醴陵)等铁路。

1902年,詹天佑奉命修建新易铁路(高碑店至易县)。这条铁路是中国人自修铁路的开始。詹天佑在极短的时间内完成了任务,为修建京张铁路打下了基础。1905年,京张铁路总局和工程局成立。1906年詹天佑升为总办兼总工程师。詹天佑明白自己肩上的担子有多重。他给他的美国老师诺索朴夫人的信中就这样说："如果京张工程失败的话，不但是我的不幸，中国工程师的不幸，同时将带给中国很大的损失。在我接受这一任务前后，许多外国人露骨地宣称中国工程师不能担当京张线的石方和山洞的艰巨工程，但是我坚持我的工程。"这表现了他极大的自信和不屈不挠的精神，也充分体现了中国知识分子的爱国之心和民族责任心。

广州荔湾詹天佑故居纪念馆

从 1905 年 9 月 4 日正式开工，到 1909 年 9 月全线通车，原本计划六年完成的工作，四年就完成了。这条铁路的修建成功，使詹天佑名声大噪，中外震惊。之后，詹天佑获得了很多的荣誉和官衔。1919 年 4 月 24 日下午 3 时 30 分，詹天佑因劳累过度，逝世于汉口，享年 58 岁。

詹天佑为中国铁路事业鞠躬尽瘁、死而后已，获得了人民的极大尊重，在 1922 年，青龙桥火车站竖立詹天佑铜像；1987 年，附近再建成詹天佑纪念馆；2005 年 10 月 12 日，纪念京张铁路开工 100 周年时，在张家口南站"中国铁路之父"詹天佑的铜像揭幕。詹天佑是中国的骄傲。

孙中山有何特殊经历

孙中山（1866—1925），是中国近代民主主义革命的先驱者，中华民国和中国国民党的创始人，名文，谱名德明，字载之，号日新，又号逸仙；在日本从事革命活动时，曾化名中山樵。1866 年 1 月 12 日，孙中山出生于广东香山县（今中山市）翠亨村的一个农民家庭。幼年时期，受天平天国运动的影响，一心向往革命。他为了中华民族耗尽了毕生的精力，在历史上铸造了不可磨灭的功勋，被称为中华民国国父。

1879 年，十四岁的孙中山随母亲来到檀香山。随后，孙中山在其长兄的资助下，在檀香山、广州、香港等地，比较系统地学习了西方近代科学知识。中法战争期间，孙中山看到了清政府的腐败和无能，开始产生了反对封建统治，建立资产阶级政权的思想。在此期间他一边宣扬反对封建统治，一边和早期的社会改良家交往。1892 年，孙中山毕业于香港西医书院。随后，孙中山一边行医，一边秘密接纳反清分子，做创建革命团体的准备。1894 年，孙中山上书直隶总督、

广州孙中山大元帅府

北洋大臣李鸿章，提出“人能尽其才，地能尽其利，物能尽其用，货能畅其流”的改革主张，未被接受。11月，孙中山在檀香山组建了兴中会，提出“驱除鞑虏，恢复中国，创立合众政府”的口号。1895年，香港兴中会成立。10月，兴中会密谋在广州起义。事情败露，孙中山被迫流亡海外。在流亡海外期间，孙中山详细考察了欧美各种经济、政治状况，研究了多种流派的政治学说，并与欧美人士接触，产生了独具特色的三民主义思想。1897年，孙中山到达日本，结交当时的朝野人士。戊戌变法后，在日本朋友的帮助下，孙中山与以康有为、梁启超为首的改良派商谈合作问题。但因改良派反对革命而合作未能实现。之后，孙中山在日本、檀香山、越南、暹罗(即泰国)、美国等地对华侨及留学生宣传革命，在比、德、法等国的留学生中建立了革命团体，在此期间也与国内的革命团体和革命志士建立了联系。

1905年8月，孙中山与黄兴等人，联合兴中会、华兴会等革命团体，在日本东京创建了同盟会。孙中山被推举为总理，“驱除鞑虏，恢复中华，创立民国，平均地权”是同盟会纲领。在同盟会创建的《民报》上，孙中山首次提出了民族、民权、民生三大主义。

随后，在孙中山的直接或者间接领导下，全国掀起革命的狂潮。革命党人的多次起义都因缺乏群众基础、组织不够严密而失败。但是革命党人前仆后继、不怕牺牲的精神给了中国人民极大的鼓舞。黄花岗起义的爆发，使全国上下震动。

孙中山与唐绍仪

1911年10月10日，武昌起义爆发，孙中山被推举为中华民国临时大总统。1912年1月1日，孙中山在南京宣布就任中华民国临时大总统，组成中华民国临时政府。同年2月12日，清末帝溥仪宣布退位，标志着长达2000年的封建统治的垮台。3月11日，孙中山颁布带有资产阶级共和国宪法性质的《中华民国临时约法》。迫于帝国主义、封建主义的强大压力，加上革命党人本身涣散无力，孙中山答应在溥仪退位后辞去临时大总统的职务，让位与袁世凯。1912 年 8 月，同盟会改组为国民党，孙中山任理事长。袁世凯复辟失败，孙中山继续为国家的共和制度奔波。

1924 年 1 月，中国国民党第一次全国代表大会在广州召开，孙中山主持了大会，并重申了三民主义。同年 5 月，黄埔军校成立，为培养革命军官，建立革命军队打下了基础。1925 年 3 月 12 日，孙中山因患肝癌在北京逝世。

孙中山以“世界潮流，浩浩荡荡，顺之则昌，逆之则亡”为自己的座右铭，强调要“内审中国之情势，外察世界之潮流，兼收众长，益以新创”。韦慕庭评价孙中山：“孙中山领导的革命，在他生前确实没有成功，他未能亲身看到祖国的独立和富强，在这个意义上，孙中山可说是个失败者。但是，他对中华民族在精神上的巨大影响，始终激励着中国人民为祖国的独立和富强而斗争；在他身后，中国革命成功了，中华民族继承孙中山遗志，终于取得了令全世界瞩目的进步，在这个意义上，孙中山又不能说是一个失败者。”

康有为有何黄昏之恋

康有为(1858—1927)为寻求救国之路，周游列国，为改良社会，曾四处游学演说，宣扬自己的救国主张。康有为一生坎坷，几遭清政府缉杀，多次流亡海外。中西方思想在他的脑海中激荡，融合。他常常言行不一。比如，他提倡男女平等，主张一夫一妻制度，而自己却妻妾成群，处处留情，被称为风流圣人。在晚年时期，他和一个十七岁的妙龄女郎，更有一段非比寻常的黄昏之恋。

1907 年，康有为来到了美国西部的弗雷斯诺(FRESON)。在当时，数百万的华侨报国无门，只要康有为出现在西方，他们就趋之若鹜，追寻一代社会改良家的脚步。康有为一出现，当地的华侨就请他演讲。这个消息不胫而走，传到了远在数十里外的一座种植园。老园主是名华侨，生有 10 个子女，其中最聪明的一个女儿叫何金兰(英文名 LILY)，又名何旃理，年仅 17 岁。她不仅通晓四国语言，而且熟悉中国文化，能歌善舞，难能可贵的是还有一颗赤子之心。何金兰一听说康有为到达了弗雷斯诺，就立即约了几个好姐妹，前去聆听大师的救国演讲。

康有为

康有为在当地华侨的拥戴下，气宇轩昂地走

何金兰

上了讲台。他的目光炯炯有神，扫了一下人群，开始高谈阔论起来。他讲述了变法维新、君主立宪、创办实业等拯救祖国的主张和蓝图。这些内容仿佛是黎明前的光亮，给找不到救国道路的海外华侨以希望。全场鸦雀无声，都在认真地听，认真地思考。康有为讲他的大同世界，“同胞们，人都是天生的，有其身必有其利，如果谁侵犯人权，就是侵犯天权……男女虽然性别有异，但其他一切都是一样的。我们必须解禁变法，实行男女平等！”这一番演讲，使人们如醍醐灌顶。观众掌声雷动，深深地被康有为折服。

何金兰被康有为的气势折服，被他的救国热情感动。康有为演讲结束，何金兰就大步上前，向康有为行礼：“南海先生，您讲得太好了，我还想再听一遍维新变法的道理呢！”因康有为出身于广东南海，故而人们尊称其为康南海。康有为仔细观察着眼前美丽的姑娘，为她的容貌所打动。康有为给她讲了哥白尼的日心说、达尔文的生物进化论、文艺复兴、法国思想启蒙运动，还有戊戌维新。这些新鲜的宏篇大论在何金兰心中激起了千尺大浪，深深地打动了何金兰情窦初开的春心。在此之后，康有为想起这位美丽的姑娘，也心神恍惚，不知不觉地去当地华侨那里了解何金兰的底细。

此时的康有为已经有了两位妻子，与他宣扬的一夫一妻制度大相背驰。然而，那时的康有为已经被爱情所俘获。爱情之火炽烈燃烧，把康有为烧得如痴如醉。

不久，康有为离开弗雷斯诺，去美国其他地方宣扬自己的爱国主张。然而由于语言不通，甚是不便。这时，他总会想起那个美丽的姑娘：“在各国华侨中组织保皇会，宣传君主立宪，办实业，多么需要一名懂外文、知书达理的红颜知己啊！”于是，他就给何金兰写书信。何金兰也很思慕康有为，苦无途径。康有为如此，正中其下怀。何金兰大喜，写了回信。两人通过“青鸟”，共结同心。在短短的日子里，竟然写了上百封情书。

这年夏天，康有为要去欧洲处理捐款。临别之际，两人依依不舍。何金兰柔声细语地对康有为说：“南海先生，我要跟您去欧洲考察，我离不开你啊！”这其实就是说，何金兰愿意以身相许。康有为听了激动非常。然而两人年龄的差距是一件不得不考虑的事情。康有为要何金兰去征求她父母的意见。自己推迟行程，等待结果。何金兰和她的父母说了这件事情，家人很反对。何金兰坚持己见，说非他不嫁。婚后二人漫游世界，何金兰给予了康有为很大的帮助。

1911 年 6 月，康有为移居日本，次年春天搬到“奋豫园”居住。康有为经常参加当地华侨举办的爱国活动，经常四处游览，不觉对日本的风土人情产生了兴趣。经人介绍，雇用了一名 16 岁的神户少女市冈鹤子做仆人。

市冈鹤子来到康有为家中，羞羞答答的样子，宛如一朵含苞待放的莲花。康有为告诉她，不要拘谨，就如在自己家中那样就行。时日久了，市冈鹤子发现康有为很慈祥，又从他那里了解到中日源远流长的文化交流史，感到很新鲜、很好奇，也体验到一种从没有体验过的异样感觉。市冈鹤子发现来康有为那里做客的，要么是日本社会名流，要么是气宇不凡的中国人，对康有为的身份感到很好奇。1913 年春天，市冈鹤子随康有为、何金兰去海边散步。忽然长空雁叫，康有为有感而发，眼中溢出晶莹的泪光。到此时，市冈鹤子才知道眼前的这位人物是能和中国的皇帝对话的大人物，一股崇拜之情油然而生，对大海彼岸的文明古国产生了深深的憧憬之情。

康有为要回归祖国了，心情十分复杂，决定拜访“奋豫园”附近的净土真宗现光寺。市冈鹤子和何金兰随往。看到寺院，康有为不由得想起中国净土宗的发源地——庐山的东林寺，喟然长叹：“唉，当年，我去参拜东林寺时是何等的意气风发，当时情景历历在目。”市冈鹤子不知康有为要回国，宽慰他，“这儿也有寺院，您为什么叹息呢?”康有为捻须回答：“我如今就要回国，却拿不出一帖救国、救民之良药，又没有年轻时期的那股豪情，心中有愧啊!”市冈鹤子听说康有为要回国，泪如雨下，依依不舍。康有为看穿了她的心思，告诉她：“我和三太太都需要你，等回国之后，一定会请你来的。”市冈鹤子这才破涕为笑。回国之后，康有为果然邀请市冈鹤子前来。市冈鹤子如约而来，成为了康有为的四太太。

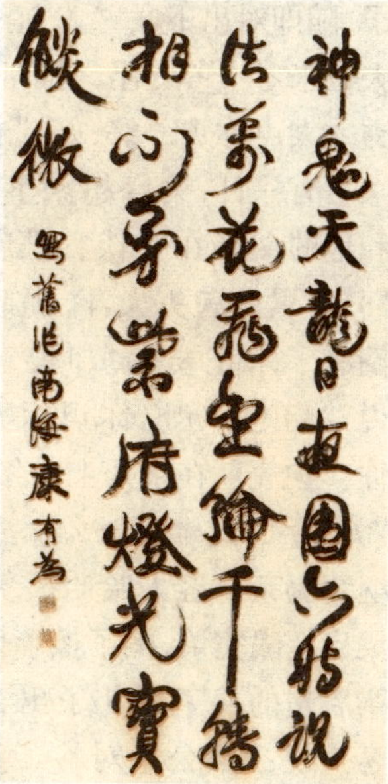

康有为书法

然而好景不长，1924 年秋，怀有身孕的市冈鹤子和康有为惜别回归日本。1925 年 2 月，市冈鹤子卧轨自杀。其女凌子不知下落。

张光是康有为的第六任太太，也是康有为生命旅途最后时期最宠爱的太太。1927 年 3 月底，康有为去世。死亡原因至今依然是迷。康有为之死，对张光打击很大。在旧时代，守寡的妻子是不允许再嫁的。守了 18 年寡的张光，于

1945 年一病不起，随后逝世。

康有为一生主张男女平等，却妻妾成群，黄昏之恋来了一茬又一茬，真是一位可笑又可敬的圣人、庸人。

幼年梁启超为何被称为神童

幼年的梁启超(1873—1929)才思敏捷，熟读四书五经，“八岁学为文，九岁能缀千言”，12 岁时中了秀才，被人们称之为“神童”。

一天梁启超在爬竹梯玩耍，他的祖父看到了就喊他下来，梁启超不听，反而又往上爬了一级，还冲着祖父喊：“有人在平地，看我上云梯。”信手拈来，出口成诗。他十岁那年随着父亲入京城，住在一名姓李的秀才家。李秀才家有个杏花园。第二天早晨，梁启超到杏花园去玩耍，摘了几朵杏花，听到脚步声赶紧把花朵藏在袖子里，还是被发现了。父亲不好意思在朋友面前当面责怪儿子，就出了一个上联：“袖里笼花，小子暗藏春色。”梁启超仰头凝思，正好看见一块大镜子，随即对出下联：“堂前悬镜，大人明察秋毫。”李秀才拍案叫绝，于是说：“让老夫也来考一考贤侄，‘推车出小陌’，如何？”梁启超不假思索，“策马如长安。”李秀才大声称赞，“好，好！”在这种欢快的气氛里，梁启超免受了责罚。

有一日，梁启超家里来了客人，当时正和他的父亲在交谈。梁启超刚从外面玩耍回来，累得满头大汗，提起了茶几上的茶壶倒满了水正要喝，却被客人叫住了。客人说：“启超，听说你识得几个字，我来考考你。”说完就在茶几上的纸张上，狂草了一个“龙”字，“这个字怎么念？”梁启超笑而不语，继续喝茶。客人哈哈一笑，“饮茶龙上水。”梁启超喝完茶，擦了擦嘴唇，“写字狗耙田。”梁启超的父亲见儿子出言无状，就要责罚，客人说：“贵公子对答工整，才思敏捷，某甚是佩服。”

梁启超

梁启超的家乡新会有座坭子山，山上有座坭子塔，又称凌云塔。梁启超小时候经常爬塔登高，遥望风景。一日，梁启超写了一首诗给他的祖父看。诗文如下：“朝登凌云塔，引领望四极，暮登凌云塔，天地渐昏黑。日月有晦明，四时寒暑易。为何多变幻？此理无人识。我欲问苍天，苍天长默默。我欲问孔子，孔子难解释。搔首独徘徊，此时终难得。”这就是梁启超 11 岁时写的著名的《登塔》诗。

黄遵宪曾评价梁启超："惊心动魄，一字千金，人人笔下所无，却为人人意中所有，虽铁石人亦应感动。从古至今，文字之力之大，无过于此者矣。"少年时的梁启超就有惊人的文学才能，长大后更是获得了非凡的成就，成为中国文坛上的一颗耀眼的明星。

民国第一任内阁总理唐绍仪知多少

唐绍仪（1862—1938），出生于广东珠海唐家镇唐家村，是清末民初著名的政治家，曾任民国第一任内阁总理。在中国近代史上，他曾经叱咤风云。

1874年，唐绍仪被清政府派到美国留学。1881年，唐绍仪归国，被派到天津，在洋务学堂读书。1885年，在天津税务衙门任职。1889年，在朝鲜任领事，表现出干练的外交才能。10年后，因奔父丧归国，结束其出使朝鲜的外交生涯。1901年，任天津海关道，政绩斐然。1904年，唐绍仪被任命为全权议约大臣，赴印度与英国谈判西藏问题。在这件事情上，唐绍仪维护了民族尊严，避免了西藏从中国分裂出去的阴谋，表现出伟大的爱国情操和过人的外交才能。在此之后，唐绍仪晋升为外务部右侍郎，参与主持中日、中俄关于东北问题的谈判。在谈判过程中，唐绍仪以国家利益、民族利益为根本，抑制了日本在东北扩张的野心，并拒绝了俄国保留在东北权利的要求，表现出伟大的民族气节。这些外交才能和经历都为其后他能成为内阁总理打下了良好的基础。

唐绍仪

武昌起义爆发后，袁世凯为总理大臣，唐绍仪被聘任为袁内阁的全权代表。在谈判过程中，以"清廷不足保全，而共和应当推动"为指导思想，坚持"拥袁共和"的方针，对南方作出了很大的让步。经双方的共同努力，达成确定共和体制、优待清室、推举袁世凯为大总统的协议。

唐绍仪少年留美，很早就受到民主共和思想的熏陶，其后在孙中山的监誓下加入了同盟会。中华民国成立，在谈及新政府总理人选时，唐绍仪被革命党人和袁世凯所推荐，名正言顺地成为中华民国第一任总理。在任总理之初，唐绍仪任命宋教仁、蔡元培、陈其美等同盟会骨干成员担任农林、教育、工商总长，呈现出"同盟会中心内阁"的景象。他勤于公务，注重办事效率，使新政府呈现出一派新气象。

袁世凯喜欢独揽大权，任人唯亲，对唐绍仪实行责任内阁制度，“事事咸恪遵约法”感到不满。另外，在用人、财政、遵守《临时约法》规定的总理附署权等问题上，两人的分歧加大。唐绍仪主张“民国用人，务贵新不贵旧”；袁世凯却是让内阁内务总长赵秉钧安排北洋旧人入阁。在财务方面，唐绍仪拒绝英、美、德、法四国银行团提出监督中国财政的无理要求，引起英、美、德、法和袁世凯的不满。王芝祥督直事件导致两人最终分道扬镳。

辞职后，唐绍仪寓居上海，与人合伙开公司，但仍然关注着政治舞台。1913年，袁世凯刺杀宋教仁，遭到唐绍仪的强烈谴责。1915 年，袁世凯复辟，唐绍仪与蔡元培、汪精卫联名致电，警告袁“取消帝制野心，并辞职以谢天下”。1916年，袁世凯死后，唐绍仪站在民主的立场，多次拒绝北洋军阀的拉拢利诱。其后，唐绍仪参加了护法运动，以及 1919 年初北洋军阀政府与护法军政府的谈判议和。

五四运动爆发，唐绍仪表现出极大的爱国热情。1920 年 11 月，唐绍仪随孙中山回到广州，重建军政府，因两人政见不和，唐绍仪拒绝出任军政府财政总长一职。此后，唐绍仪在政治上一度消极，在上海闭门不出。

南京国民政府成立，唐绍仪挂名为中国国民党中央监察委员和国府委员。1929 年，唐绍仪就任中山县训政实施委员会主席，两年后，兼任中山县县长，集中精力实施“将中山县建设成为全国各县的模范”的计划。1934 年 10 月，陈济棠唆使中山县兵以索饷为名发动哗变，逼迫唐绍仪离职。1936 年，陈济棠发动六一事变。唐绍仪在国民党五届二中全会上提议撤销国民党中执委西南执行部和国民政府西南政务委员会等机关，从而使陈济棠下台。此后，唐绍仪全家寓居上海，不再参与政治。抗战爆发，唐绍仪发表支持抗战的言论，并将家人送往别处，自己滞留上海。1938 年初，各方致电唐绍仪，要求他离开上海，转移到后方。唐绍仪不予理睬。3 月 19 日，广州各界人士及社团致电唐绍仪，“请公善保晚节，否则自堕名誉，遗臭万年”，并送去 2 万元的旅费。唐绍仪不予回复，旅费也拒收。唐绍仪在政治舞台上演了很多年，自然知道自己的处境，然而和各方态度暧昧，导致其身处危险之中而不自知。1938 年 9 月 28 日上午，日本特务土肥原贤二亲赴上海，拉拢唐绍仪。国民党特务侦查此事之

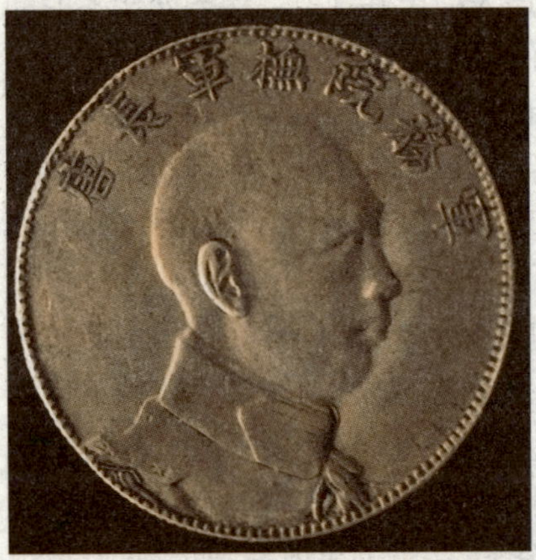

唐绍仪在钱币上的形象

后，上报重庆方面。蒋介石让戴笠派人除掉唐绍仪，以免被日本人所用。唐绍仪被刺杀而死，舆论界一片哗然。重庆方面，为掩人耳目，特地颁布《唐绍仪褒扬令》，同时拨付治丧费5000元，并令将唐氏生平事迹“宣付国史”。

唐绍仪一生政治生涯颇为曲折，在坚持民族利益方面，他表现出大无畏的精神，以及强烈的爱国情操。然而晚年时，因和各方面态度暧昧而遭杀害，真是可悲、可叹。唐绍仪为国家做的贡献，实乃可歌、可赞。

冯如为何能成为中国首创飞行大家

冯如（1884—1912），原名冯九如，广东恩平人，生于贫困之家，从小就喜欢制作，向往神话故事，尤其是飞天神话。12岁随亲人漂洋过海到美国谋生。他目睹美国先进工艺，认为国家富强必须依靠工艺的发达，改变中国贫穷落后面貌非学习机械、发展工艺不可。他制造的第二架飞机试飞成功后，受到孙中山的赞扬，同时获得美国国际航空学会颁发的甲等飞行员证书，大长了中国人的志气。

冯如在美国一边学习先进的科学知识，一边当勤杂工，赚取生活费用。他苦心钻研数年，精通36种机械原理，发明了抽水机、打桩机，还制成了性能优良的无线电收发报机。1903年，当得知美国人莱特兄弟发明飞机后，冯如决心用中国人的力量来制造飞机。制造飞机需要大量的资金。冯如生于贫困家庭，自然无法筹备如此多的金钱。于是他决定向在美华侨募捐。当地华侨听说冯如要造飞机以救国，都非常感动，但是，绝大多数人觉得光靠中国人自己的力量是不可能制造出飞机的。最后，只有黄杞、张南、谭耀能三人愿意提供援助。1904年，日俄战争爆发。两个国家为了争夺中国东北的特权，进行了战争。清政府对此不闻不问。冯如原本想制作一艘军舰，但是花费太高。制作飞机的成本要低一些，而且“现在是竞争激烈的时代，飞机已经成为军事上不可缺少的装备，如果我们能够制造出千百万架飞机，分别驻守在中国的各港口，足以使中国的国防强大起来，外国列强再也不敢欺负我们”。

冯如

1907年，冯如带领助手在旧金山以东的奥克兰设立飞机制造厂，1909年正式成立广东飞行器公司，冯如任总工程师。1909年9月21日，冯如第一架飞机试飞，以失败告终，原因是

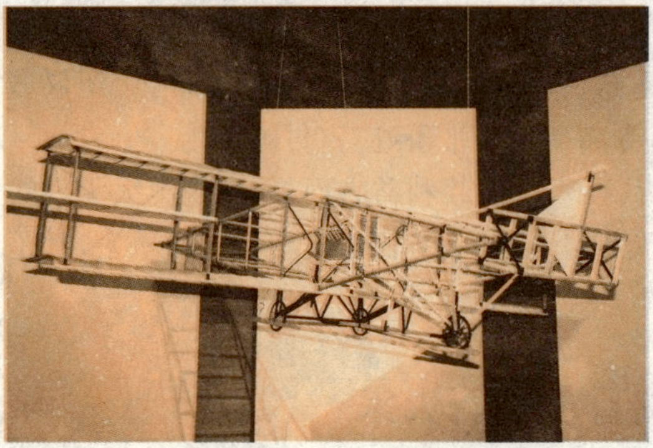

冯如制造的飞机模型

由于螺旋桨桨轴螺丝拧得太紧，致使桨根断裂。1910 年 7 月，冯如制造出第二架飞机。10 月到 12 月期间，冯如驾驶它在奥克兰进行飞行表演大获成功。美国政府不惜重金收买冯如，冯如严词拒绝了。当时，世界各国都在大力发展航空技术。冯如一心想的是发展中国的航空事业，想的是为中国多制造一些飞机，一直等待着报效祖国的机会。从国内传来消息，清政府准备筹建空军，要求冯如回国效力。冯如喜出望外，当即表示："为祖国贡献出我菲薄的才智，正是我平生的愿望！"1911 年 2 月，冯如和他的助手朱竹泉、朱兆槐和司徒璧如，携带着他们自制的两架飞机以及制造飞机的机器，踏上了归国的旅程。经过一个月的航行，冯如等人及所带装备安全返回祖国。冯如打算在广州举行飞行表演。此时黄花岗起义爆发，清政府不得不迫使表演计划取消。随着革命愈演愈烈，清政府开始派人监督冯如。冯如无奈，仰天长啸，深感自己生不逢时，报国无门。

正在冯如陷入极度苦闷的时候，辛亥革命爆发。冯如毅然决然地参加了革命军。革命军任命冯如为陆军飞机长，授权冯如准备组织飞行侦察队。中华民国建立，孙中山就任南京政府临时大总统以后，非常重视发展中国的航空事业。他积极筹建南京机场，并在 1912 年 2 月举行中国第一次航空飞行表演。这次表演中，飞机中途发生了故障，但是它的政治作用达到了。

1912 年 8 月 5 日，经过中华民国临时政府批准，冯如在广州郊区作第二次飞行表演。冯如驾驶着自己制造的飞机在蓝天上悠悠飞翔，就像一只矫健的银燕，忽高忽低，忽左忽右。表演结束，准备降落。冯如却看到跑道上有两个孩子在嬉戏打闹，不幸即将发生。冯如猛拉操纵杆，脚踩加速器，飞机像发怒的雄鹰向天空急冲。由于冯如用力过猛，飞机失去了平衡。在摇晃中，一些零件被磨坏，飞机突然坠落在草地上。冯如身受重伤，被人们送到医院，经抢救无效，英年早逝。遵照冯如的遗愿，他的遗体安葬在广州东郊白云山下黄花岗烈士墓的左侧。

"殉社会者则甚易，殉工艺者则尤难，一霎坠飞机，青冢那堪埋伟士；论事之成固可嘉，论事之败亦可喜，千秋留实学，黄花又见泣秋风。"这副挽联赞扬了冯如的光辉业绩，表达了人们对冯如沉痛哀悼。

邓演达有何传奇人生

邓演达(1895—1931),字择生,广东惠阳县永湖乡人,少年时受反帝反封建思想的诱导,积极参加革命活动。后来,先后在广东陆军速成学校、武昌陆军第二预备学校、保定军官学校等学习军事科学。此后,他还致力于政治、经济等社会科学的研究。1920 年,邓演达被任命为粤军第一师参谋兼步兵独立营营长,从此成为孙中山的忠实追随者。

邓演达

1909 年,邓演达进入广东陆军小学学习,随后,跟随广东革命军进行北伐。1919 年,在保定陆军军官学校毕业。之后,开始活跃在历史舞台上。在国共第一次合作时,邓演达拥护孙中山改组国民党,制定“联俄、联共、扶助农工”三大政策。其后,积极协助孙中山创办黄埔军校,并于 1925 年任黄埔军校教育长。1926 年 1 月,邓演达被选为国民党“二大”候补中央执行委员。7 月,被任命为国民革命军总政治部主任,指挥军队攻克武昌。1927 年 2 月,邓演达等人在武汉组成行动委员会,与搞分裂的蒋介石进行斗争。3 月,在国民党二届三中全会上,他建议中央成立土地问题委员会,并与毛泽东一起在武昌举办了中央农民运动讲习所。此时,邓演达已经是国民党左派著名的领袖人物,也成为“四·一二”反革命事变之后,蒋介石的通缉对象。他与宋庆龄、毛泽东等联合发表《讨蒋通电》,声讨蒋介石的罪行。在汪精卫叛变之前,邓演达与之做了很多次斗争,眼看不可避免,他发表了《告别中国国民党的同志们》告别书,以之与汪精卫划清界线。其后,邓演达到欧亚等十几个国家或地区进行考察,寻求救国的道路。

1930 年 5 月,邓演达回到上海。8 月,召开会议,正式成立“中国国民党临时行动委员会”,即中国农工民主党的前身,通过了《中国国民党临时行动委员会政治主张》,选举了中央干事会,他本人被推举为总干事。1931 年 8 月 17 日下午,邓演达在叛徒陈敬斋的告密下,在上海被捕。在狱中,蒋介石软硬兼施,要其放弃主张,解散组织,归附蒋介石,许之高官厚禄。邓演达严词拒绝了,因“我要维护中华民族的正气”。11 月 29 日,邓演达被秘密杀害,时年 36 岁。

中华人民共和国成立之后,追认邓演达为烈士,并将其尸骨迁葬于南京中

邓演达与夫人郑立真

山陵左侧，与廖仲恺墓共同陪伴中山陵。在邓演达遇难50周年纪念大会上，邓演达被表彰，是“中国民主革命的英勇坚强的战士”，“是著名的政治活动家，是国民党左派领袖人物”，“在民主革命中立下的功绩，受到人民的尊敬和称颂”。后来，广东省人民政府对邓演达故居进行了修复，并对其父创办的鹿冈小学进行了修整和扩建，并改名为“演达学校”。惠州市人民政府竖立了邓演达铜像，建立了邓演达纪念碑、纪念亭。

邓演达英年早逝，是中国革命的一大损失。在他有生之年，他为中国的革命事业做出了极大的贡献，他总结辛亥革命失败的原因，说：“如果我们的党，不能够把实际的利益给广大的痛苦群众，尤其是给农民群众，革命一定是要失败的。”并指出，中国革命要想成功，必须首先解决农民问题。邓演达短暂的一生，是光辉的一生，是值得尊敬和缅怀的一生。

现代音乐的奠基人是谁

肖友梅(1884—1940)，是著名的音乐教育家、作曲家，是中国近代音乐史上重要的人物，是中国近现代音乐的开拓者，为中国20世纪专业音乐教育的发展奠定了坚实的基础。他同时也是一位学贯中西的音乐家。

肖友梅

肖友梅出生于广东香山，即现在的中山县。童年时随父亲客居澳门。1901年，17岁的肖友梅远赴日本留学，在日本东京音乐学校学习钢琴和声乐，并在帝国大学学习教育。在此期间，肖友梅还参加了同盟会，掩护过孙中山先生的革命活动，是中国第一位参加孙中山先生直接领导的同盟会的音乐工作者。在中华民国成立之后，孙中山任命他为中华民国临时大总统秘书的职位。后来他又到德国莱比锡国立音乐学院学理论作曲。1916年，以论文《17世纪以前中国管弦乐队的历史的研究》取得博士学位。他成为中国第一位获此种学位的音乐家。这篇论文也成为中国第一篇研究民族音乐的学术著作。取得博士学位后，于1920年归国。游学归来之后，肖友梅兴办了专门化的音乐教育。1922年，肖友梅成为音乐练习所所长，这是现代专业音乐教育的开端。第二年，组建了中国第一个管弦乐队——北大音乐传习所附设小型管弦乐队，并自任指挥。1924年，“五四运动”五周年纪念日，他写了《五四纪念爱国歌》，是第一首以“五四”为题材的歌曲。1927年，在蔡元培的支持下，肖友梅在上海创办了国立音乐学院，这是中国第一所专业音乐学院，后来改名为上海国立音乐专科学校。到1940年病逝，近20年的教育生涯中，肖友梅为中国培养了现代最早的一大批音乐专业人才，为中国现代音乐文化事业的发展奠定了良好的基础。他是中国第一首室内乐、第一首管弦乐、第一首铜管乐的作曲者，也是中国跨越业余作曲进入专业音乐创作的第一人。1928年，他写了《国耻》等三首歌曲，是中国最早的抗日歌曲之一。1931年创作的《从军歌》，是我国第一批以救亡为题材的爱国歌曲之一。

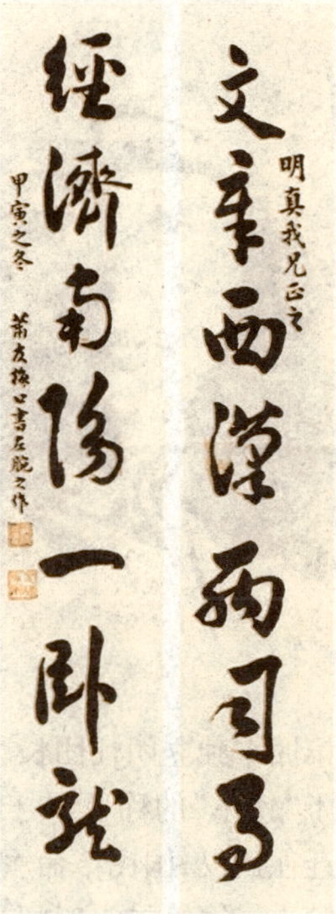

肖友梅书法

《问》是肖友梅的代表作，也是最有影响的一首歌曲，创作于1922年。在这首歌曲中，他问：“你知道今日的江山，有多少凄惶的泪？”点明了这首歌的主题是对当时军阀混战，山河破碎的祖国深深的忧虑。

在中国的音乐史上，肖友梅留下了很多的“第一”。他是中国现代音乐事业的拓荒者，是中国专业音乐教育的奠基者，是中国专业音乐创作的先行者，也是中国音乐理论研究的探索者。他一生从事音乐教育事业，编写了《风琴教科书》《钢琴教科书》《和声学》《普通乐学》等一批我国早期的音乐教材。他把整个人生都奉献给了音乐，讴歌了一曲永不磨灭的旋律。这首肖友梅的人生之歌，一直被后人咏唱、铭记。

叶挺知多少

叶挺（1896—1946），原名叶为询，字希夷，号西平，广东惠阳县客家人，是中国人民解放军创始人及新四军的重要领导人之一，是享誉世界的政治家、军事家。为中国的革命事业做出了极大的贡献，奉献出了自己的生命，是中国军人

叶挺

的骄傲，是中国共产党人的骄傲。

1896 年，叶挺出生于一个农民家庭中，七岁的时候进入小学，其后又在其他学校进行学习。1918 年，23 岁的叶挺毕业于保定陆军军官学校。翌年，加入中国国民党，跟随孙中山先生进行革命。1921 年，叶挺任孙中山之建国陆海军大元帅府警卫团第二营营长，负责孙中山先生的安全。1922 年，陈炯明叛变，炮轰总统府。叶挺奉命守卫总统府，掩护宋庆龄女士离开。1924 年，经过东方大学和红军学校中国班的学习，毅然加入了中国共产主义青年团，随后加入中国共产党。

回国后，叶挺在革命军中任职，其后调任第四军独立团任团长。独立团随后参加了北伐战争，屡战屡胜，使第四军获得了“铁军”的称号，叶挺也获得了“北伐名将”的美誉。1927 年，国民政府从广州迁往武汉，国民革命军也进行了调整和改变，叶挺被任命为第二十五师副师长，第十一军第二十四师师长，兼任第十一军副军长。

国民革命军第四军独立团，通称叶挺独立团，是中国共产党创建和领导的第一支正规部队，为中国革命事业做出了不可磨灭的历史贡献。叶挺独立团先后参与过南昌起义、秋收起义、红军二万五千里长征、平型关大捷、四平保卫战、解放天津等战斗。新中国成立后，1998 年，长江洪湖地区洪水泛滥，奔赴前线抗险，被誉为“铁军铁人铸铁堤”。

1927 年 8 月，南昌起义爆发，起义军寡不敌众，惨遭失败。叶挺护送病中的周恩来转移到了香港。12 月，叶挺从香港回来领导广州起义，任工农红军总司令。起义失败后，叶挺受人指责，退出共产党，加入国民党左派人士邓演达、宋庆龄等组织的“第三党”。叶挺先后流亡德国、法国等地。后来到澳门隐居。

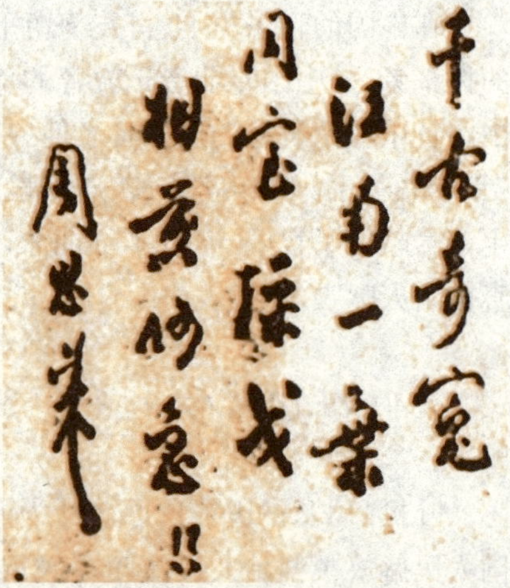

皖南事变后《新华日报》上的周恩来题词

抗日战争爆发后，叶挺于 1938 年 1 月出任国民革命军新编第四军军长，被授予国民革命军中将军衔。1941 年，皖南事变爆发，叶挺被蒋介石扣留，入狱五年。在狱中，叶挺依然坚持斗争，写了很多著名的诗歌。周恩来在《新华日报》上题词“千古奇冤，江南一叶，同室操戈，相煎何急”予以强烈的谴责和抗议。

1946 年 3 月，经过中共中央多方面的努力，叶挺重获自由。当时，叶挺就要求重新加入中国共产党，并获得了批准。4 月，叶挺乘飞机由重庆回延安，不幸飞机失事，一代豪杰就此与世长辞。死讯传出后，毛泽东、朱德、周恩来等都表示沉重的哀悼。

叶挺逝世后，被埋葬于延安“四八烈士墓园”。他为中国的革命事业奉献了一生。在叶挺生前所居的地方，被囚困的地方等都修建了纪念叶挺的纪念馆，让后人深深地缅怀这位伟大的军人。

“人民音乐家”冼星海知多少

冼星海（1905—1945），祖籍广东，出生于澳门，是中国近代著名的作曲家、钢琴家，有“人民音乐家”之称。在冼星海 40 年的人生中，创作生活长达 10 余年，创作歌曲数百首，光是现存的就有 250 余首。创作了大量的多种多样的群众歌曲，这些歌曲或正面表现中国人民的抗日斗争，或具体展示人民战争壮美的战斗图景，或表现工农群众的劳动生活等。

1905 年，冼星海出生于澳门，及至 6 岁，都是在澳门听着祖父忧伤绵长的箫声、渔民喜忧参半的民谣，慢慢成长。6 岁的时候，冼星海跟随母亲来到了新加坡，进入养正学校，开始了音乐之旅。养正学校的区健夫老师特别赏识冼星海的音乐天赋，把他选入学校军乐队，让他接触乐器和音乐训练。当时任养正学校校长的林耀翔，接受岭南大学专为华侨子弟返国升学所设的华侨学校校长一职，带领 20 名养正学生归国学习。冼星海就是其中之一。

冼星海

1918 年，13 岁的冼星海进入岭南大学附中的义学学习小提琴。从这时起，冼星海正式开始专业学习音乐。在校期间，冼星海努力学习，功课一直很优秀，并参加了学校组织的唱诗班和管弦乐队。他在乐队里担任直箫演奏，后来还成为了管弦乐队的指挥。被广州人称作“洋箫”的单簧管，他吹奏得很有韵味，获得了“南国箫手”的雅号，甚至连有名气的培正中学都请他去做音乐教员和指挥。

1926 年，冼星海考入北京大学音乐传习所，

冼星海指挥排练《黄河大合唱》场景

在中国现代音乐的奠基人肖友梅和俄籍著名小提琴教授托诺夫门下学习。两年后，冼星海进入肖友梅创办的上海国立音乐学院，主修小提琴和钢琴。后来，冼星海流浪到法国巴黎，在中国留学生马思聪的帮助下拜入法国巴黎歌剧院首席小提琴奥别多菲尔和音乐大师加隆门下学习。1934 年，冼星海考入巴黎音乐学院高级作曲班，学习作曲和指挥。抗日战争爆发后，冼星海积极创作抗日救亡歌曲。

1938 年，冼星海接受延安鲁迅艺术学院的邀请，奔赴延安，担任鲁迅艺术学院音乐系主任，负责音乐理论、作曲的主要课程，还教授音乐史及指挥。1940 年，冼星海赶往苏联，为大型纪录片《延安与八路军》进行后期制作与配乐。因营养不良致病。1945 年初，苏联有关方面将他送到莫斯科的克里姆林宫医院接受治疗。10 月，冼星海不幸逝世，中国乐坛上一颗耀眼的明星就此陨落。

冼星海逝世后，延安各界为他举行追悼会，毛泽东亲笔题词“为人民的音乐家冼星海致哀”。在冼星海短暂的一生中，创作了大量的歌曲，其中《黄河大合唱》是最为杰出的，也是流传最广的歌曲。冼星海既是一位人民音乐家，也是一位为中国抗战事业做出重大贡献的无产阶级革命家。其刚毅坚韧、自强不息的品质深深地打动了好多人，其忠诚爱国的音乐热情深深地感动了几代人。“我有我的人格、良心，不是钱能买的。我的音乐，要献给祖国，献给劳动人民大众，为挽救民族危机服务”。

功夫之王李小龙有什么故事

李小龙(1940—1973)，原名李振藩，美籍华人，祖籍广东佛山。他是一位武术技击家、武术哲学家、著名的华人武打电影演员、世界武道变革先驱者，UFC 起源者，MMA 之父，截拳道之父，在全球各地具有极大影响力，被称为“功夫之王”、“武之圣者”。

李小龙生于美国，童年和少年是在香港度过的。幼年时期，因为身体瘦弱，李小龙 7 岁的时候就开始学习太极拳。13 岁的时候，开始跟随宗师叶问学习咏

石湾陶瓷：李小龙

春拳。之后，他还学习了螳螂拳、洪拳、少林拳、戳脚、节拳、白鹤拳等拳种，为后来自创截拳道打下了坚实的基础。为了提高自己的搏击技术水平，李小龙除了勤习中国拳术外，还研究西洋拳的拳法。

在美国西雅图求学期间，李小龙除了学习外，把精力都放在研习武术上。在此期间，他组织了一支“中国功夫队”，经常在校园里进行训练和表演，博得了师生们的好评。为了宣扬中国武术，在大学2年级的时候，李小龙在校园停车场的一个角落里创建了“振藩国术馆”。在这里，他一边教习中国武术，一边练习自己所学，刻苦钻研博大精深的武术技巧。也就是在这里，他认识了她未来的妻子琳达。后来两人在1964年8月结婚，一起经营武术馆。

一日，李小龙在佛罗里达州唐人街赤手空拳制服4个持刀歹徒，勇救华人少女的消息在报纸上刊登。自此，李小龙声名大噪，武术馆也渐渐兴旺起来。为了扩大影响，李小龙还经常到处参加武术比赛，并先后在西雅图、奥克兰、洛杉矶等地开设武术分馆授徒。李小龙的影响越来越大，世界上著名的武打明星如美国空手道冠军罗礼士等都争着拜他为师，再比如好莱坞的著名电影明星占士亨宾和史提夫都是他的门徒。美国各流派的拳师常常到武术馆和李小龙切磋武艺，达到了“以武会友”的目的。1967年，李小龙在美国创立跨越门派限制的、世界性的现代中国功夫——“科学的街头格斗技”——截拳道（Jeet Kune Do），时年27岁。1972年，李小龙以截拳道宗师身份，入选国际权威武术杂志《黑带》名人堂。这标志着李小龙新创的截拳道获得国外武术界的权威公认。1974年，李小龙被国际权威武术杂志《黑带》评为“世界七大武术名家之一”，美国报刊赞誉他为“功夫之王”，日本人称他为“武之圣者”。1975年，根据李小龙武学和哲学遗稿《武道释义》编辑整理而成的《截拳道之道》一书由美国奥哈拉出版社正式出版。该书出版后，很快被译成9种文字畅销全球，被欧美武术界奉为“武道圣经”。

1971年，李小龙接受香港嘉禾电影公司的邀请，拍摄第一部以中国武术为题材的《唐山大兄》。其后又拍摄了《精武门》，自编、自导、自演了《猛龙过江》和《死亡游戏》。和好莱坞合作拍摄的《龙争虎斗》，开创了好莱坞新的功夫片。在世界上有很多电影名人这样评价李小龙：他的电影爱憎分明，正气凛然，充满

李小龙与妻子琳达

爱国情义，道出了大多数人的心声，他走得很早，没有获取国际电影大奖，但那些玷污中国、男女关系的电影，就是拿到了奥斯卡奖，也不能和李小龙相提并论。

李小龙在武术和电影上获得了极大的成就，本人被香港报纸赞誉为“当代中国武术及电影史上的奇才”。美国、日本、英国、中国香港、中国台湾等国家或地区同时出版了纪念李小龙的多种多样的杂志和特刊，都称他为“发扬中国武术最有成效的人”。

随着时间的流逝，英雄人物也和普通人一样会死去。而我们还活着，李小龙作为中国的骄傲，世界的骄傲，即使逝者已矣，但是他光辉的形象会一直活在世界人民心中。他是真正的“功夫之王”！

策　　划：丁海秀　李荣强

责任编辑：李荣强

部分图片提供：微图网

图书在版编目(CIP)数据

老广东的趣闻传说/《趣闻圣经》编辑部主编. -- 北京：旅游教育出版社，2013.7

ISBN 978-7-5637-2639-4

Ⅰ.①老… Ⅱ.①趣… Ⅲ.①旅游文化—介绍—广东省 Ⅳ.①F592.765

中国版本图书馆 CIP 数据核字(2013)第 103979 号

老广东的趣闻传说

《趣闻圣经》编辑部　主编

出版单位	旅游教育出版社
地　　址	北京市朝阳区定福庄南里 1 号
邮　　编	100024
发行电话	(010)65778403 65728372 65767462(传真)
本社网址	www.tepcb.com
E-mail	tepfx@163.com
印刷单位	北京世艺印刷有限公司
经销单位	新华书店
开　　本	720 毫米×1000 毫米　1/16
印　　张	24
字　　数	353 千字
版　　次	2013 年 7 月第 1 版
印　　次	2013 年 7 月第 1 次印刷
定　　价	39.80 元

(图书如有装订差错请与发行部联系)